# 近代日本の意匠図面

## 殖産興業から始まるデザイン　第3巻　東日本編

# 近代日本の意匠図面

## 殖産興業から始まるデザイン　第3巻　東日本編

# はじめに

「近代日本の意匠図面　殖産興業から始まるデザイン」では、意匠条例が施行された明治22年から31年に意匠登録された意匠図面６３６件を取り上げます（図面が残されていないものと目録のみの１２２件は割愛します）。第１巻は模様に関する意匠図面、第２巻は形状に関する意匠図面を登録された時系列で掲載しています。さらに、登録意匠が考案された地域に着目し、第３巻は考案者の住所が東日本の意匠図面、第４巻は考案者の住所が西日本の意匠図面を取り上げ、図面と共に考案者の職業を掲載しています。

意匠制度が生まれた明治時代には今日に浸透しているデザインの概念はありませんでした。意匠条例においては、意匠とは物品に応用するものであるとされていますが、それは意匠が加飾的なものと考えられていたことを表わしています。美術と工芸の意味は未分化で、工芸は工業の意味で使われることもあった時代です。日本の伝統的な美術工芸品が殖産興業のための輸出品として着目され、量産化するという新たな課題に直面することをきっかけに、工芸と美術の意味が明確に分かれていきます。デザインの考え方が萌芽する黎明期に相当するでしょう。新たな概念が形成されていく過渡期における人々の取り組みを見る情報として本シリーズを刊行いたします。

第556号

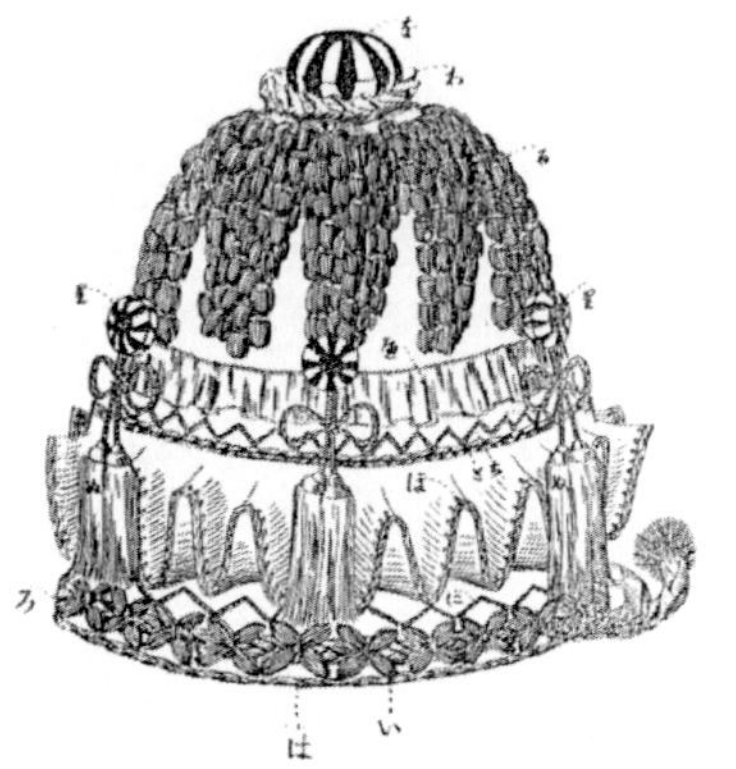

第602号

第271号

## 意匠制度が生まれた背景

明治維新後の日本は不平等条約を改正し欧米諸国と肩を並べる国を早急につくり上げるために近代化を図りました。富国強兵と殖産興業をスローガンに政府主導の政策を推し進め、法制や学制、思想、技術など西洋の概念を積極的に導入します。技術や機械を導入するための資金として貿易による外貨獲得の必要がありましたが、当時の日本は輸出品に乏しく生糸や茶、石炭などの一次産品が主でした。万国博覧会への参加や内国勧業博覧会の開催により、貿易振興のための生産が奨励されます。明治６年のウィーン万博では日本が出品した工芸品が高い評価を受け大量に売却されます。江戸時代に高度に発達した陶器や七宝、漆器、織物などの伝統的な工芸品です。欧州では浮世絵や琳派による絵画や工芸品の日本独特の風趣と表現力が評価されたジャポニスムの流行がありました。

明治政府は日本の伝統的な工芸品を輸出品として有望視し、輸出のための工芸品製造を奨励します。しかし、評価された工芸品は熟練の技術と創意を持った職人が一品ずつ手工する家内工業による方法で製造されていたため、大量な輸出品を製造するには無理が生じました。均一な品質を保ちながら量産化することに対応できず、粗製濫造や模倣による粗悪品が出回り評判を落とすことになってしまいました。しかも、明治時代初期には江戸時代までの封建的な徒弟制度による技術の伝承が失われつつある状況もありました。高品質な伝統工芸品を製造し、貿易振興を図るためには、模倣品を排除する法制度と工芸品製造の教育機関の整備が必要であると考えられます。そこで、法制度として生まれたのが意匠制度です。明治21年に「工業上ノ物品ニ応用スヘキ形状模洋若クハ色彩ニ係ル新規ノ意匠」を保護する意匠条例が公布されます。意匠を保護して応用美術の思想を発達させることは、結果的に産業振興につながると考えられました。

※意匠制度の変遷
明治21年　意匠条例公布
明治32年　意匠条例は意匠法に改正
不平等条約が改正され「工業所有権ノ保護ニ関スル同盟条約」加盟と新民法移行に対応
明治42年　意匠法改正

日露戦争終結後、企業が発展し、軽工業と重工業の機械化進展により大量生産を行なう時代となり、産業意匠家（インダストリアルデザイナー）の人材が必要とされるようになります。工芸品は美術工芸品と一般工芸品が明確に分離され、意匠法の保護対象も変化しました。

参考資料　『意匠制度１２０年の歩み』特許庁意匠課編纂

## 凡例

本書は登録意匠図面を地域別に編集しています。目録または明細書の情報に基づいて、居住地、物品名、職業（記載の無いものもあり）、登録番号を表記しています。

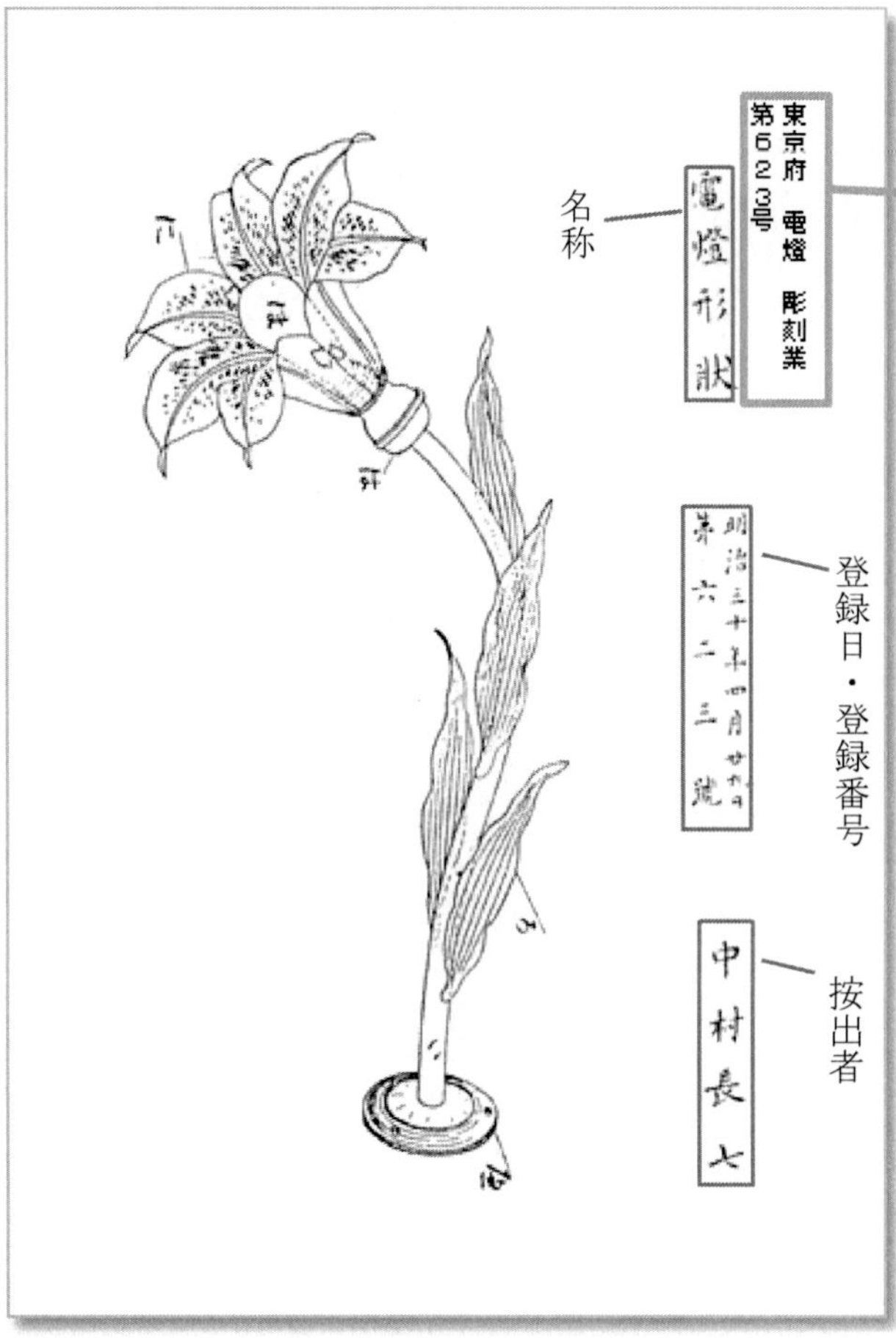


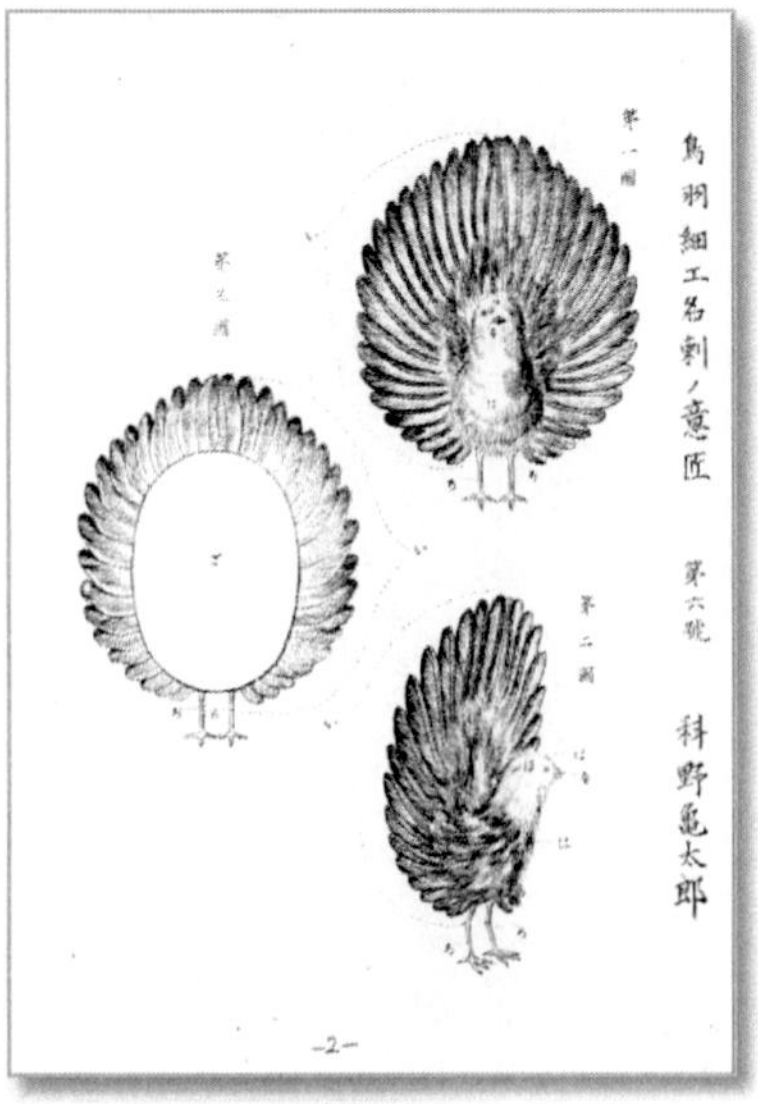
図面

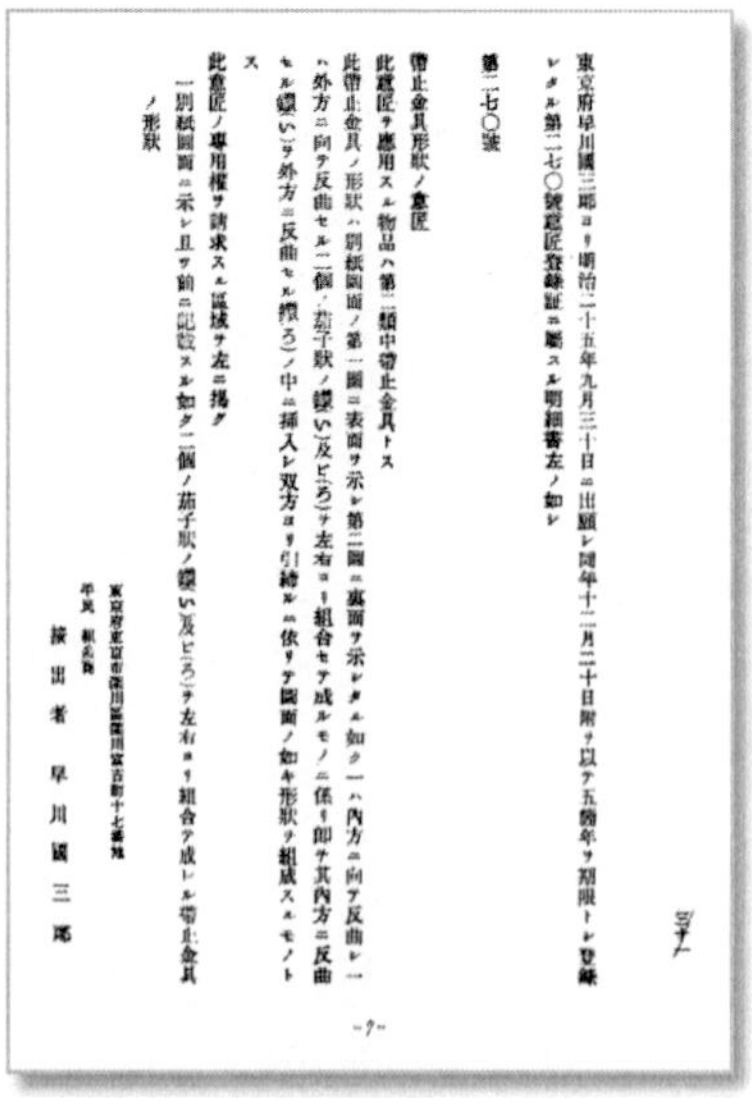
明細書

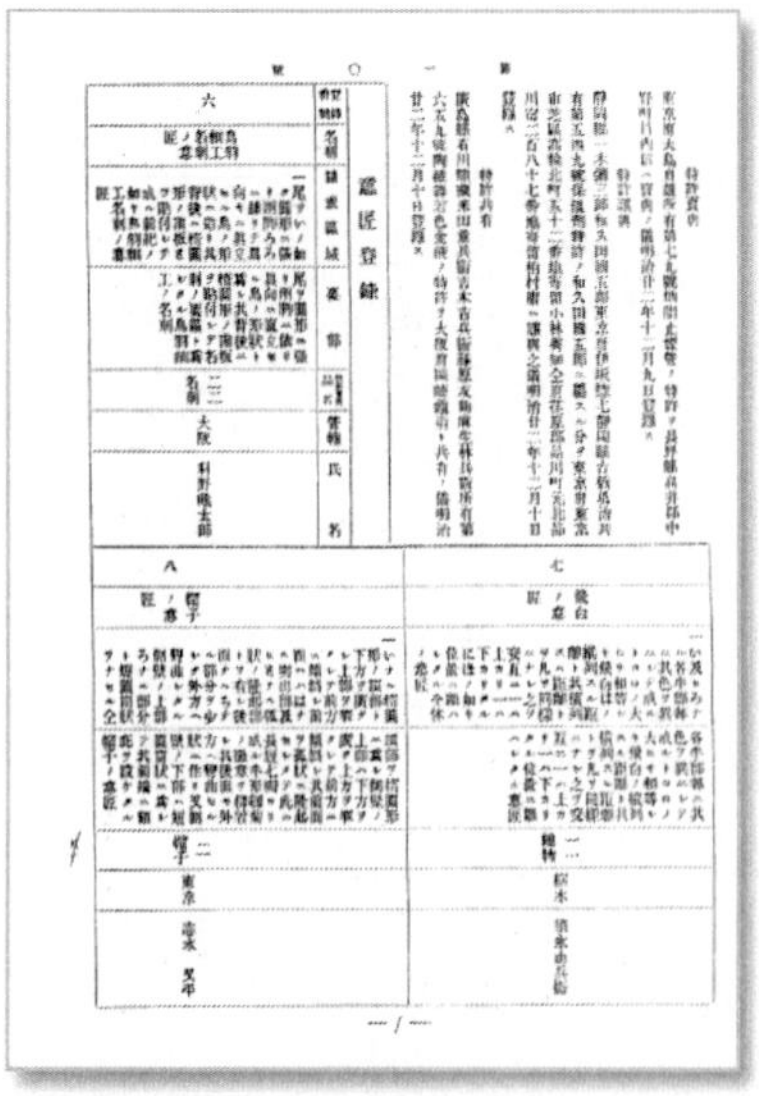
目録

## 北海道の登録意匠に表れている特徴

北海道では厳しい気候から身を守る外套の模様が意匠登録されています。襟と袖口にあしらわれた星の形は、明治初期の北海道開拓使の徽章として使用され、北海道開拓そのもののシンボルとして道民に親しまれた五稜星を思わせます。

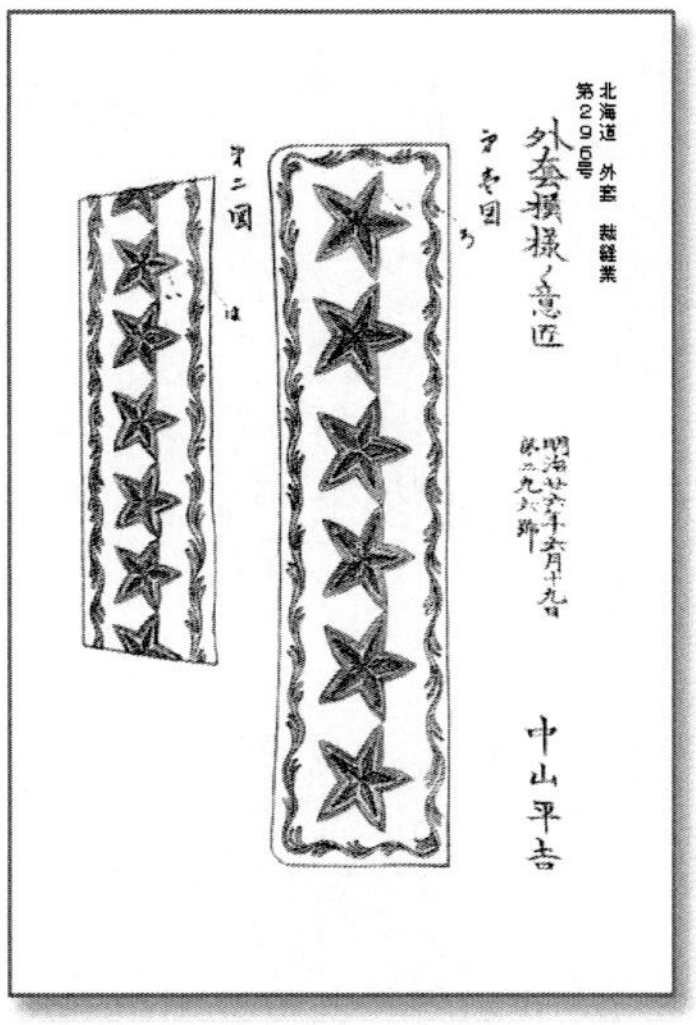


裁縫業

裁縫業

北海道　外套　裁縫業
第２９６号

# 外套模様ノ意匠

第壱図

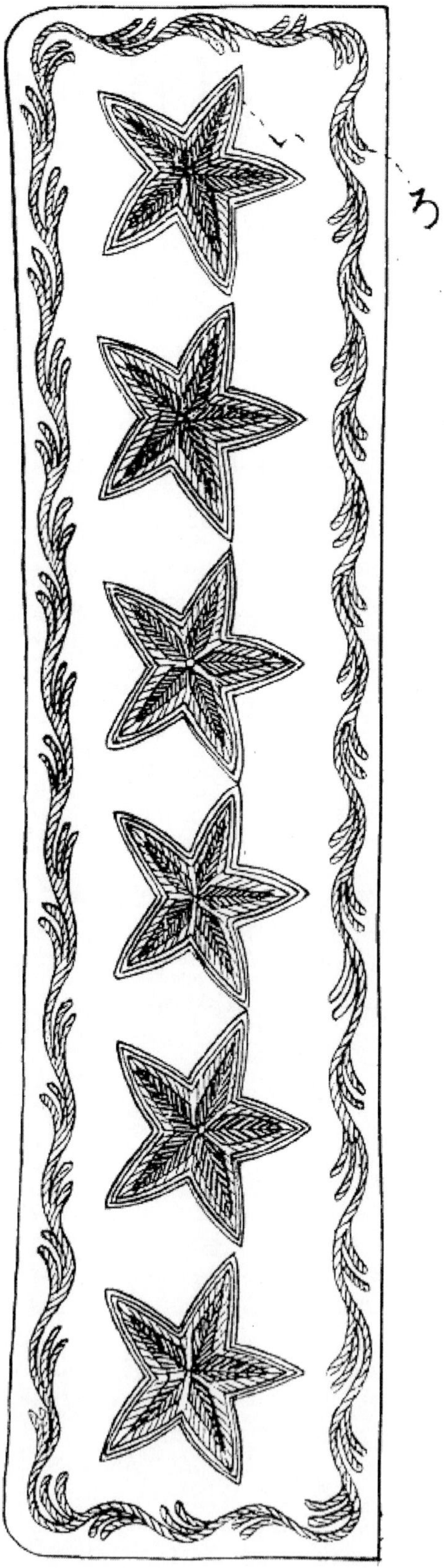


第二図

明治廿六年六月十九日
第二九六號

中山平吉

外套模様ノ意匠

明治廿六年六月十九日
第二九六號

中山平吉

第三図

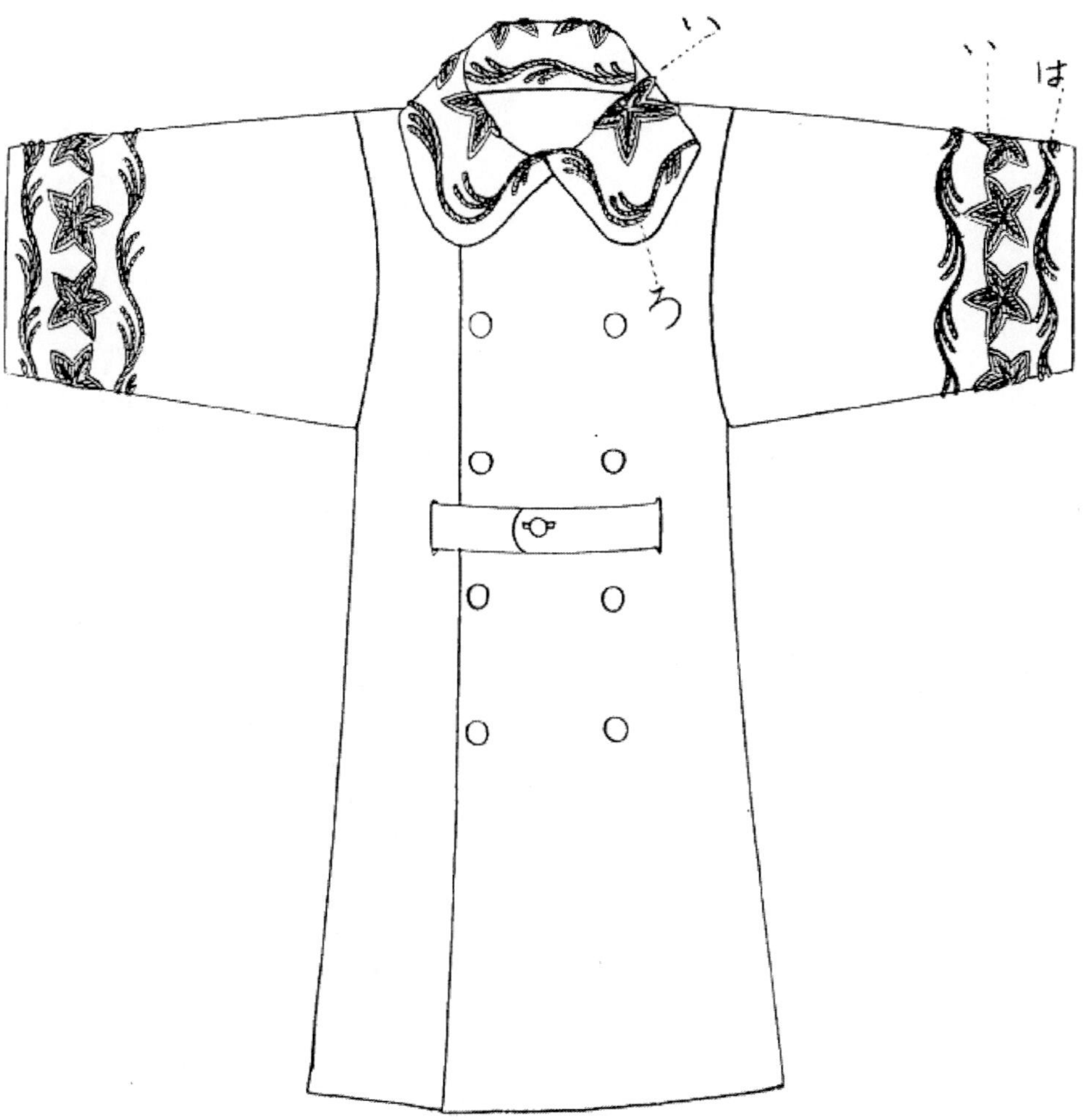

## 山形の登録意匠に表れている特徴

爪掛け（下駄の爪先にかぶせる雨や雪よけのカバー、爪皮とも呼ばれる）の意匠が園芸農業の職業から登録されています。農閑期の副業として行われていたものと思われます。爪掛けの製作は、明治後期以降は都市部における婦人の家庭内職の一つとしても広まっていたようです。

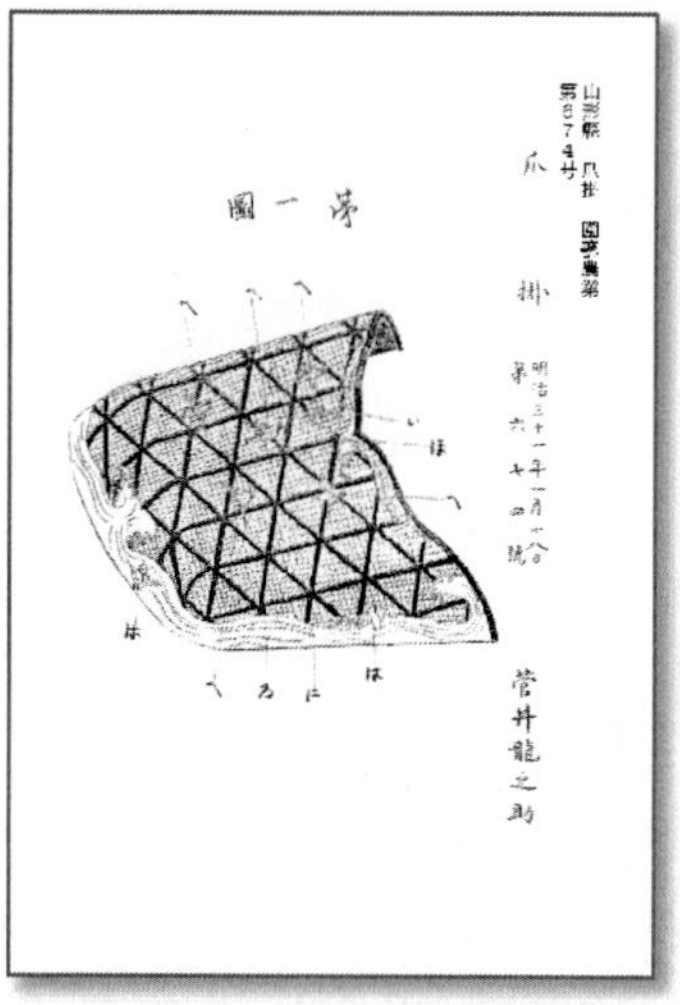


園藝農業

山形縣　爪掛　園藝農業

第674号

爪掛

明治三十一年一月十八日

第六七四號

菅井龍之助

第一圖

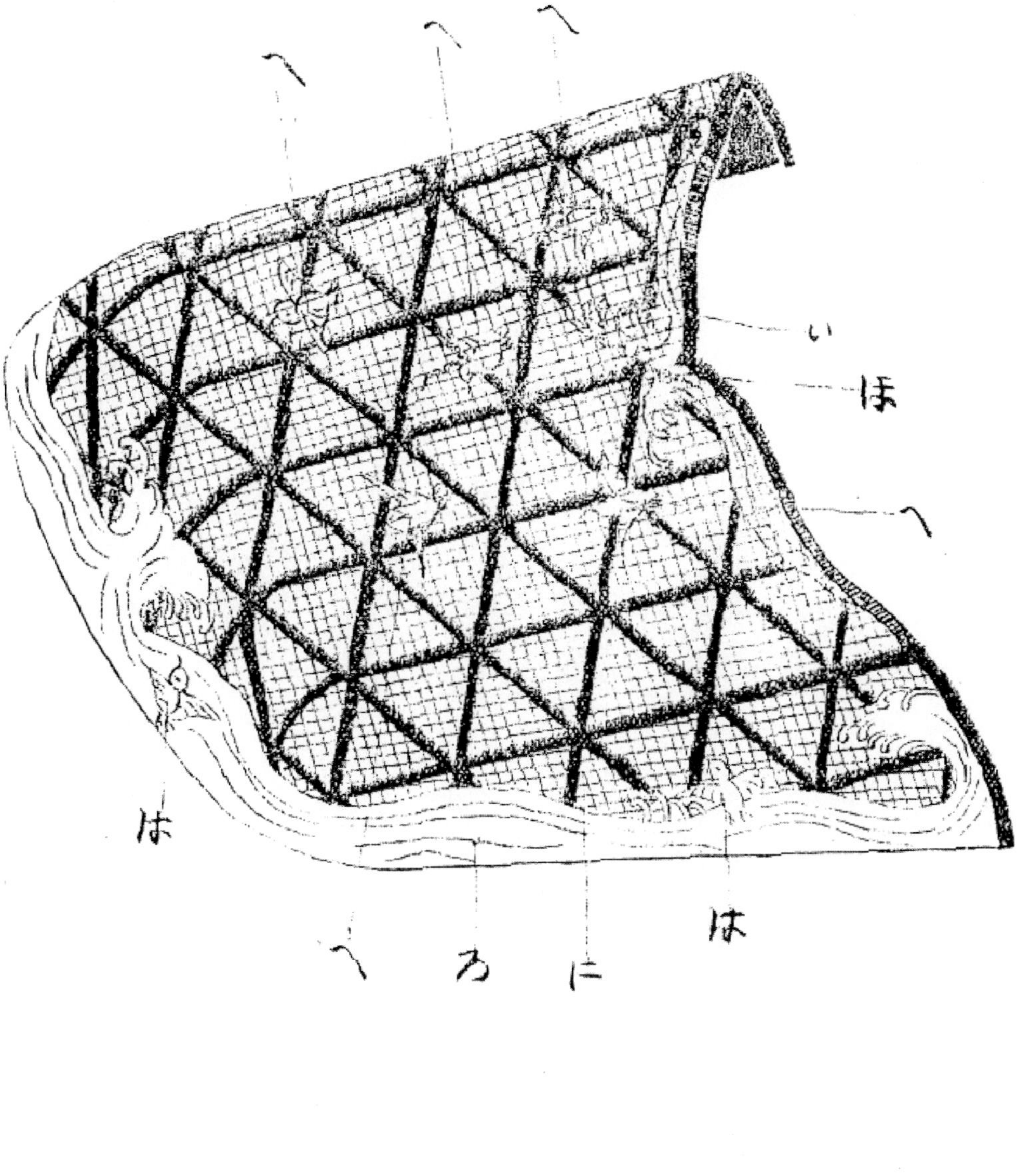

## 福島の登録意匠に表れている特徴

煙管（キセル）に付属する金具についての意匠登録が見られます。福島は明治時代から現代に至るまで、全国でも上位に入る葉タバコの生産地です。紙巻たばこが普及するまでの主な喫煙手段として、煙管とその関連品が多く製造され使用されていました。

煙管工

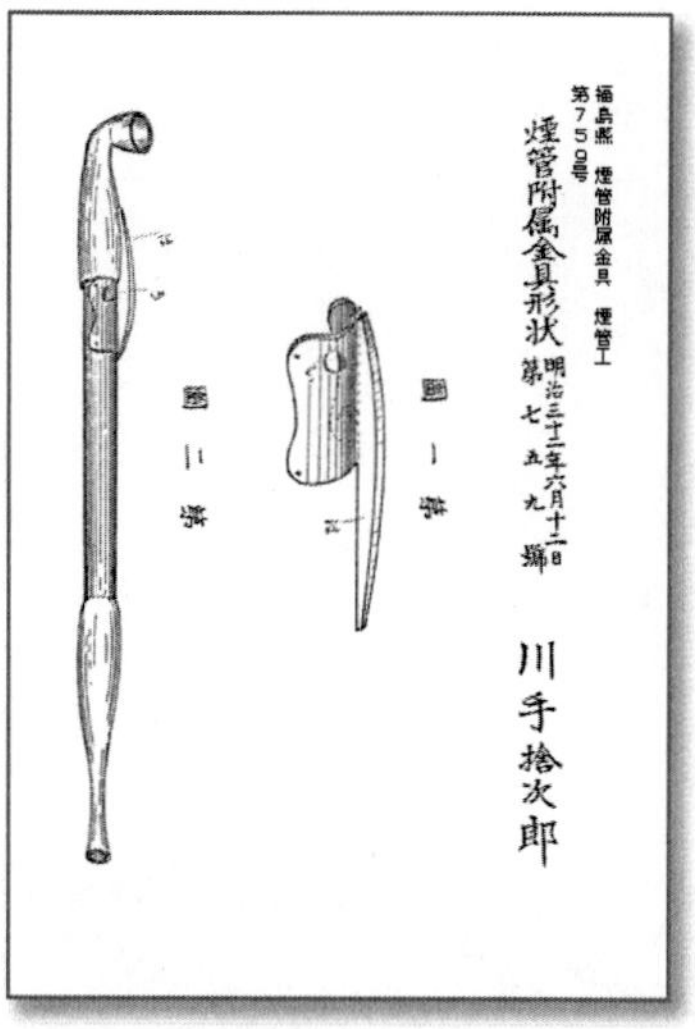

福島縣　煙管附属金具　煙管工

第７５９号

# 煙管附屬金具形状

明治三十二年六月十二日

第七五九號

川手捨次郎

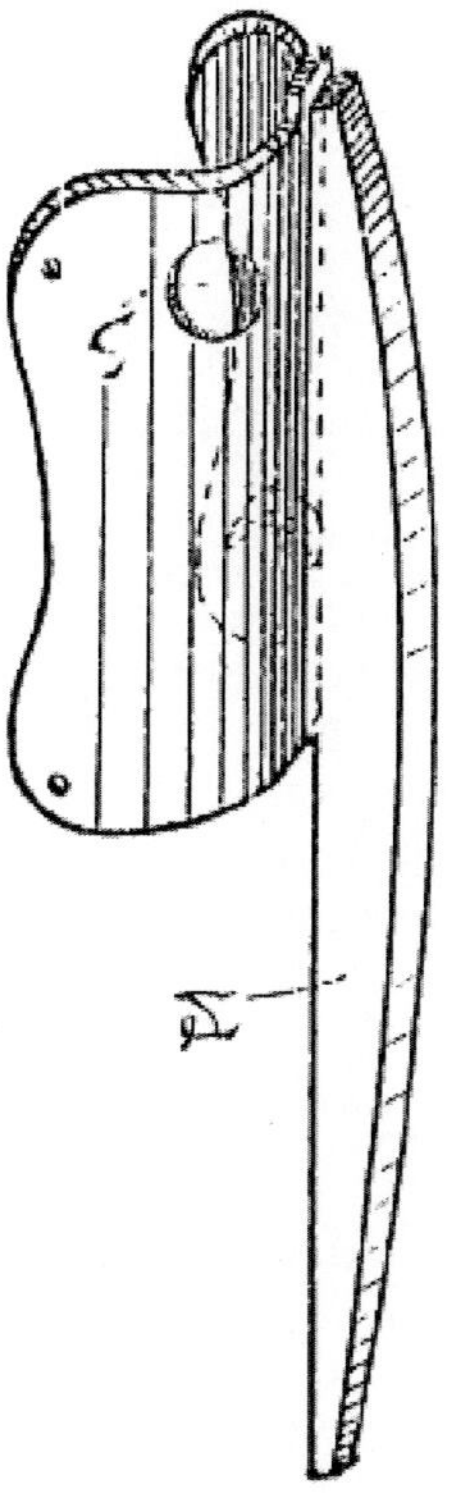

第一圖

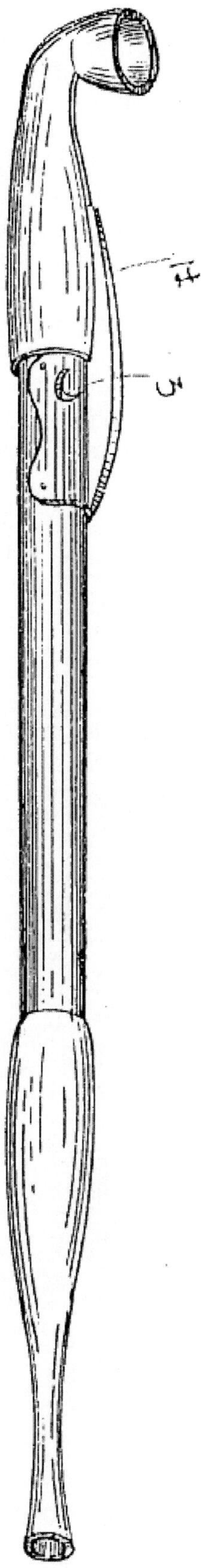

第二圖

## 新潟の登録意匠に表れている特徴

写真挟（フォトフレーム）の意匠が写真業により登録されています。明治期の新潟港は横浜、函館などと並ぶ開港5港の一つとして栄え、西洋からの人や技術の往来が盛んでした。東京などで写真術を学んだ後、地元新潟で写真館を開業する動きが、比較的早くから起こっていたようです。

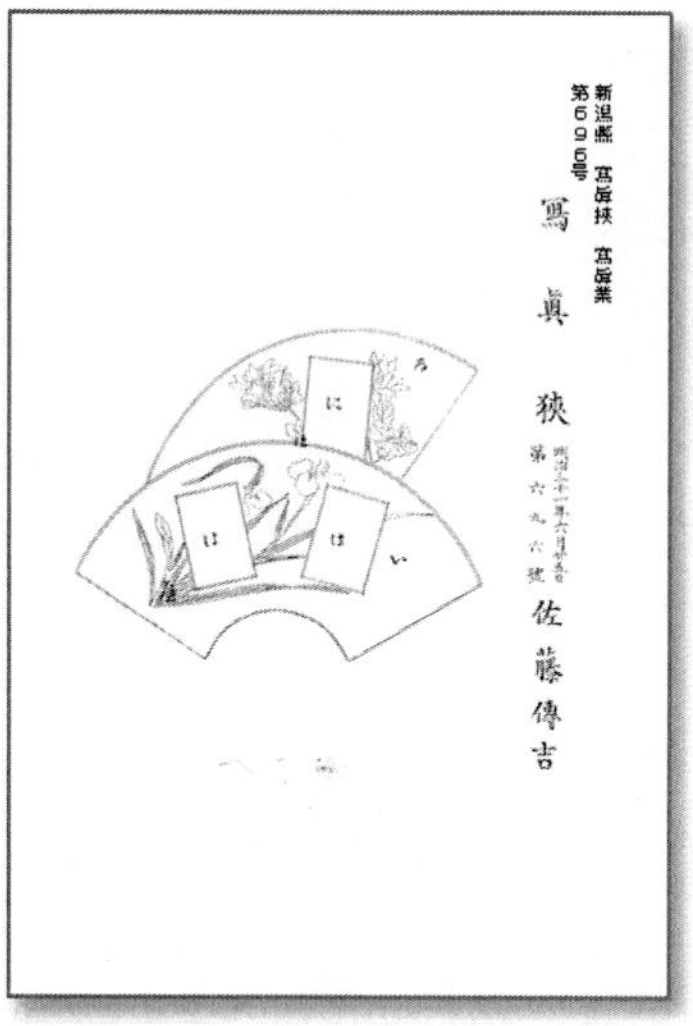


寫眞業

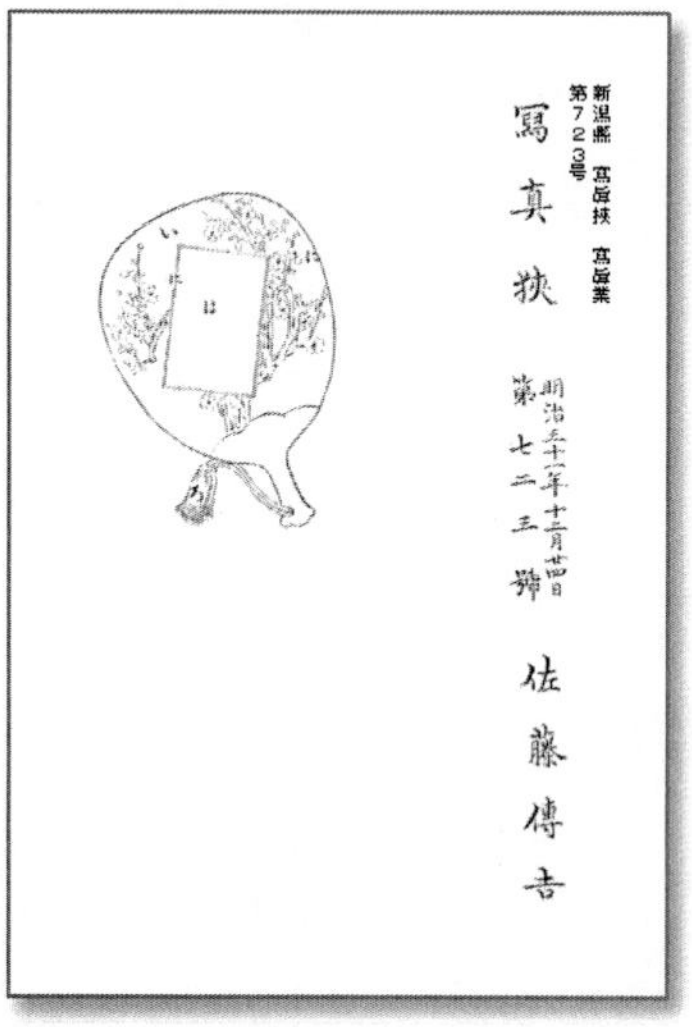


寫眞業

寫眞業

新潟縣　寫眞挾　寫眞業

第696号

# 寫眞挾

明治三十一年六月廿五日

第六九六號

佐藤傳吉

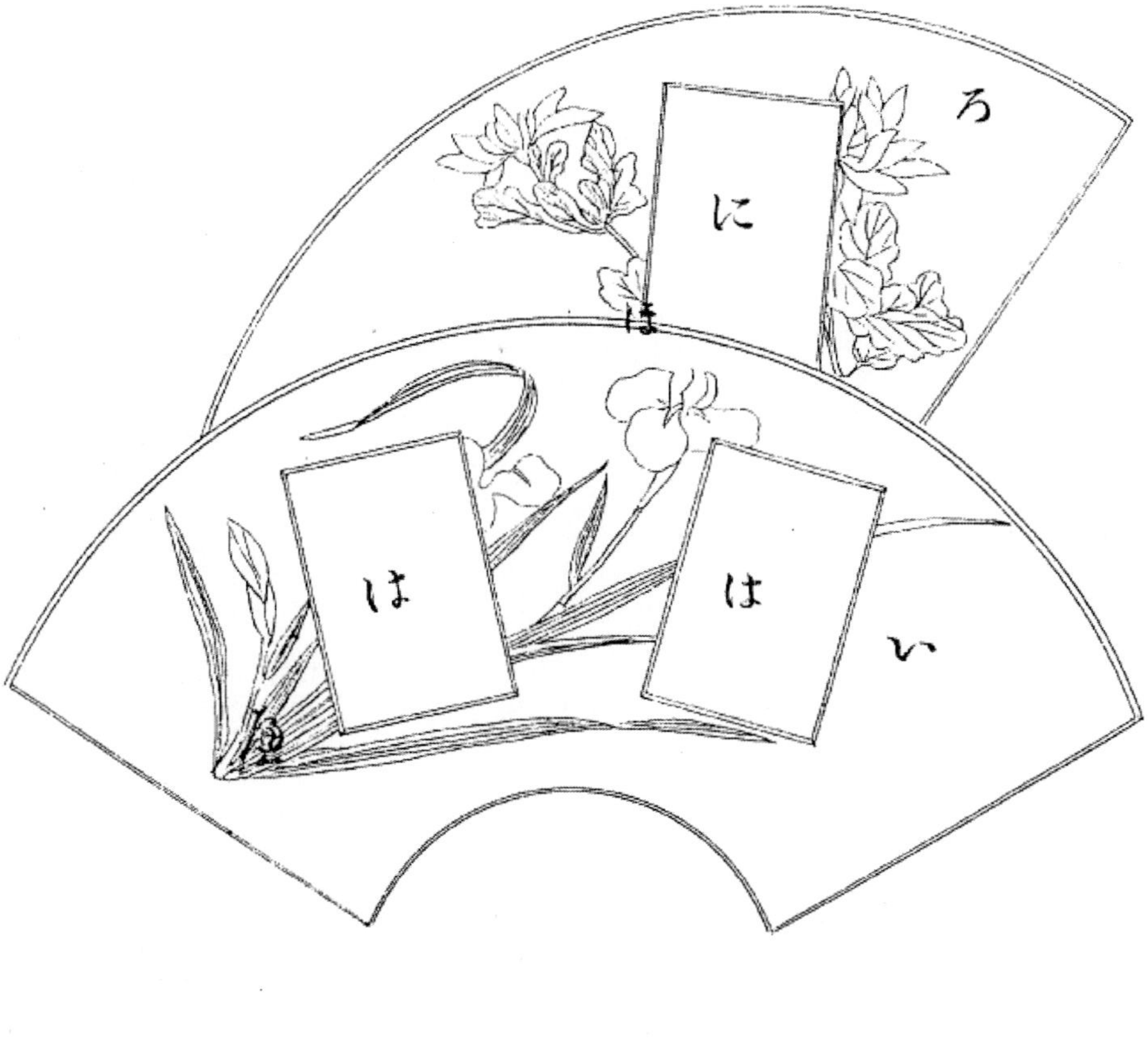

新潟縣　寫眞挾　寫眞業
第723号

# 寫眞挾

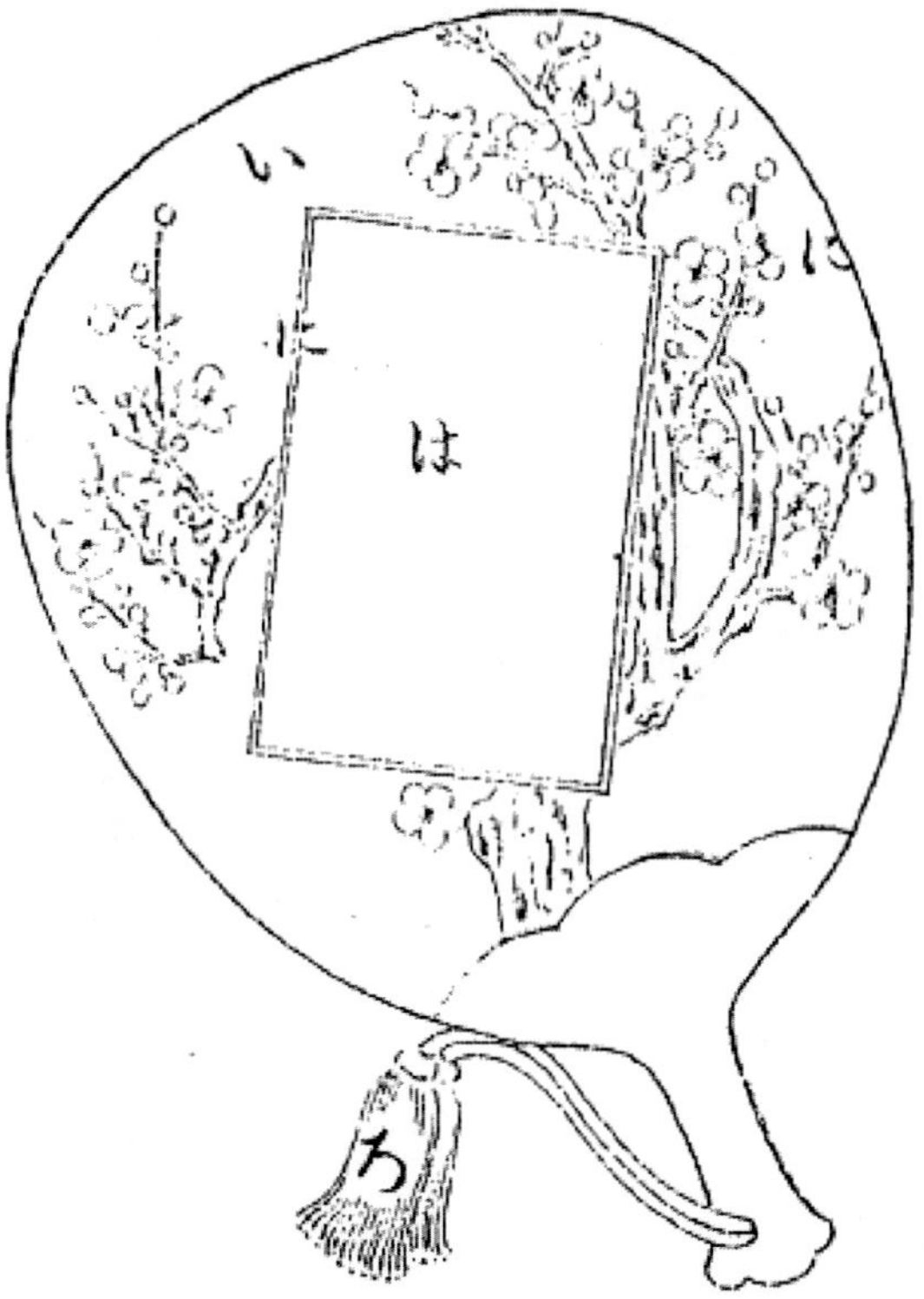


明治三十一年十二月廿四日
第七二三號

佐藤傳吉

新潟縣　寫眞挾　寫眞業

第764号

# 寫眞挾

明治三十二年六月廿八日

第七六四號

佐藤傳吉

# 茨城の登録意匠に表れている特徴

絹川（鬼怒川）、小貝（蠶飼）浜などの地名に残るように、茨城では古くから養蚕業が盛んに行われていました。
その土地柄を表す、繭試器（繭玉の計量枡）の模様が意匠登録されています。

農業

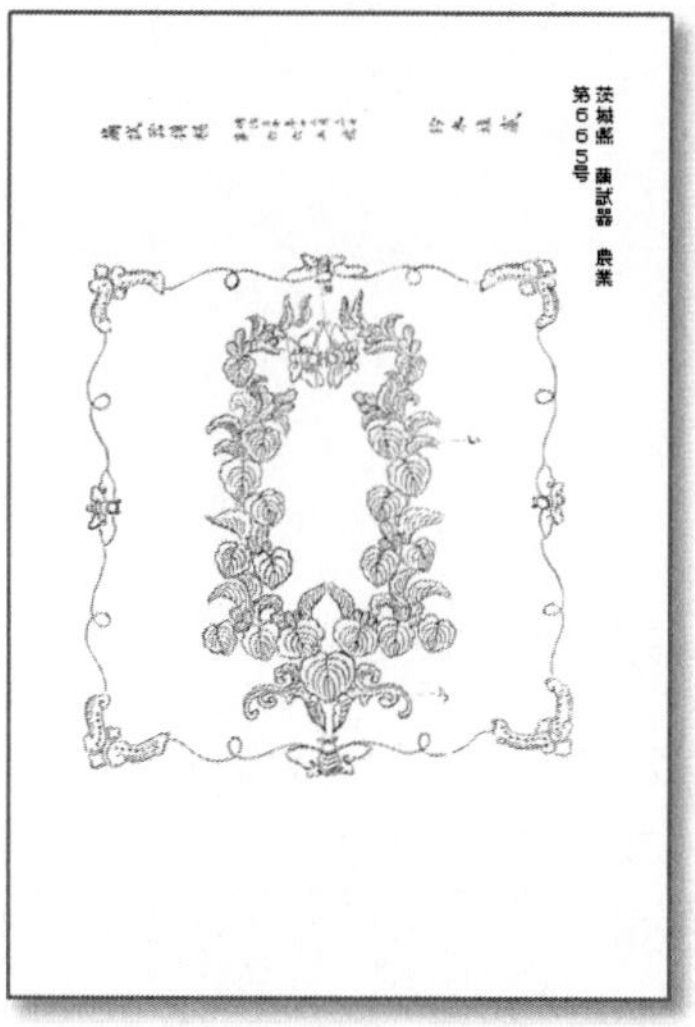

茨城縣 繭試器 農業
第665号

## 栃木の登録意匠に表れている特徴

日本の意匠登録第一号は栃木の須永由兵衛による織物縞の意匠です。当時の足利織物業発展に向けた積極的な動きが、東日本では東京に次ぐ登録件数の多さにあらわれています。織物業などの青年実業家らにより設立された「足利友愛義団」の活動も、足利における近代織物業の発展に大きく寄与しています。

織物

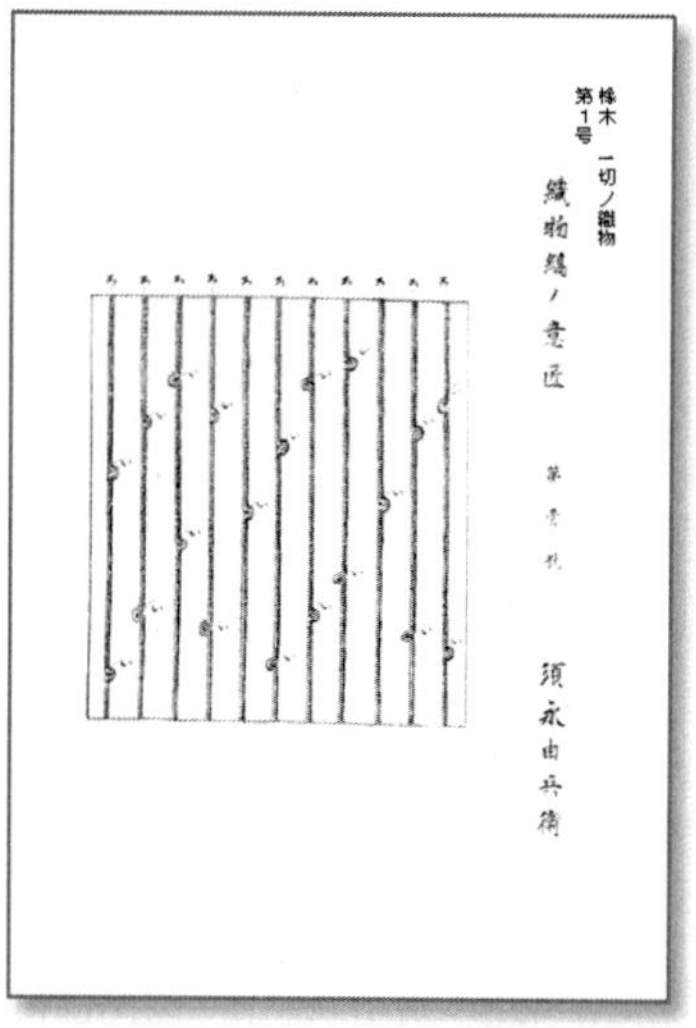


織物

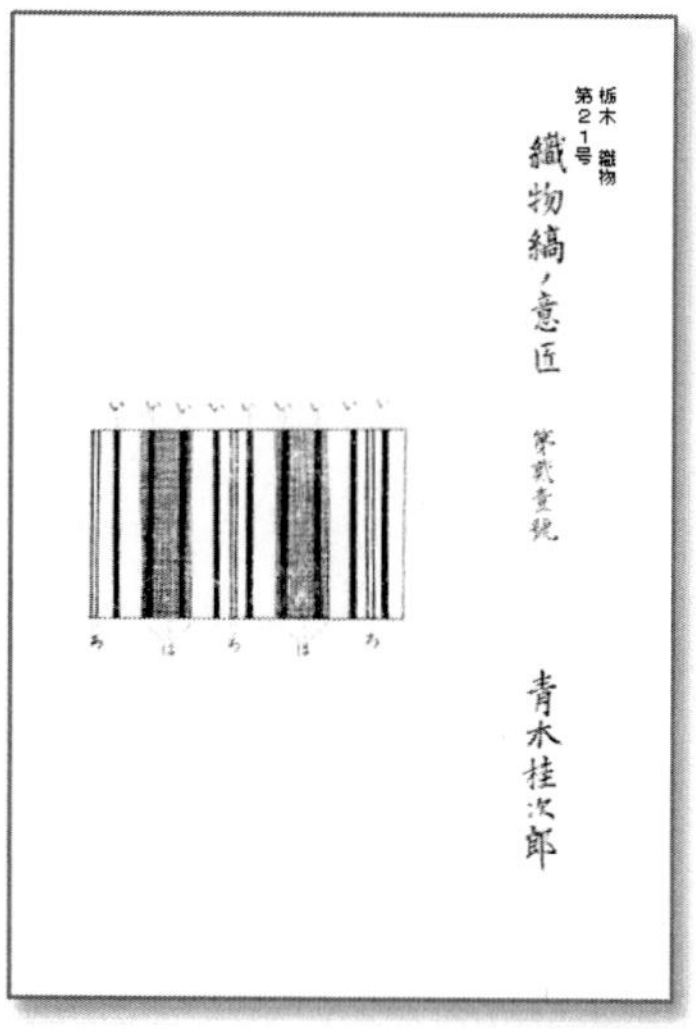


織物

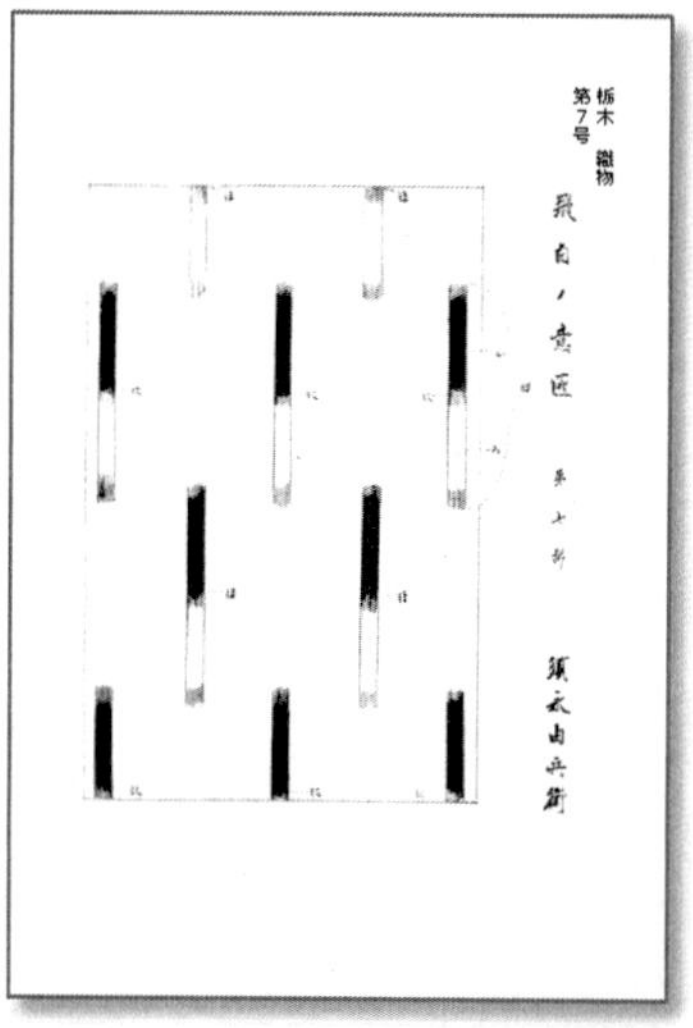


織物

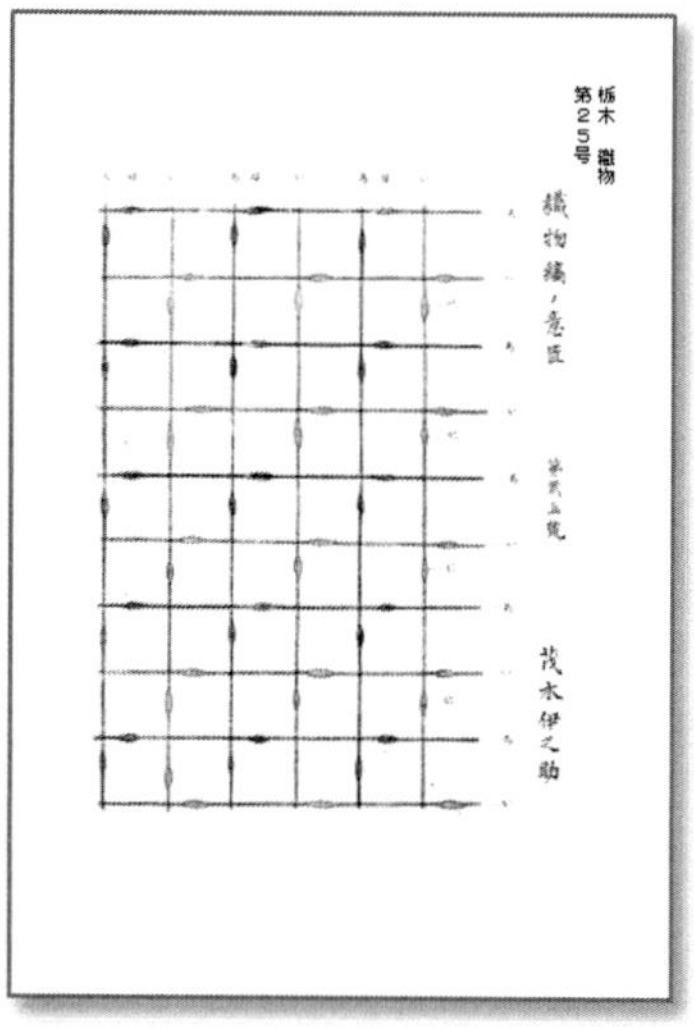


織物

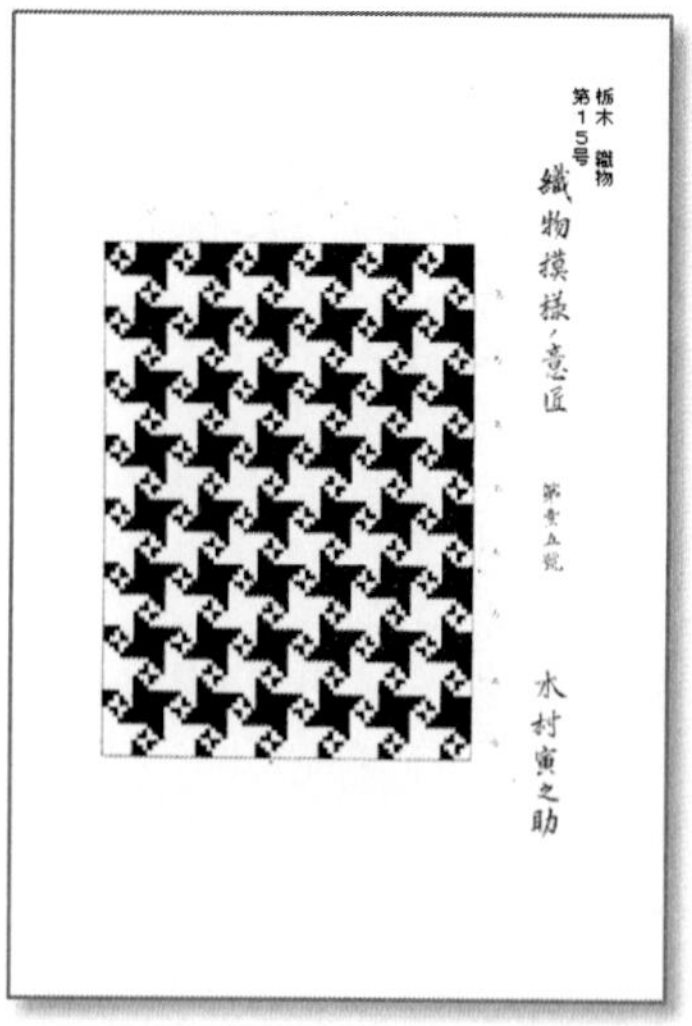


織物

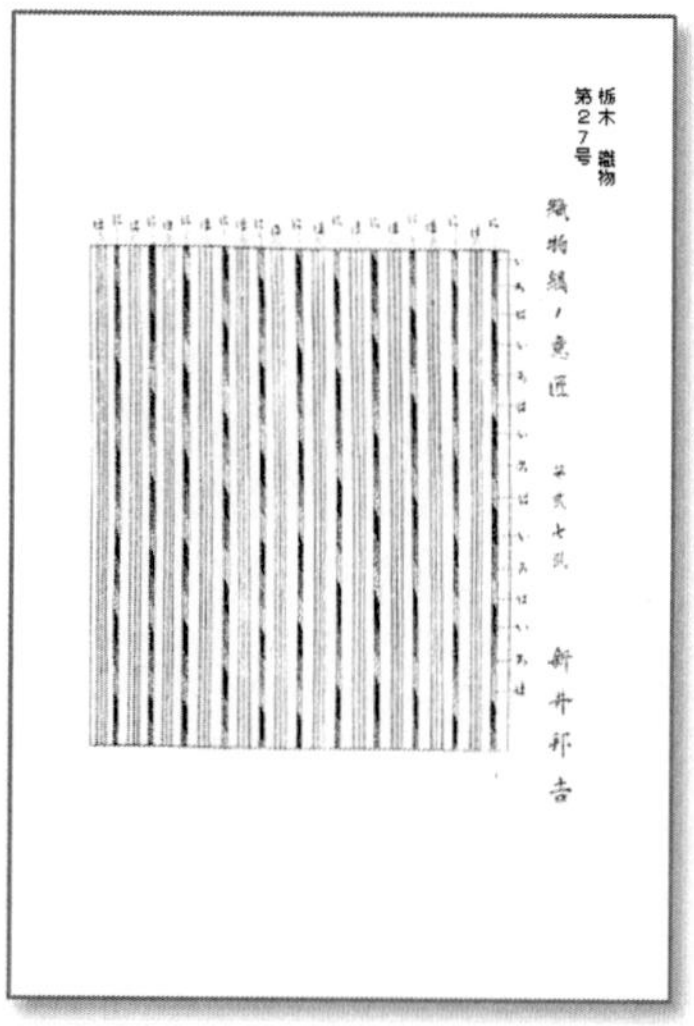

橡木　一切ノ織物
第1号

織物縞ノ意匠

第壹號

須永由兵衛

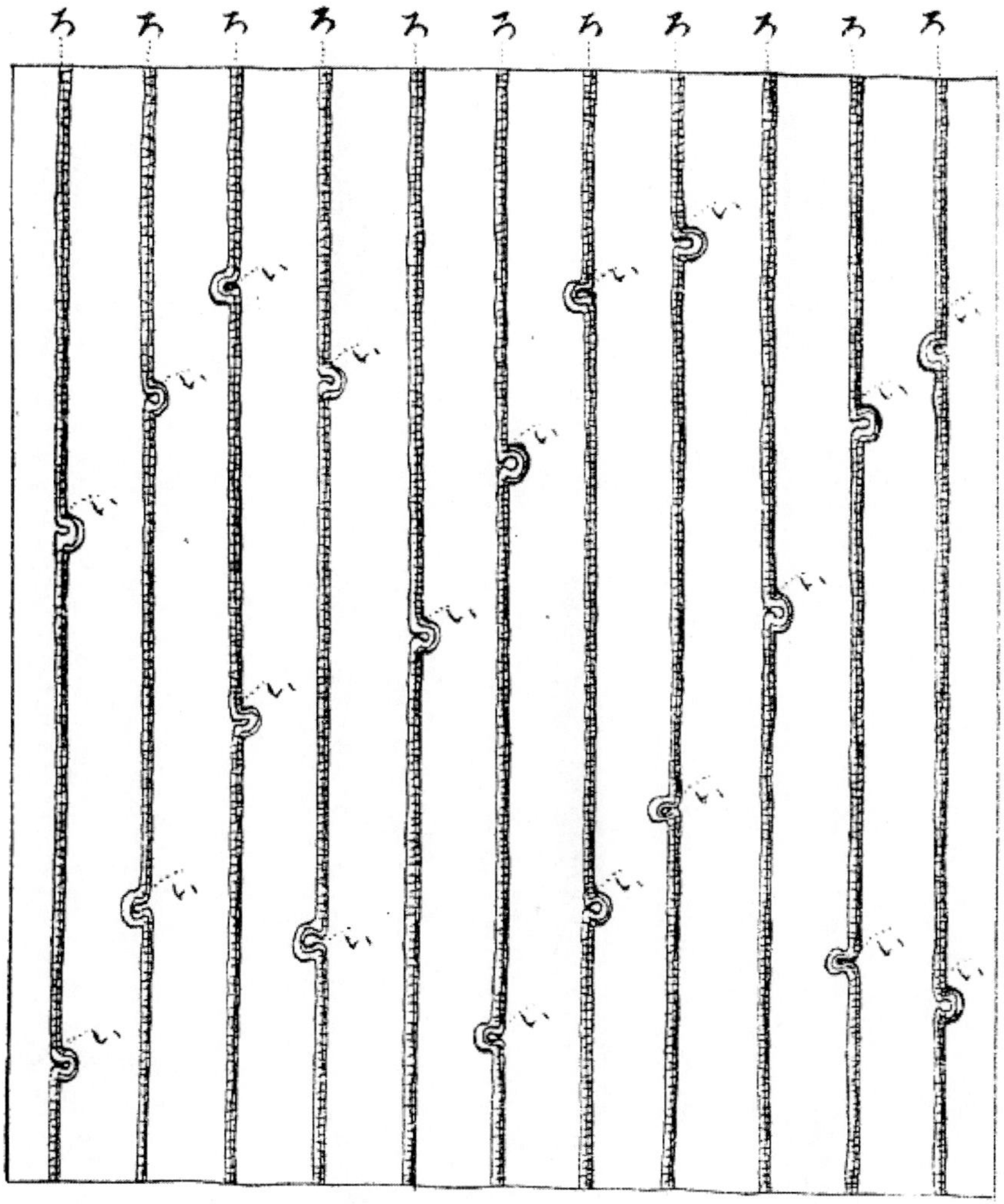

栃木 織物
第7号

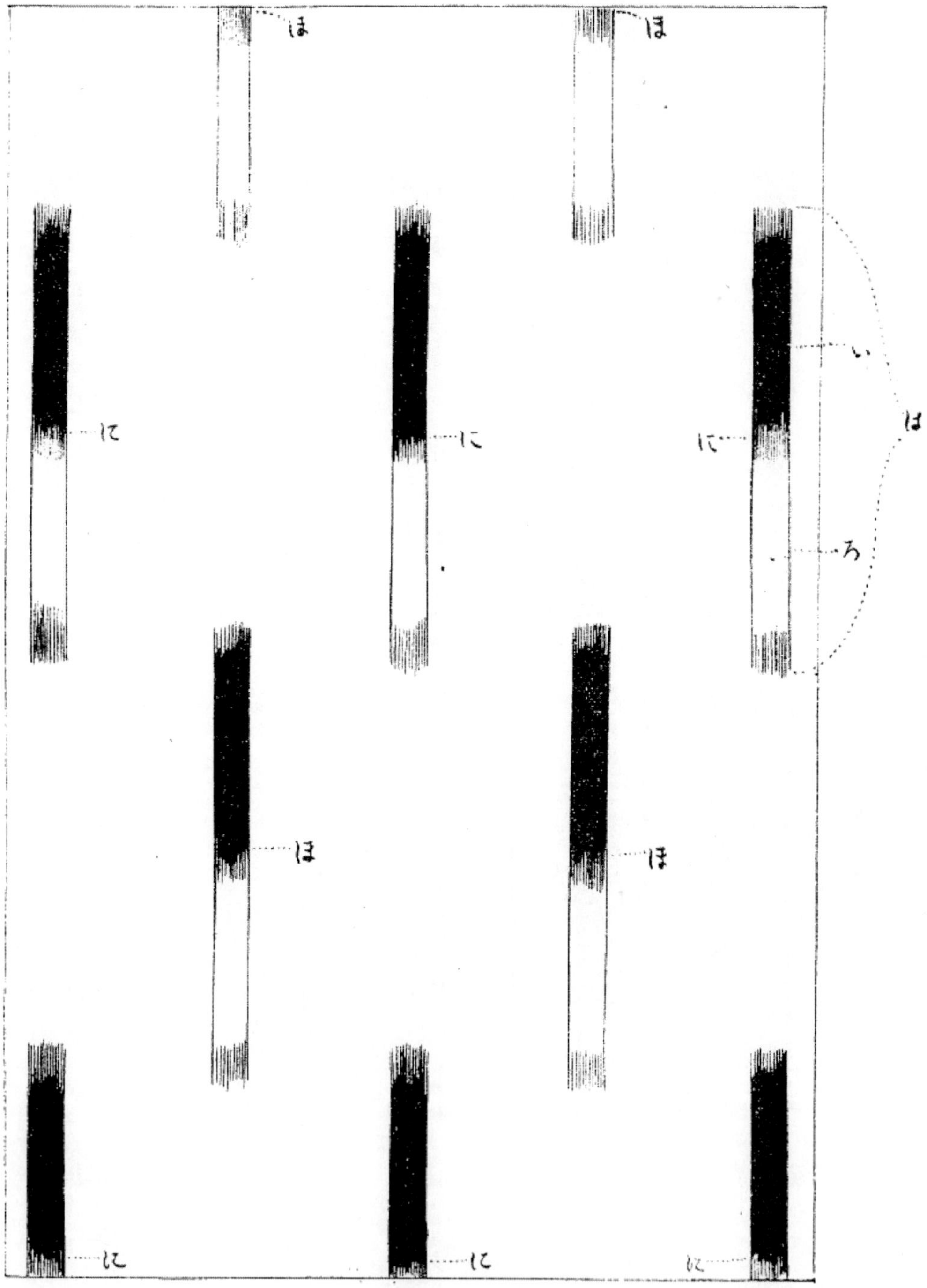


飛白ノ意匠

第七號

須永由兵衛

栃木 織物
第15号

# 織物模様ノ意匠

第壹五號

木村寅之助

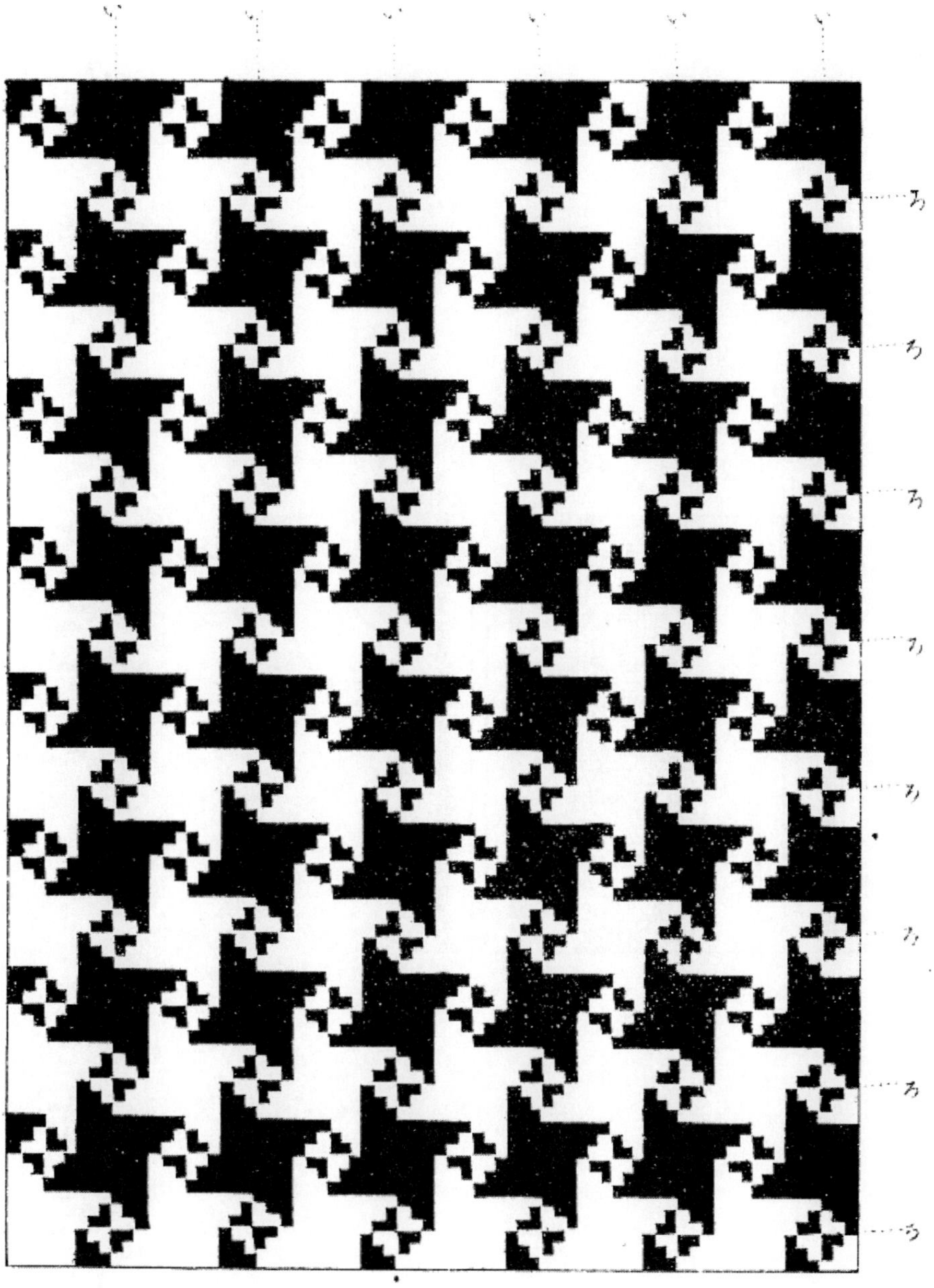

栃木 織物
第２１号

# 織物縞ノ意匠

第貳壹號

青木桂次郎

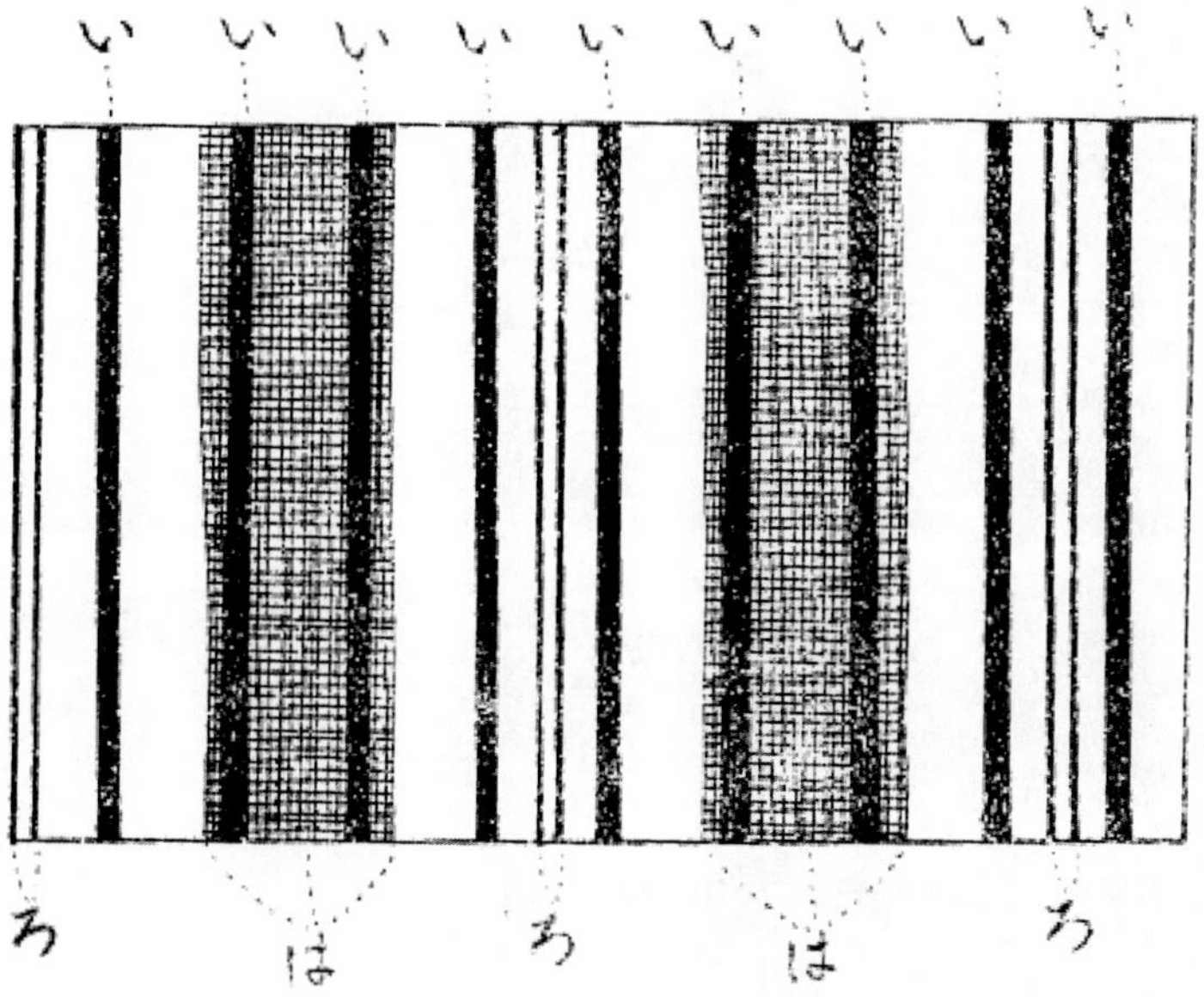

栃木 織物
第25号

# 織物縞ノ意匠

第貳五號

茂木伊之助

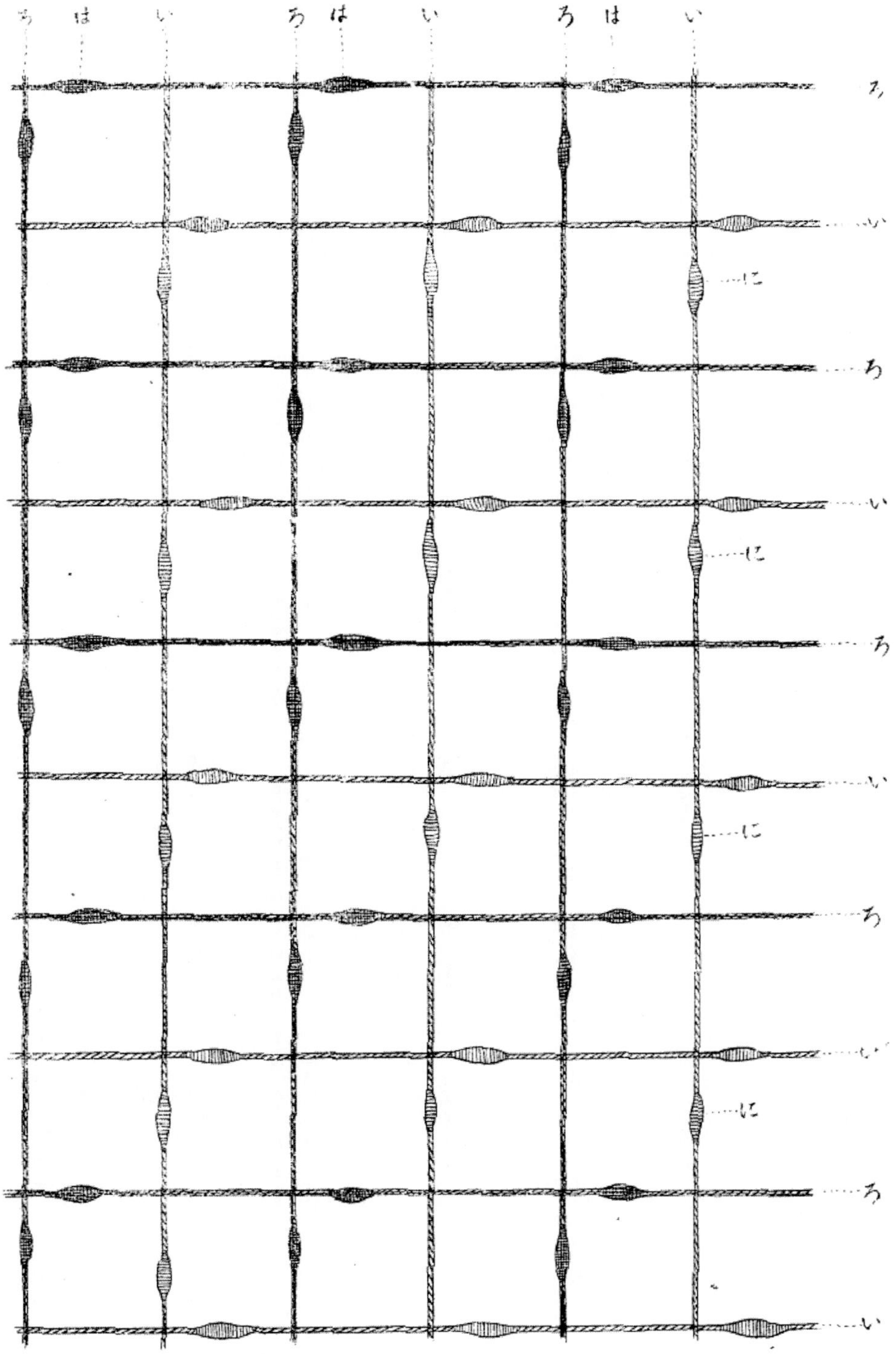

栃木織物
第２７号

# 織物縞ノ意匠

第貳七號

新井邦吉

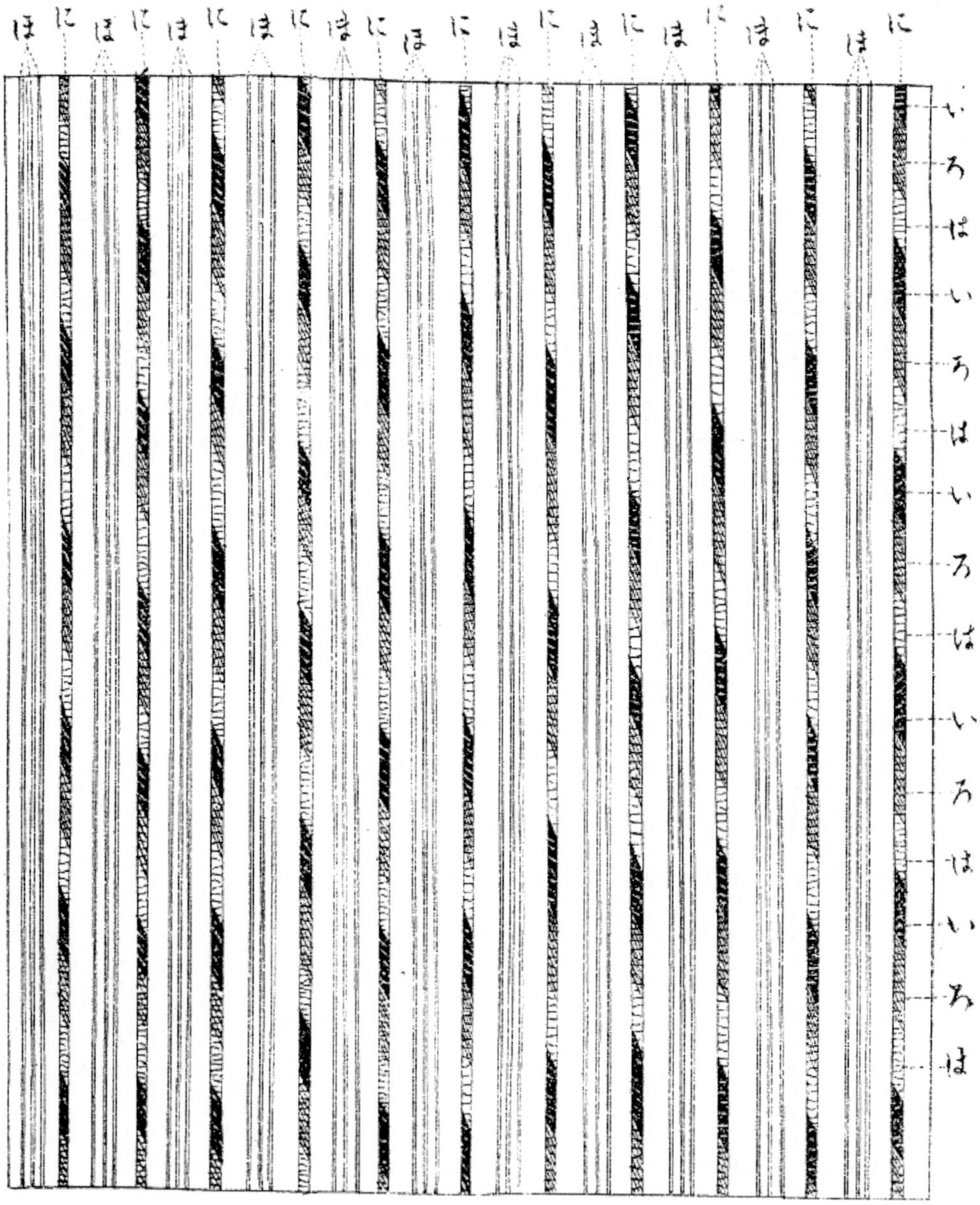

栃木 織物
第２９号

# 織物縞ノ意匠

第貳九號

清水庄次郎

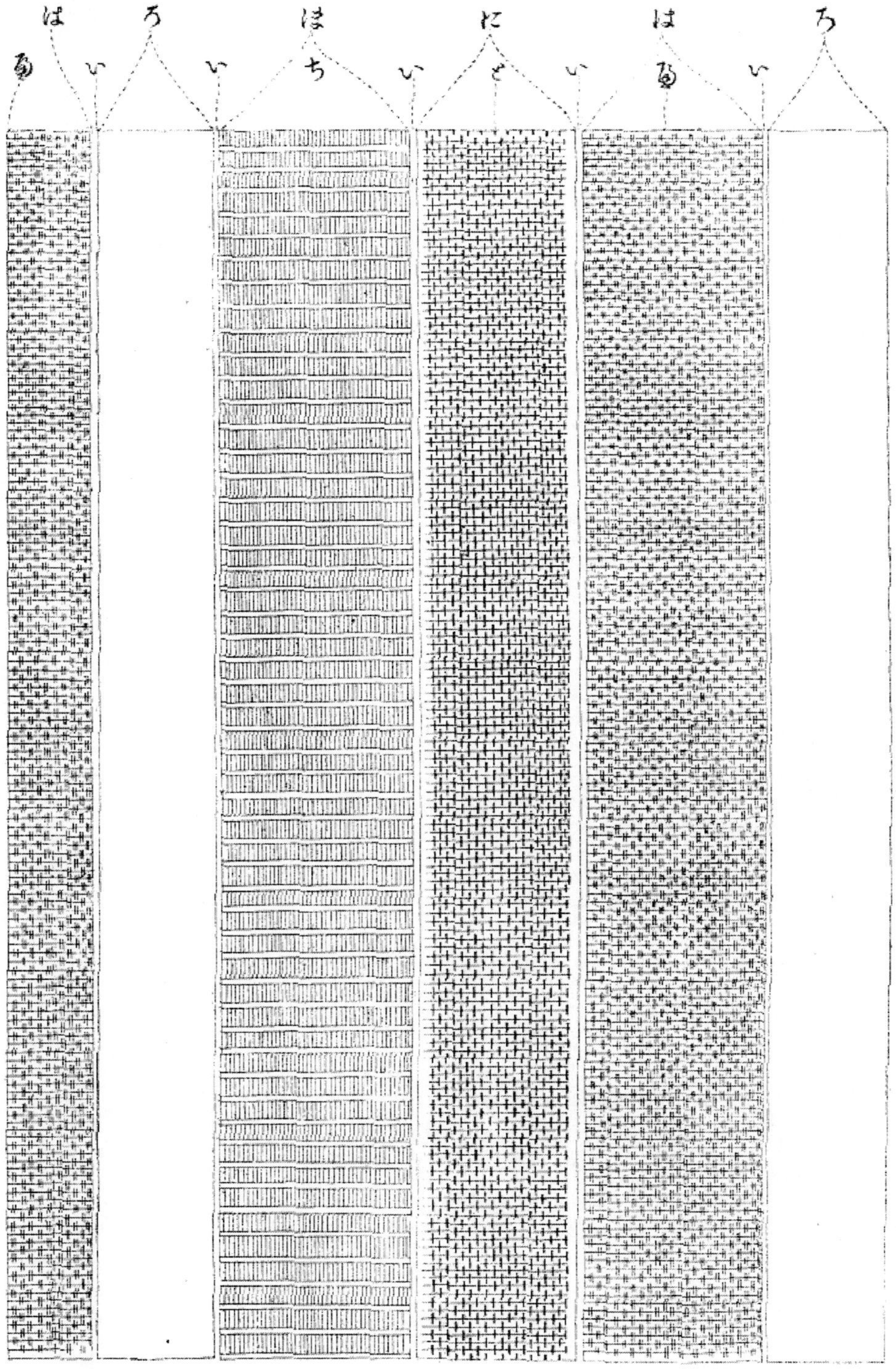

栃木織物
第31号

# 織物ノ意匠

第三壹號

市川安左衛門

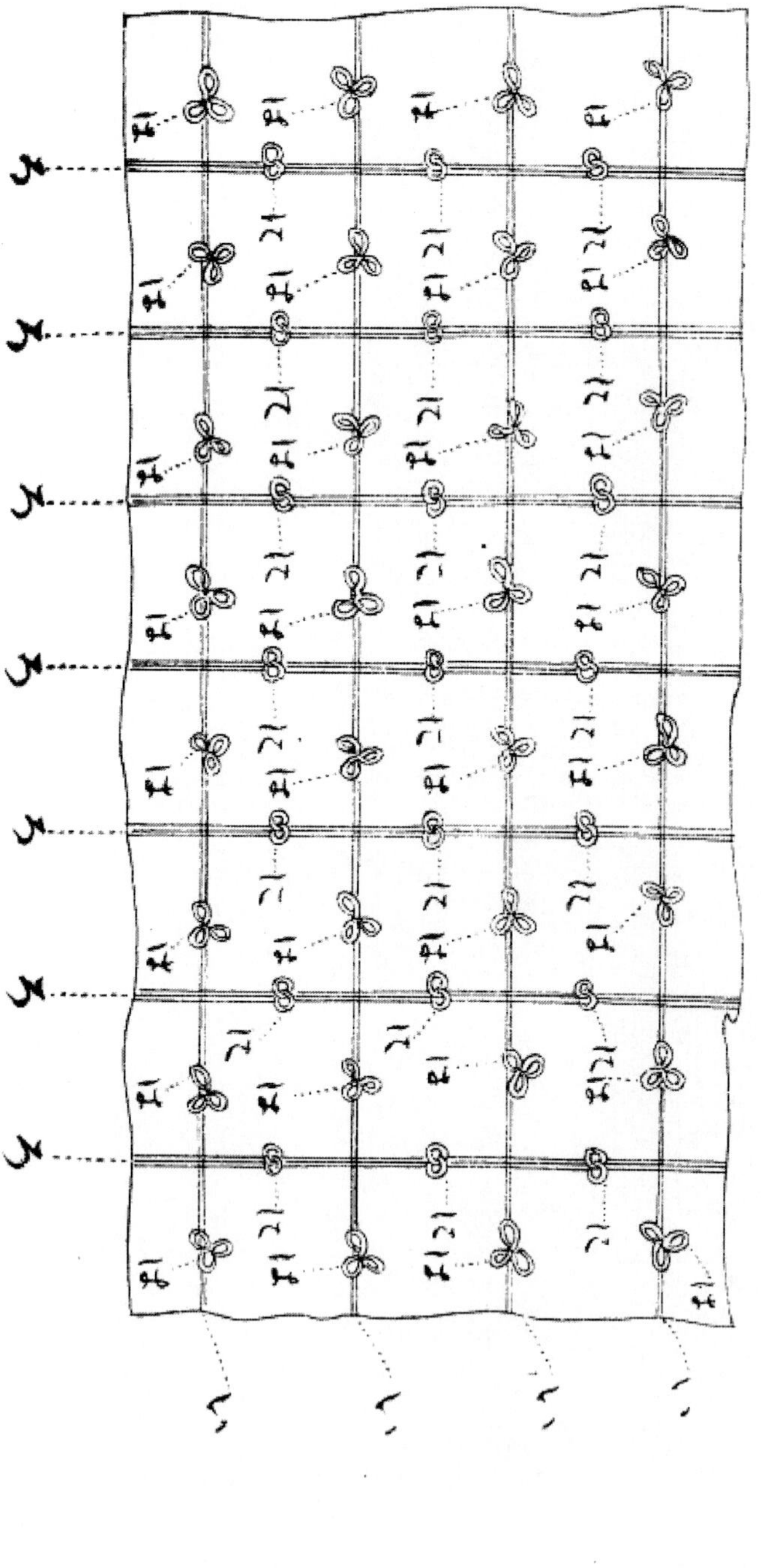

栃木 織物
第32号

# 織物縞ノ意匠

第三貳號

新井邦吉

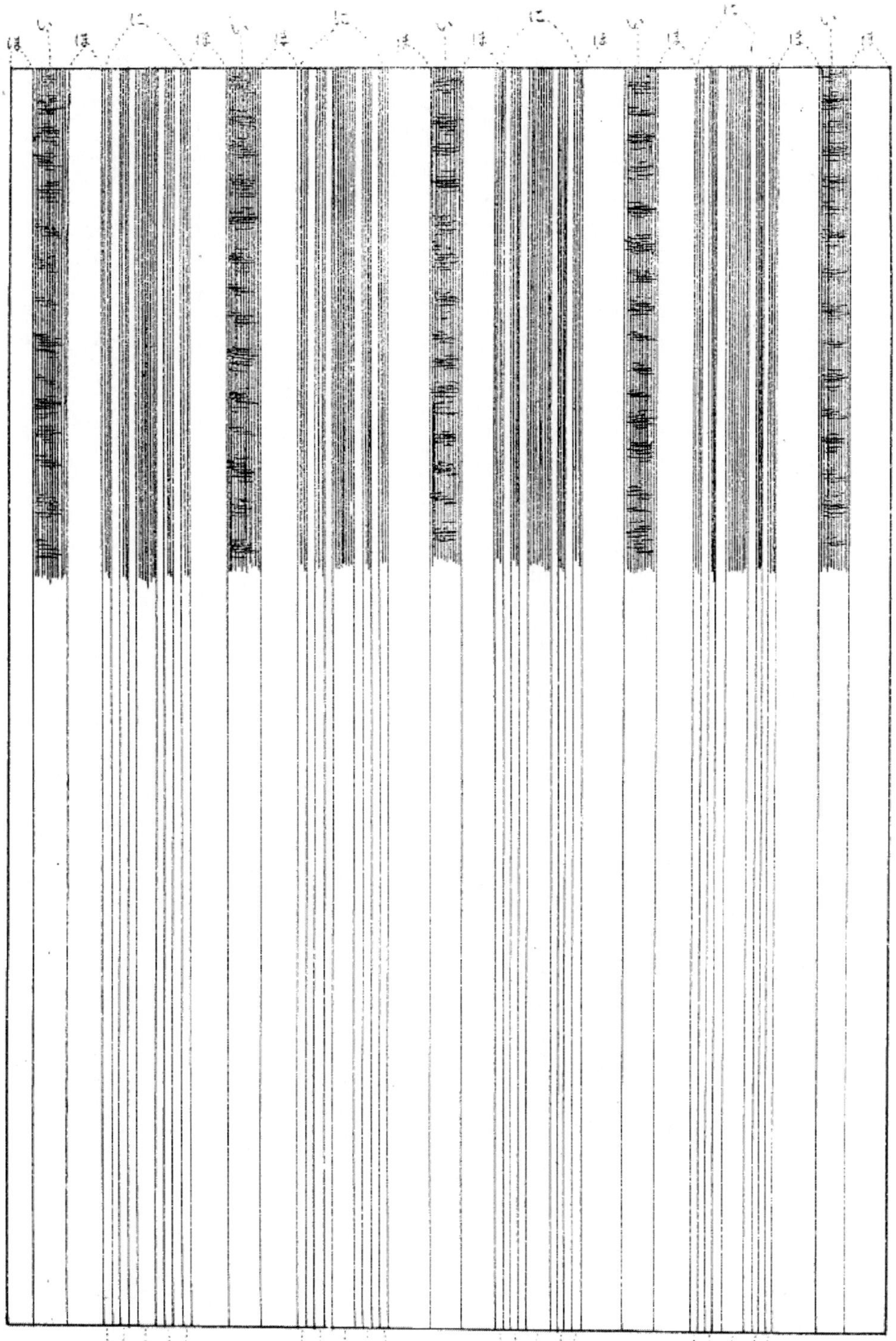

栃木 織物
第45号

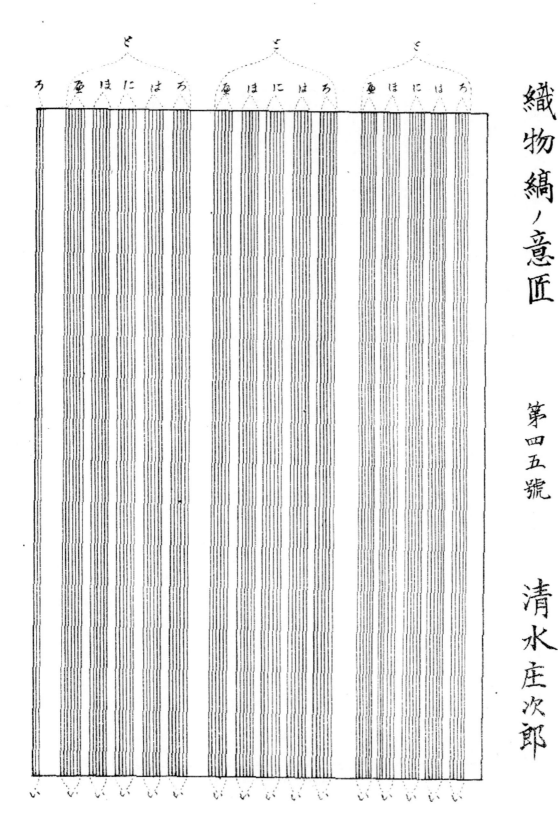

# 織物縞ノ意匠

第四五號

清水庄次郎

# 織物縞ノ意匠

第四八號

茂木新兵衛

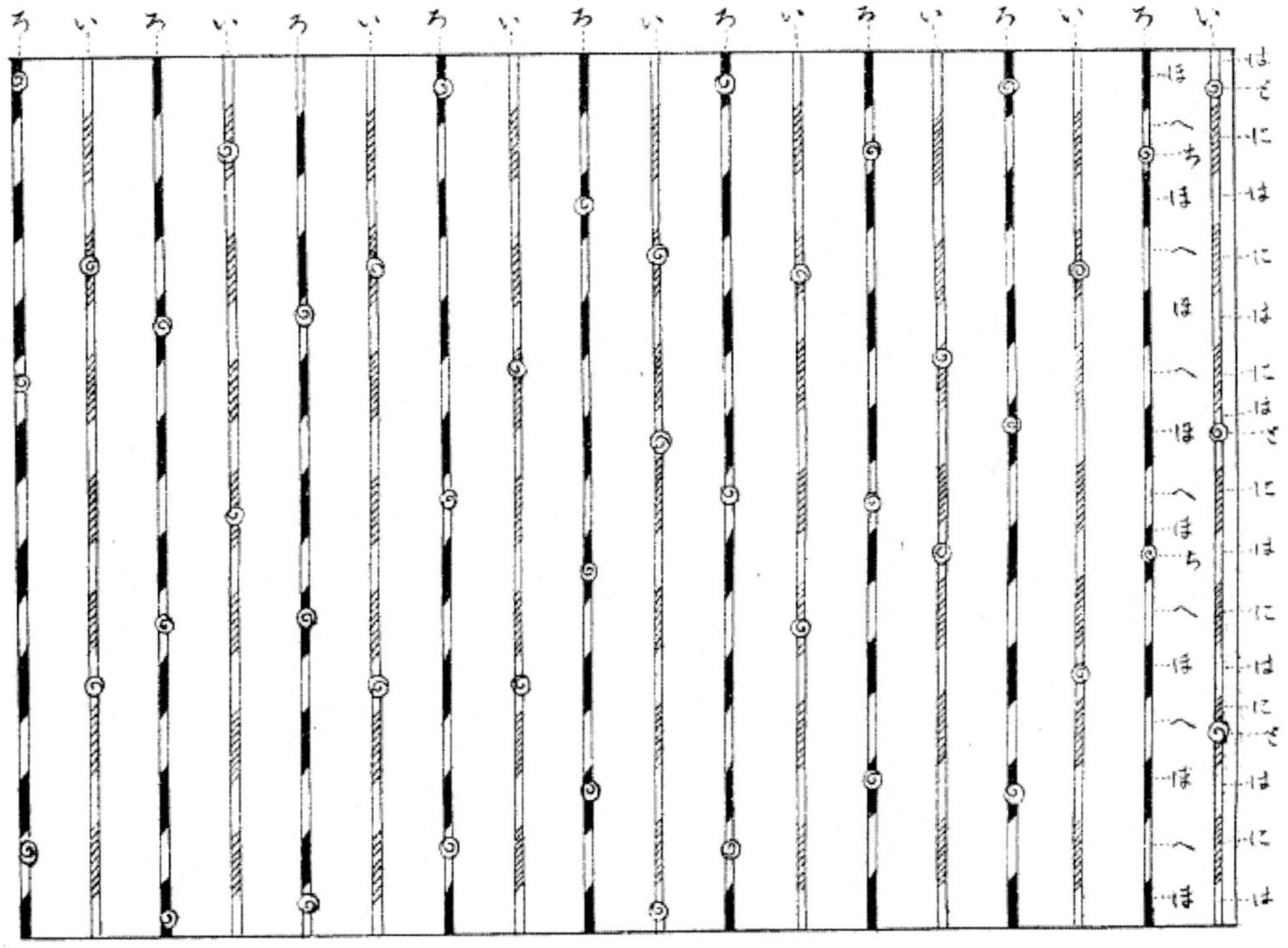

栃木 織物
第50号

# 織物模様ノ意匠

第五〇號

木村寅之助

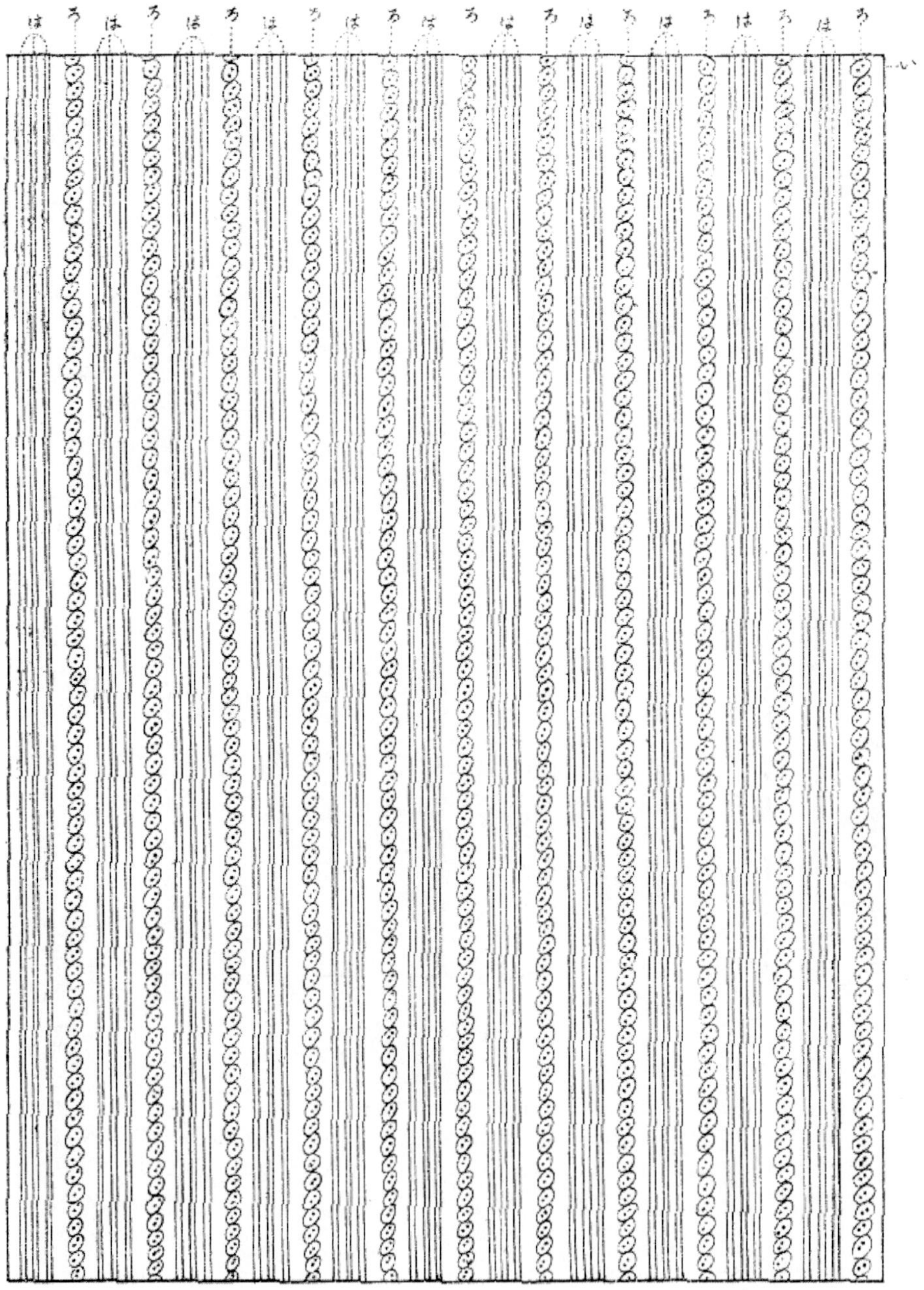

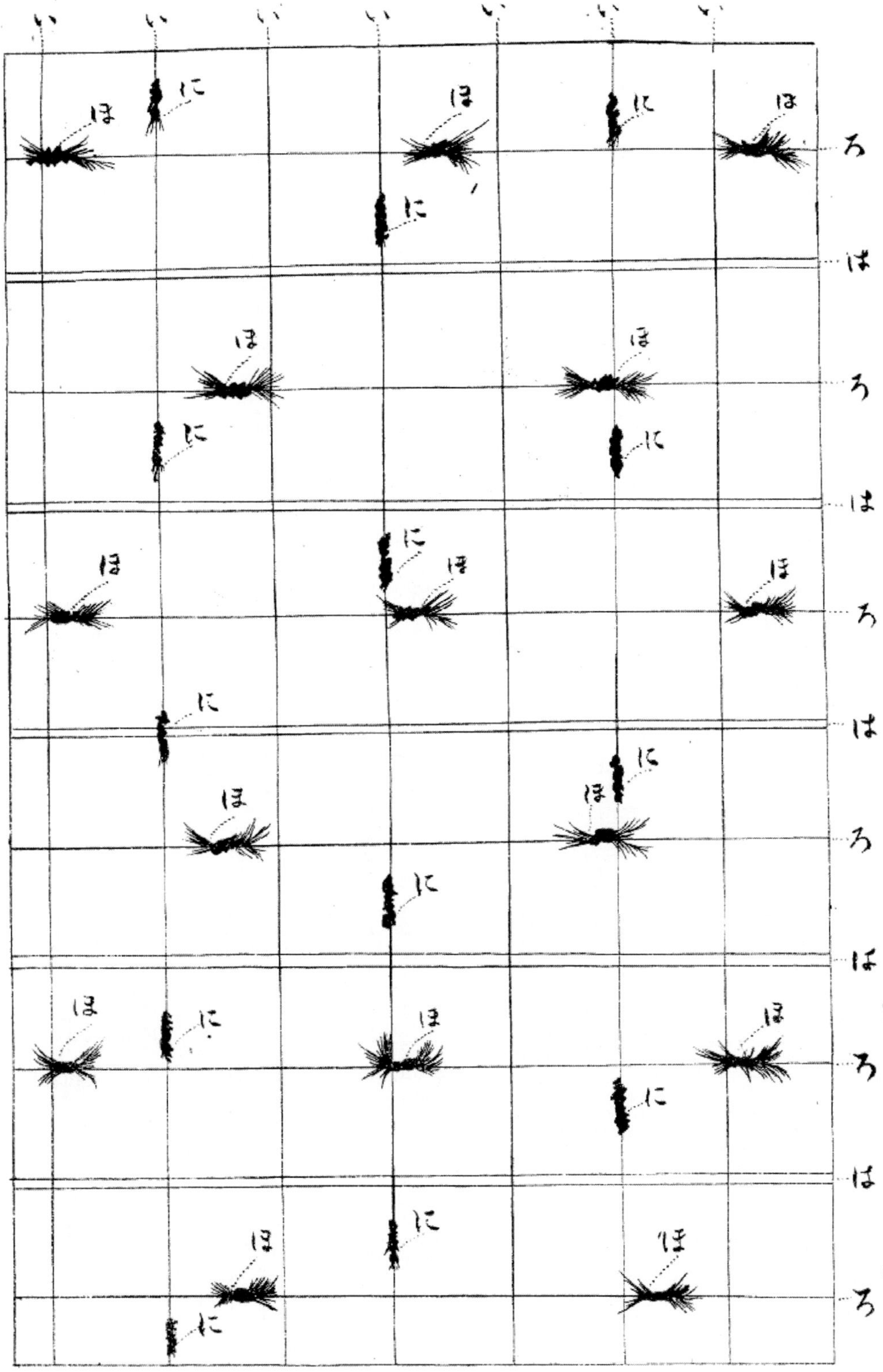


織物縞ノ意匠

第五四號

小林竹次郎
杉江茂助

栃木・群馬　織物
第62号

# 織物摸様ノ意匠

第六貳號

根岸興太郎
齋藤年吉

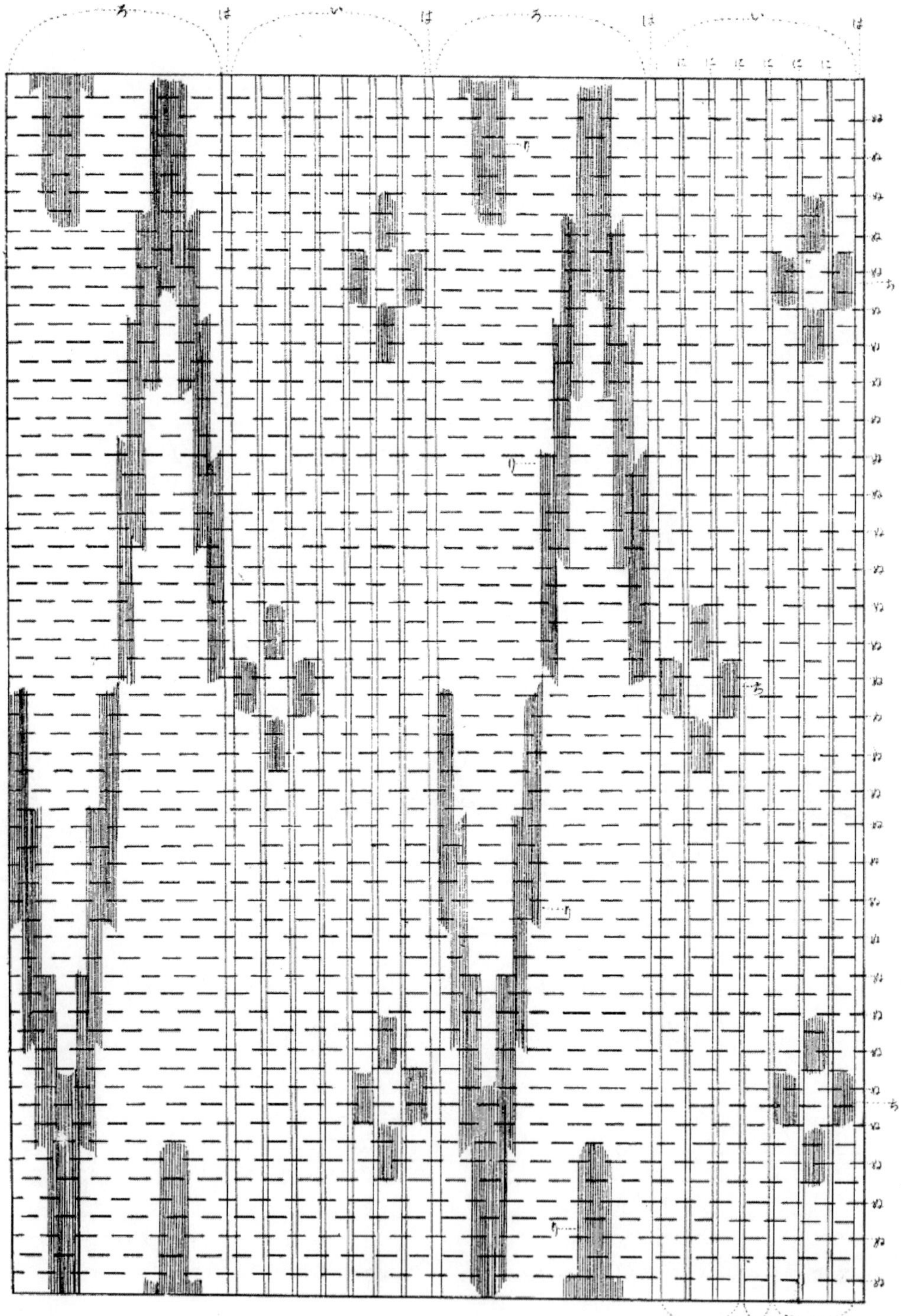

栃木 織物
第67号

# 織物縞ノ意匠

第六七號

新井邦吉

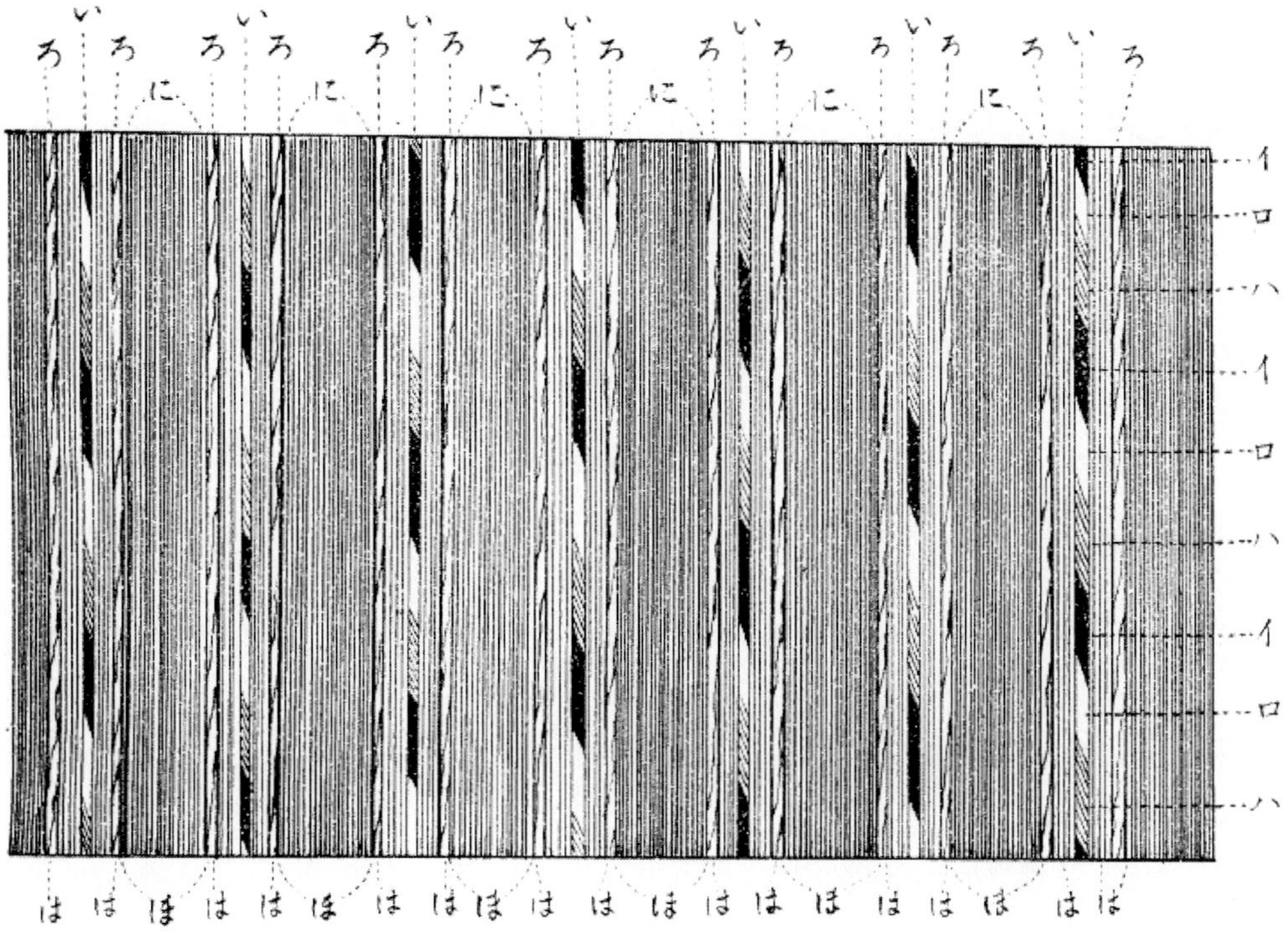

栃木 織物
第68号

# 織物縞ノ意匠

第六八號

阿久津真造

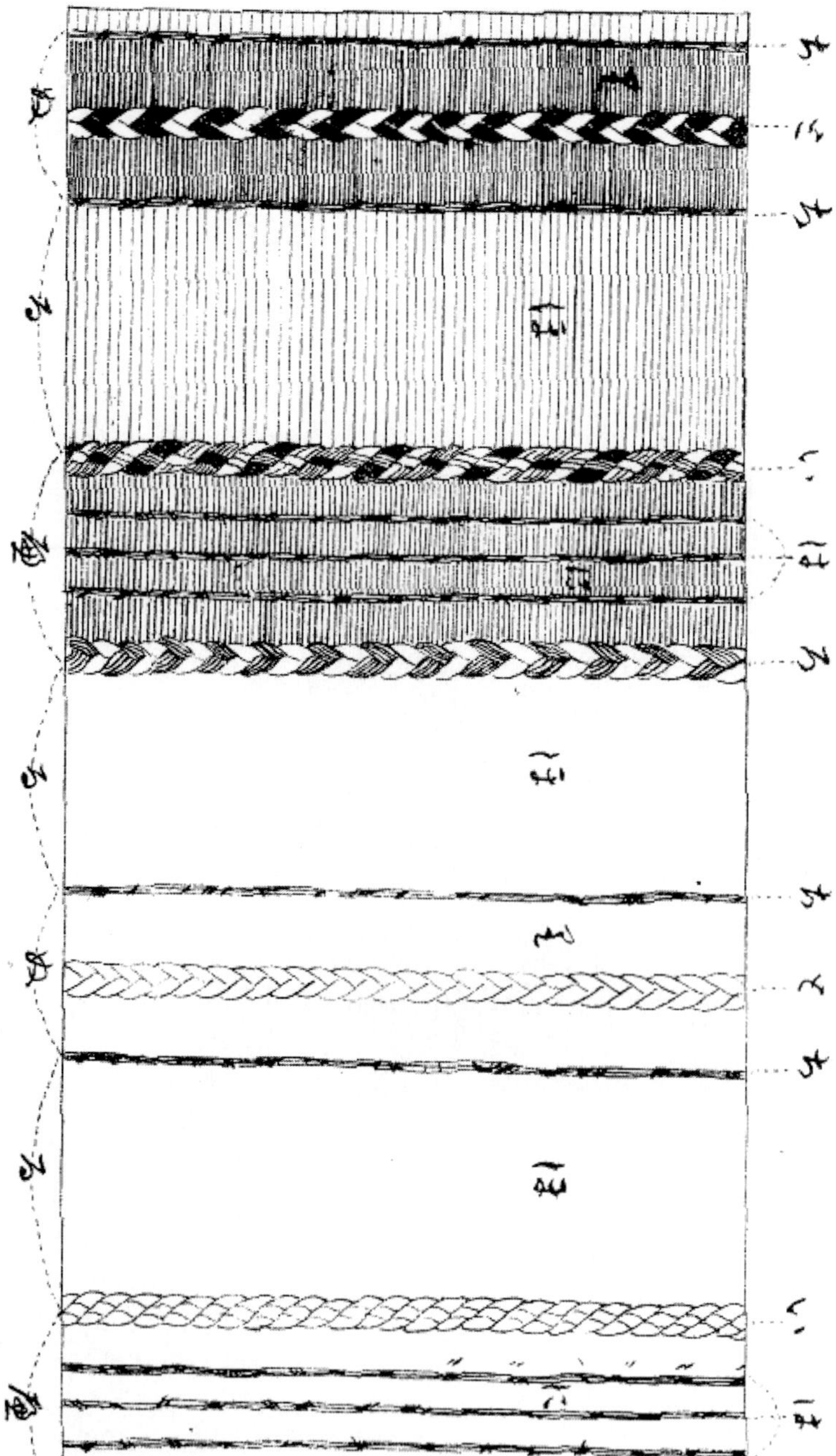

栃木縣　織物
第71号

# 織物摸様ノ意匠

第七壹號

吉田芳太郎

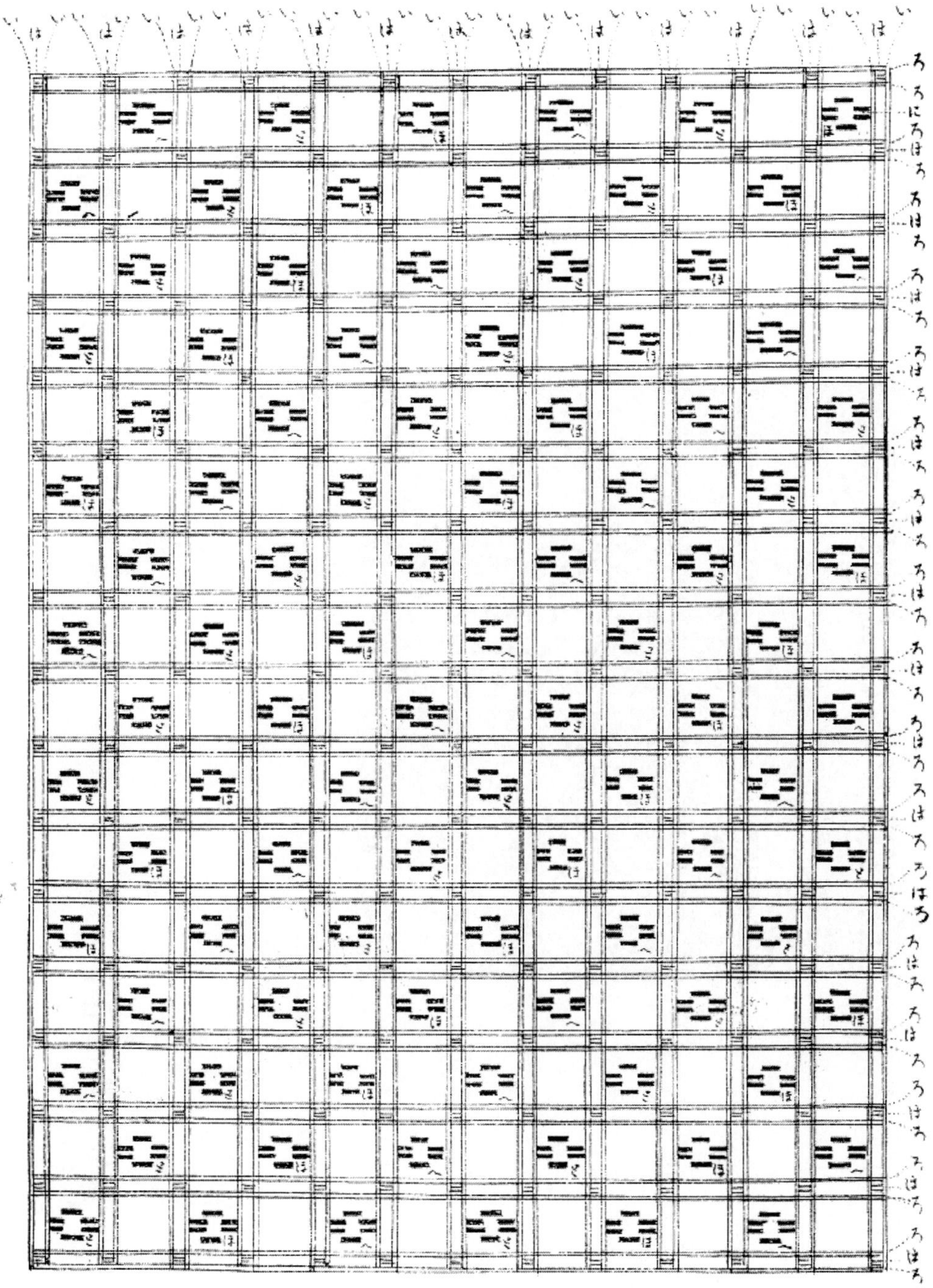

栃木縣　服紗手巾
第８６号

織物模樣ノ意匠

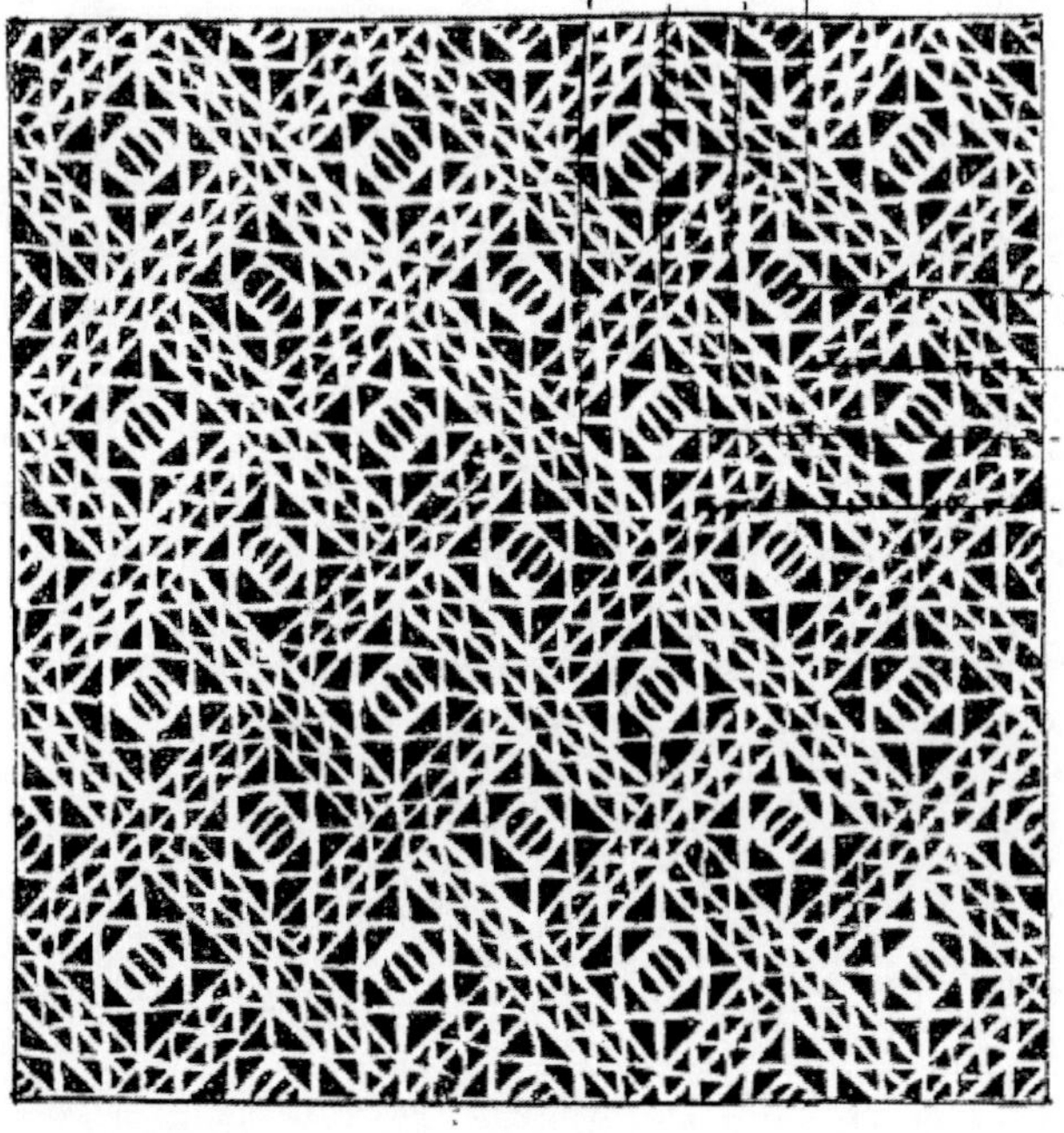


第八六號

岩本良助

## 群馬の登録意匠に表れている特徴

日本で最初の洋式器械製糸を導入した富岡製糸場に代表されるように、明治期の群馬は製糸・織物業を基幹産業として発展しました。日本の伝統的な織物模様と、当時西洋から伝えられ、日本の手仕事と融合した手巾（ハンケチ）の意匠が登録されています。

織物

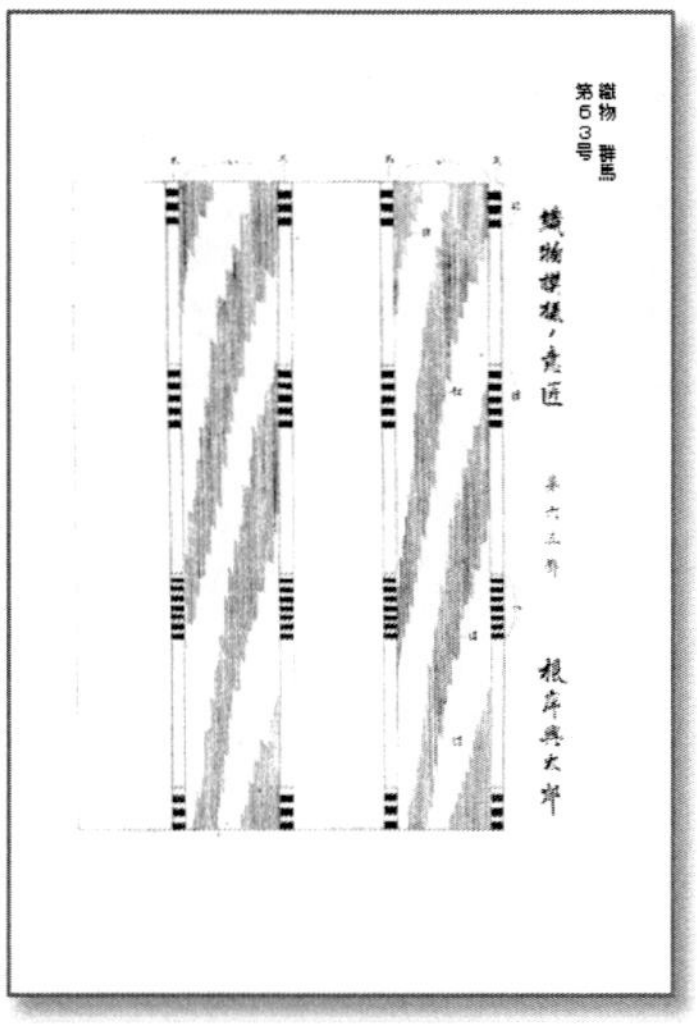


製糸業

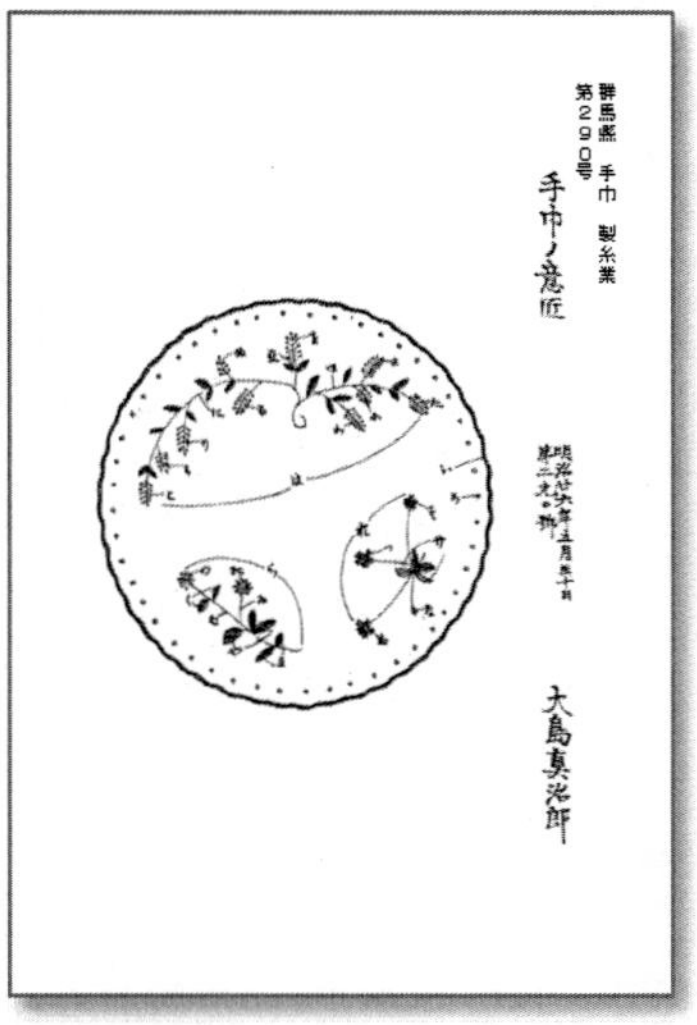

織物　群馬
第６３号

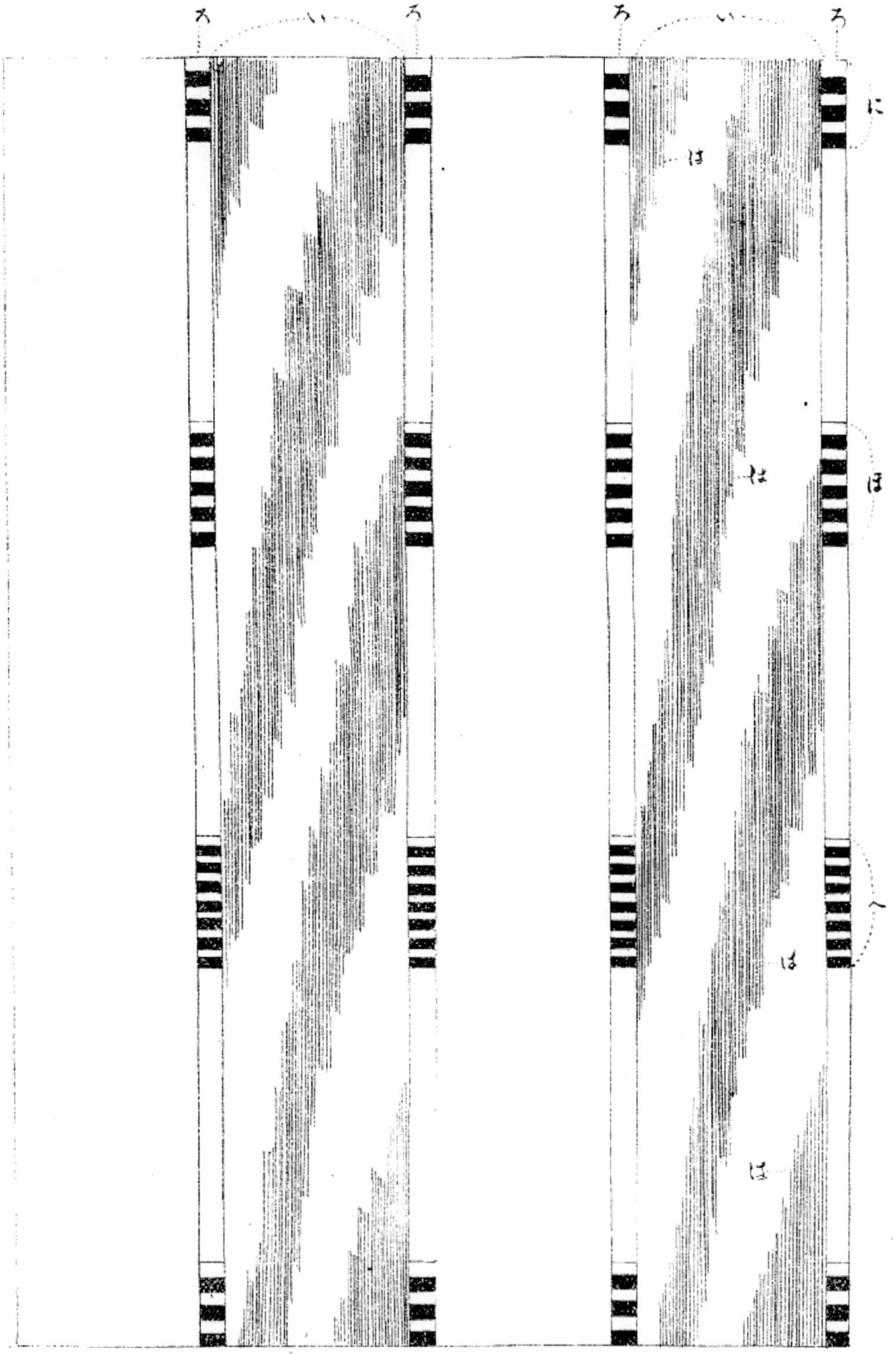


織物模様ノ意匠

第六三　群

根岸興太郎

群馬縣　手巾　製糸業
第２９０号

# 手巾ノ意匠

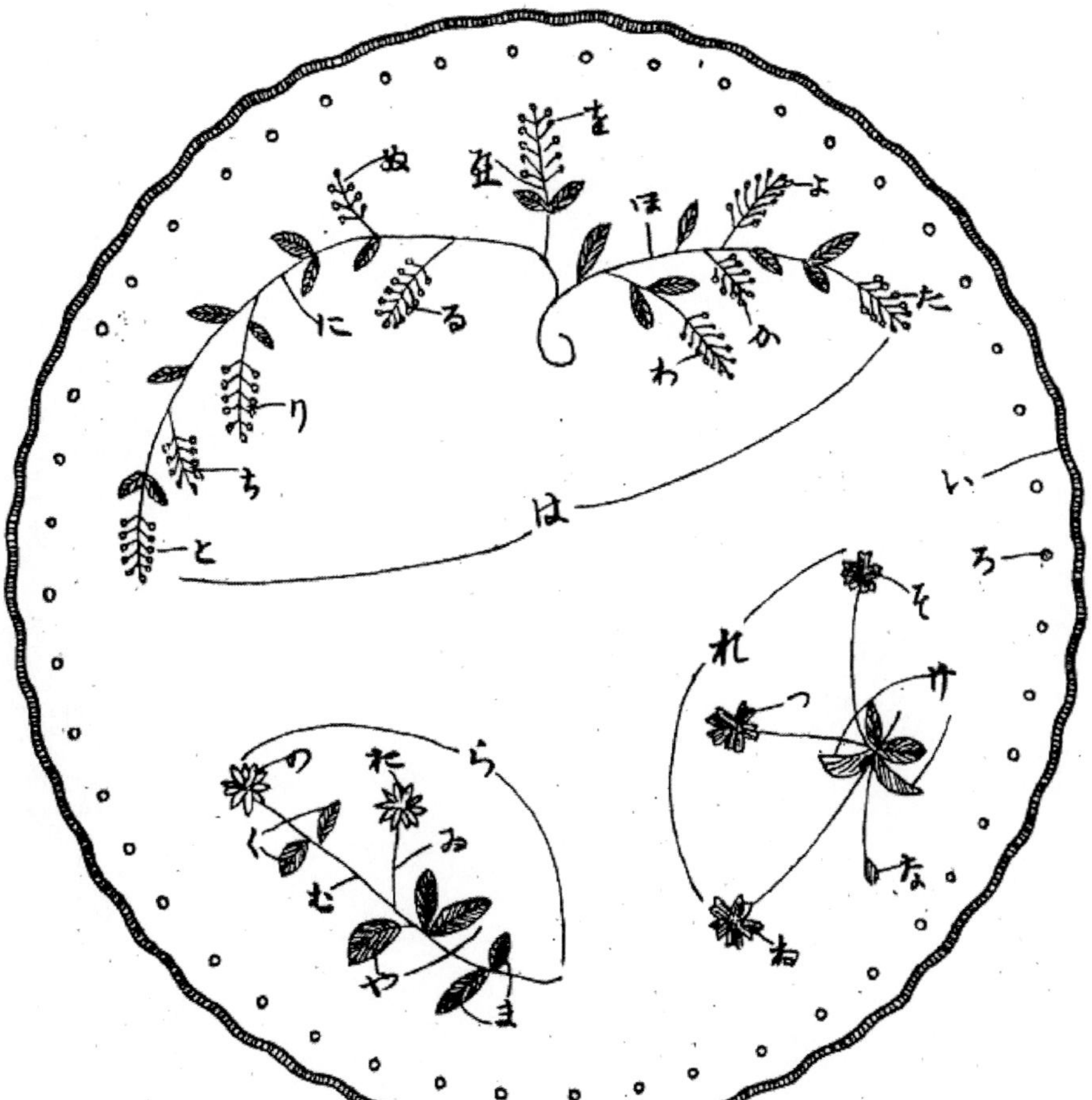


明治廿六年五月三十日
第二九〇號

大島真治郎

## 千葉の登録意匠に表れている特徴

印刻職による畳み梯子の金具の意匠が登録されています。凝った飾り模様が入った金具があしらわれた梯子は、実用目的というよりは祭事などに使用されるような特別仕様のように見受けられます

印刻職

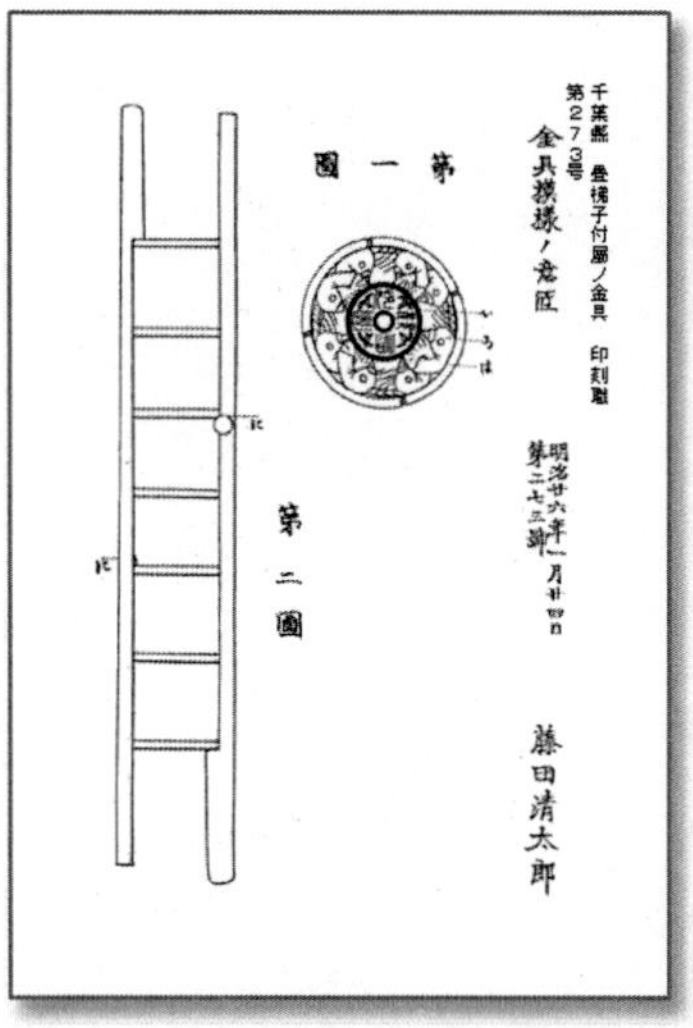

千葉縣　疊梯子付屬ノ金具　印刻職

第２７３号

# 金具模様ノ意匠

明治廿六年一月廿四日
第二七三號

藤田清太郎

第一圖

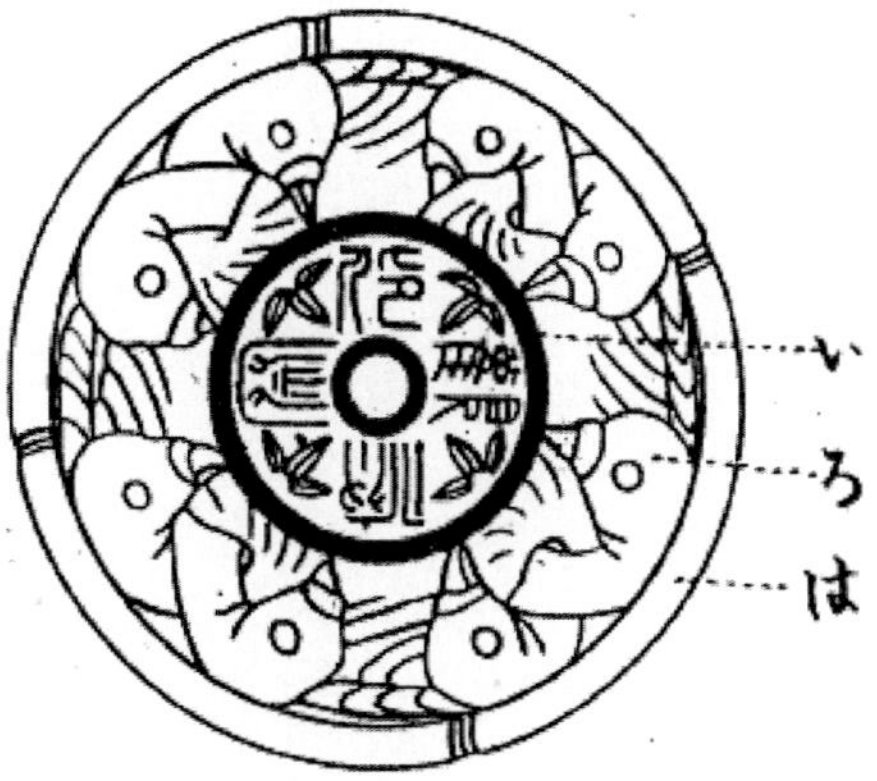


第二圖

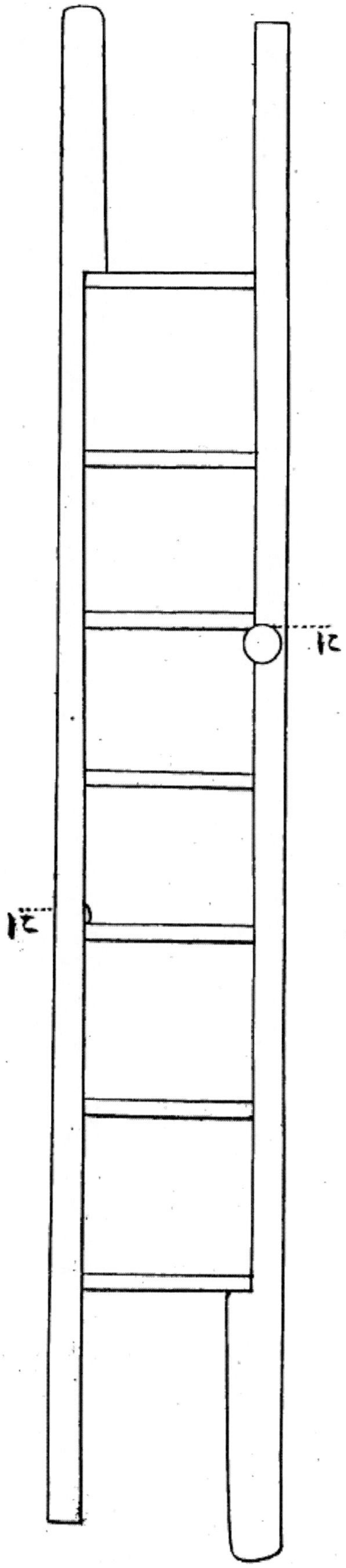

## 東京の登録意匠に表れている特徴

**職業から見る**

文明開化の中心地東京では新旧多種多様な職業が表れています。古くから続く職業は組糸商、和服裁縫業、かんざし製造販売業、根掛製造業などが挙げられます。新たに生まれた職業として、活版印刷業、洋服裁縫職、モール製造業、軍事教育會幹事、コークス製造業、石鹼製造業、西洋蝋製造販売業などが表れています。

**物品から見る**

洋装の襯衣（シャツ）、アルファベットの織物模様、本格的に着用され始めた帽子、郵便制度開始に伴う書簡の封皮（封筒）や書簡筒など、当時の最先端を行く物品がいち早く表れています。

輸出工芸品としては、数多く登録され印象的なのが植物をモチーフとした豪華絢爛な壁紙です。万博出品で人気を博したのち、大蔵省印刷局が製造を開始したのが本格的な壁紙製造の始まりとされています。

また身近な玩具や手巾などの模様に、日清戦争を経て富国強兵への意識が高まっていく様が色濃く反映されています。

**人物から見る**

明治期に活躍した実業家が按出者として表れています。大蔵省印刷局から設備工場の払い下げを受けて山路壁紙製造所を起こし、壁紙の海外輸出に多大な功績を残した山路良三、東京築地活版製造所の所長を務めた曲田成などです。また、弘道軒清朝体活字を作った活版製造所「弘道軒」の後継者、神崎正助と見られる人物による活字の意匠が見られます。

歯磨製造業

組糸商

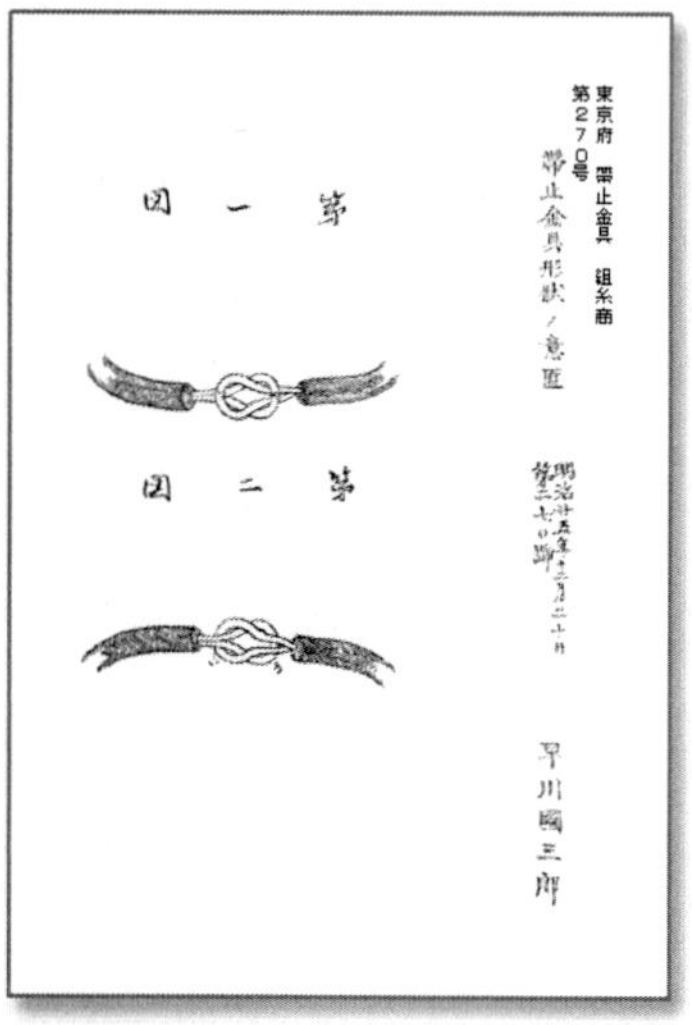

壁紙製造業

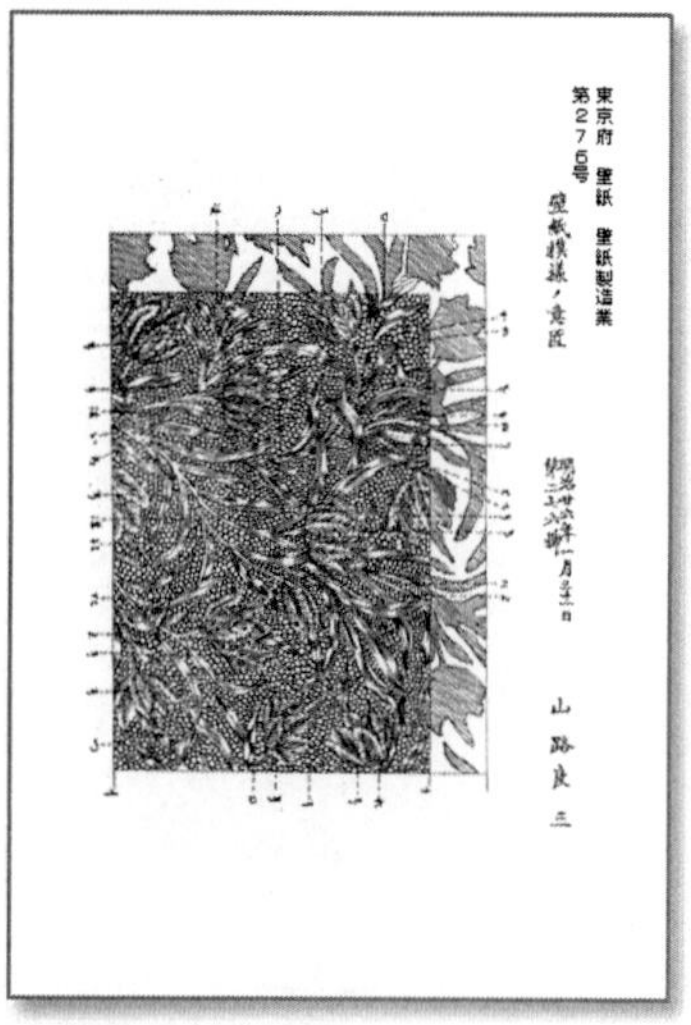

和服裁縫業

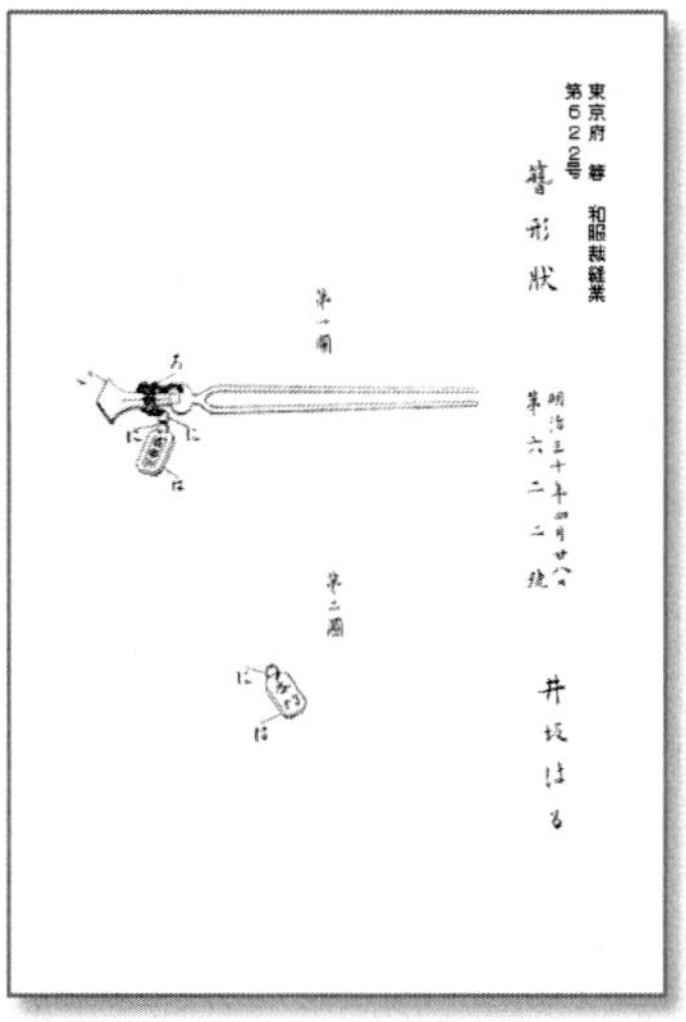


小間物商

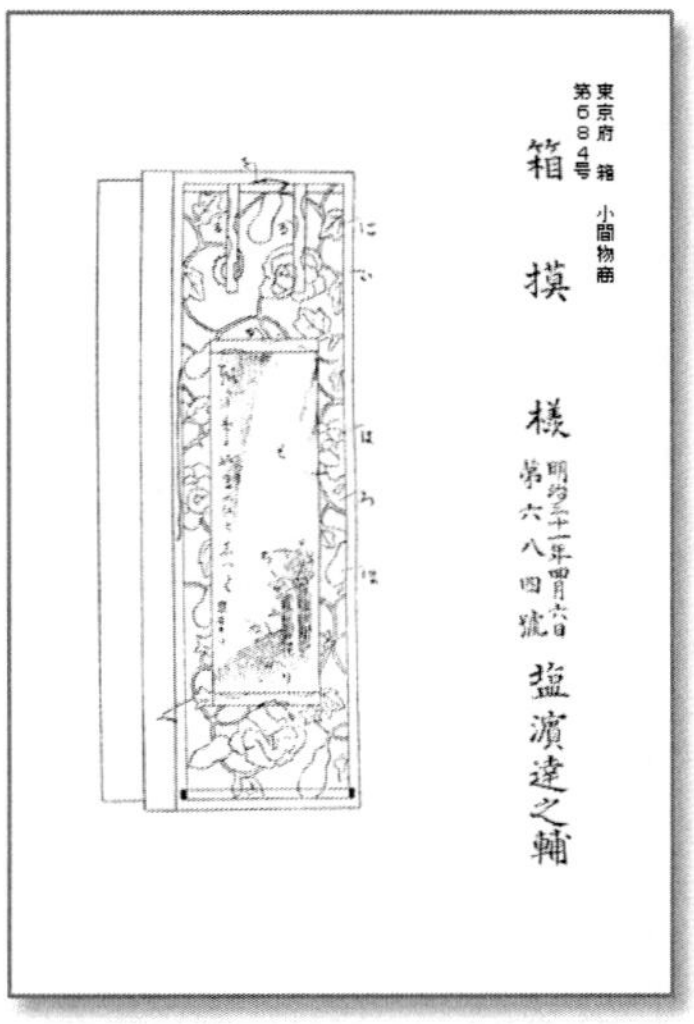


辯護士

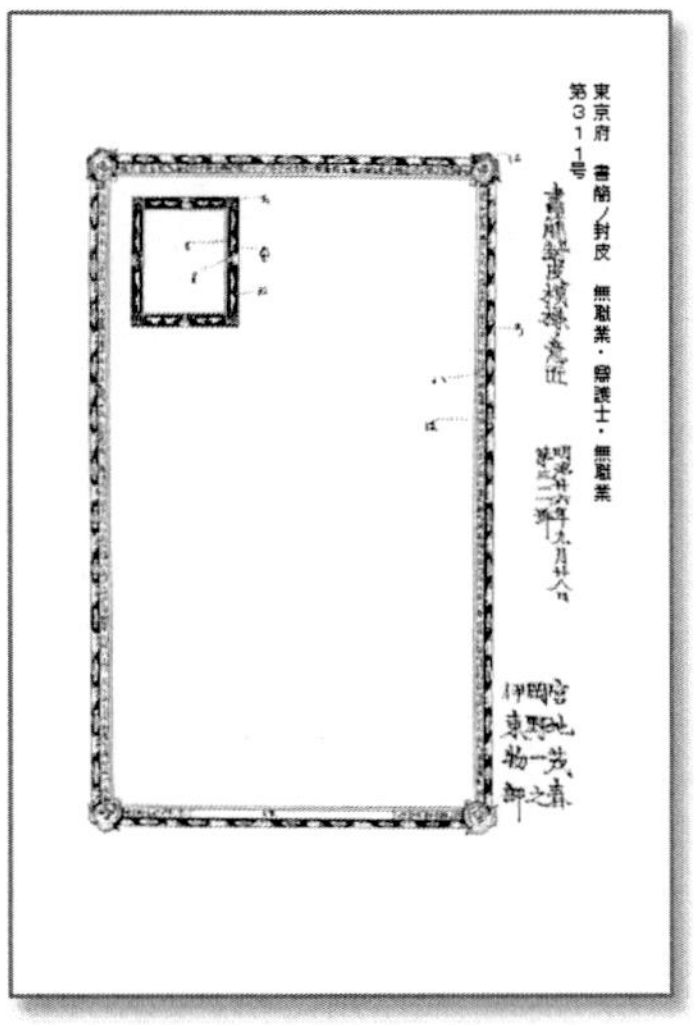


白粉商

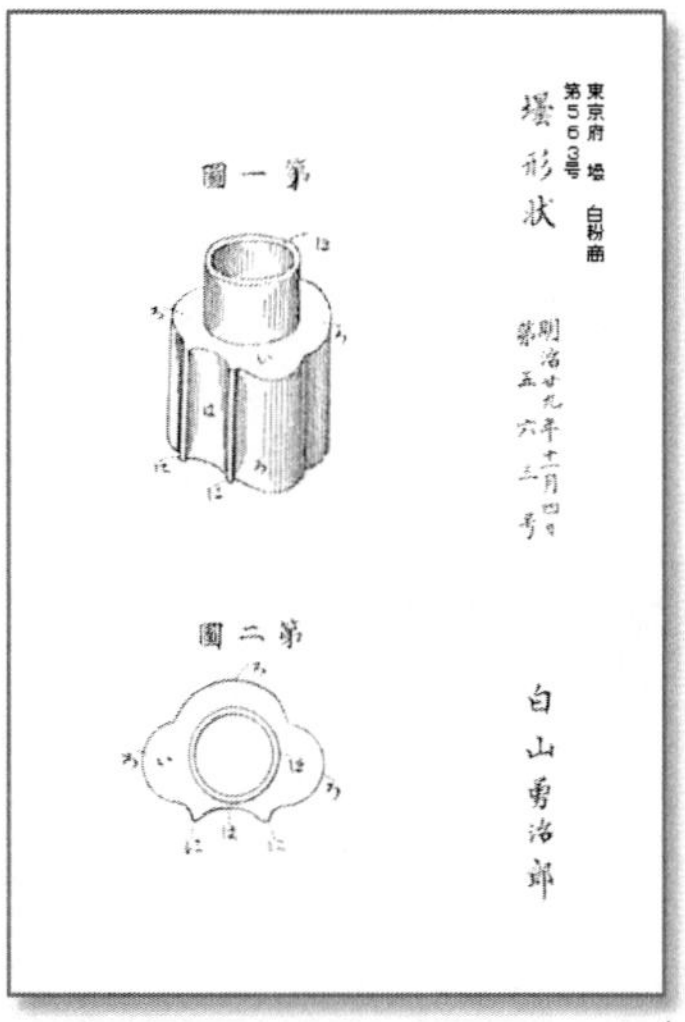


金属商

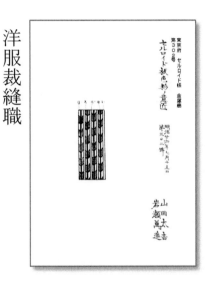

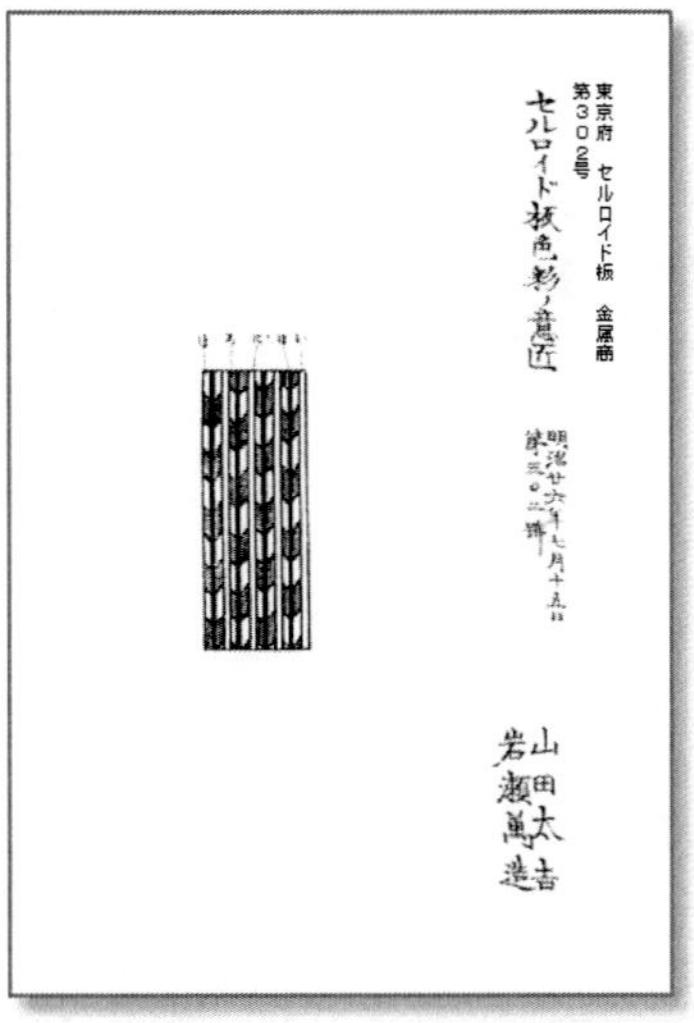


洋服裁縫職

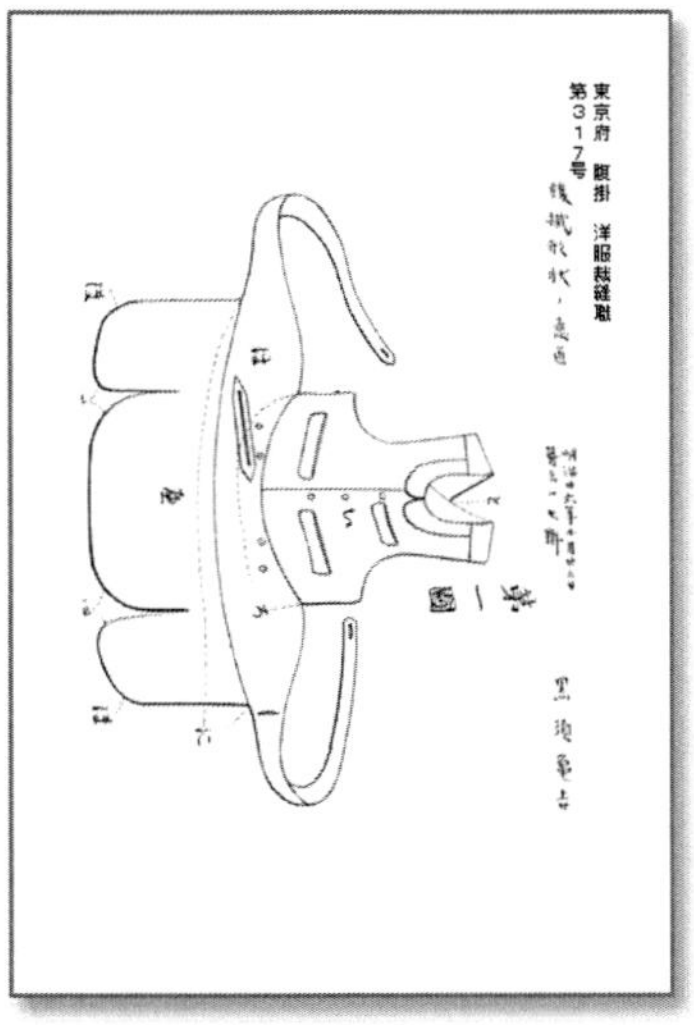


毛絲編物商

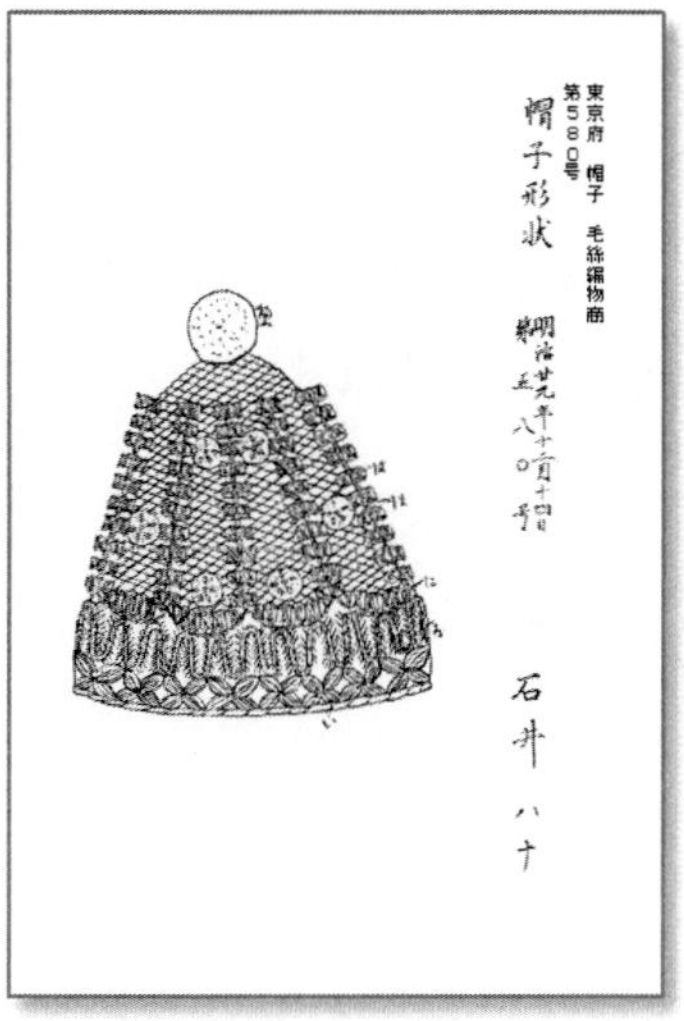


雑業

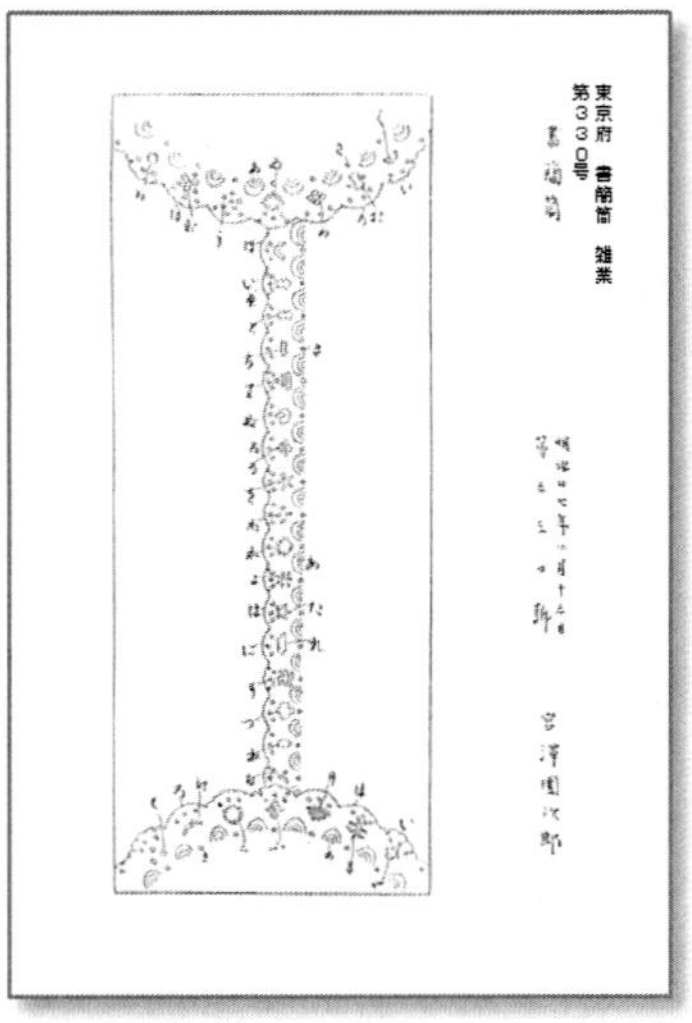


髷止商

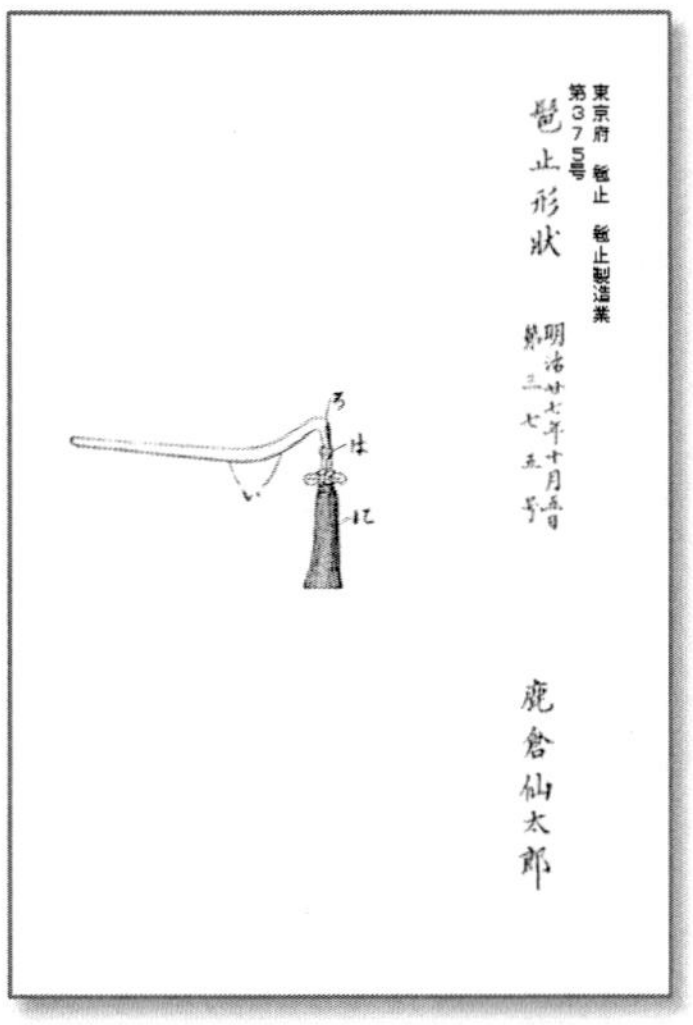

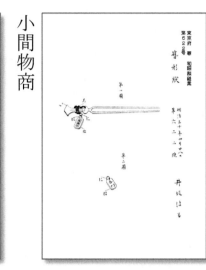

石鹼製造業

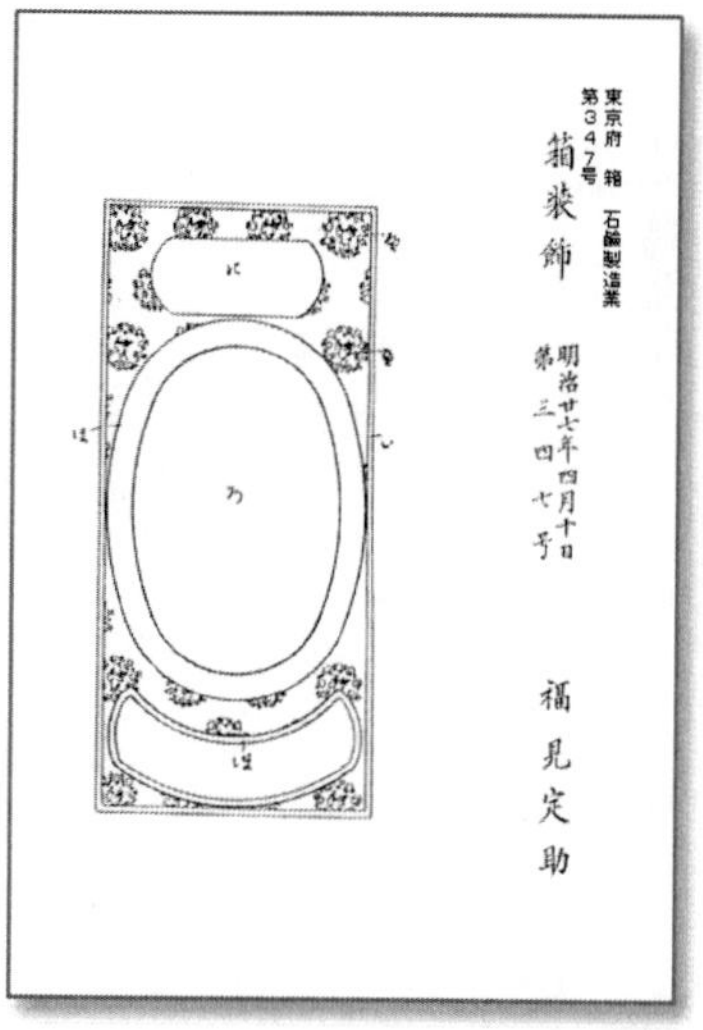


畫工

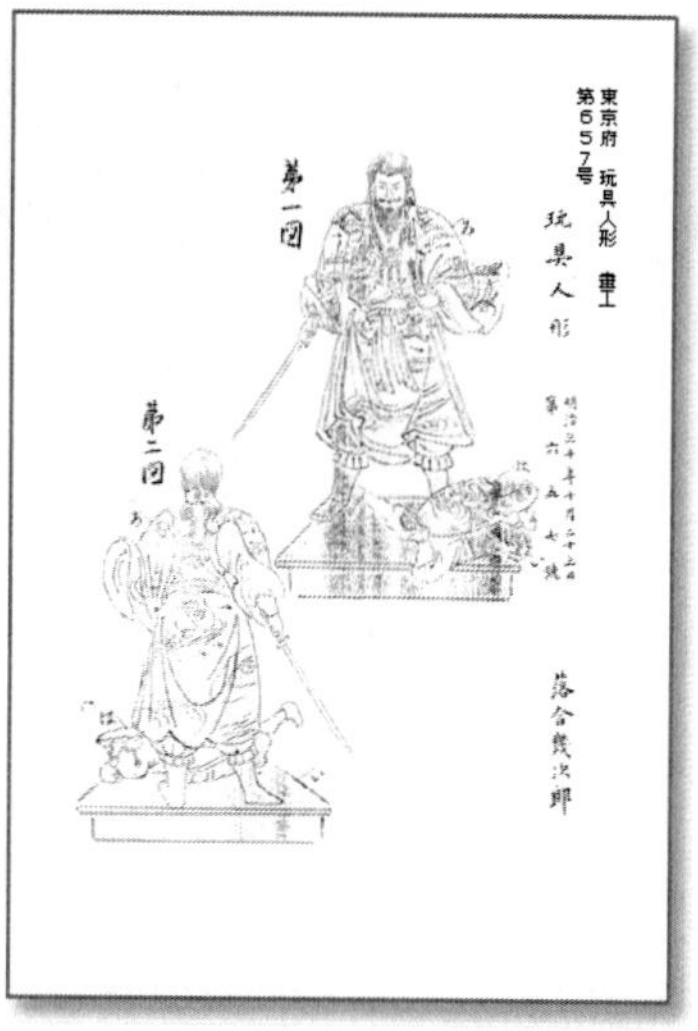


墿製造業

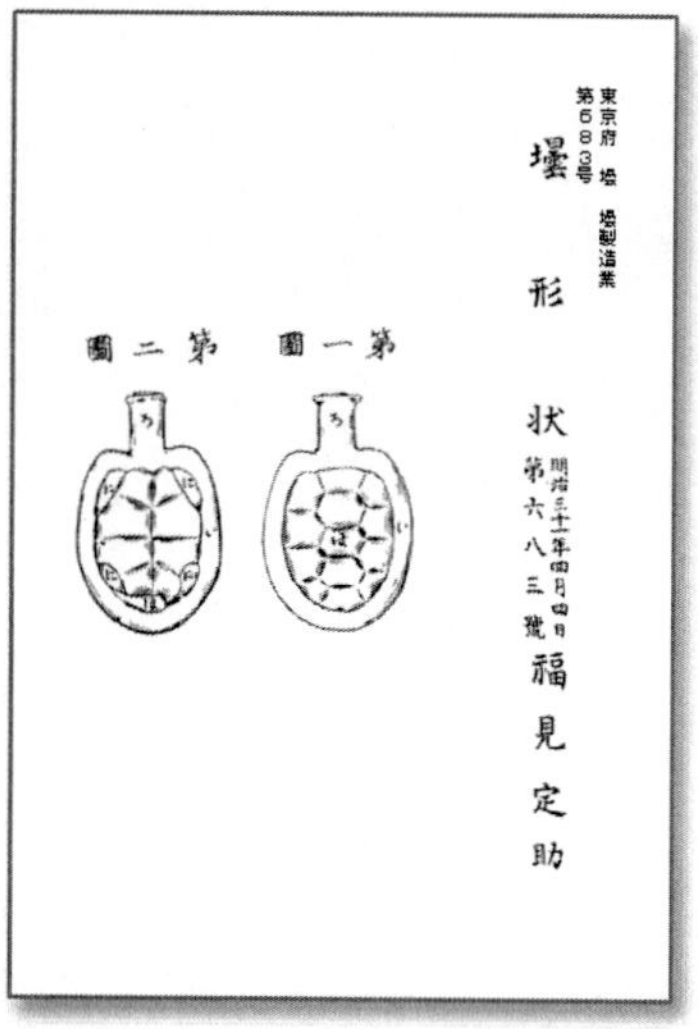


彫刻業

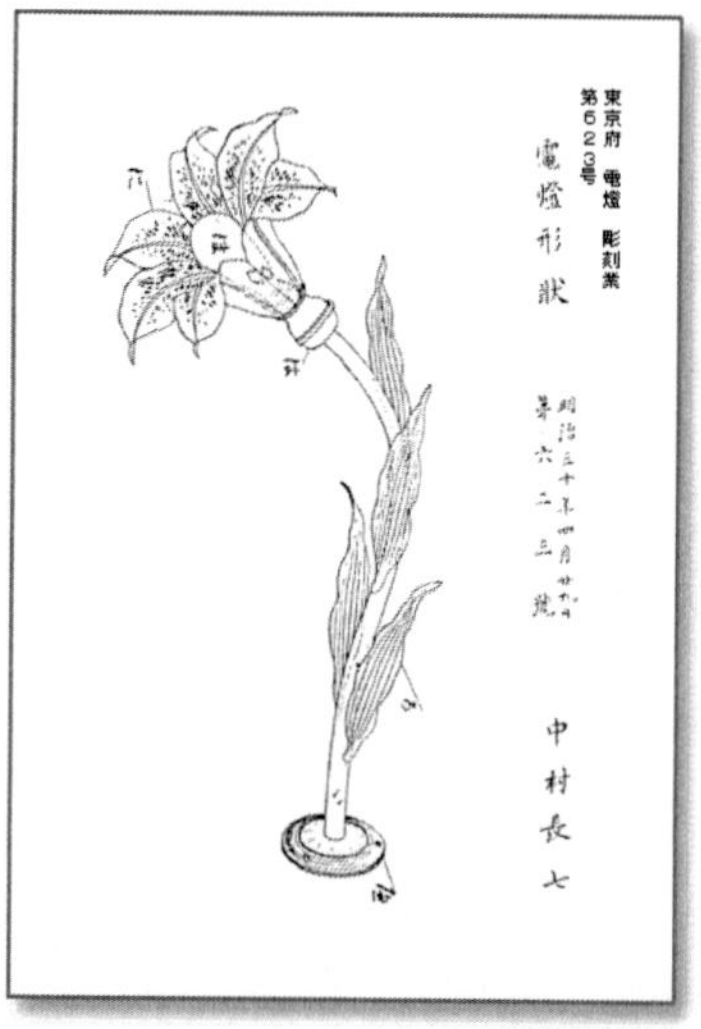


簪製造販賣業

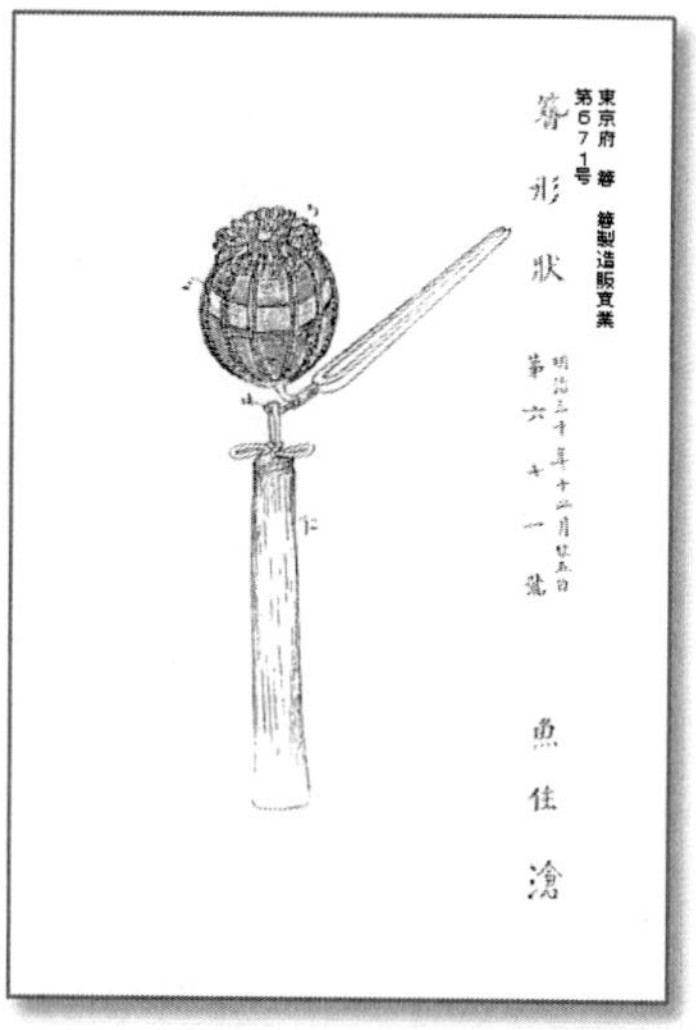


モール製造業

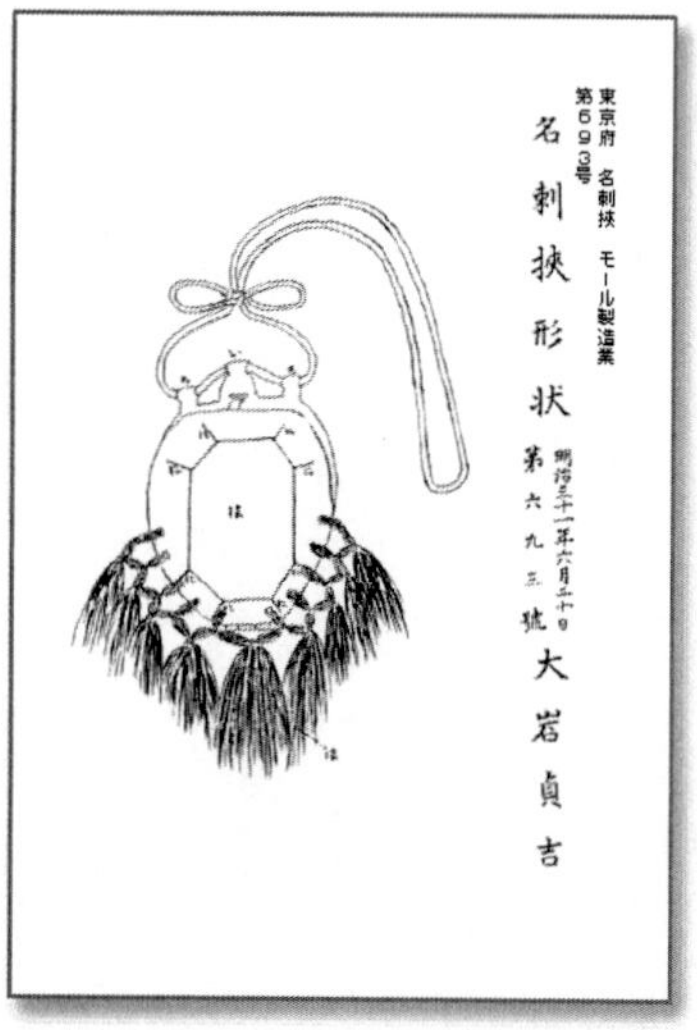


錺職

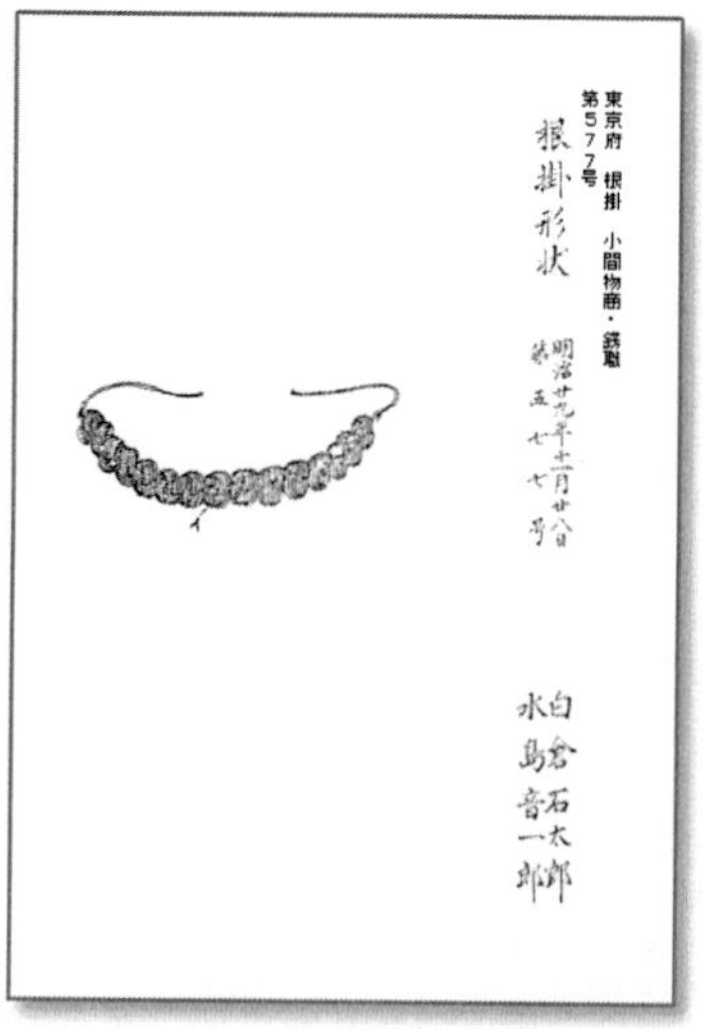


印刷業

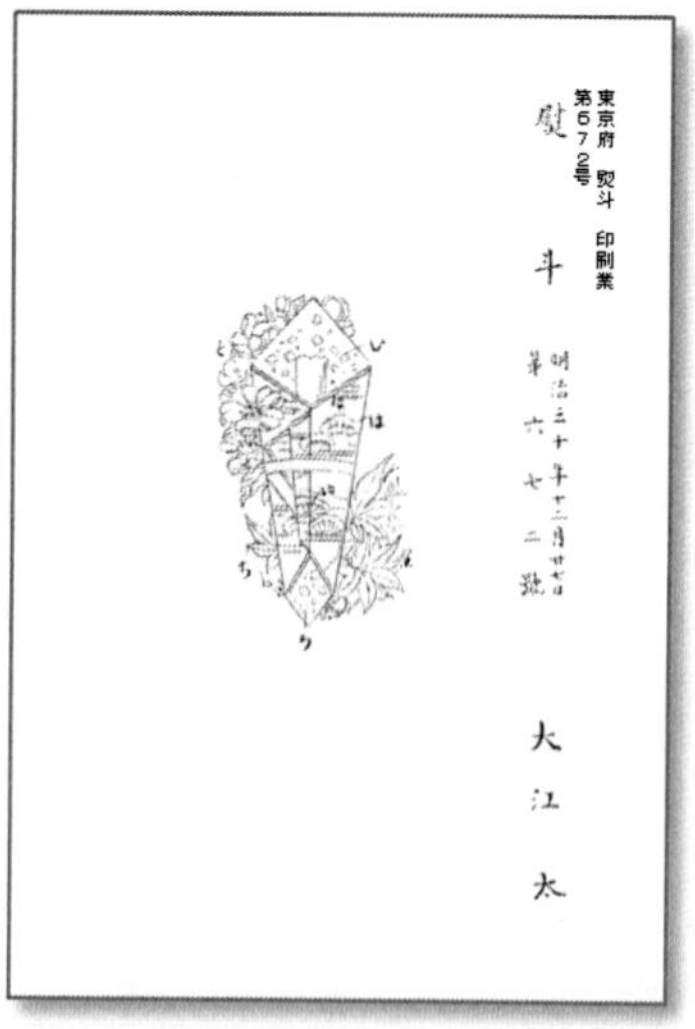


薬種兼化粧品商

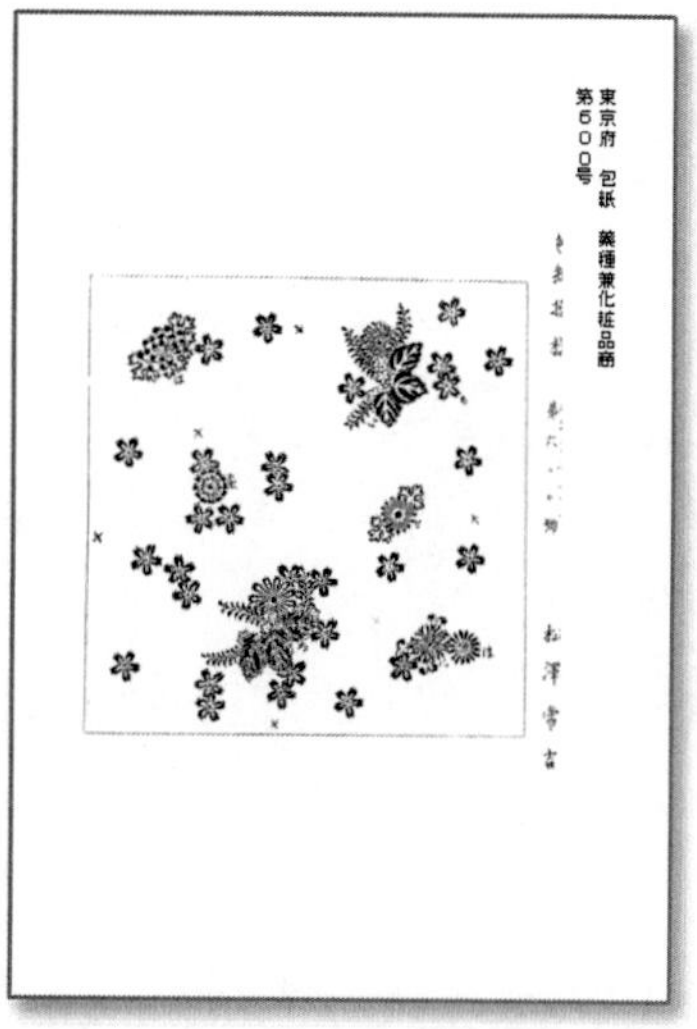

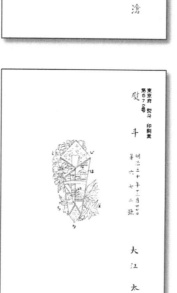

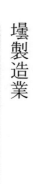

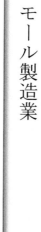

## 疊表花筵販賣業

東京都　花筵　花筵業
第526号

## 根掛製造業

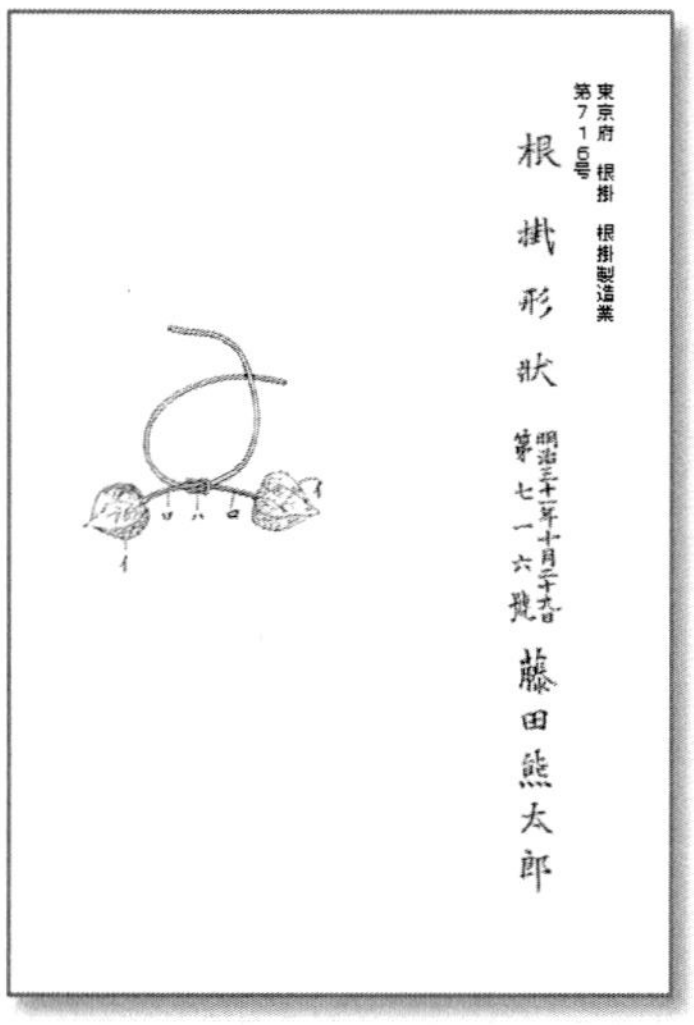

東京府　根掛　根掛製造業
第716号

## コークス製造業

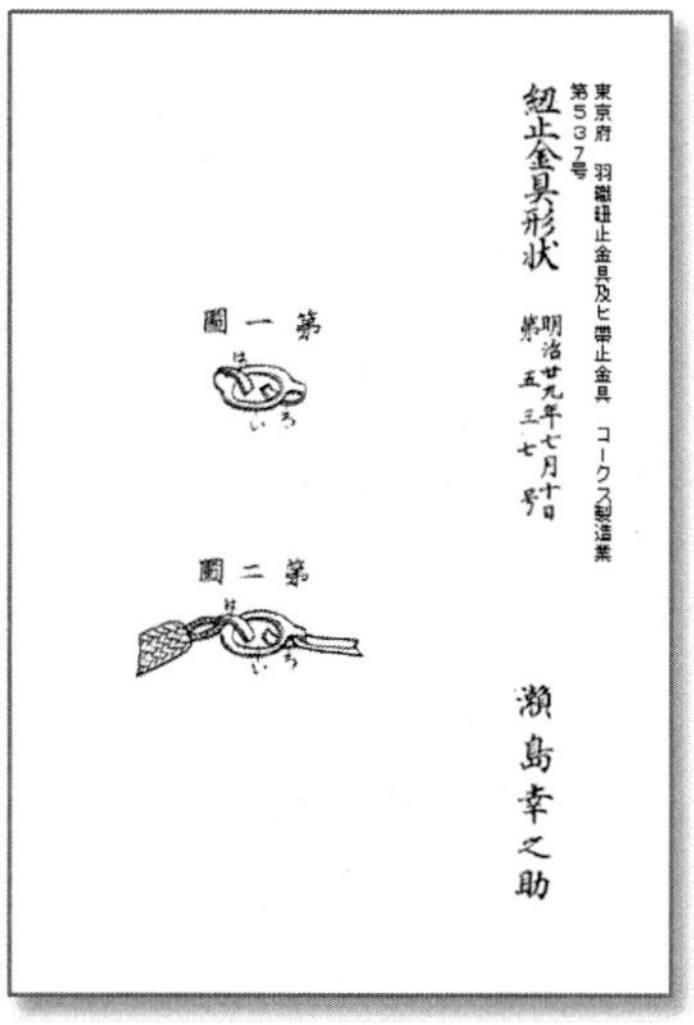

東京府　羽織紐止金具及ヒ帶止金具　コークス製造業
第537号

## 藥種商

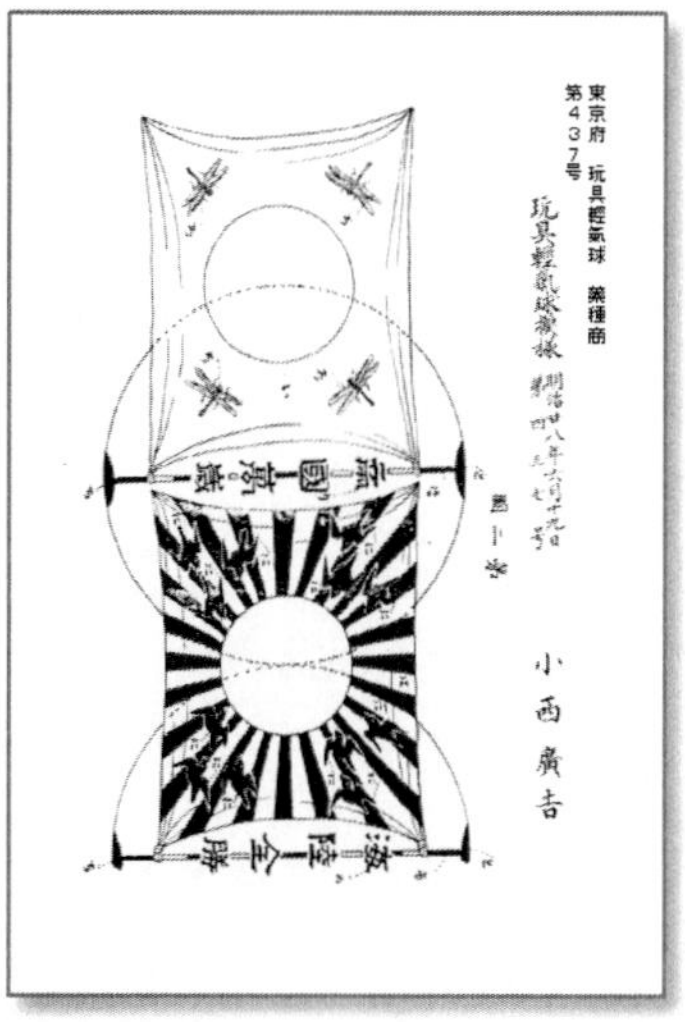

東京府　玩具輕氣球　藥種商
第437号

## 薄荷吸入器製造業

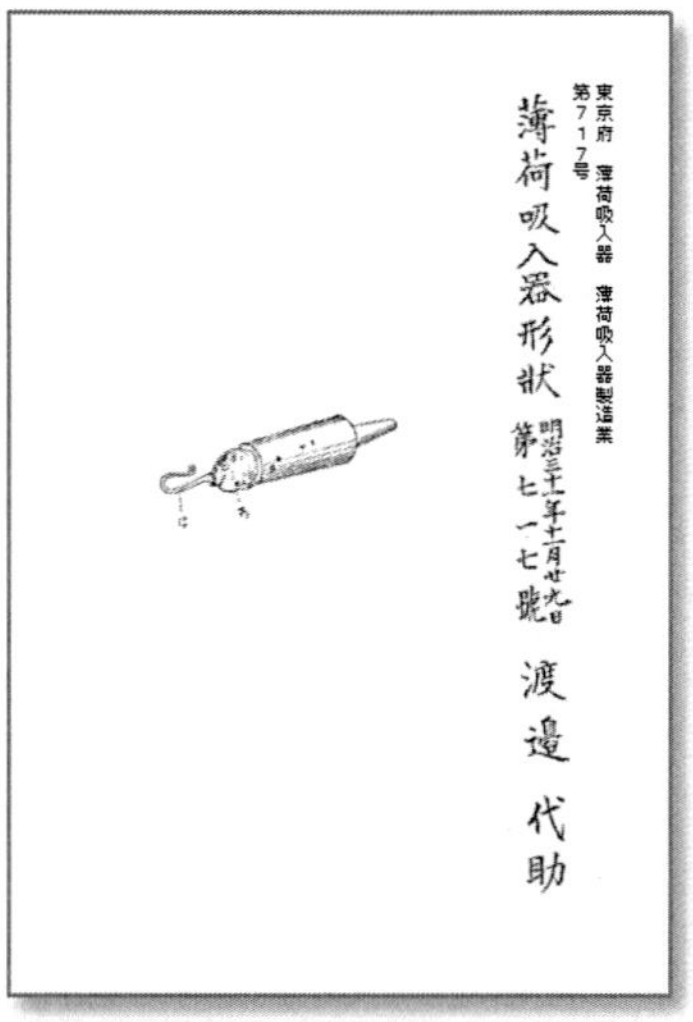

東京府　薄荷吸入器　薄荷吸入器製造業
第717号

## 鍍金業

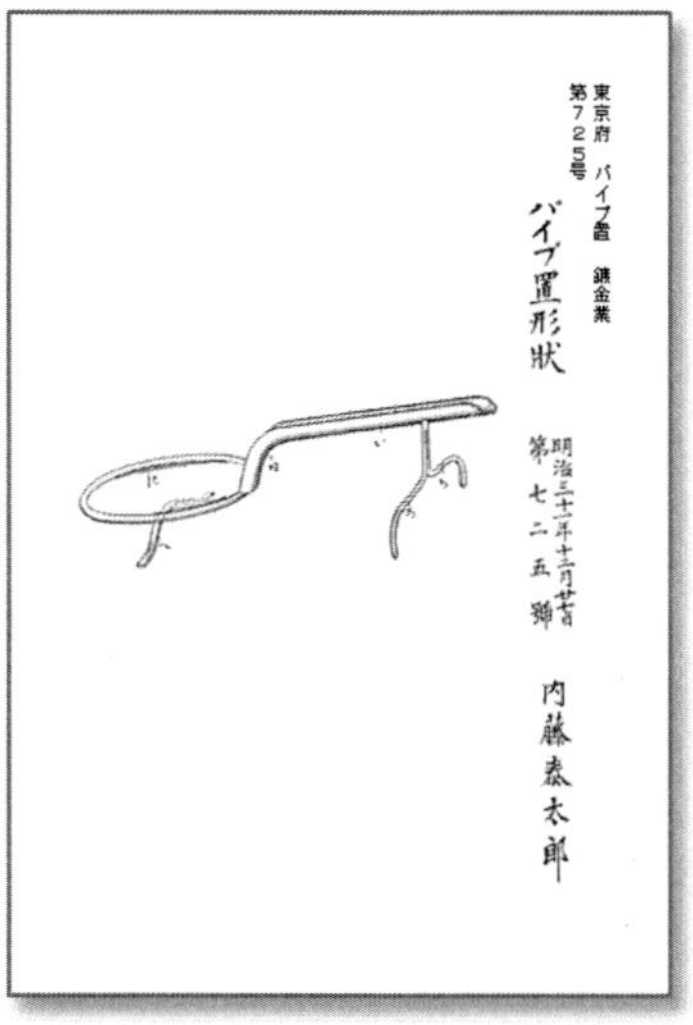

東京府　パイプ置　鍍金業
第725号

## 爪革製造業

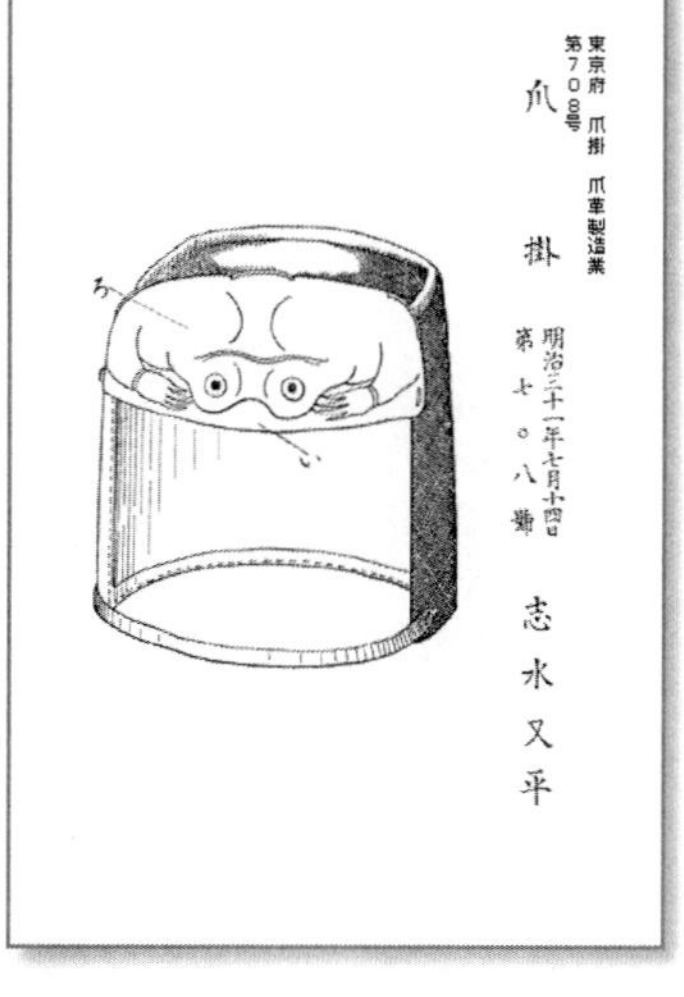

東京府　爪掛　爪革製造業
第708号

## 軍事教育會幹事

東京府　手巾　軍事教育會幹事
第718号

## 煙管商

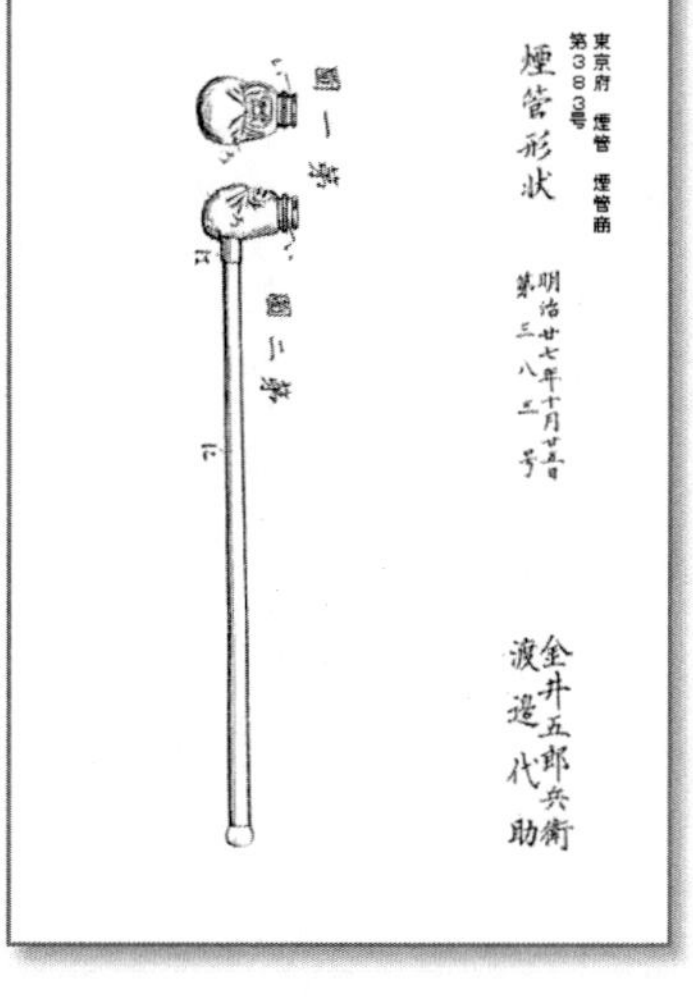

東京府　煙管　煙管商
第383号

金物商

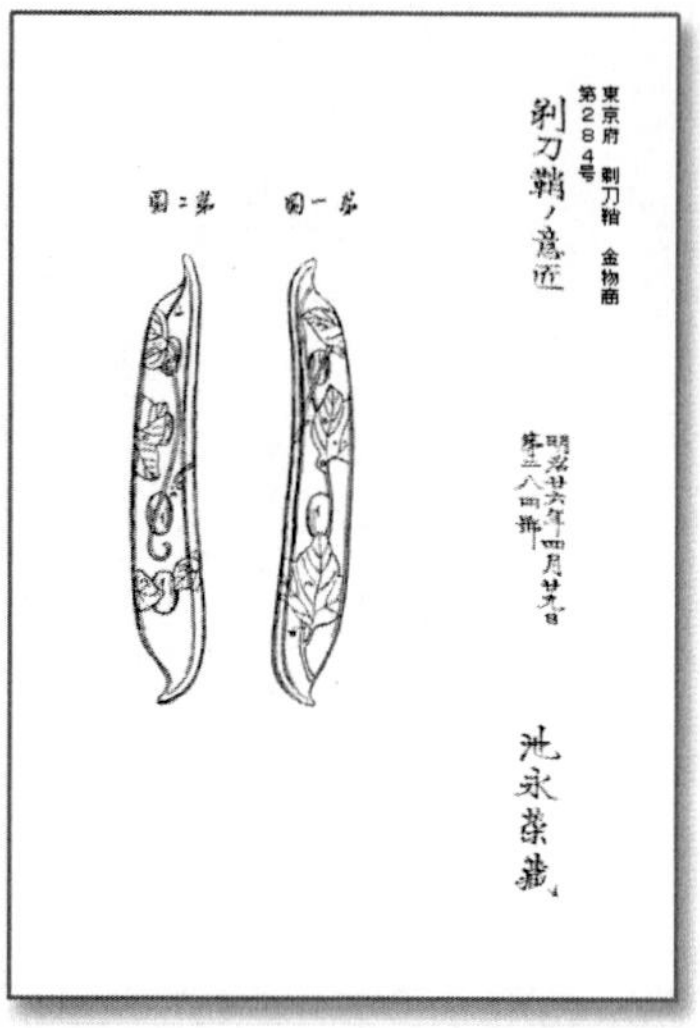
東京府　剃刀鞘　金物商
第284号
剃刀鞘ノ意匠
第一図
第二図

綿商

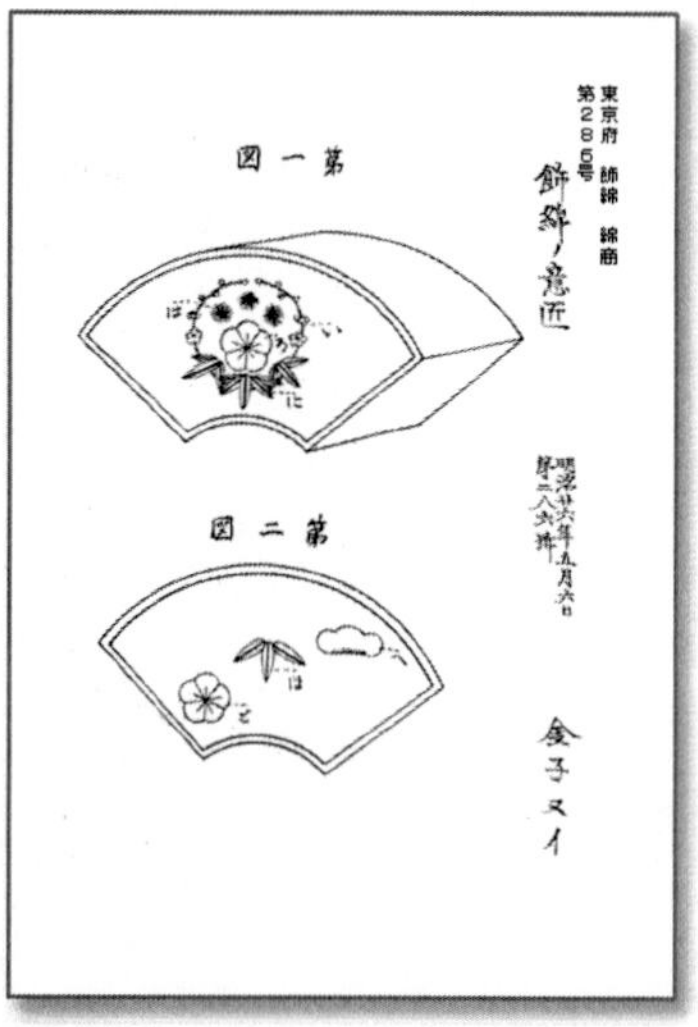
東京府　飾綿　綿商
第285号
飾綿ノ意匠
第一図
第二図
金子ヌイ

活版印刷業

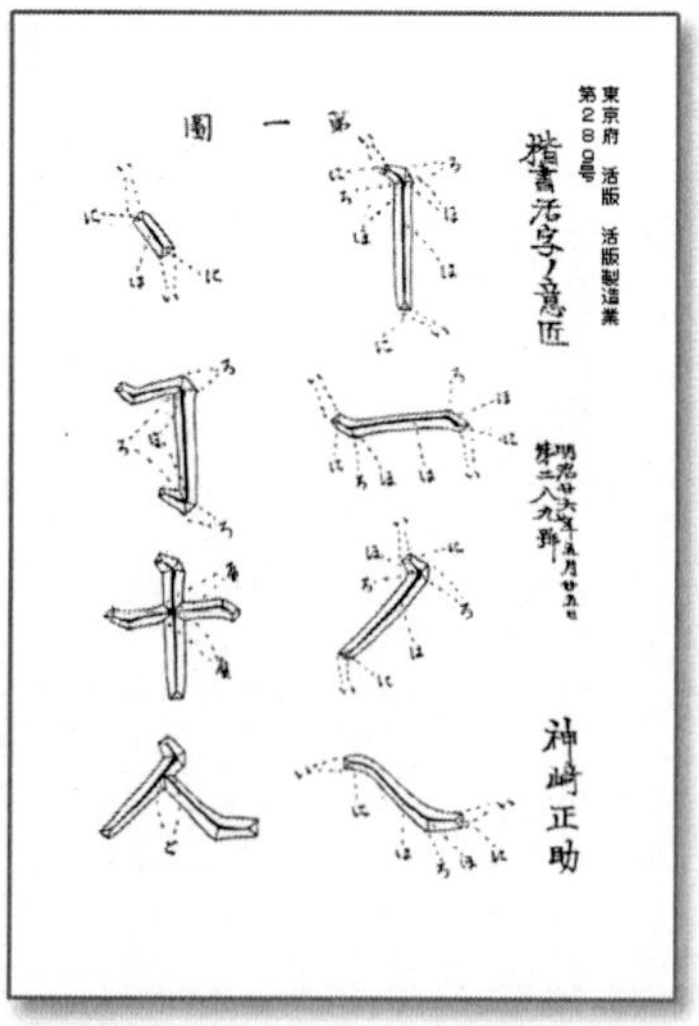
東京府　活版　活版製造業
第289号
楷書活字ノ意匠
第一図
神崎正助

東京　下駄草履ノ鼻緒
第3号

鼻緒形状ノ意匠

第三號

戸代光大

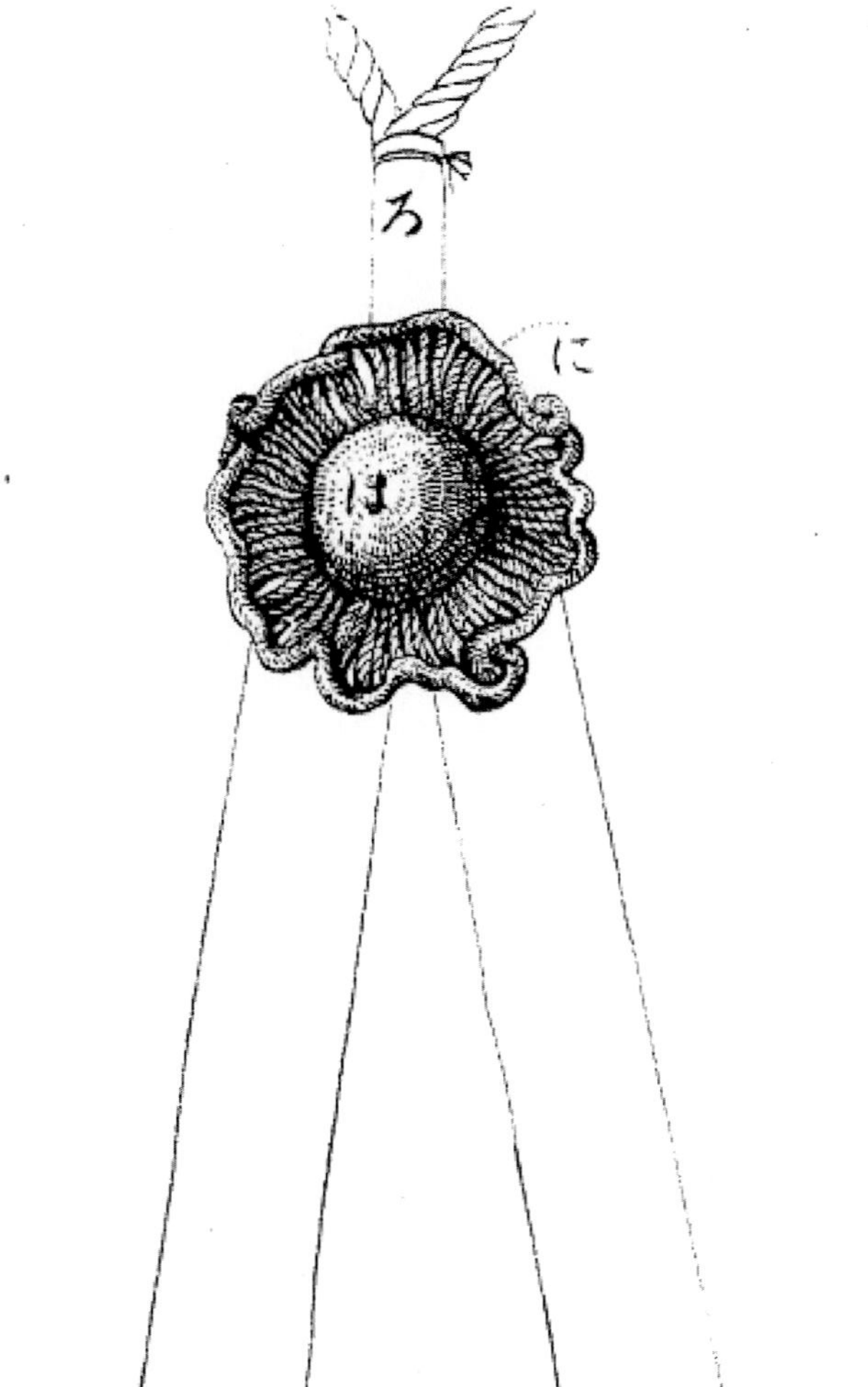

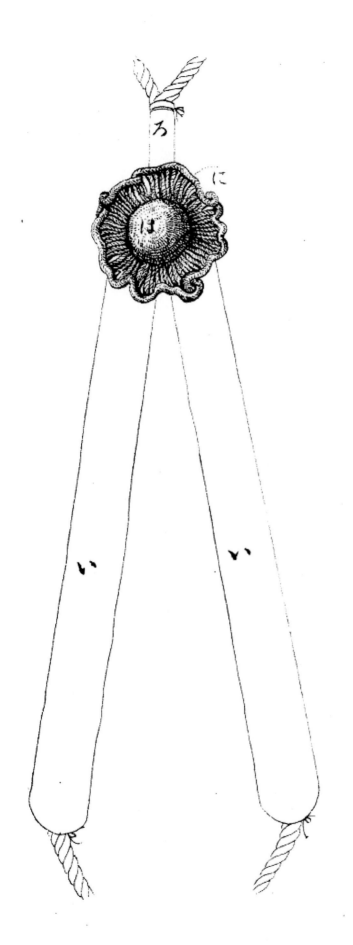

東京　帽子
第8号

# 帽子ノ意匠

第八號

志水又平

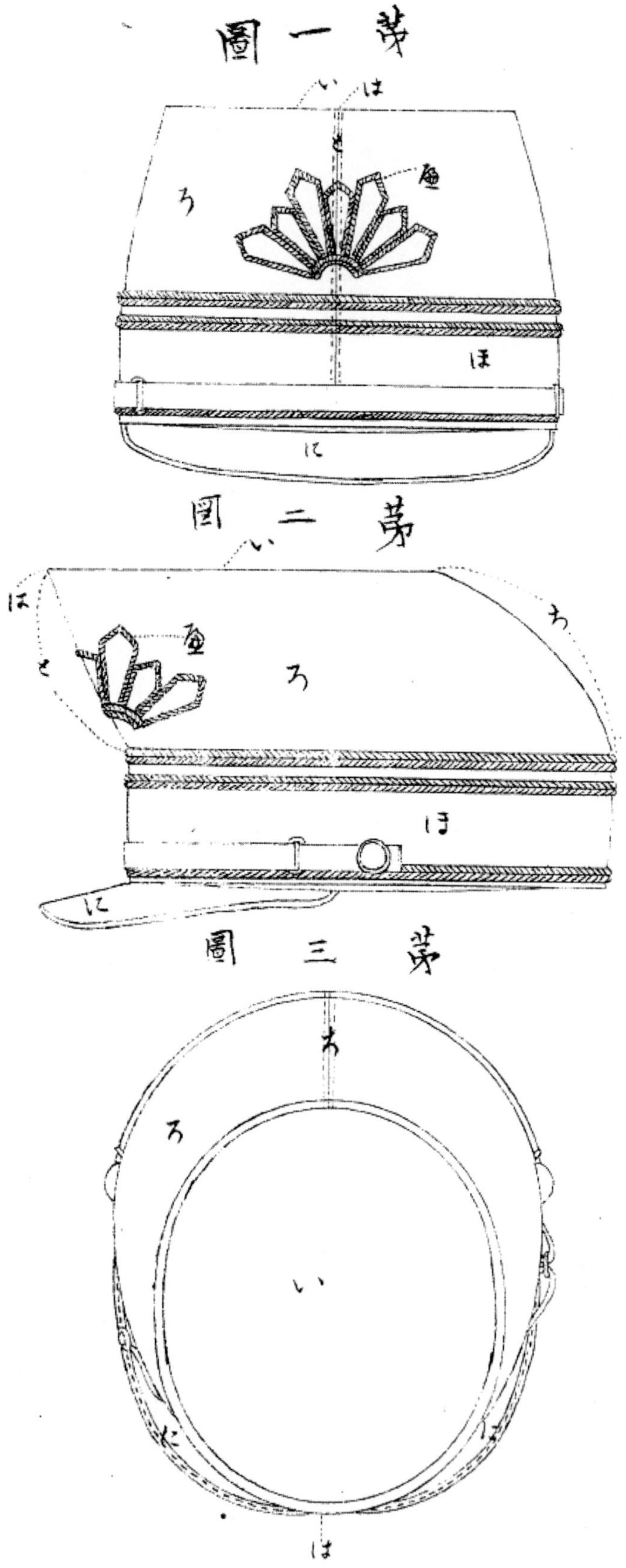

東京 織物
第9号

# 織物模様ノ意匠

第九號

中北米吉

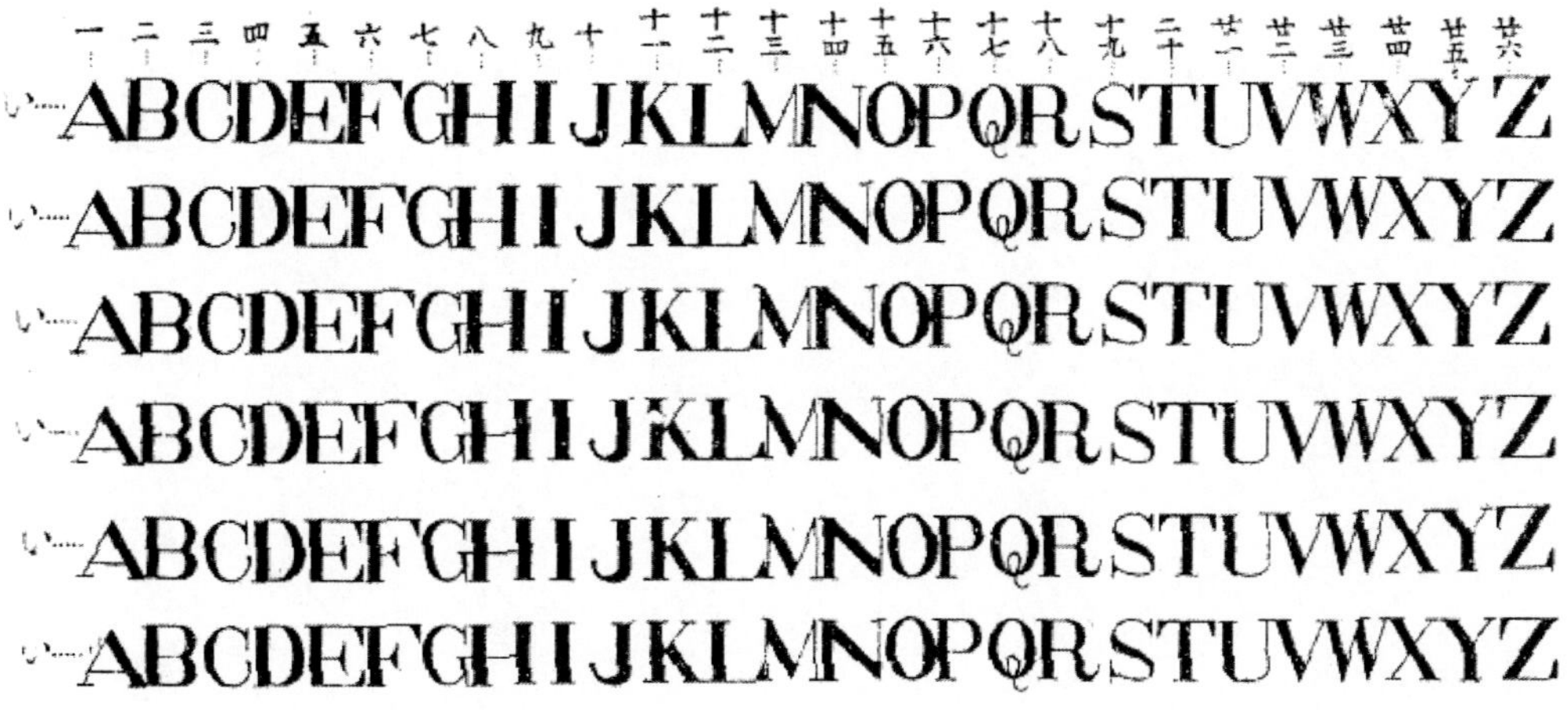

東京織物
第10号

# 織物模様ノ意匠

第壹〇號

中北米吉

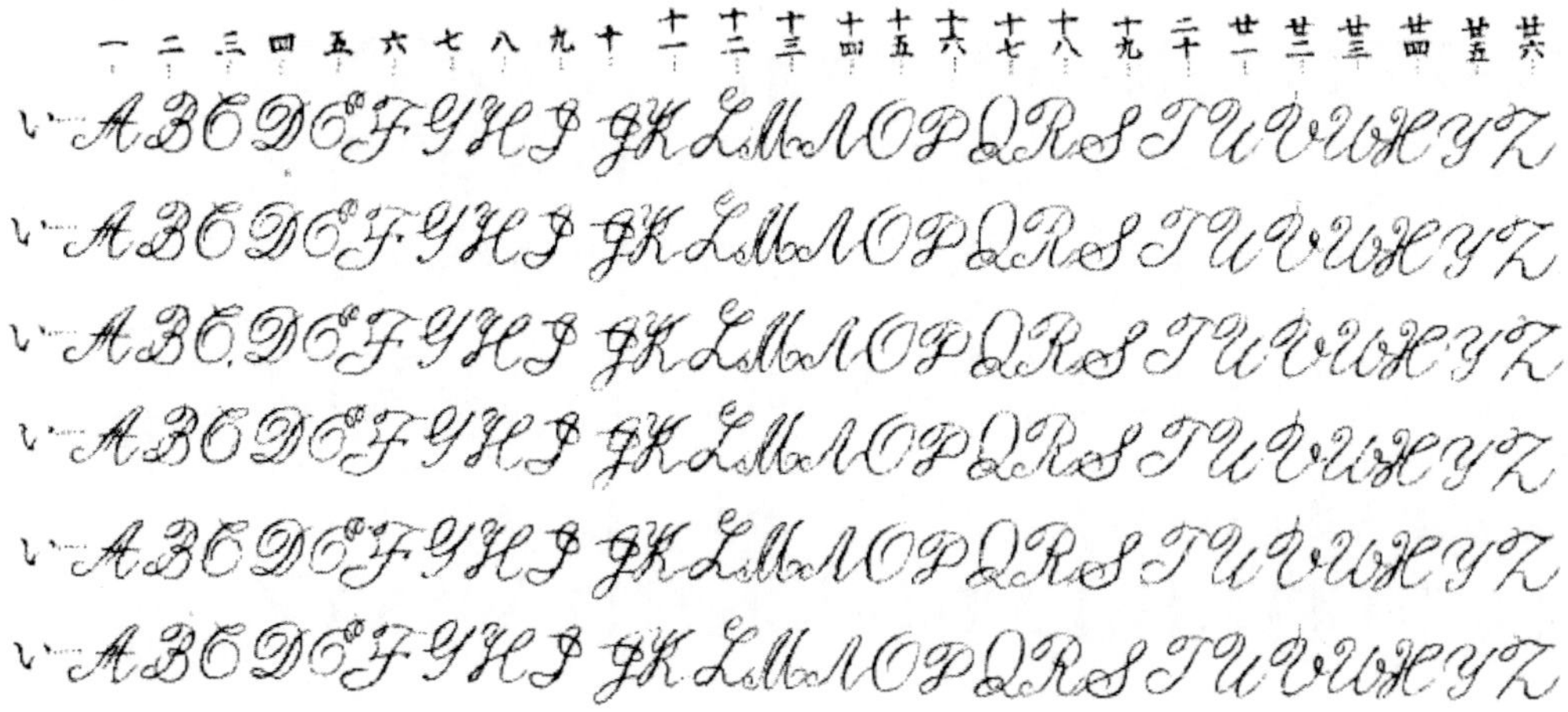

# 織物摸様ノ意匠

第壹壹號

中北米吉

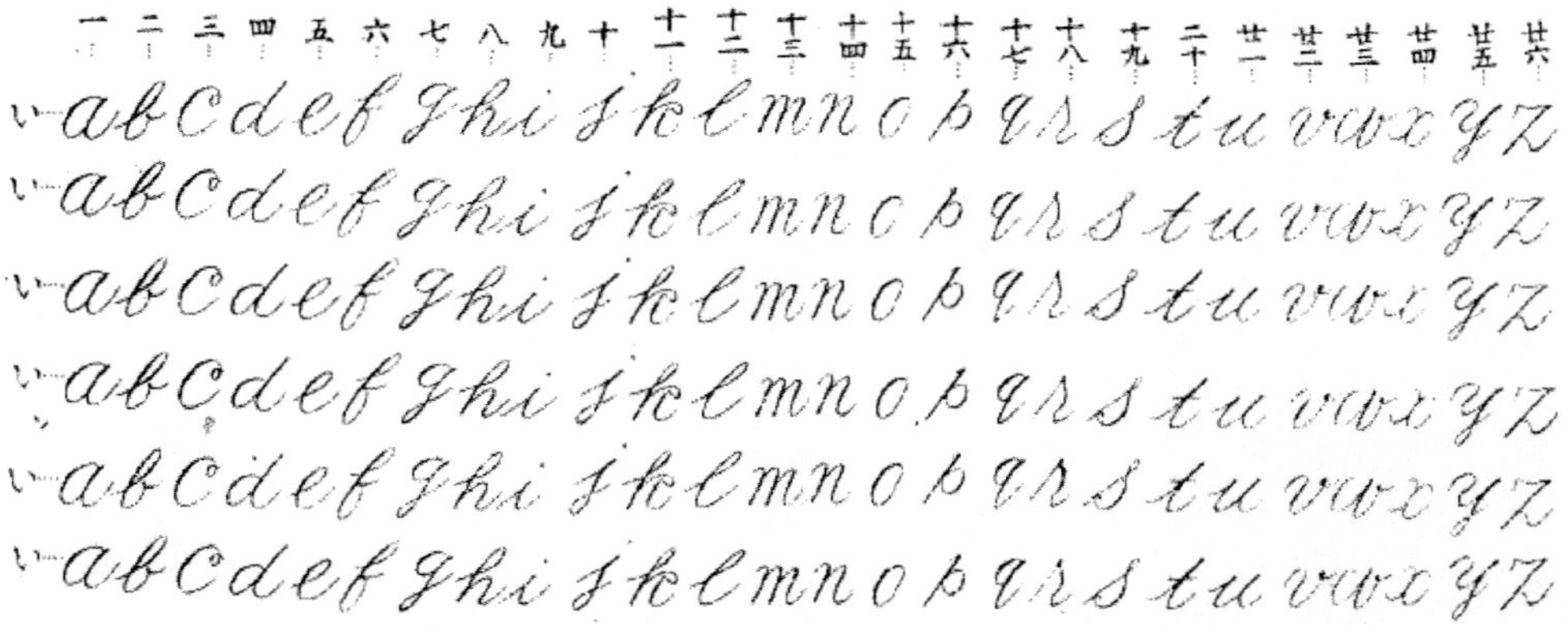

東京 帯
第12号

# 帯地摸様ノ意匠

第壹貳號

大井藤三郎

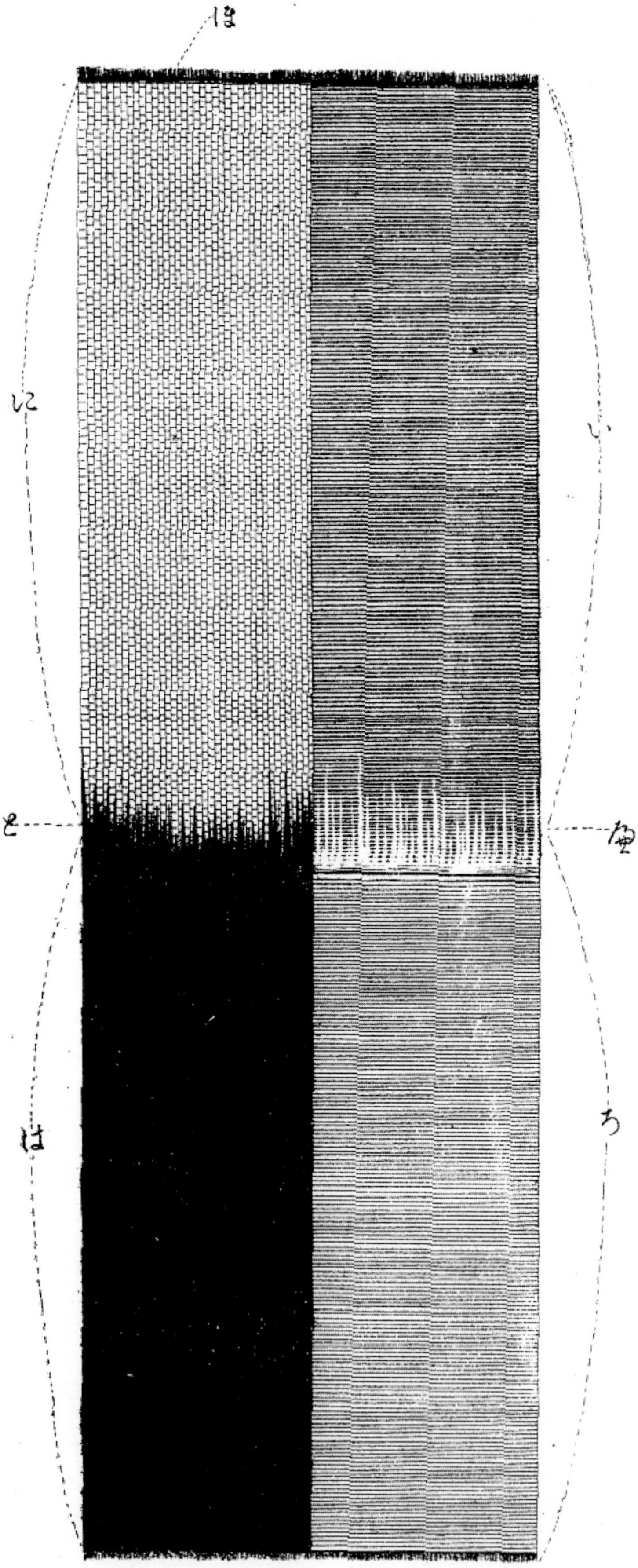

東京箱
第１４号

# 箱装飾ノ意匠

第壹四號

大野金五郎

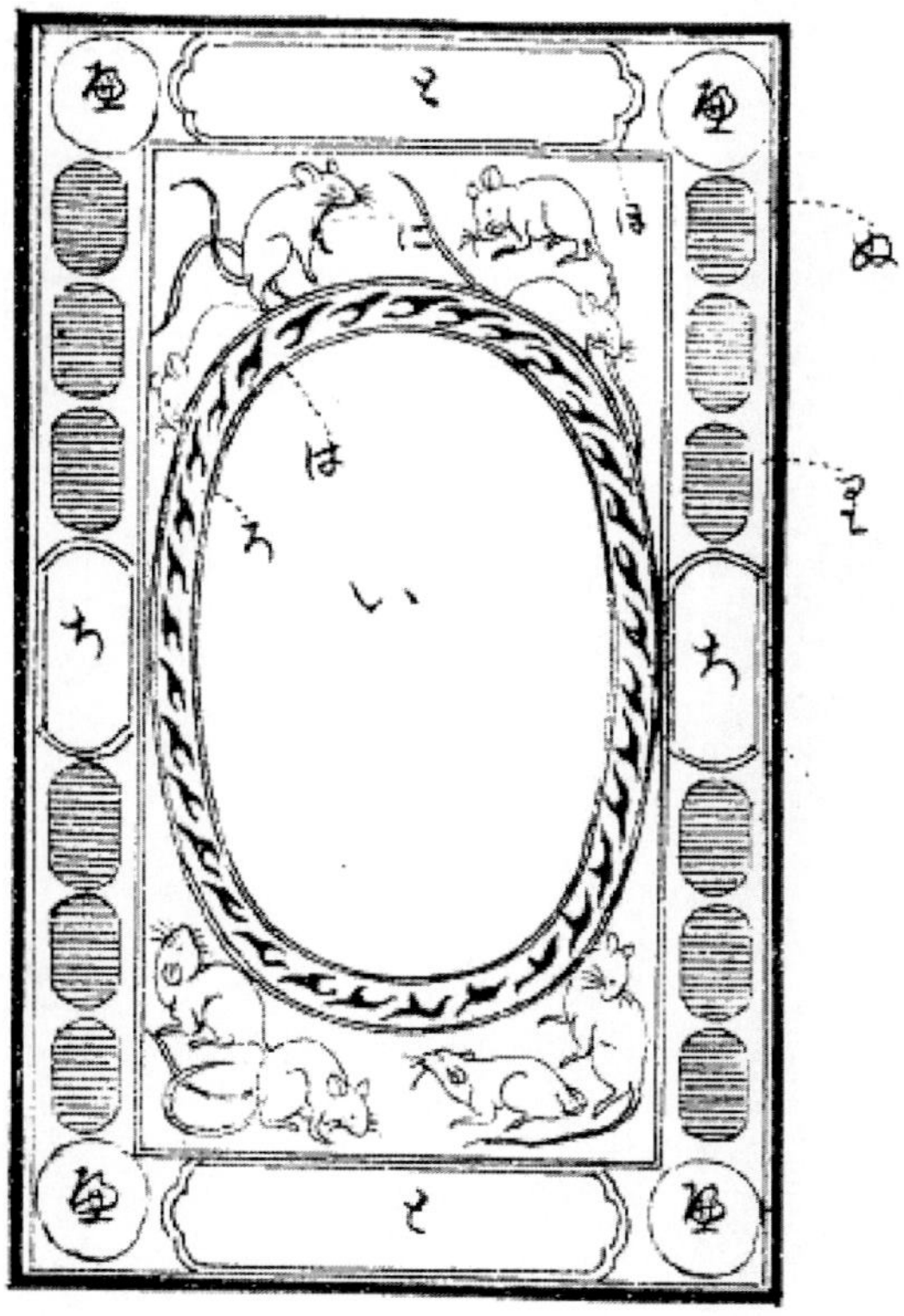

東京 帯

第16号

# 帯地摸様ノ意匠

第壹六號

大井藤三郎

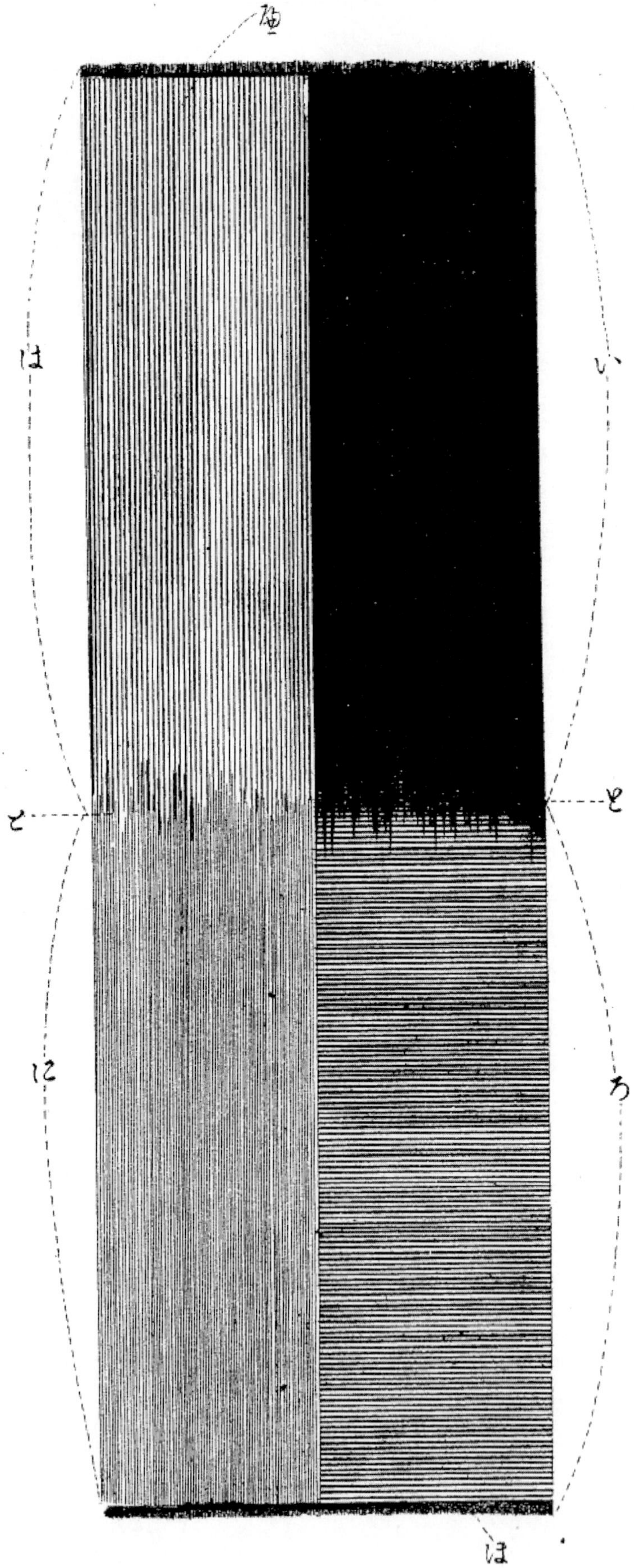

東京　胞衣納器
第17号

# 胞衣納器ノ意匠

第壹七號

松本夾平
松本龍智

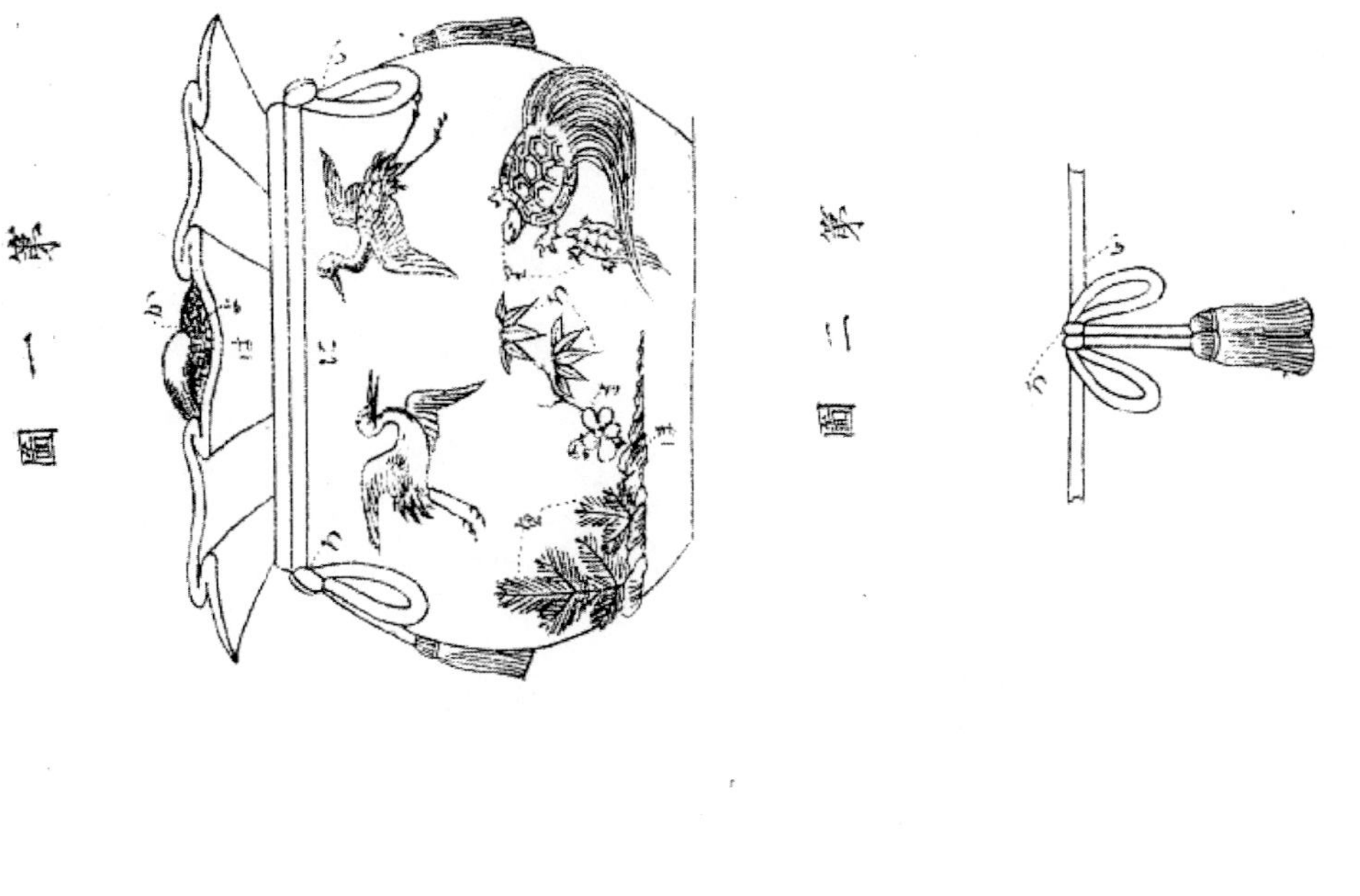

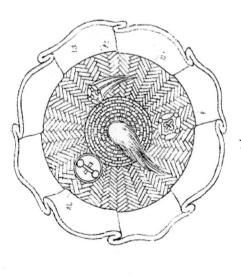

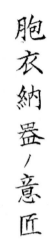

# 菓子ノ意匠

第貳三號

久野左太郎

東京 箱
第26号

# 箱装飾ノ意匠

第貳六號

大野金五郎

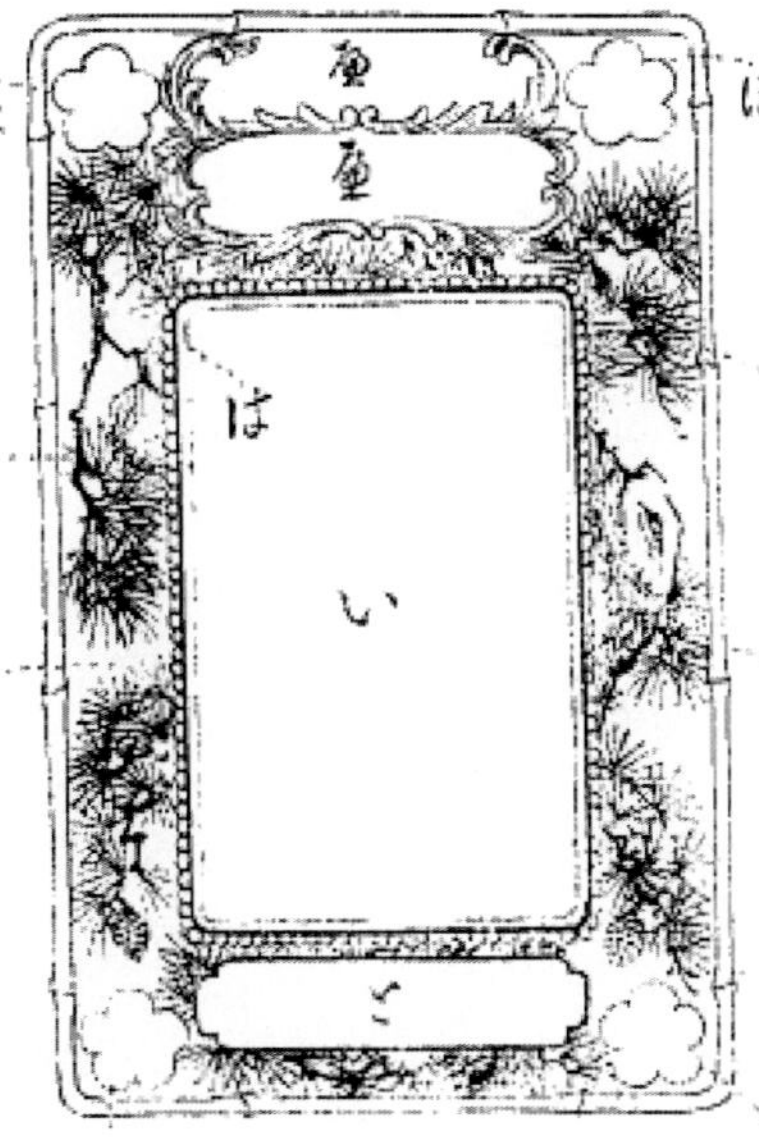

東京　石硯箱
第３４号

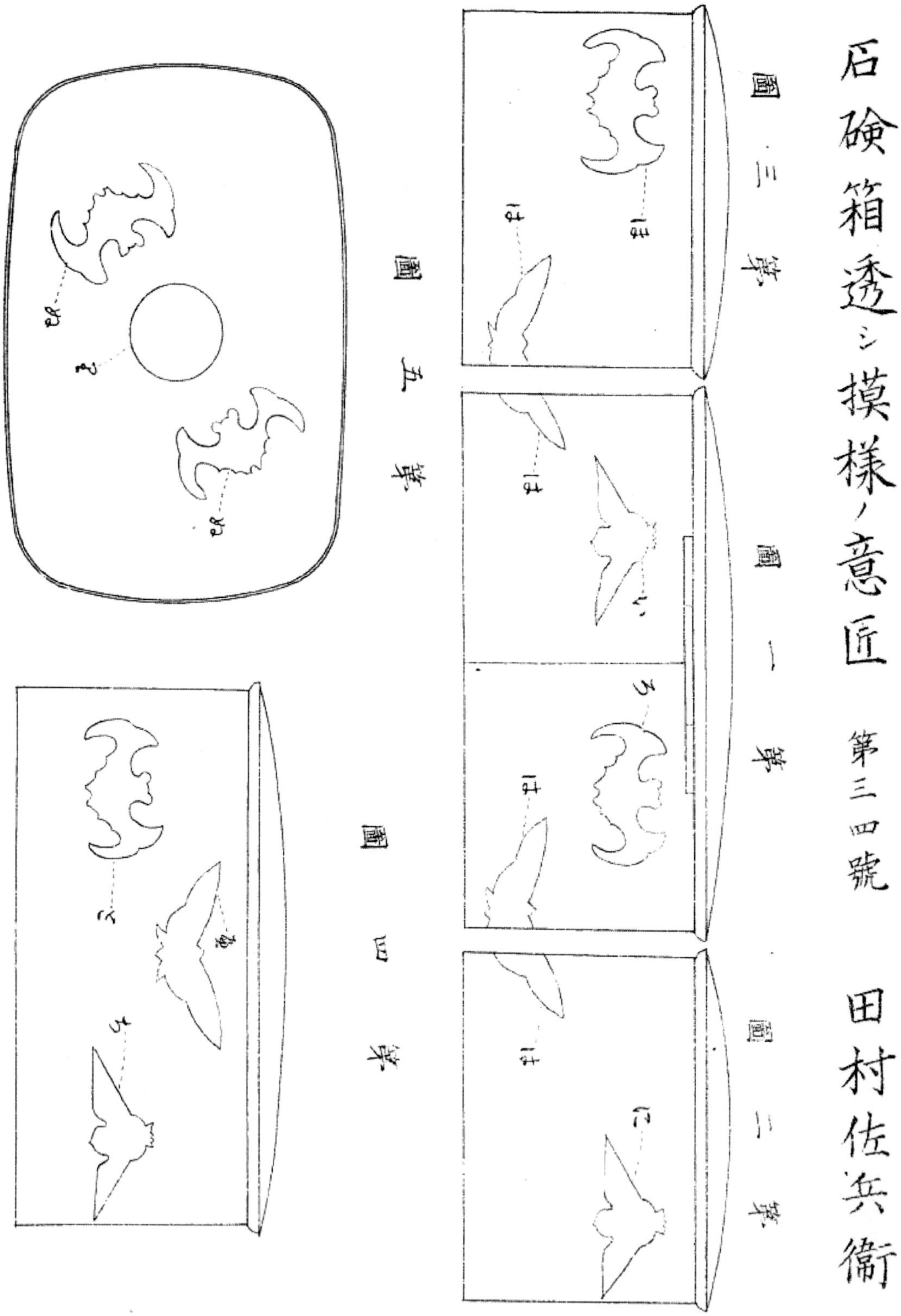

東京 帯
第41号

# 帯地模様ノ意匠

第四壹號

大井藤三郎

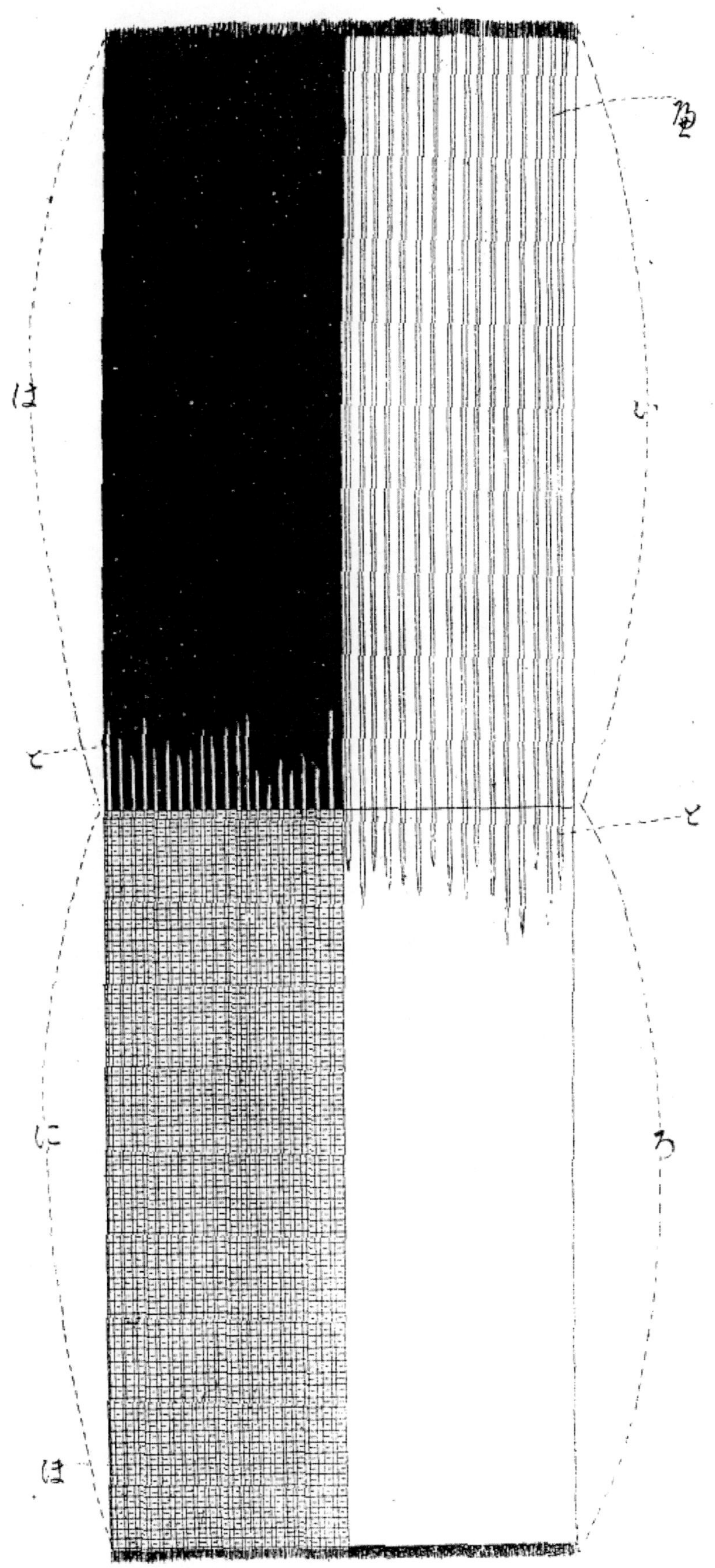

東京　歯磨箱
第４９号

# 歯磨箱模様ノ意匠

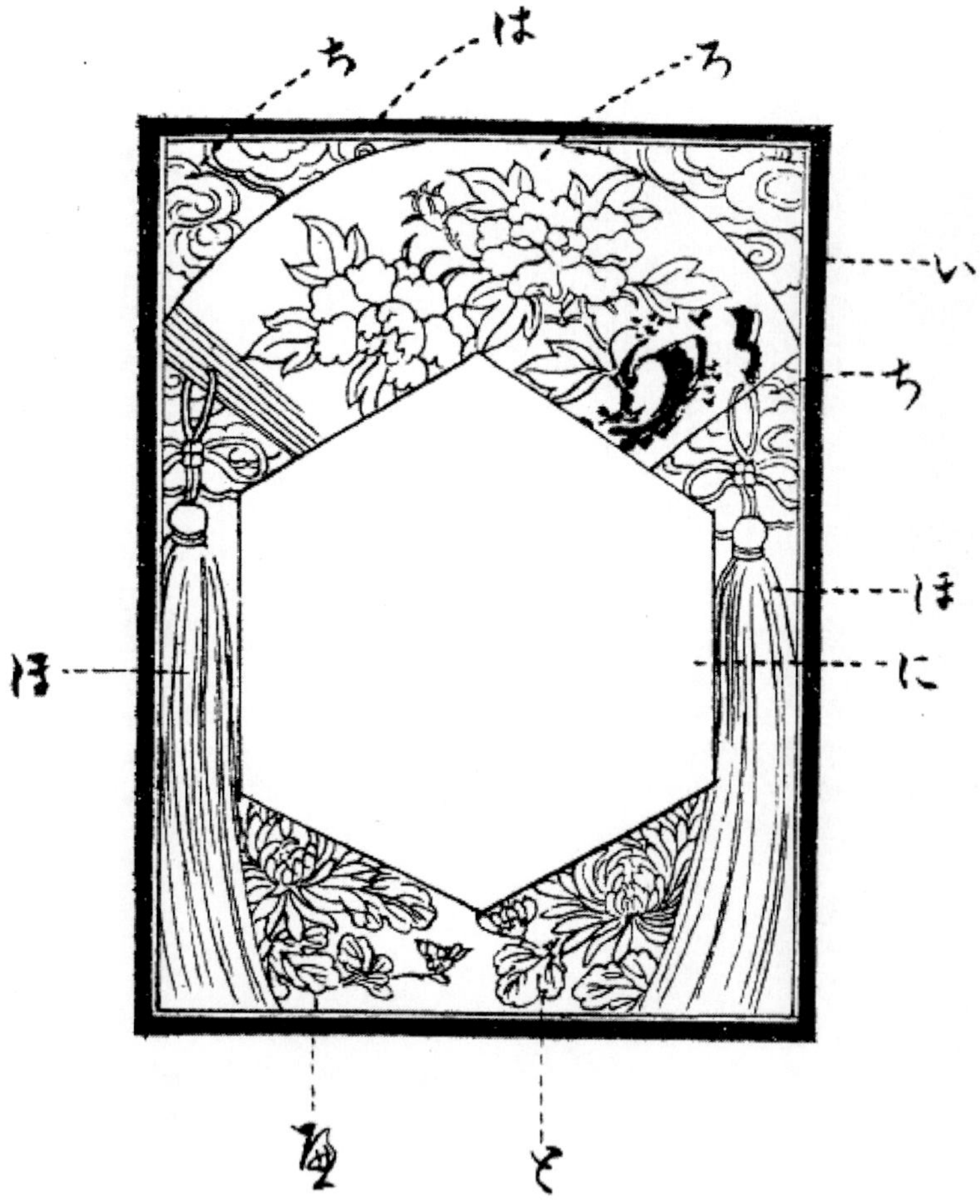


第四九號

淺井小兵衛

東京　根掛
第５１号

# 根掛ノ意匠

第五壹號

香取幸七

東京 帽子
第56号

# 帽子ノ意匠

第五六號

石井忠三郎

第一圖

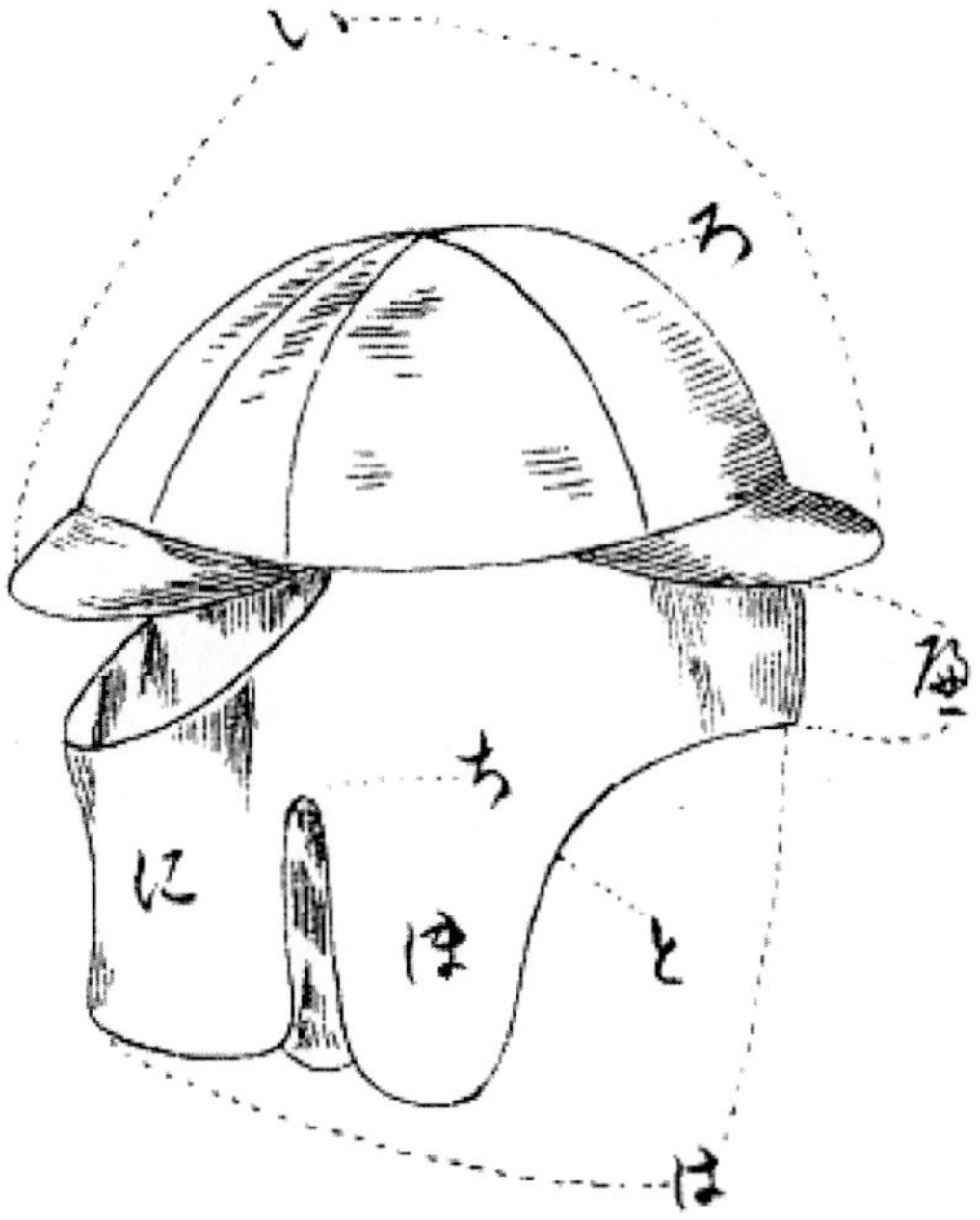


第二圖

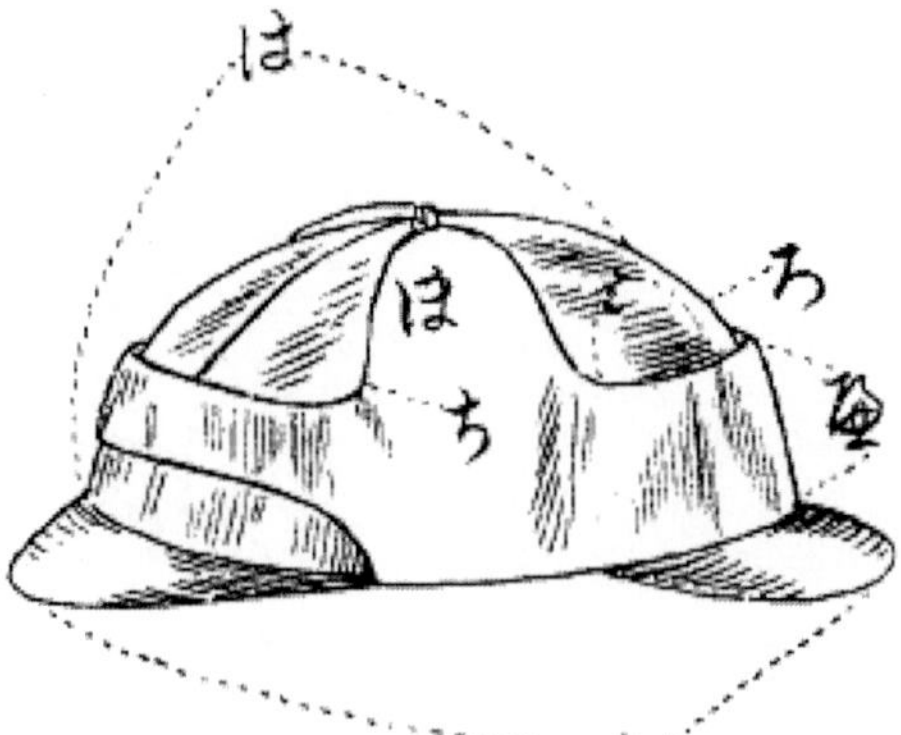

東京　帽子
第57号

# 帽子ノ意匠

第五七號

石井忠三郎

第一圖

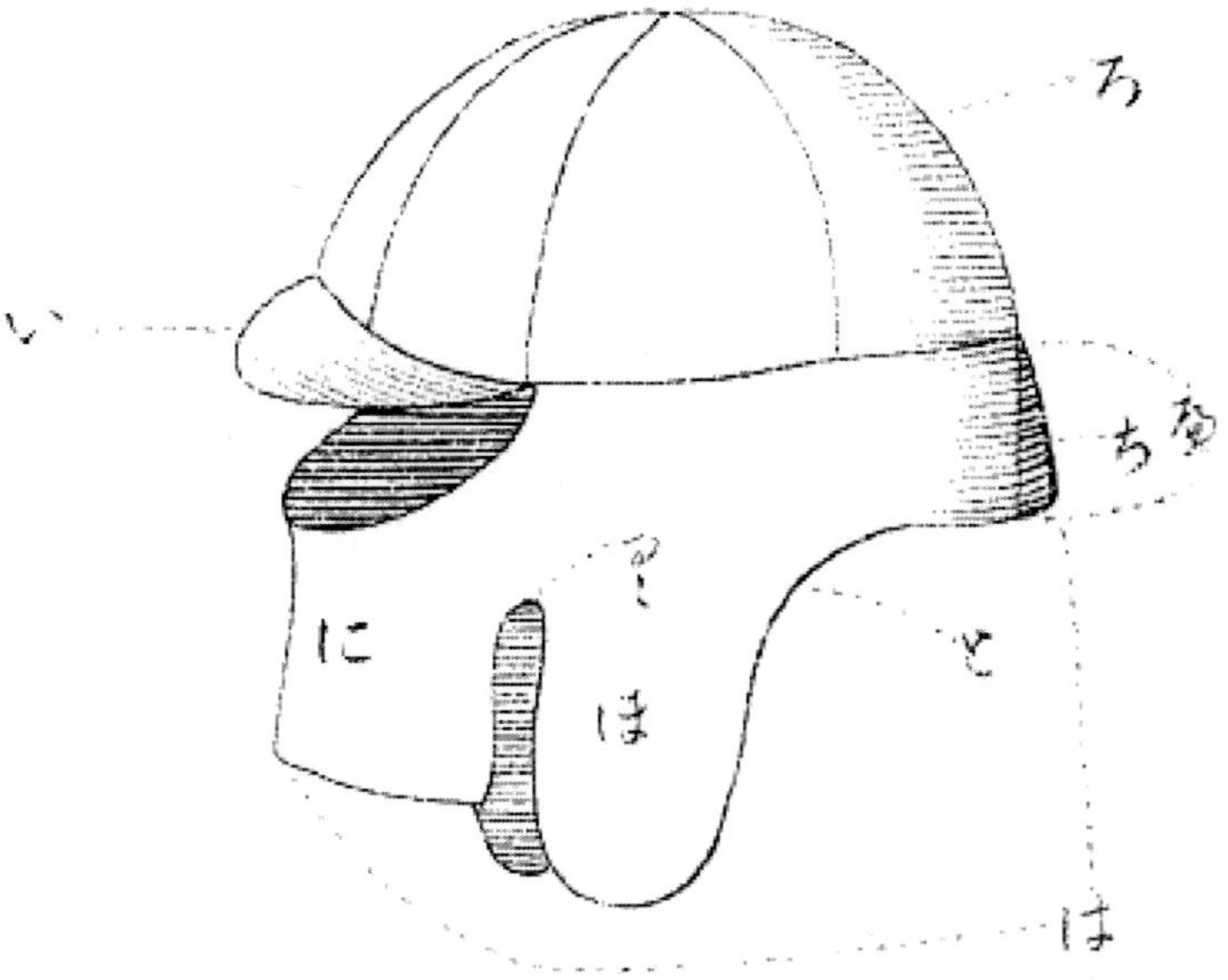


第二圖

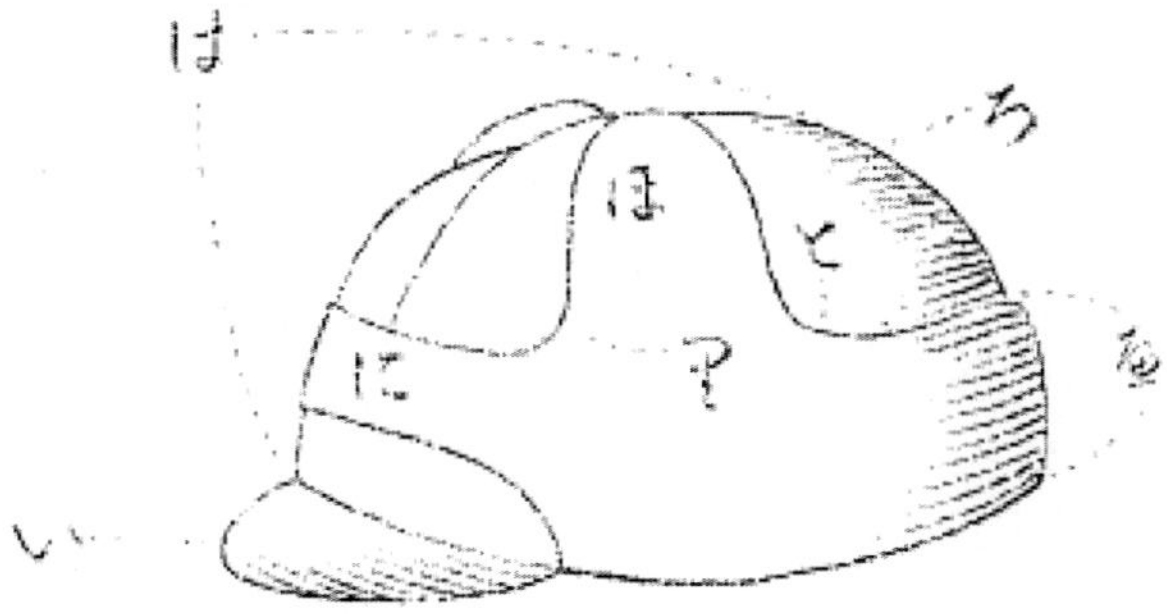

東京　帽子懸
第５９号

# 帽子懸ノ意匠

第五九號

櫻井鏵

第一圖

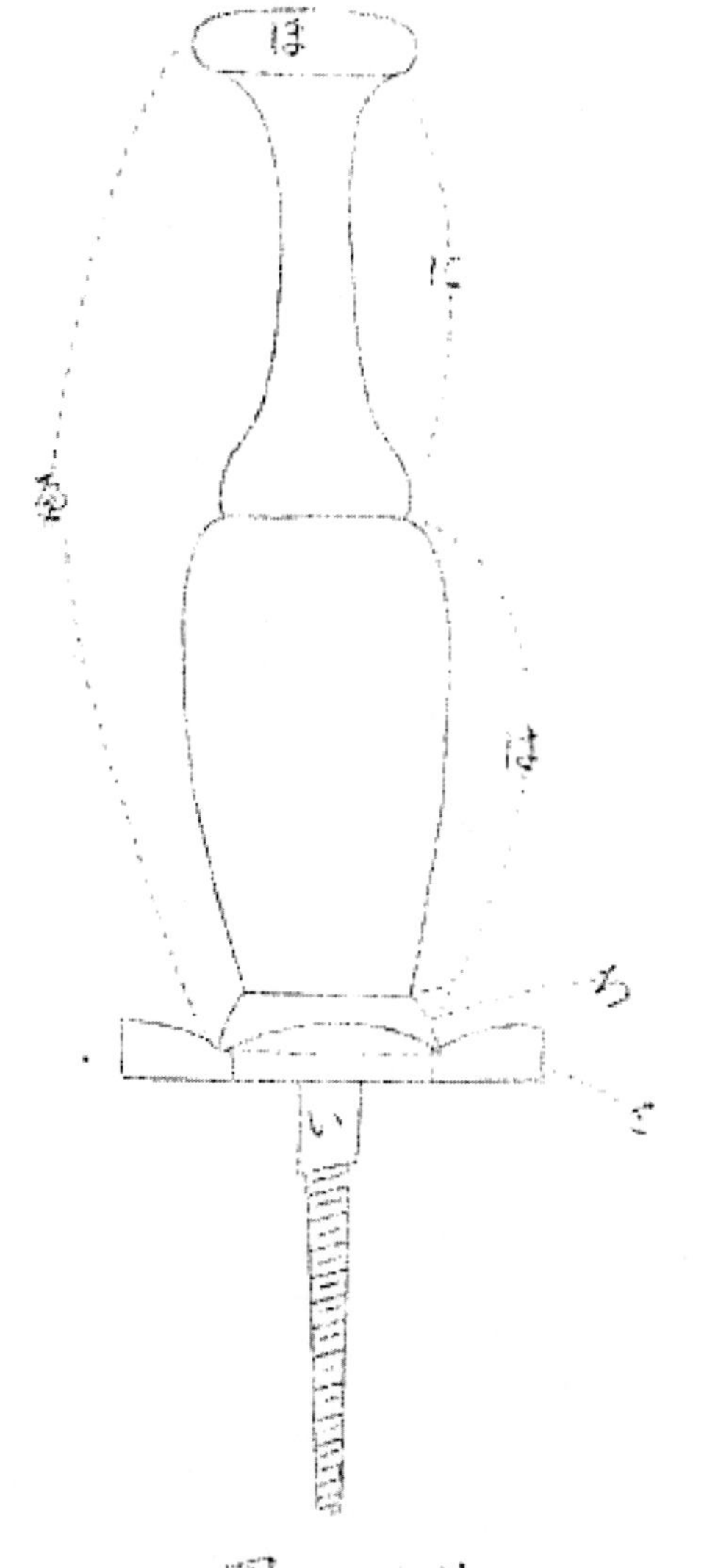


第二圖

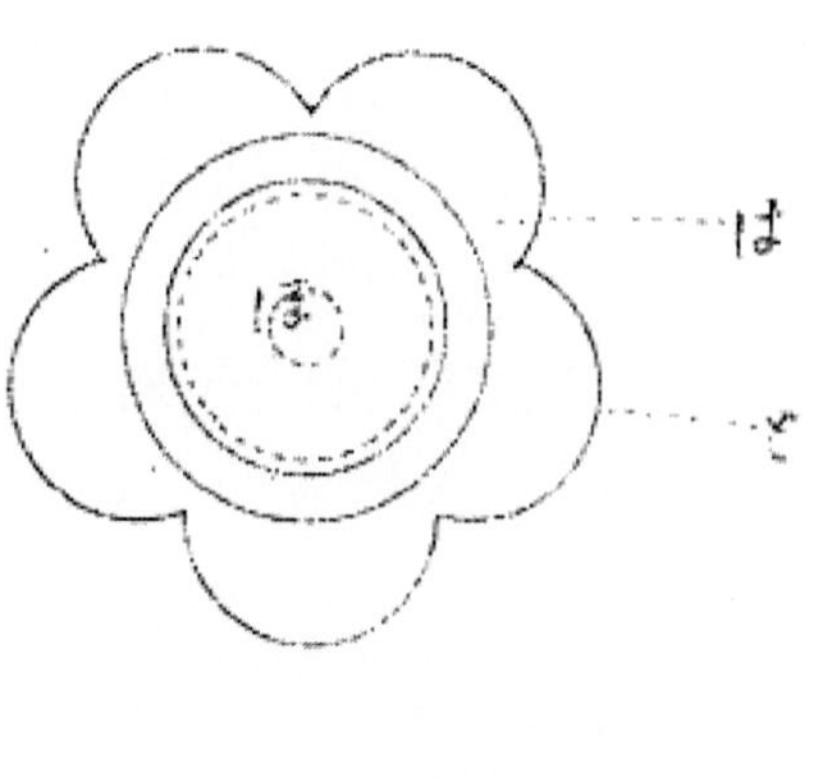

東京　元結筒
第６９号

# 元結筒装飾ノ意匠

第六九號

箕田彦治郎

東京府　香合
第72号

# 香合ノ意匠

第七貳號

川口與兵衛

第一圖

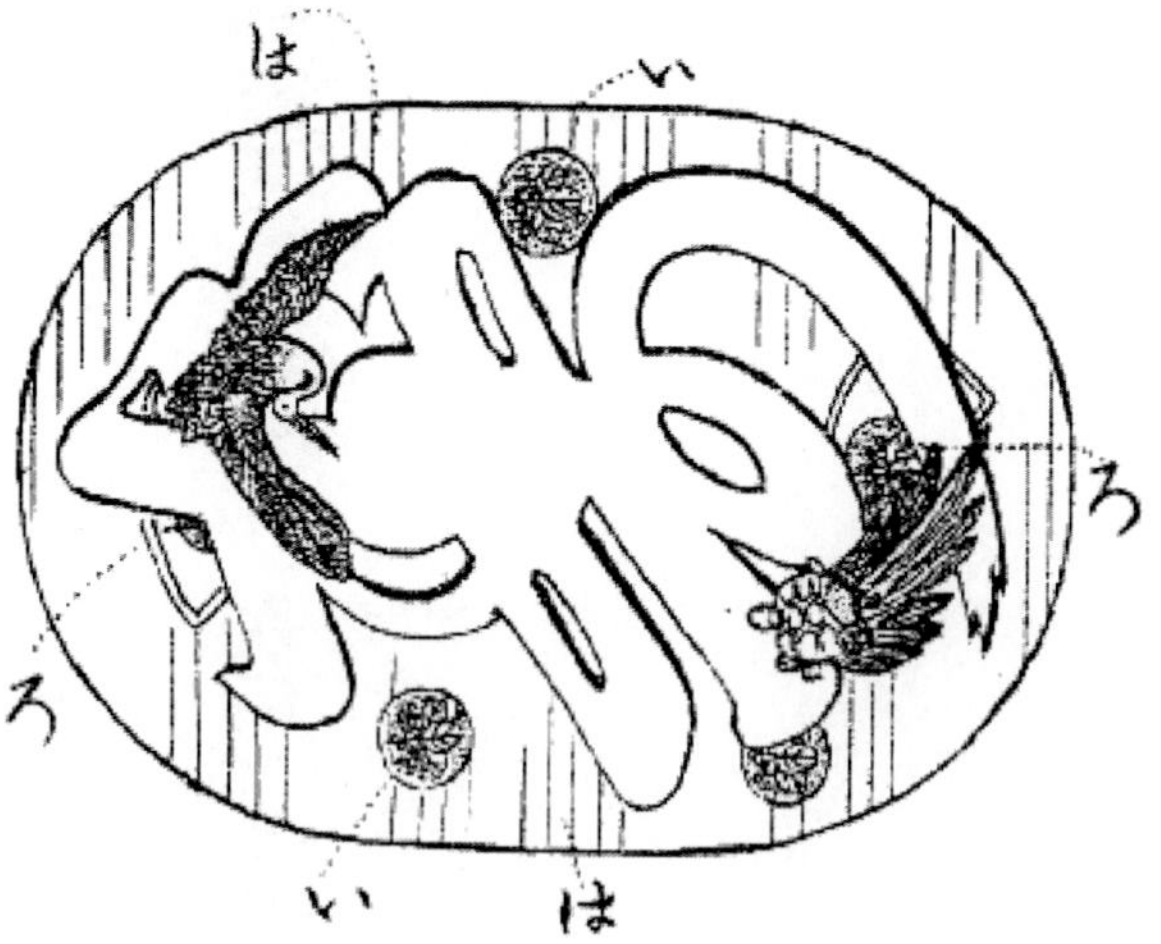


第二圖

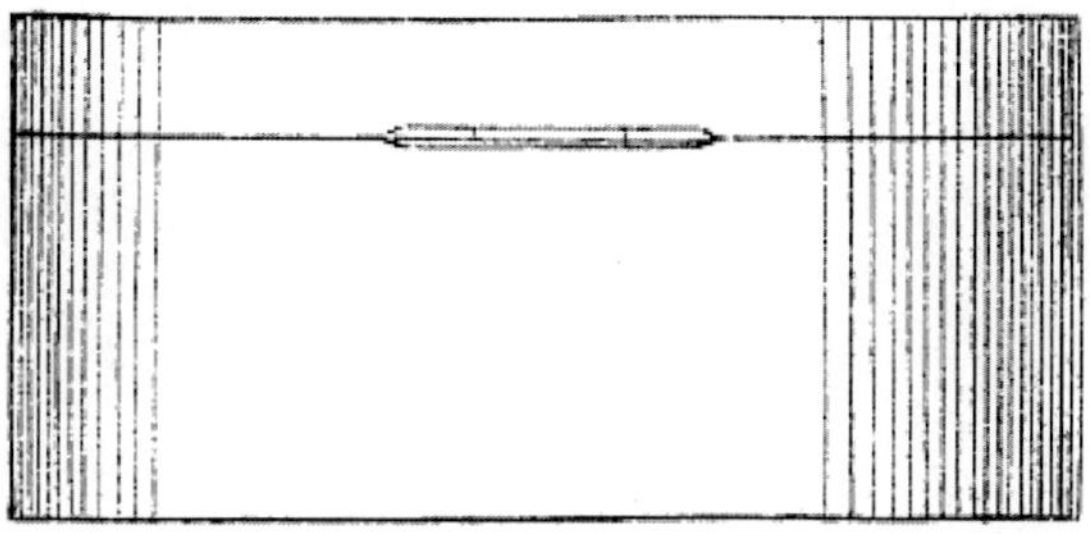

東京府　香合
第73号

# 香合ノ意匠

第七三號

川口與兵衛

第一圖

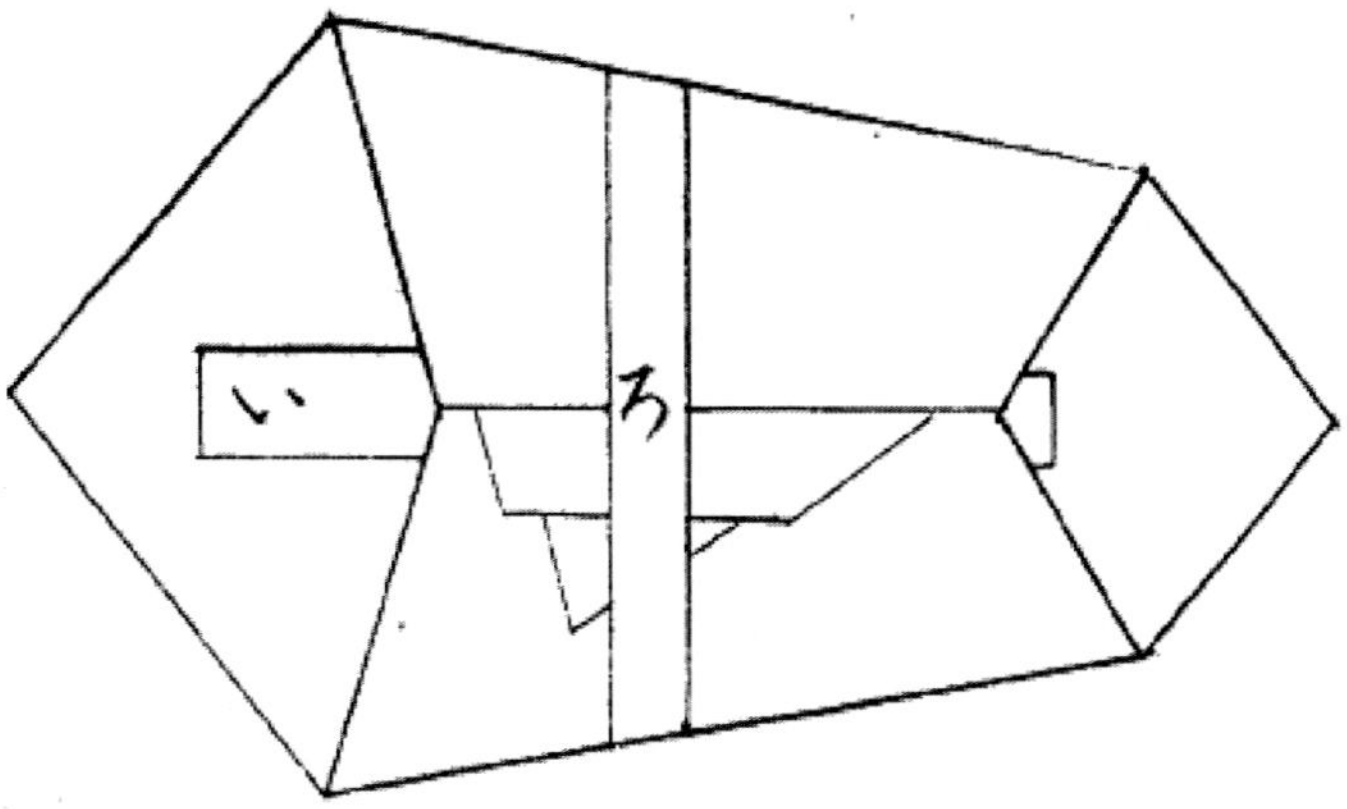


第二圖

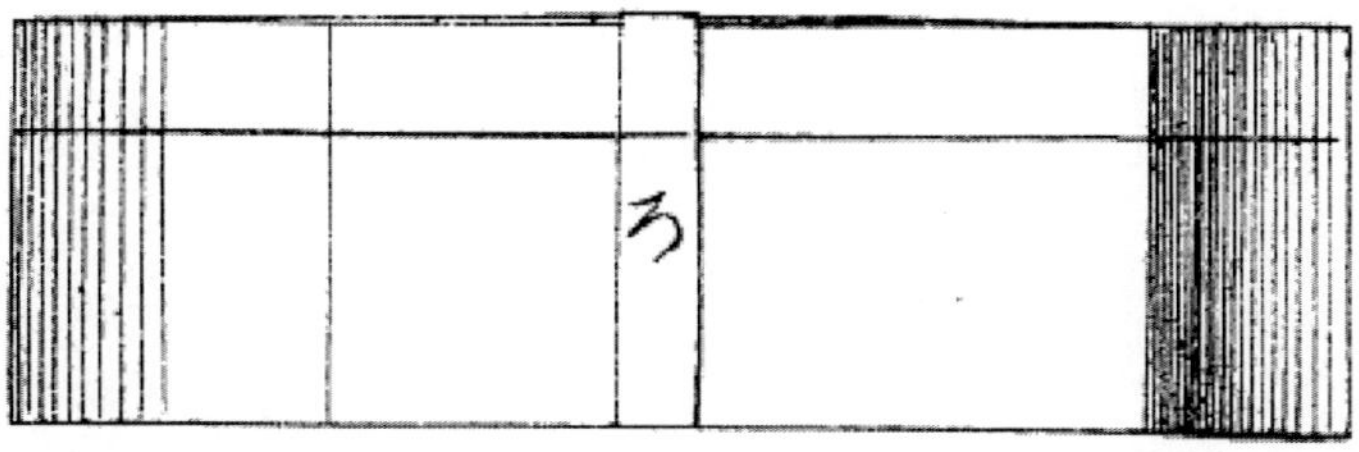

東京府　衣紋掛
第79号

# 衣紋掛ノ意匠

第七九號

望月亀吉
砂田和十郎

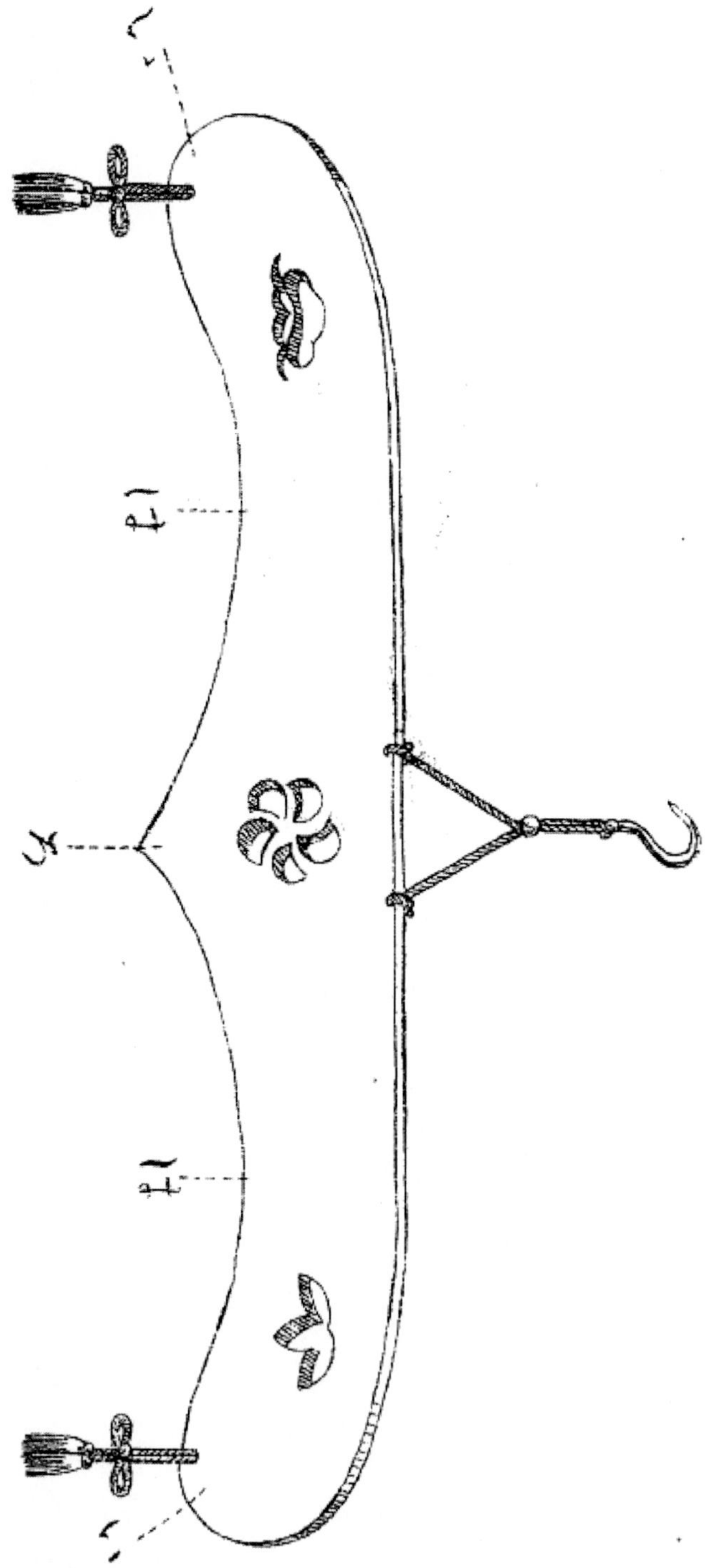

東京府　帽子
第８１号

帽子装飾ノ意匠

第八壹號

日山彦十郎

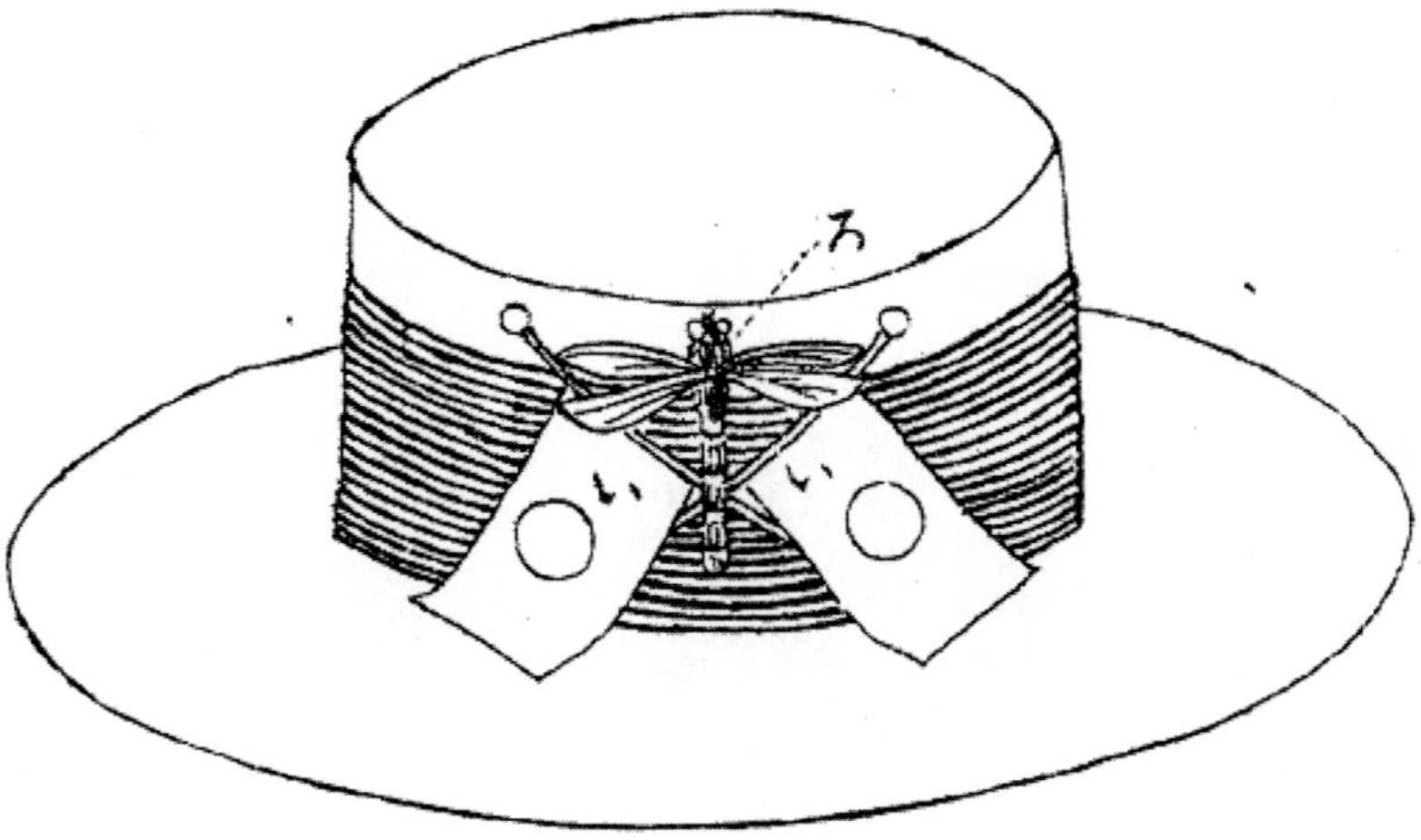

東京府　半襟
第82号

半襟摸様ノ意匠

第八貳號

名越彌七

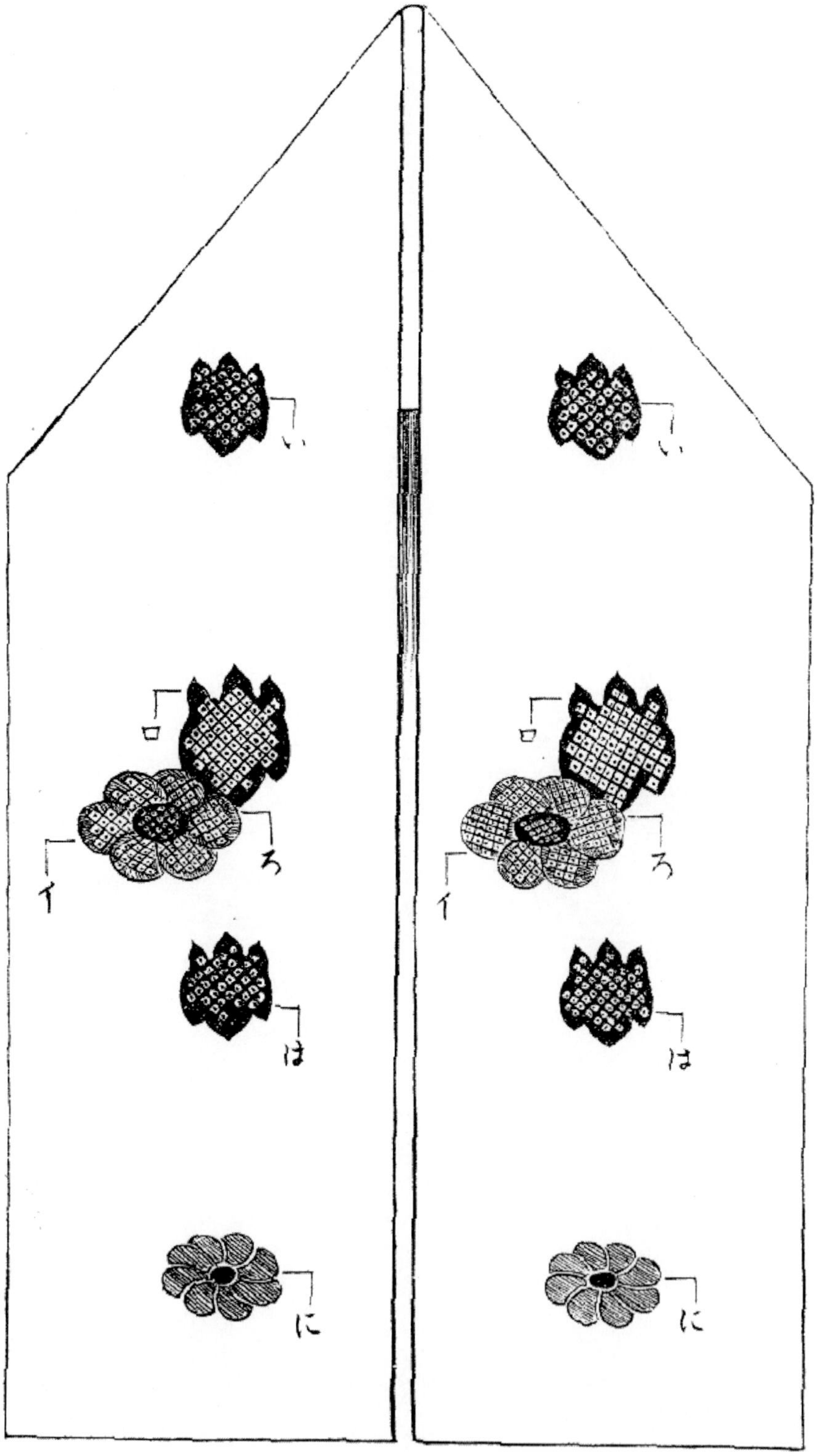

東京府　金庫ノ扉
第88号

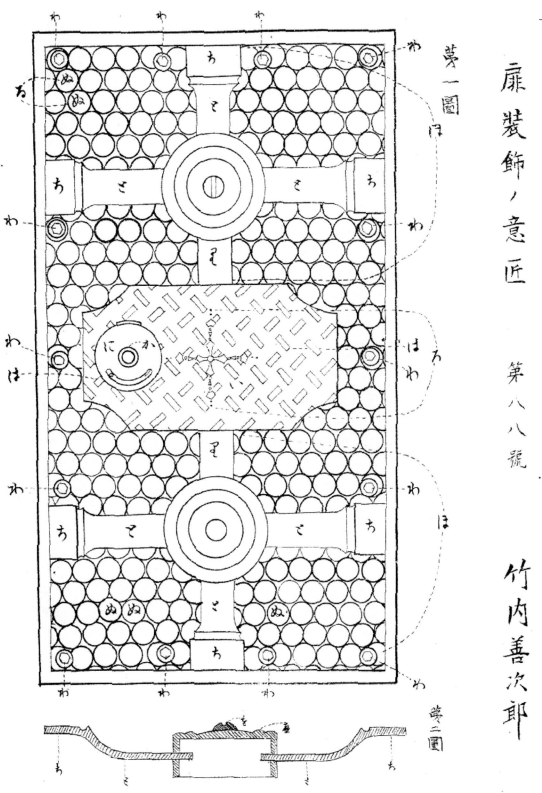

# 扉装飾ノ意匠

第八八號

竹内善次郎

第一圖

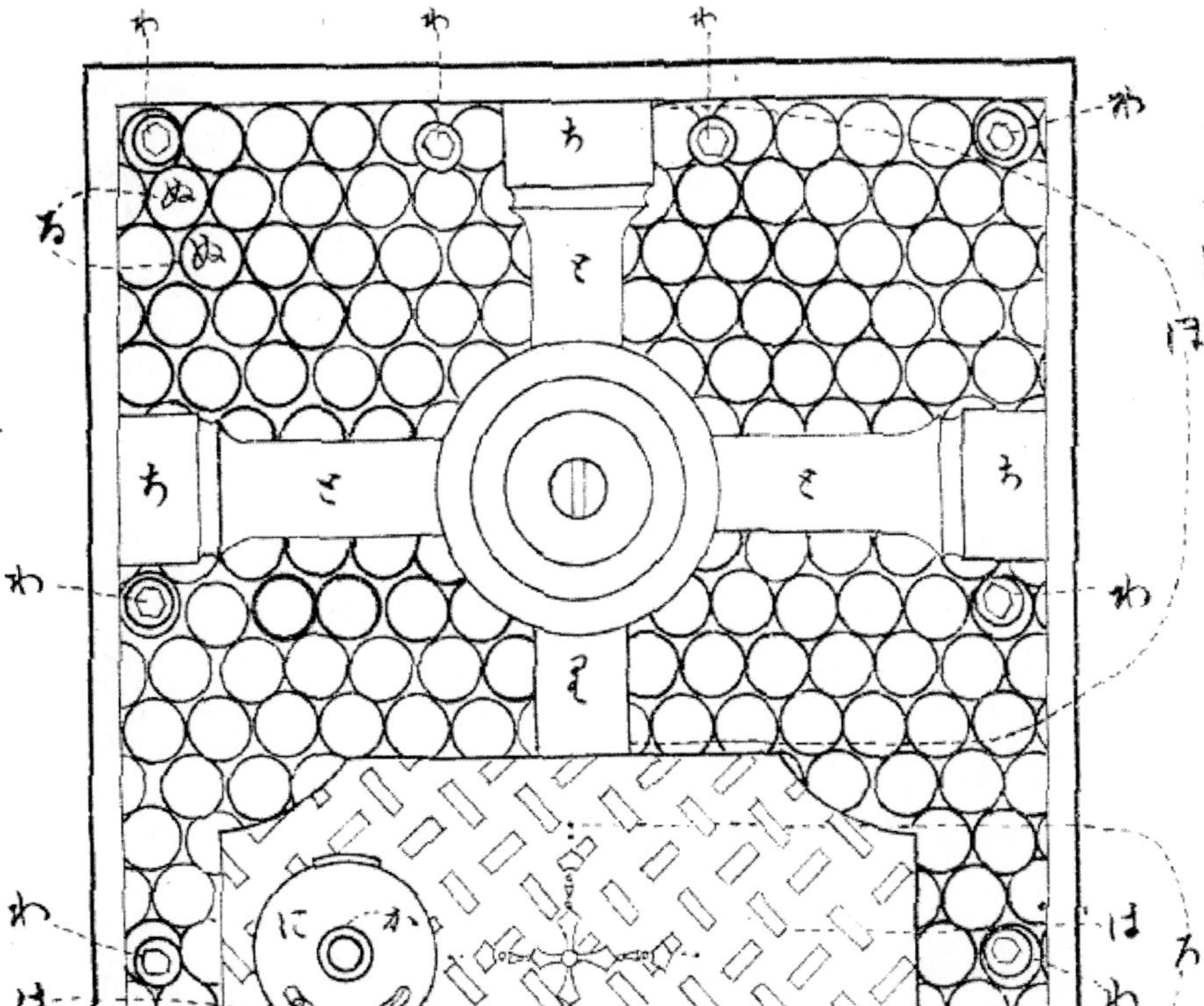

第二圖

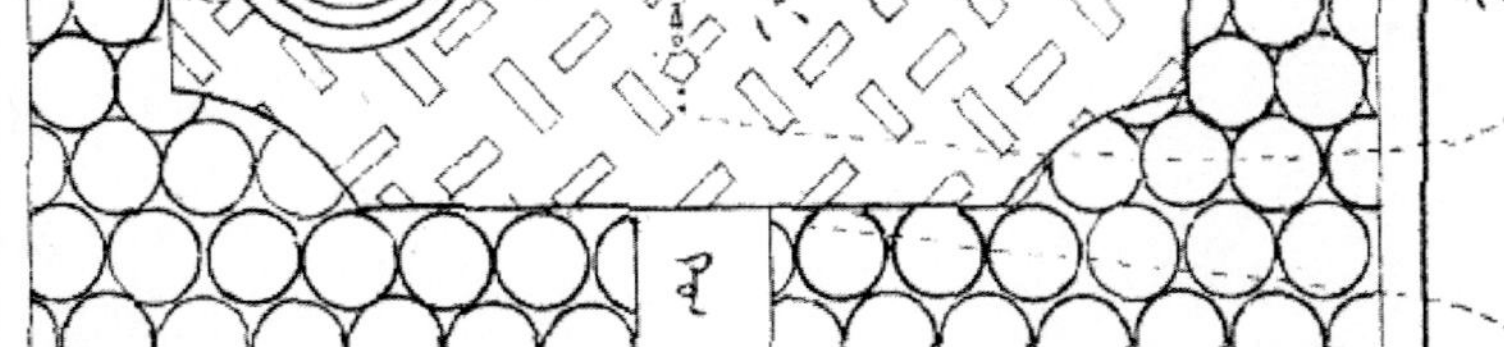

東京府　椅子
第９７号

# 臂掛椅子ノ意匠

第九七號

森三五郎

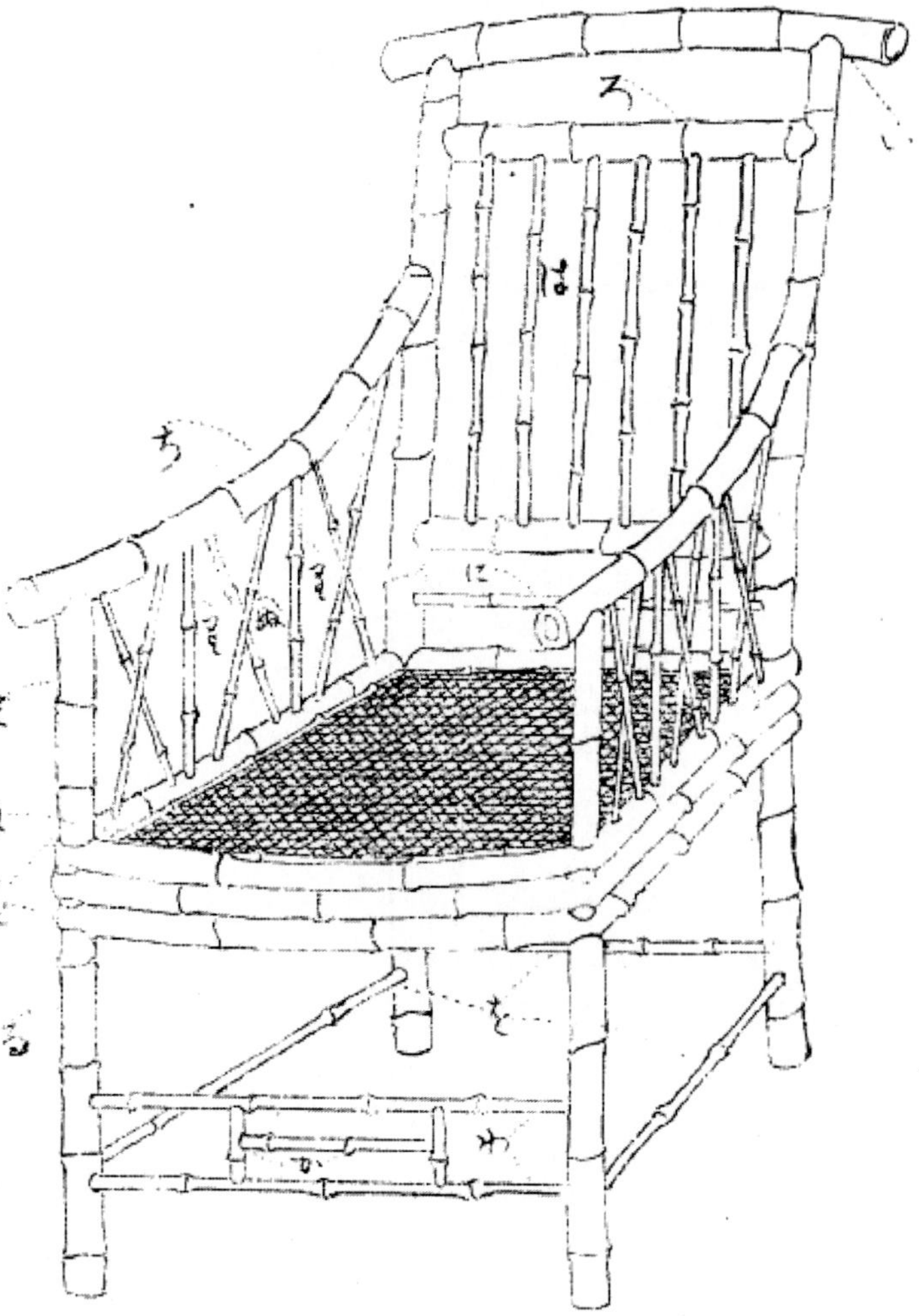

東京府　椅子
第98号

# 椅子ノ意匠

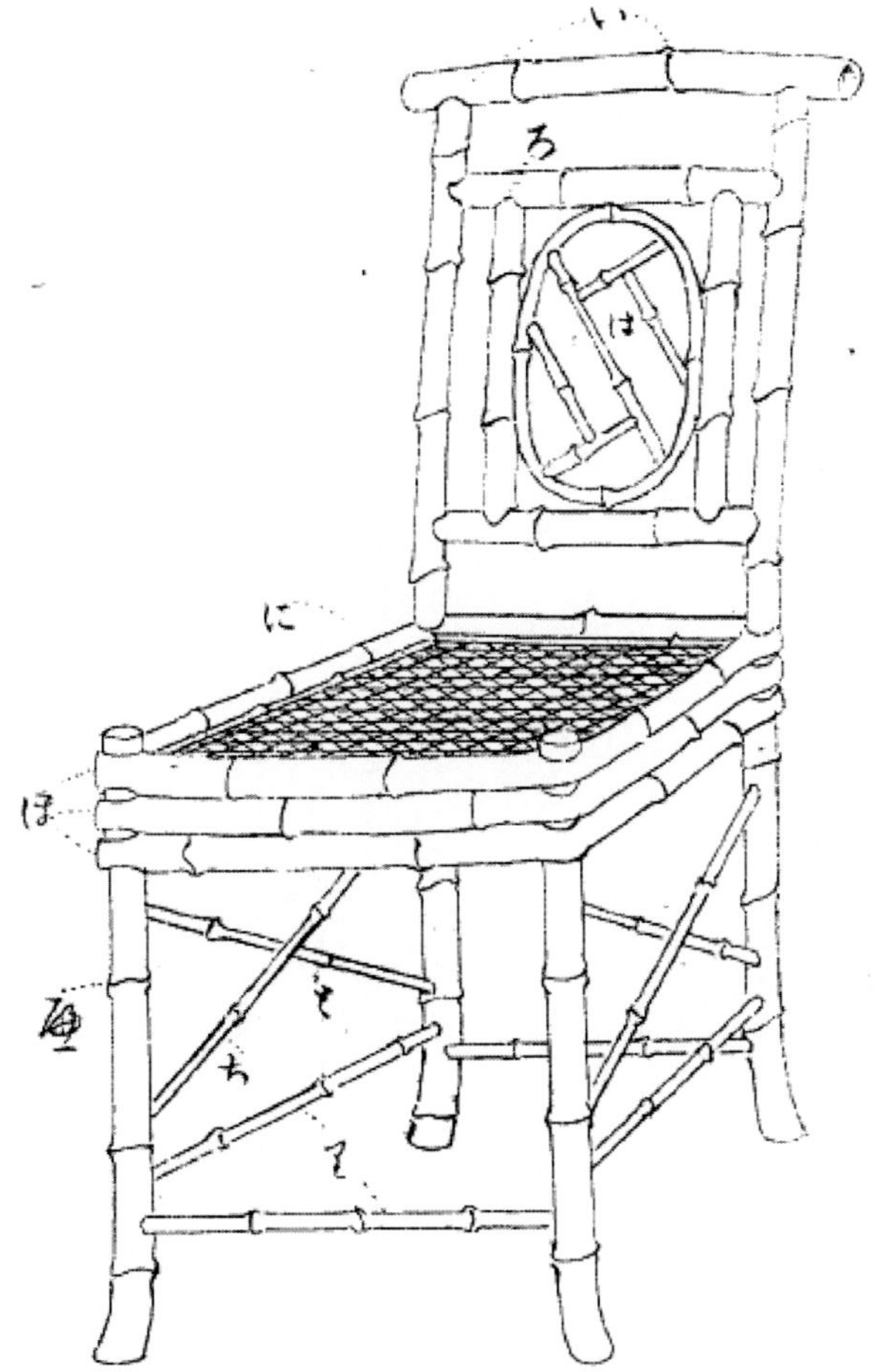


第九八號

森三五郎

東京府　活版　活版製造所　社長
第225号

# 數字ノ意匠

明治廿五年二月一日
第二二五號

曲田成

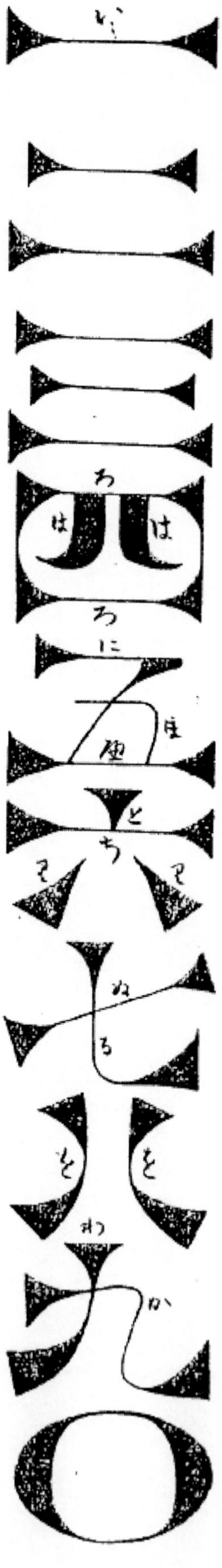

東京府　紋紙
第２３２号

# 紋紙模様ノ意匠

明治廿五年四月四日
第二三二號

長澤清之助

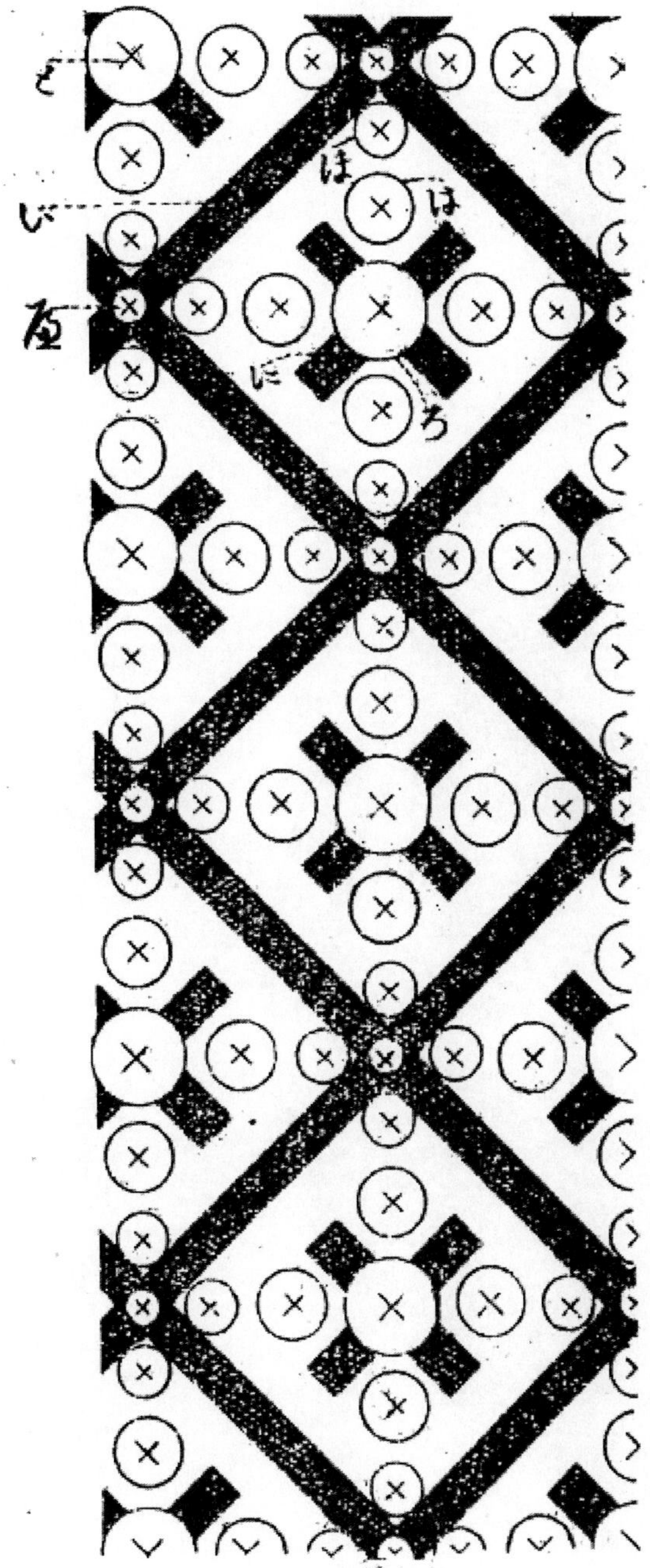

東京府　菓子器
第238号

# 菓子器摸様ノ意匠

明治廿五年四月廿九日
第二三八號

落合幾次郎

第一図

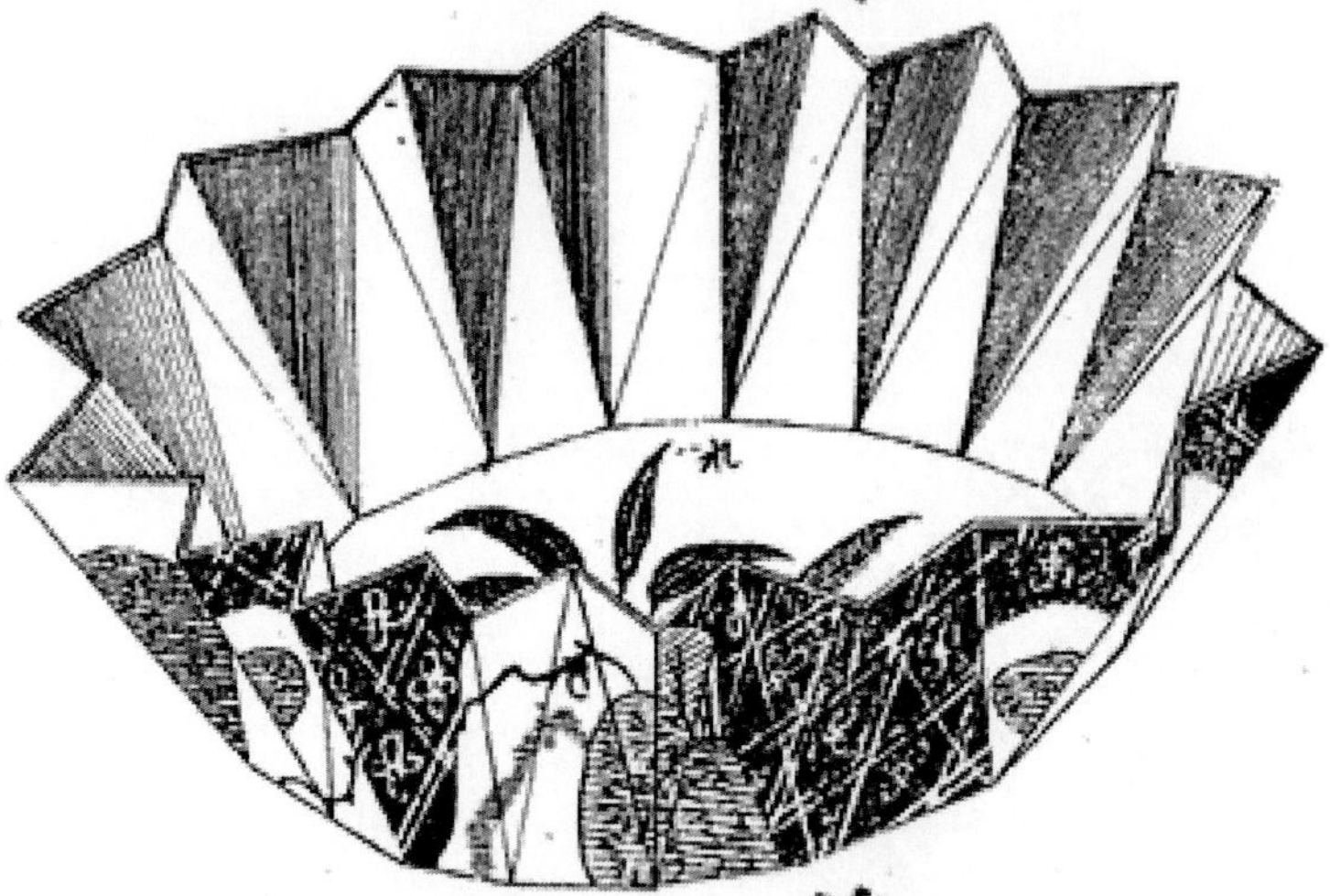

第二図

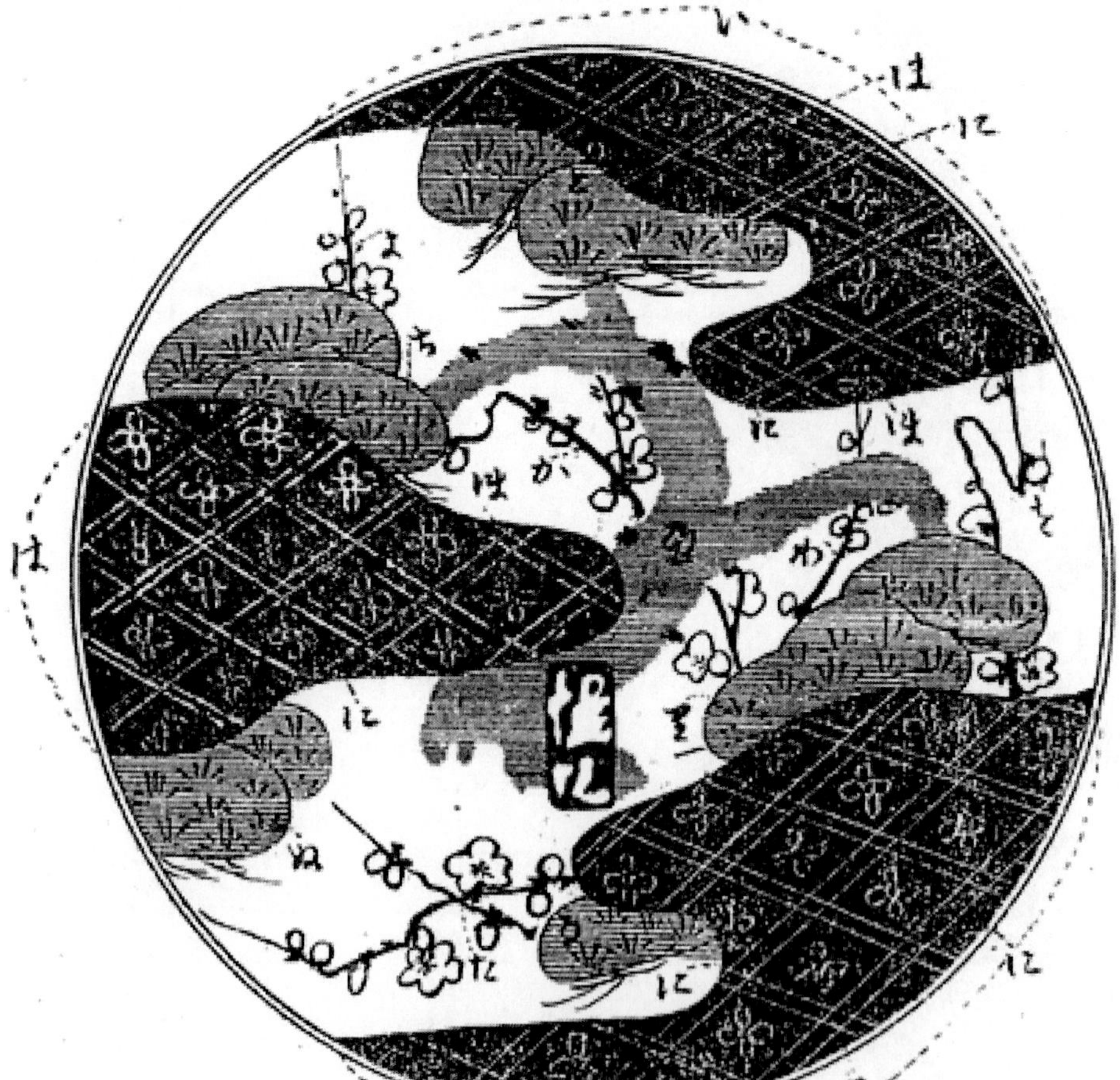

菓子器模様ノ意匠

明治廿五年四月廿九日
第二三八號

落合幾次郎

第三図

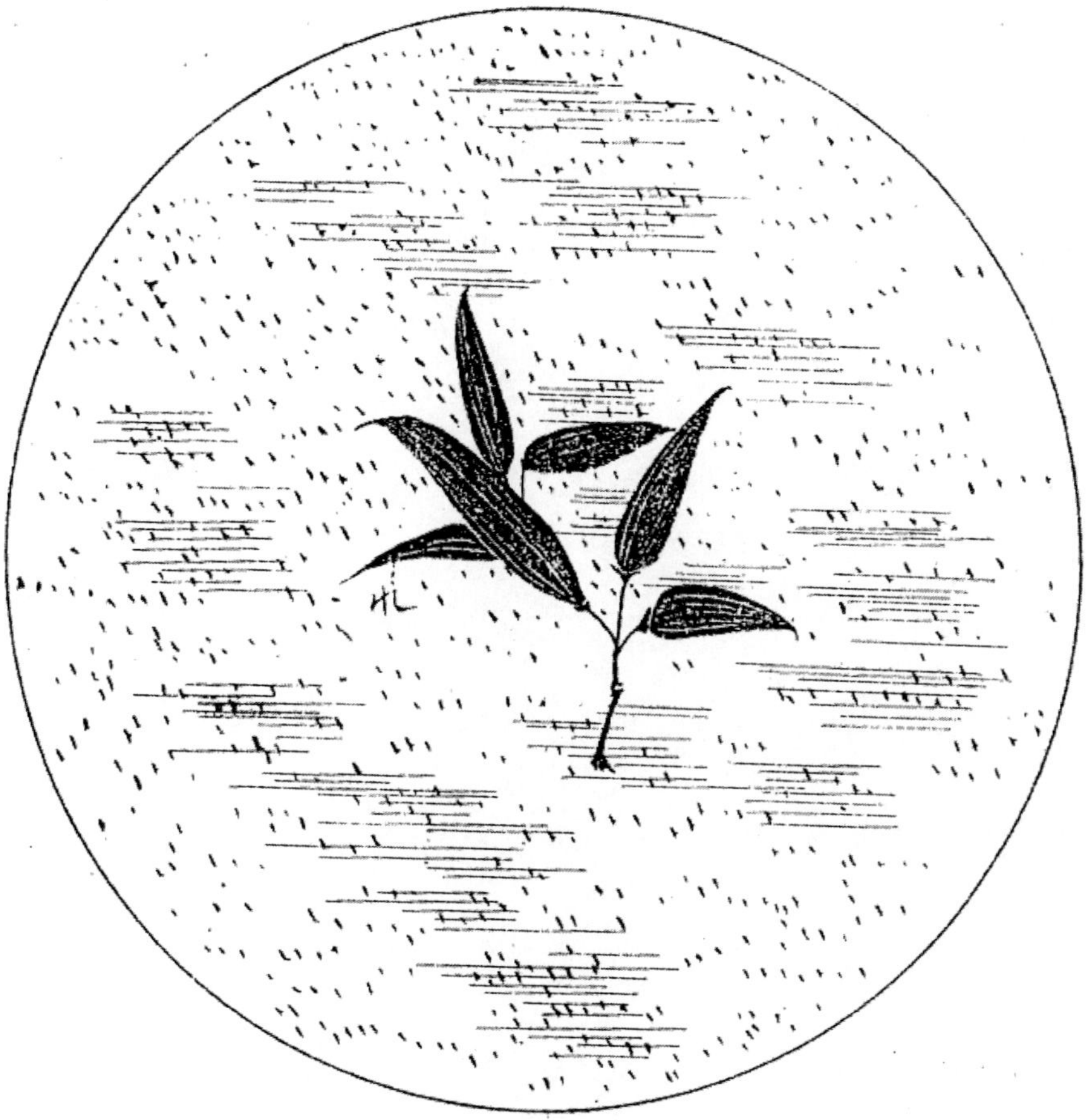

東京府　壁紙
第２３９号

# 壁紙模様ノ意匠

明治廿五年五月六日
第二三九號

山路良三

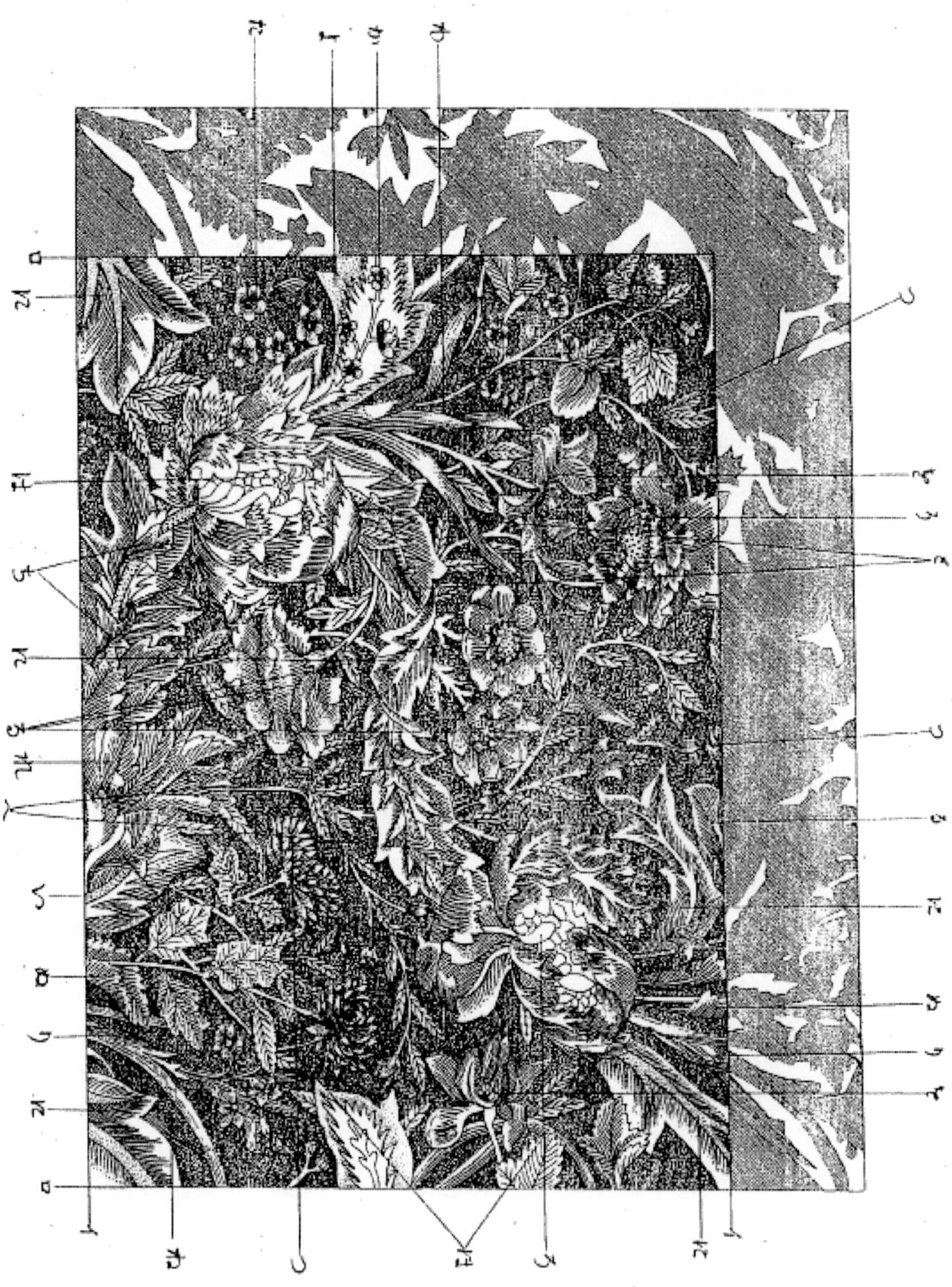

東京府　壁紙
第２４０号

# 緣張壁紙模様ノ意匠

明治廿五年五月六日
第二四〇號

山路良三

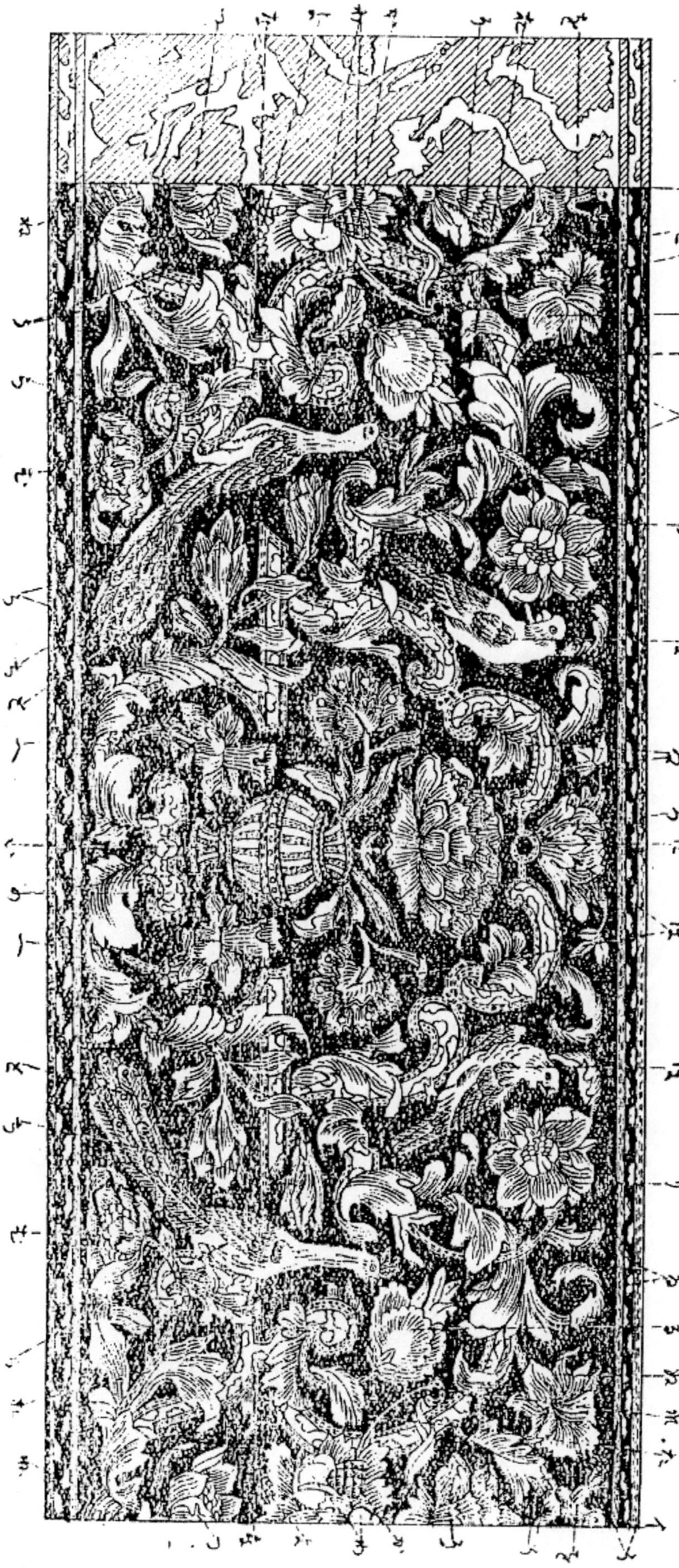

東京府　壁紙
第２４１号

壁紙摸様ノ意匠

明治廿五年五月六日
第二四一號

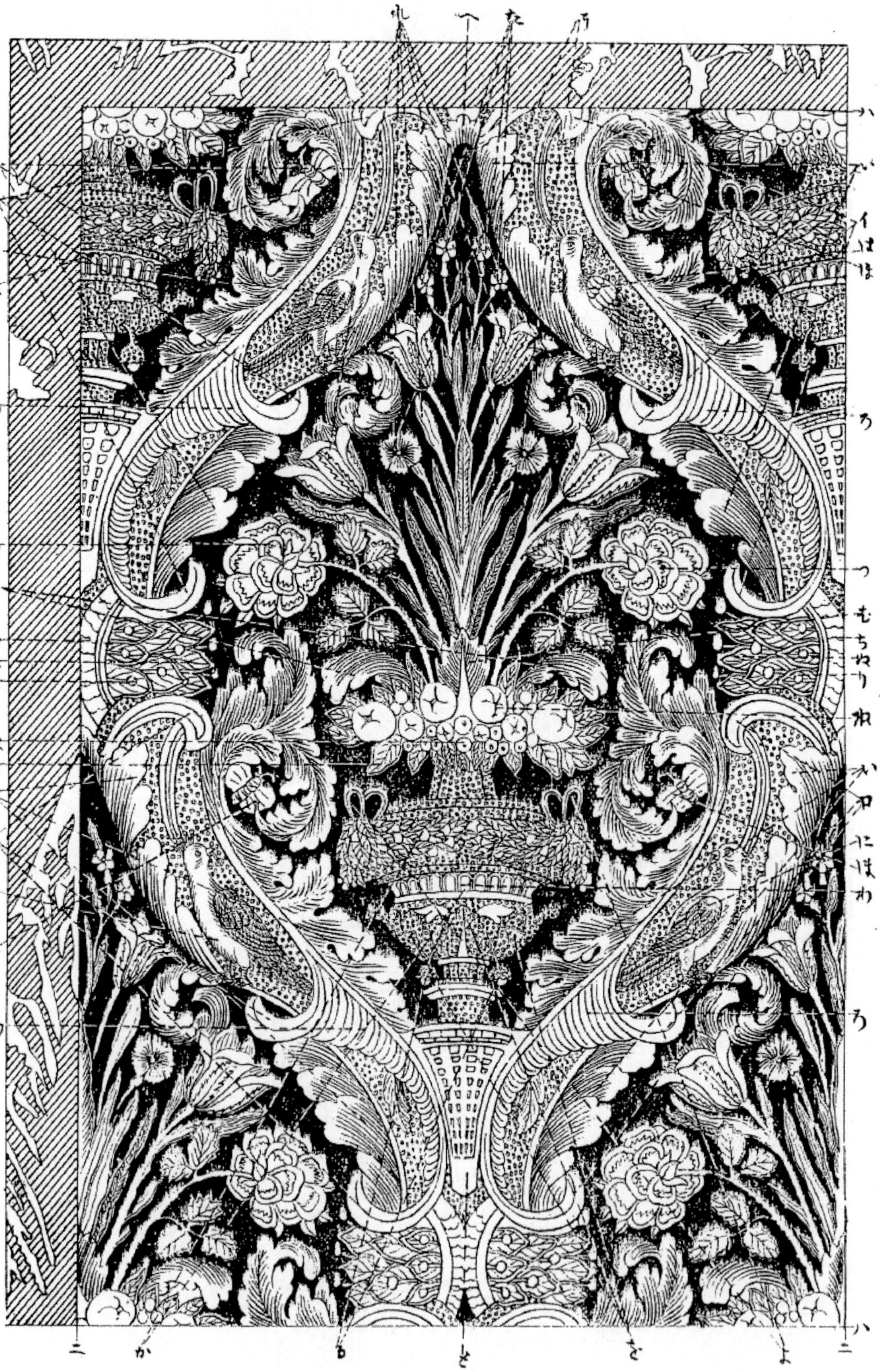

山路良三

東京府　壁紙
第２４２号

# 壁紙模様ノ意匠

明治廿五年五月六日
第二四二號

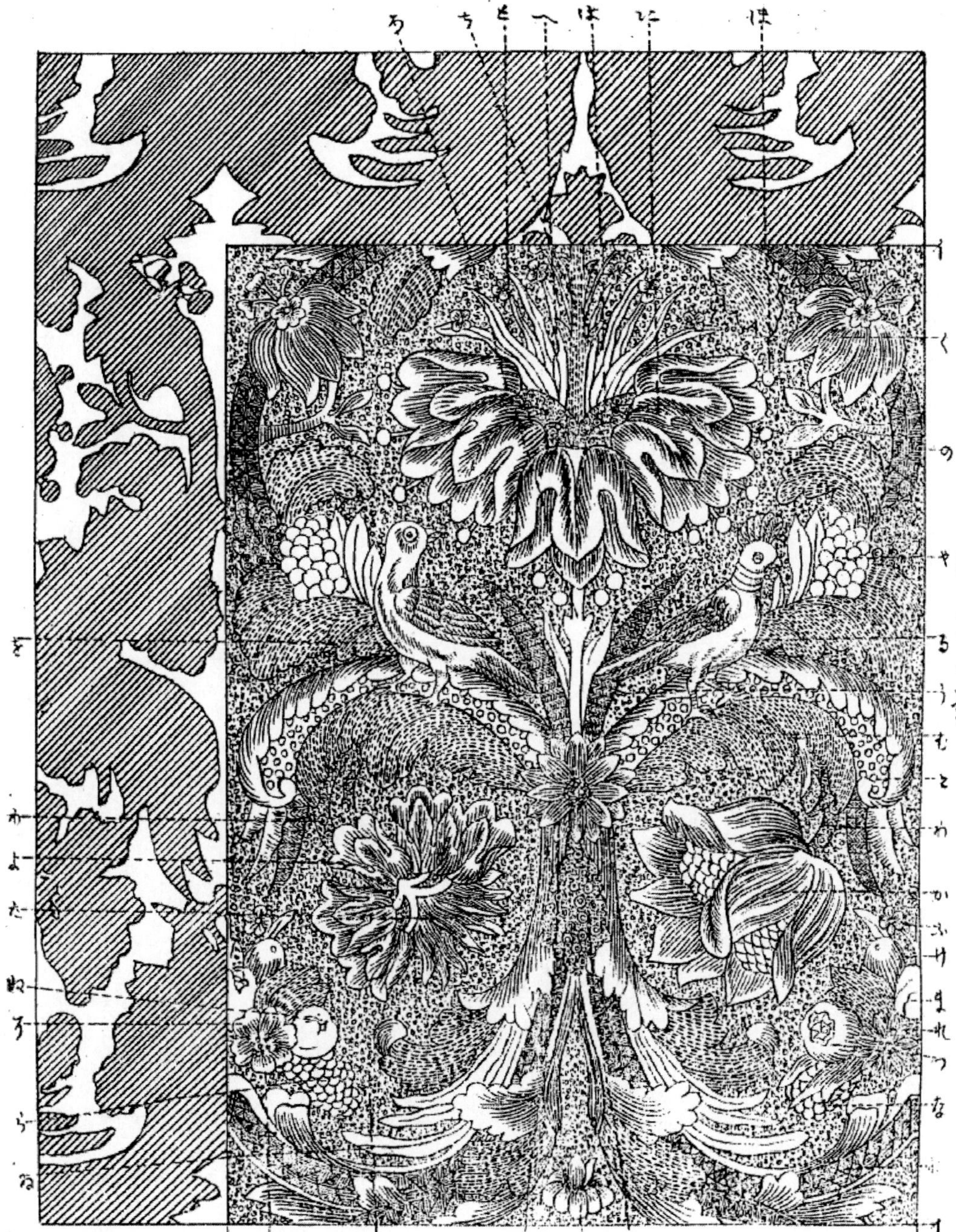

山路良三

東京府　書籍ノ表紙
第２５３号

# 表紙摸様ノ意匠

明治廿五年七月十九日
第二五三號

中川外治郎

第一圖

東京府　書籍ノ表紙
第２５３号

表紙摸様ノ意匠

明治廿五年七月十九日
第二五三號

中川外治郎

第二圖

東京府　中枕
第２５４号

枕形状ノ意匠

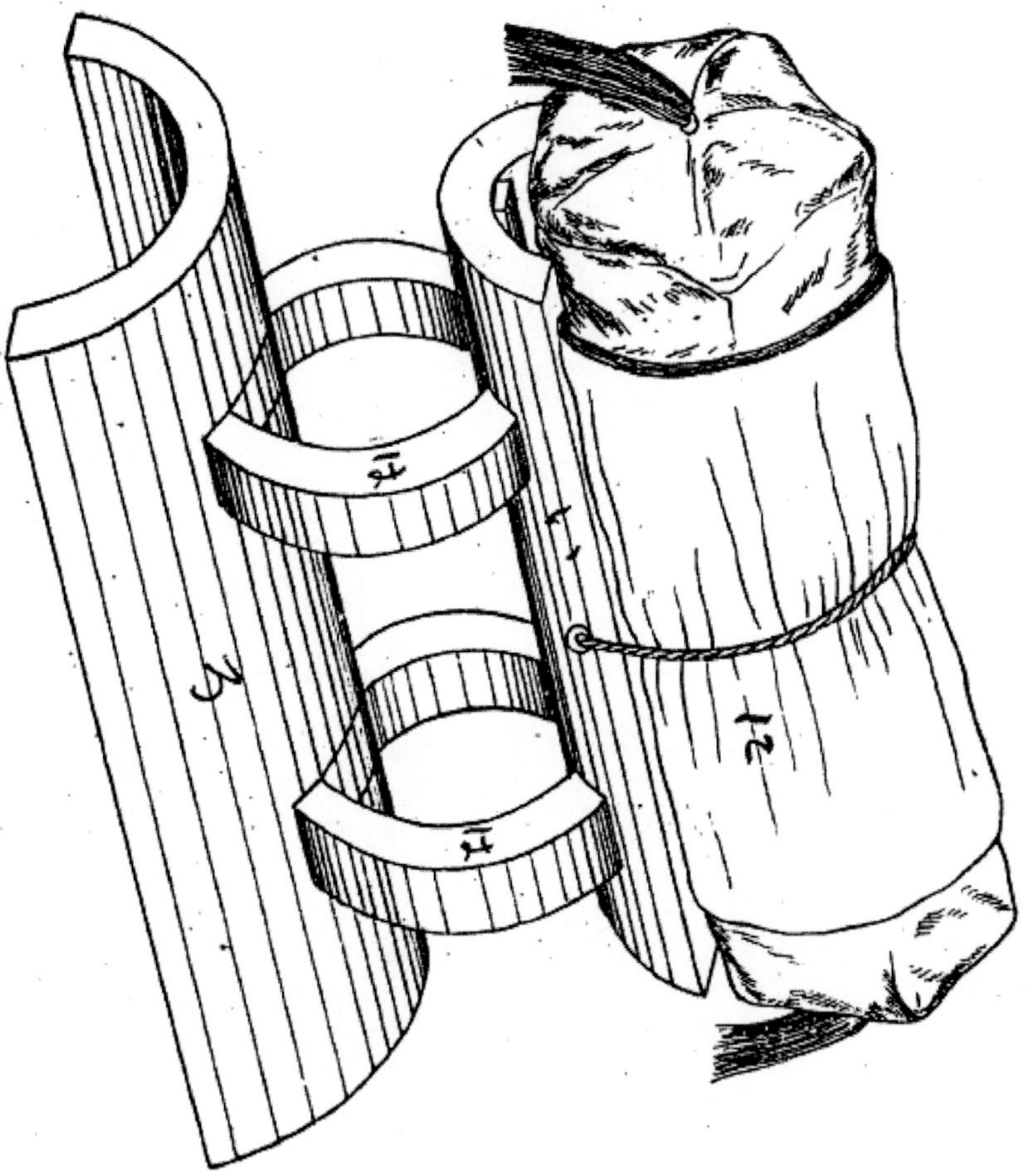

明治廿五年七月廿三日
第二五四號

堀井十藏

東京府　頭飾中針打
第257号

# 針打形状ノ意匠

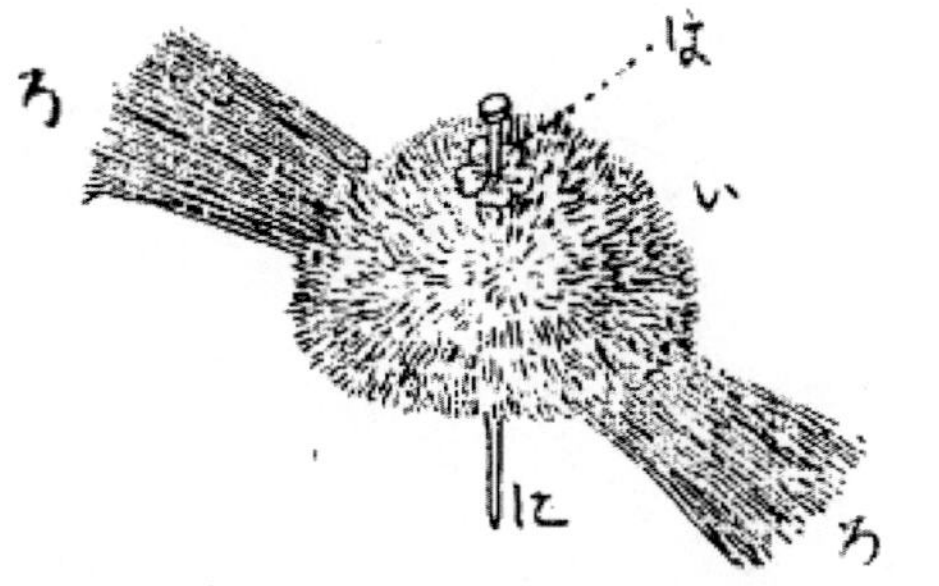


明治廿五年八月十一日
第二五七號

榊久米藏

東京府　髪掛
第２６５号

髪掛摸様ノ意匠

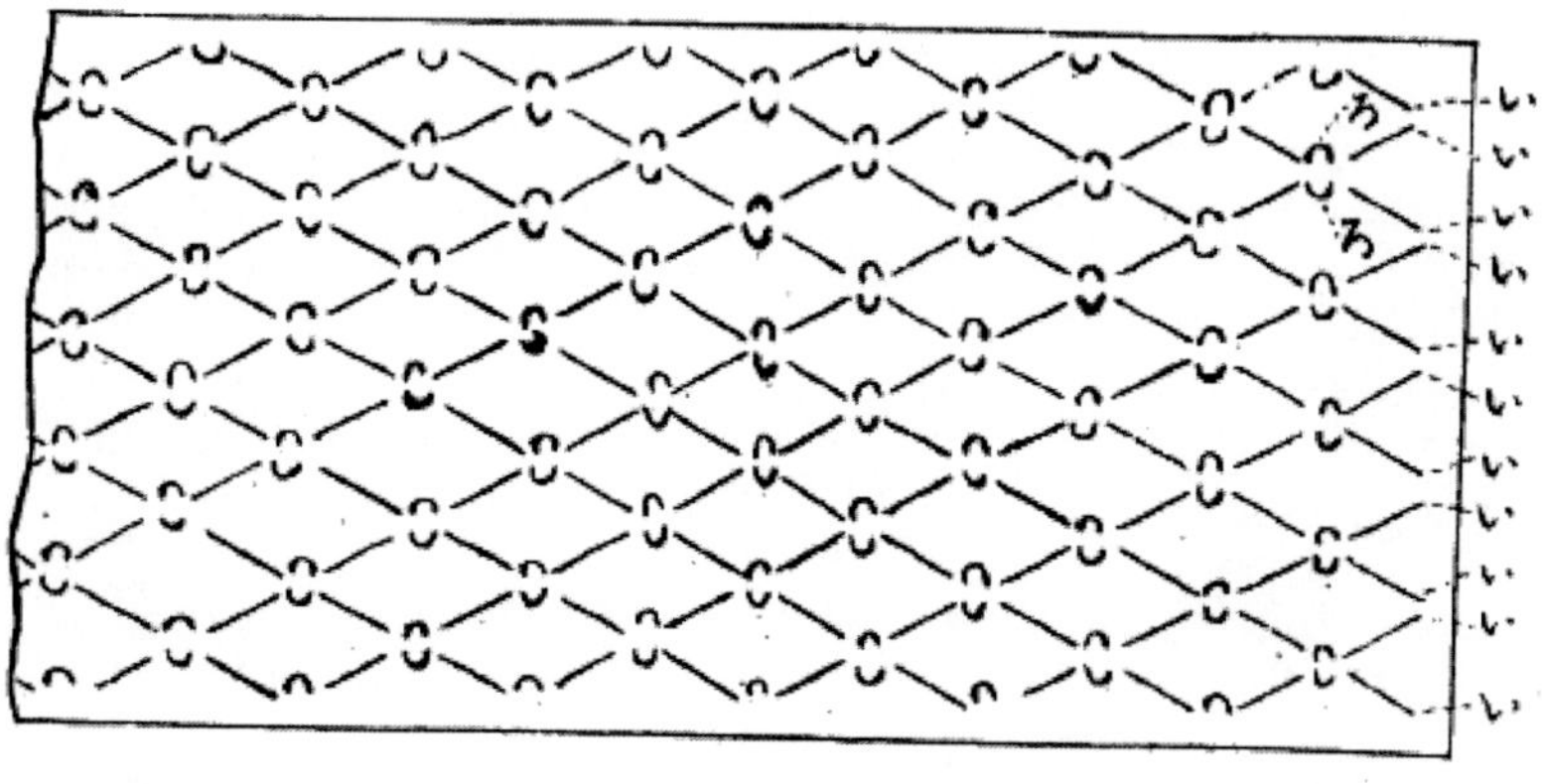


明治廿五年十二月十四日
第二六五號

大村武義

東京府　書翰筒
第266号

# 書簡筒模様ノ意匠

明治廿五年十一月廿一日
第二六六號

岩本善之助

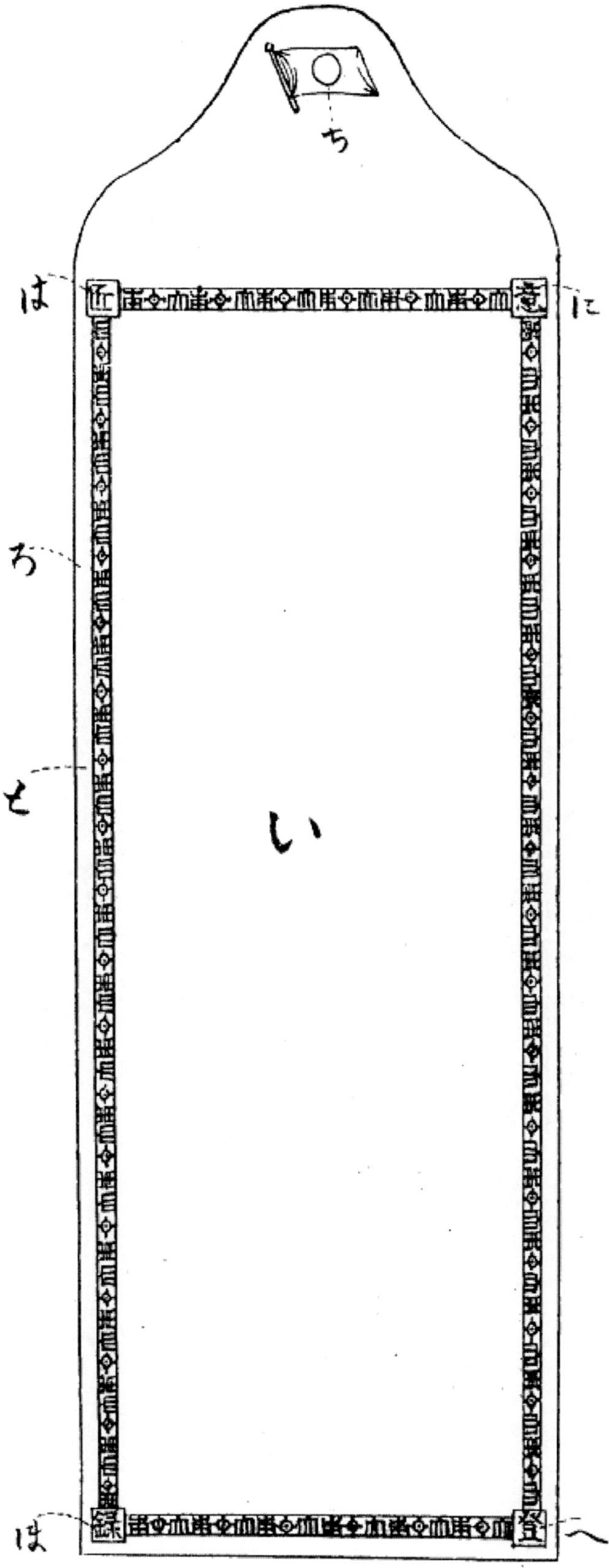

東京都　歯磨箱　歯磨製造業
第268号

# 歯磨箱模様ノ意匠

明治廿五年十二月十三日
第二六八號

竹内恒吉

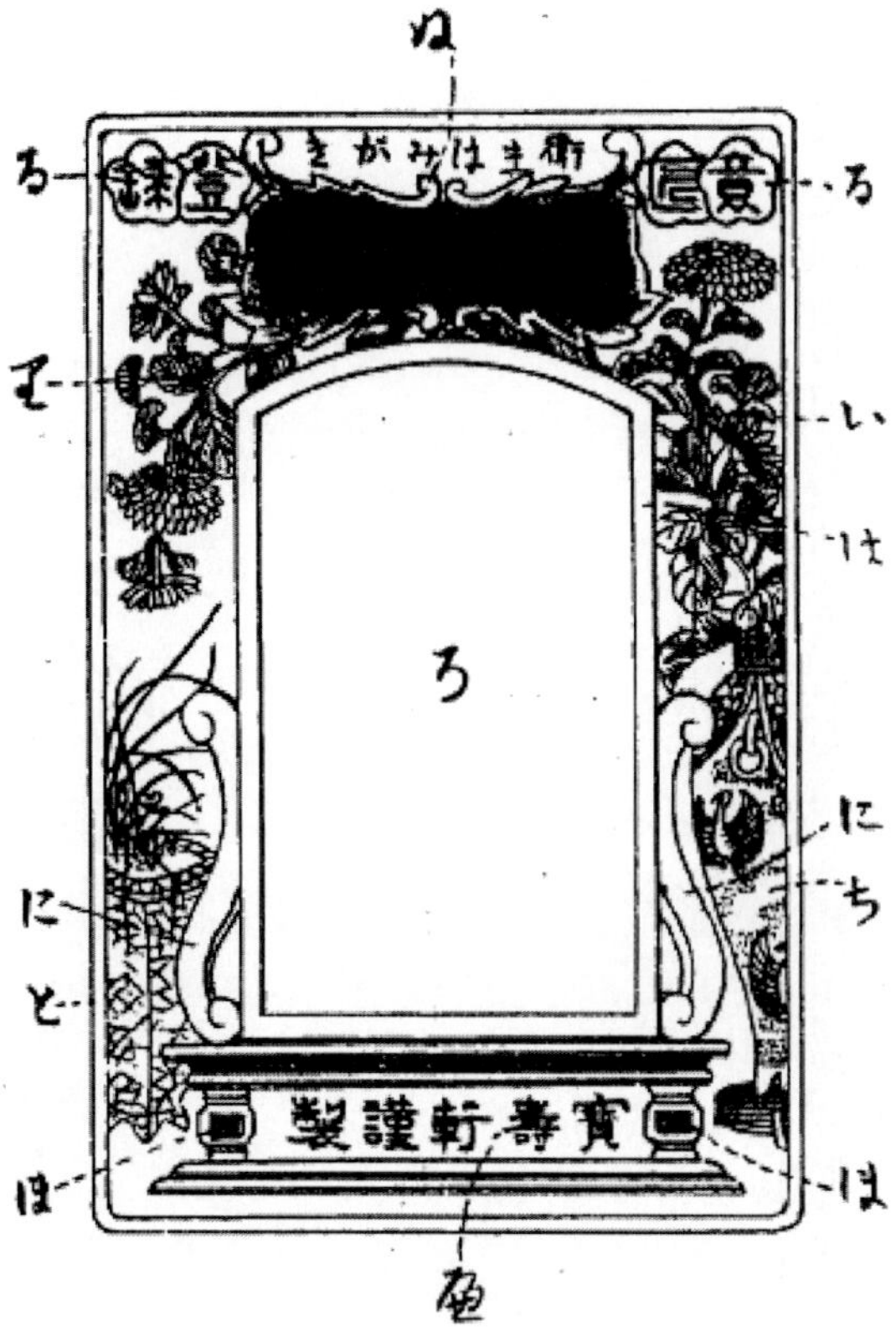

東京府　帽子　無職業
第269号

# 帽子形状ノ意匠

明治廿五年十二月十三日
第二六九號

石橋金次郎

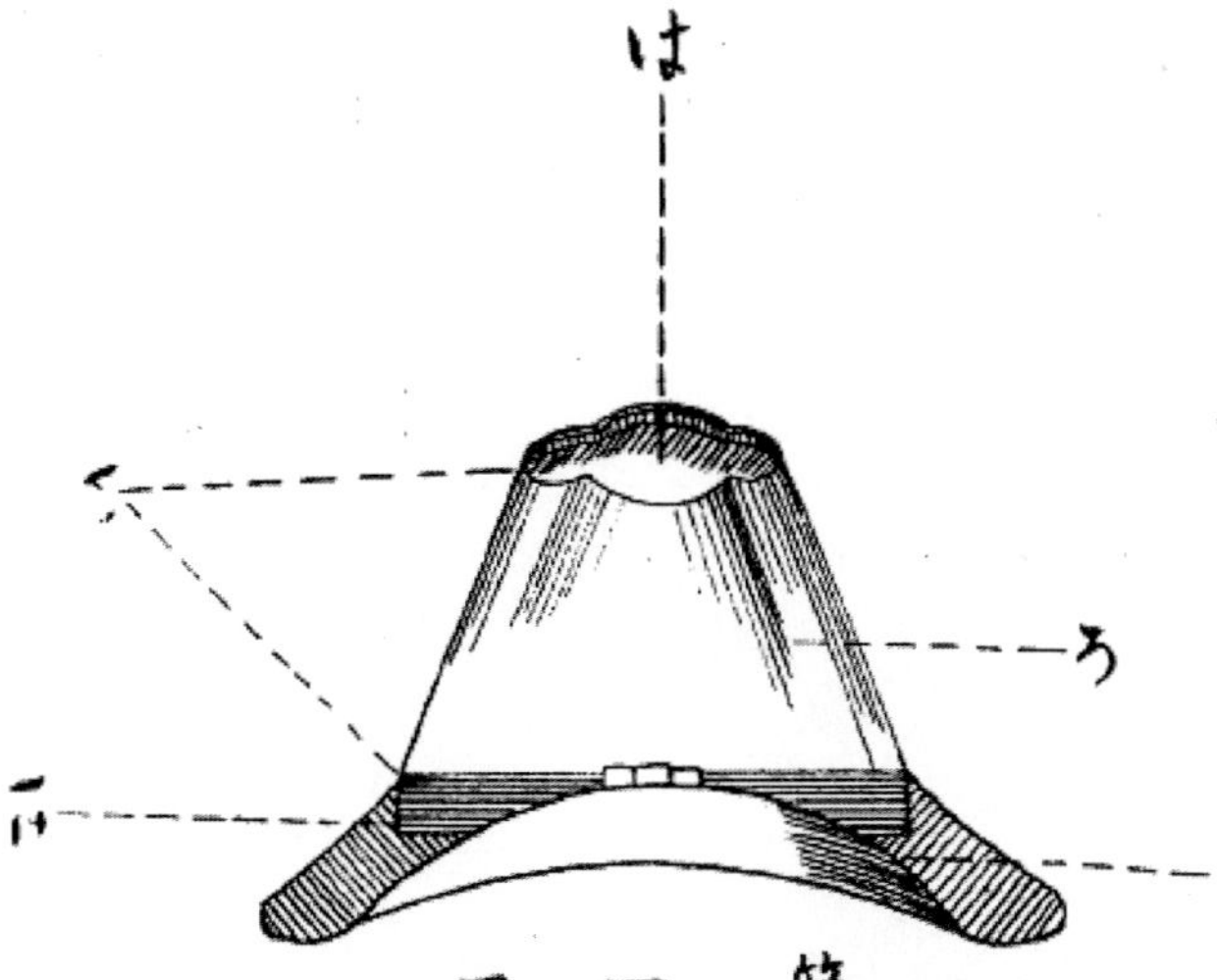


第一圖

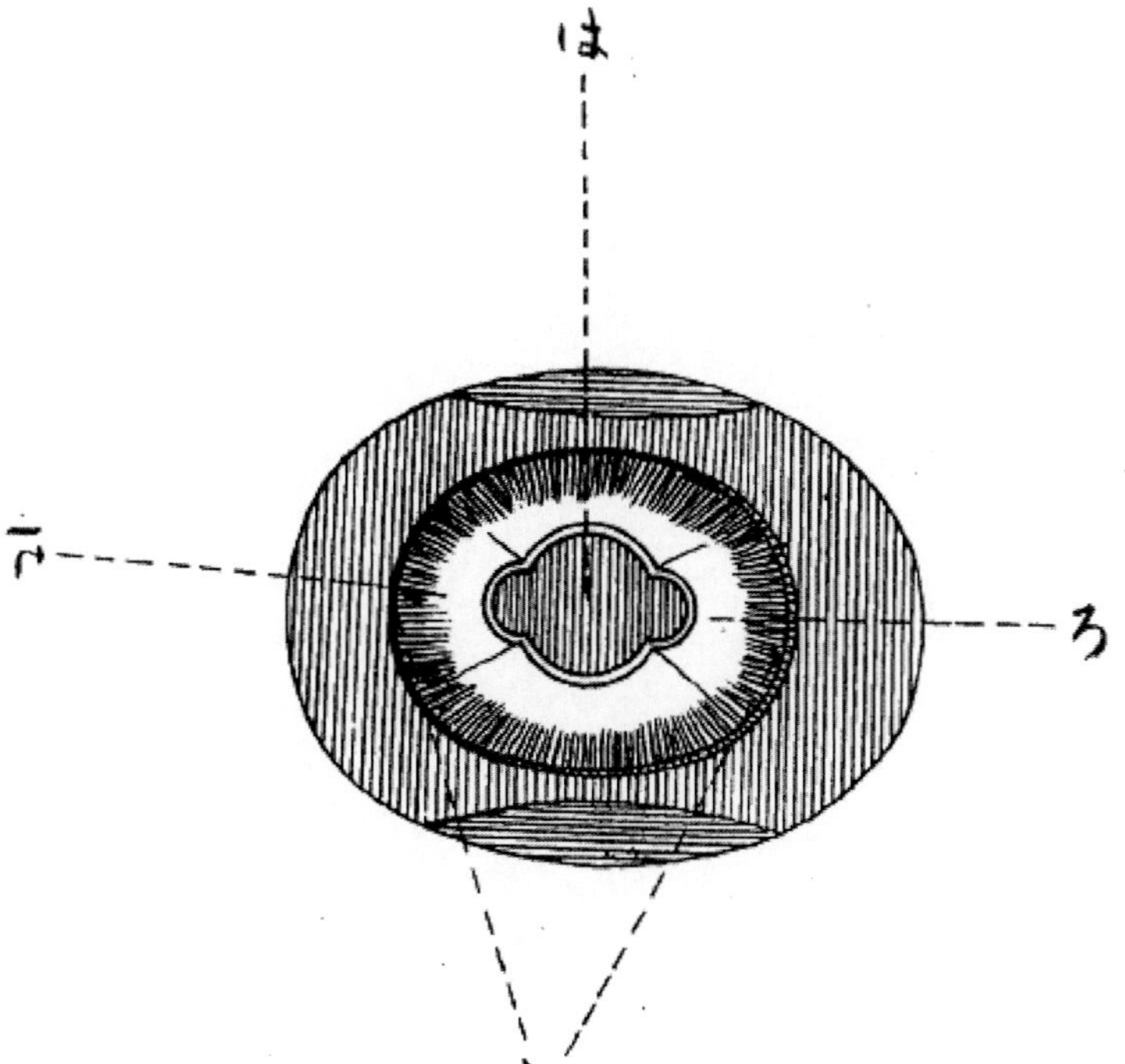


第二圖

東京府　帯止金具　組糸商
第270号

帯止金具形状ノ意匠

明治廿五年十二月二十日
第二七〇號

早川國三郎

第一図

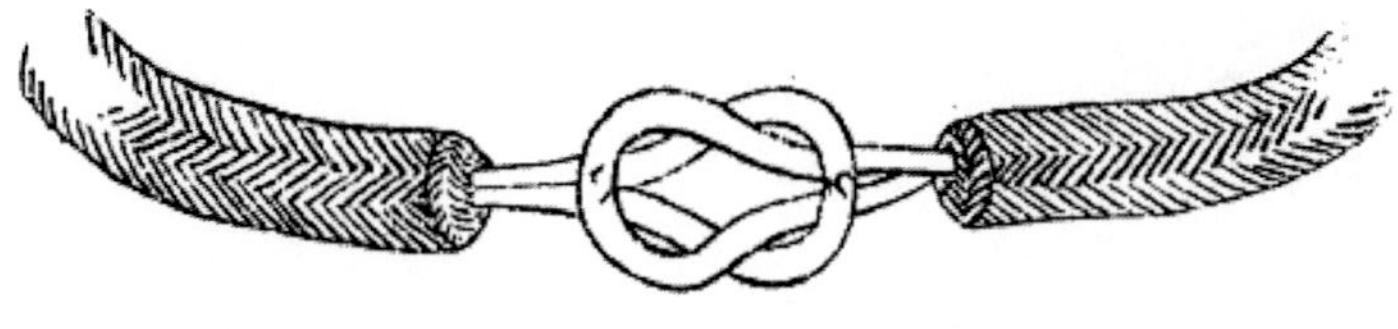

第二図

東京府　壁紙　壁紙製造業
第２７５号

# 壁紙模様ノ意匠

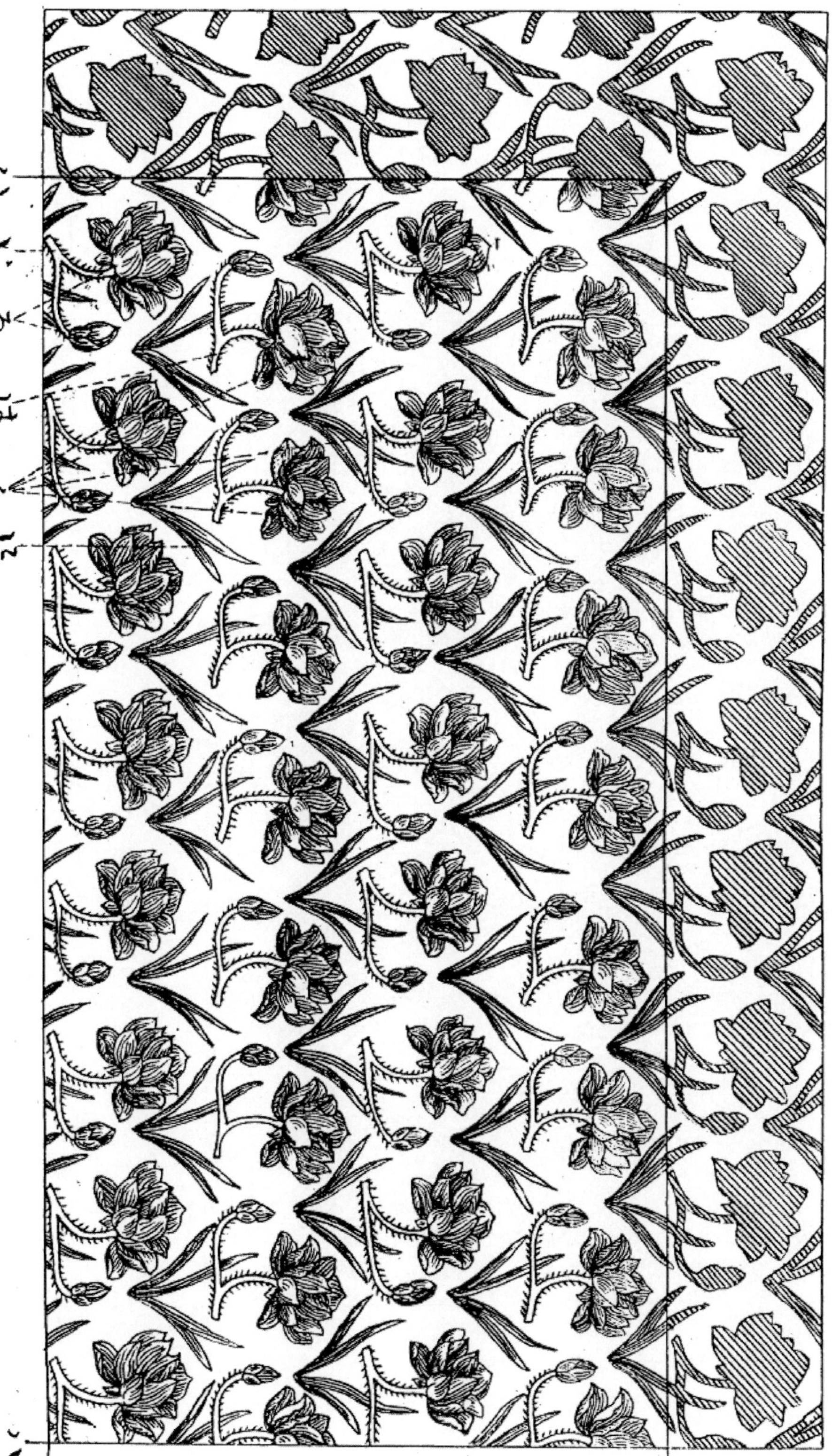

明治廿六年一月三十一日
第二七五號

山路良三

東京府　壁紙　壁紙製造業

第２７６号

壁紙模様ノ意匠

明治廿六年一月三十一日

第二七六號

山路良三

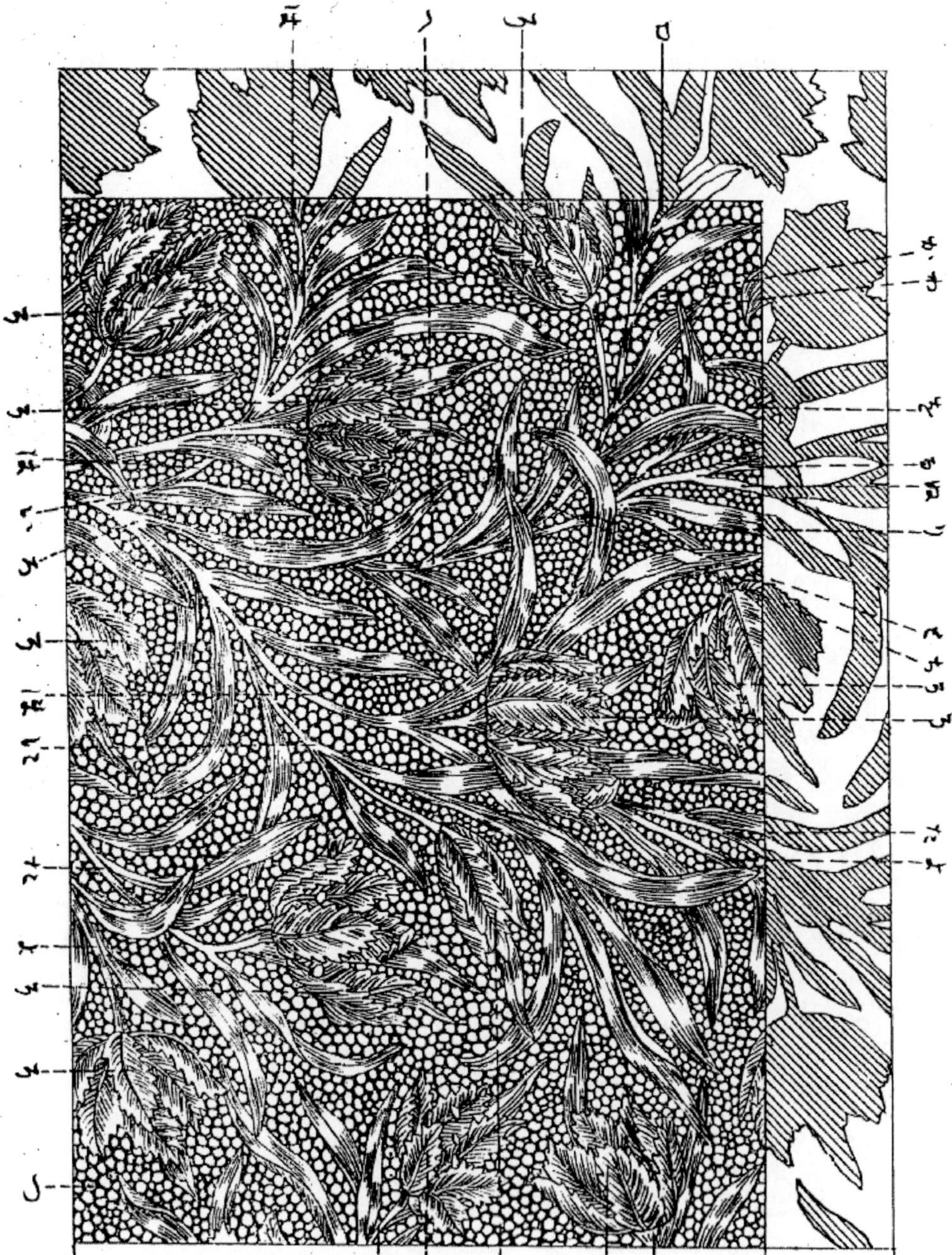

東京府　壁紙　壁紙製造業

第２７８号

壁紙摸様ノ意匠

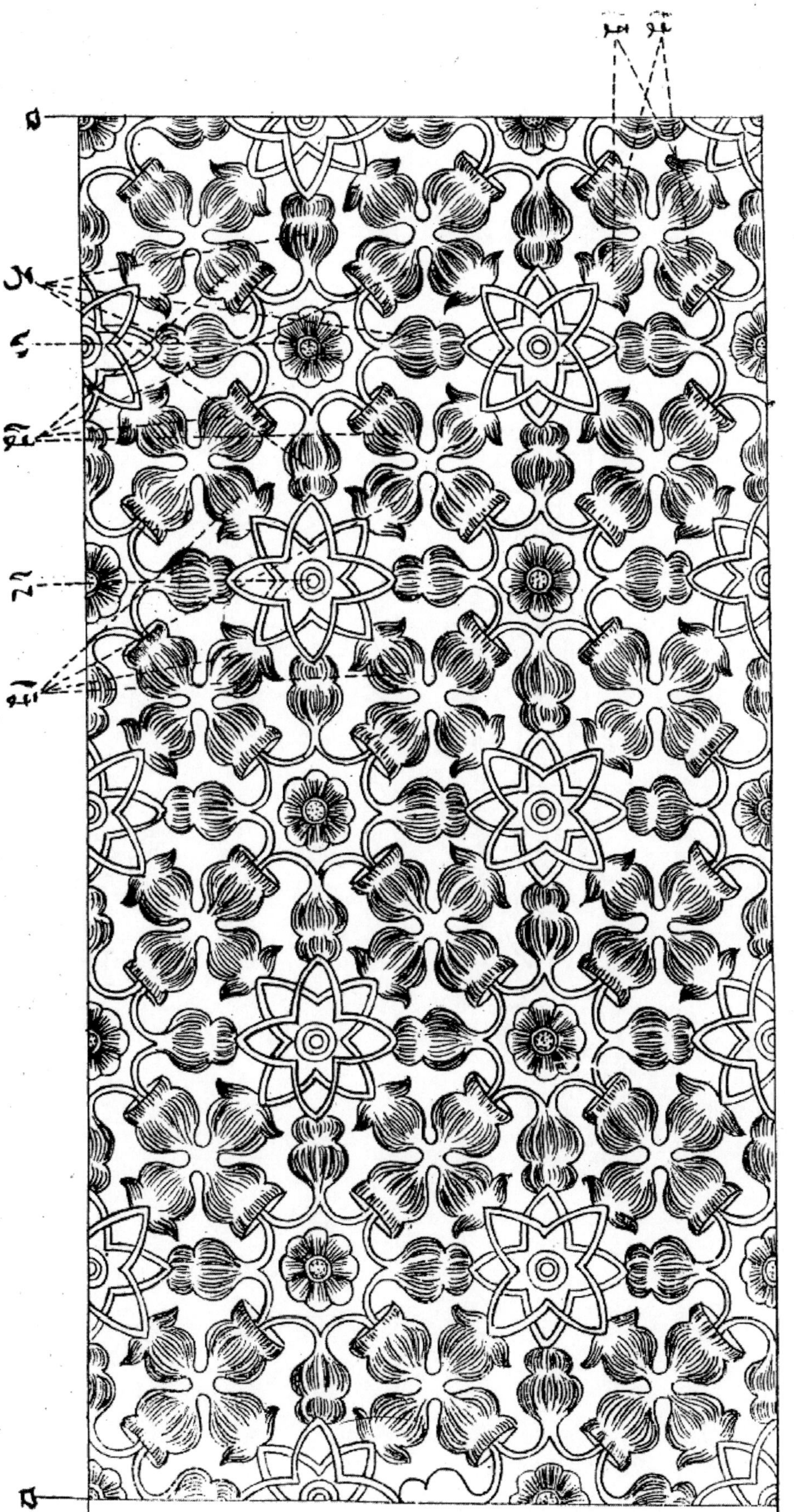

明治廿六年二月十七日

第二七八號

山路良三

東京府　剃刀鞘　金物商
第284号

# 剃刀鞘ノ意匠

明治廿六年四月廿九日
第二八四號

池永榮藏

第一圖

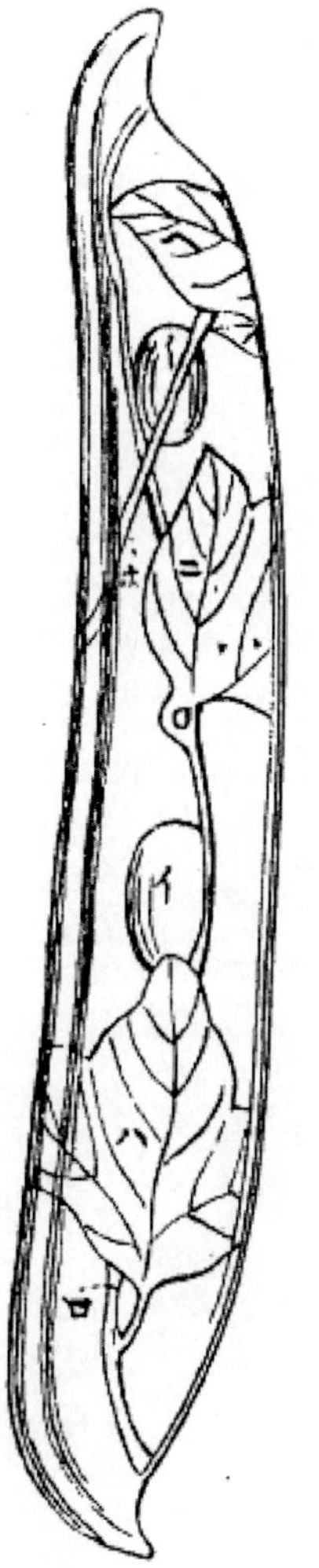

第二圖

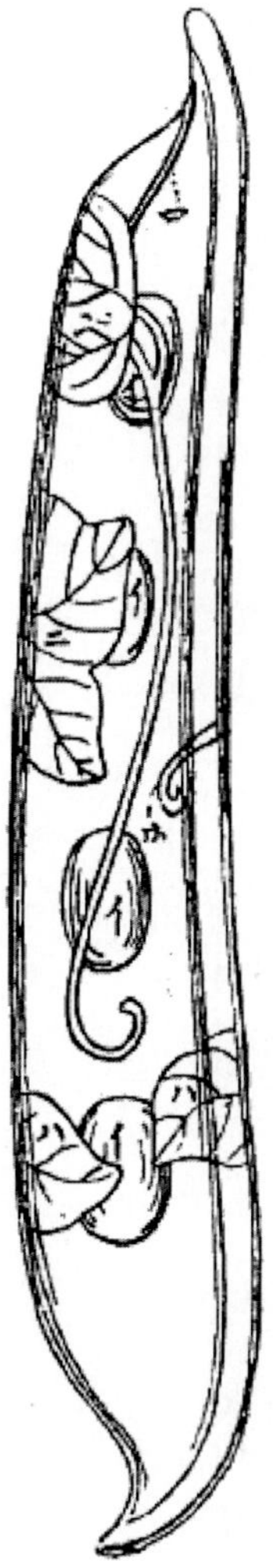

東京府　飾綿　綿商
第２８６号

# 飾綿ノ意匠

明治廿六年五月六日
第二八六號

金子ヌイ

第一図

第二図

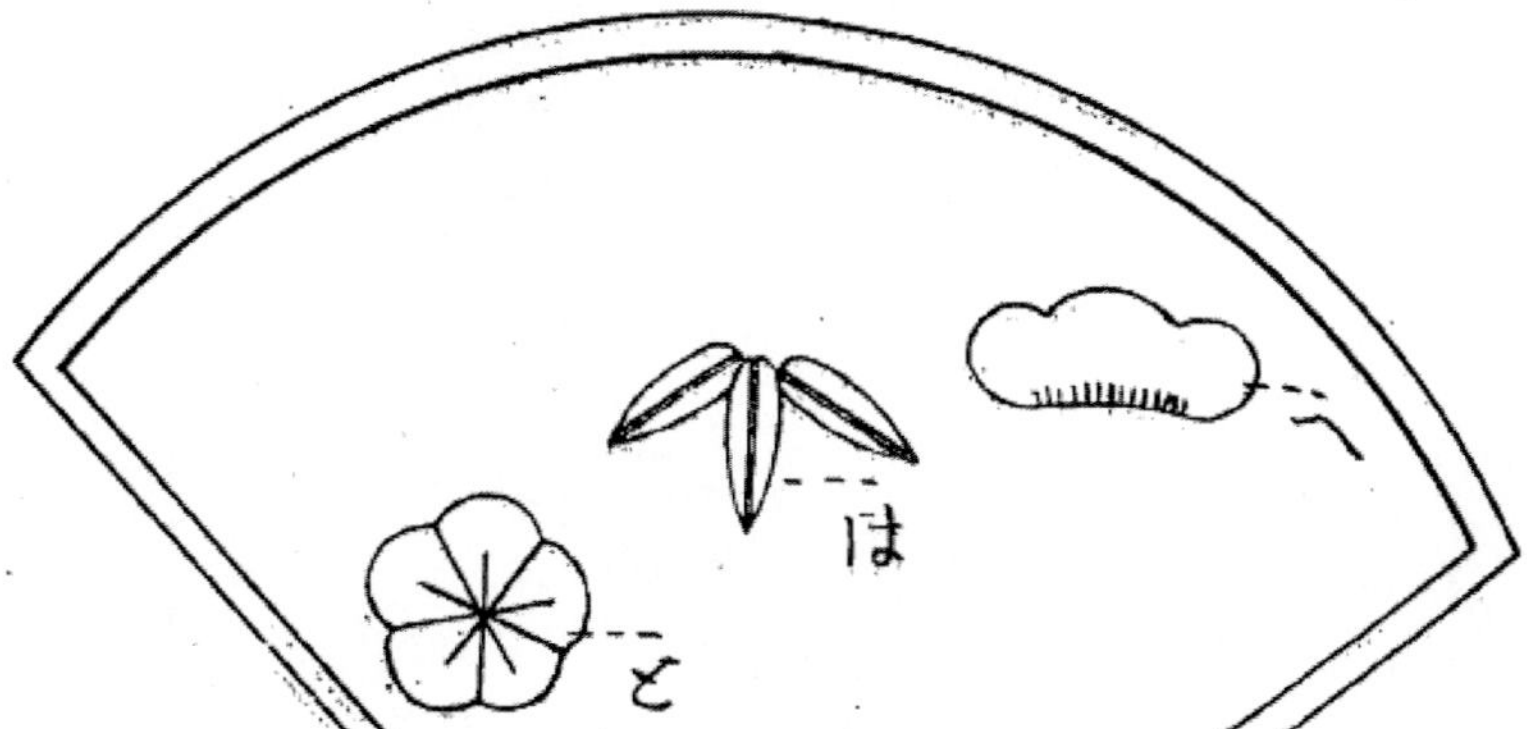

東京府　時計紐　組糸商
第２８８号

# 磁石付時計紐ノ意匠

明治廿六年五月廿五日
第二八八號

早川國三郎

第一圖

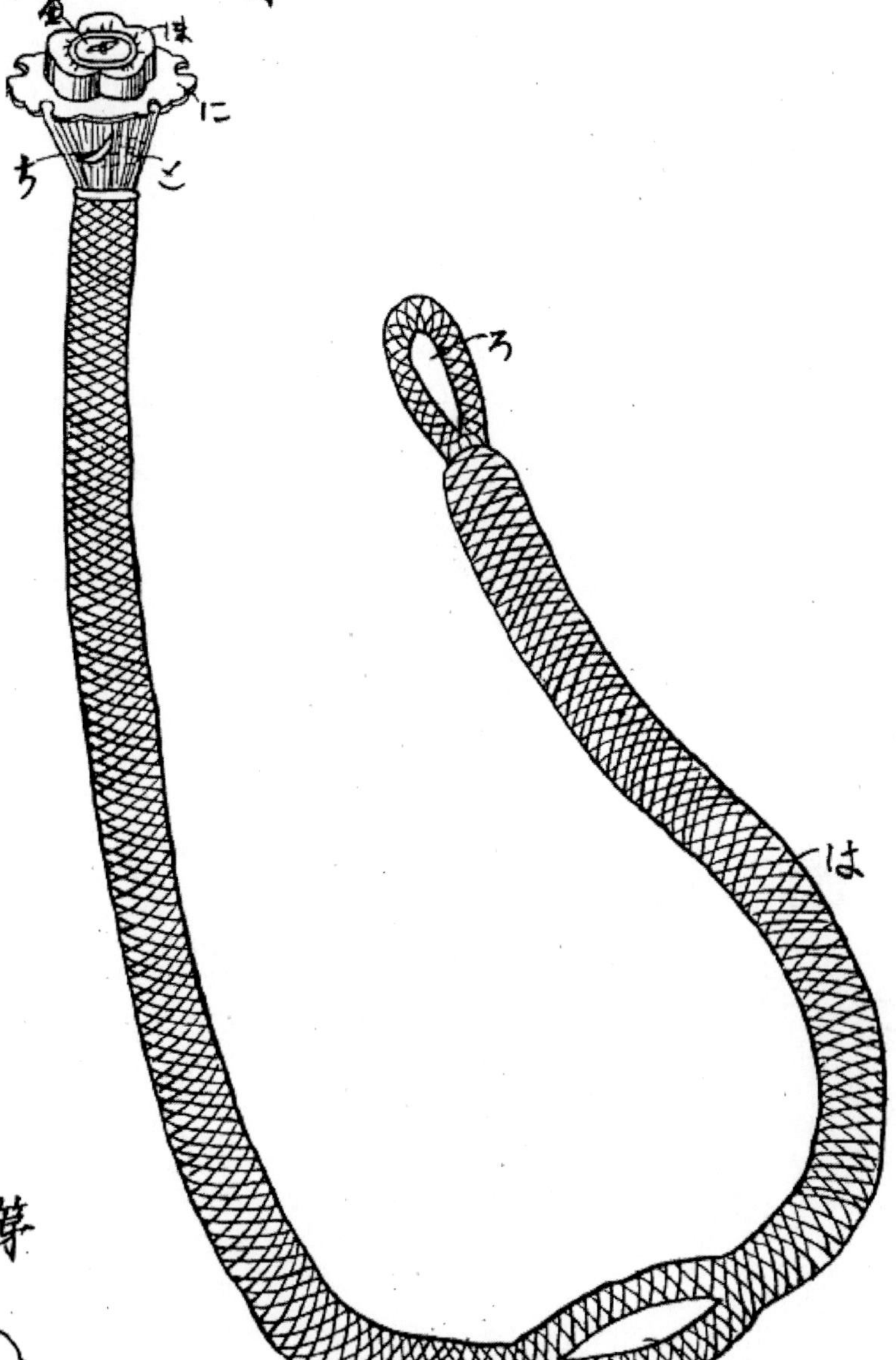


第二圖

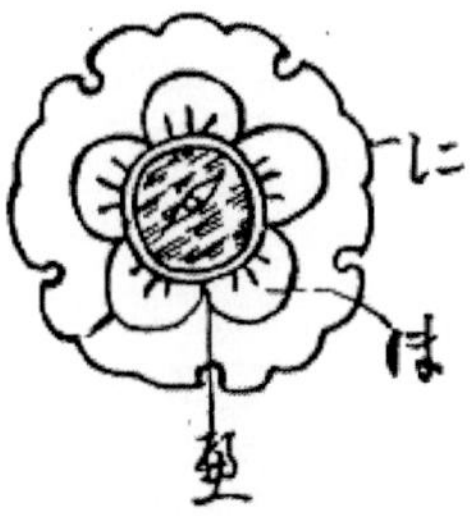

東京府　活版　活版製造業
第289号

# 楷書活字ノ意匠

明治廿六年五月廿五日
第二八九號

神崎正助

第一圖

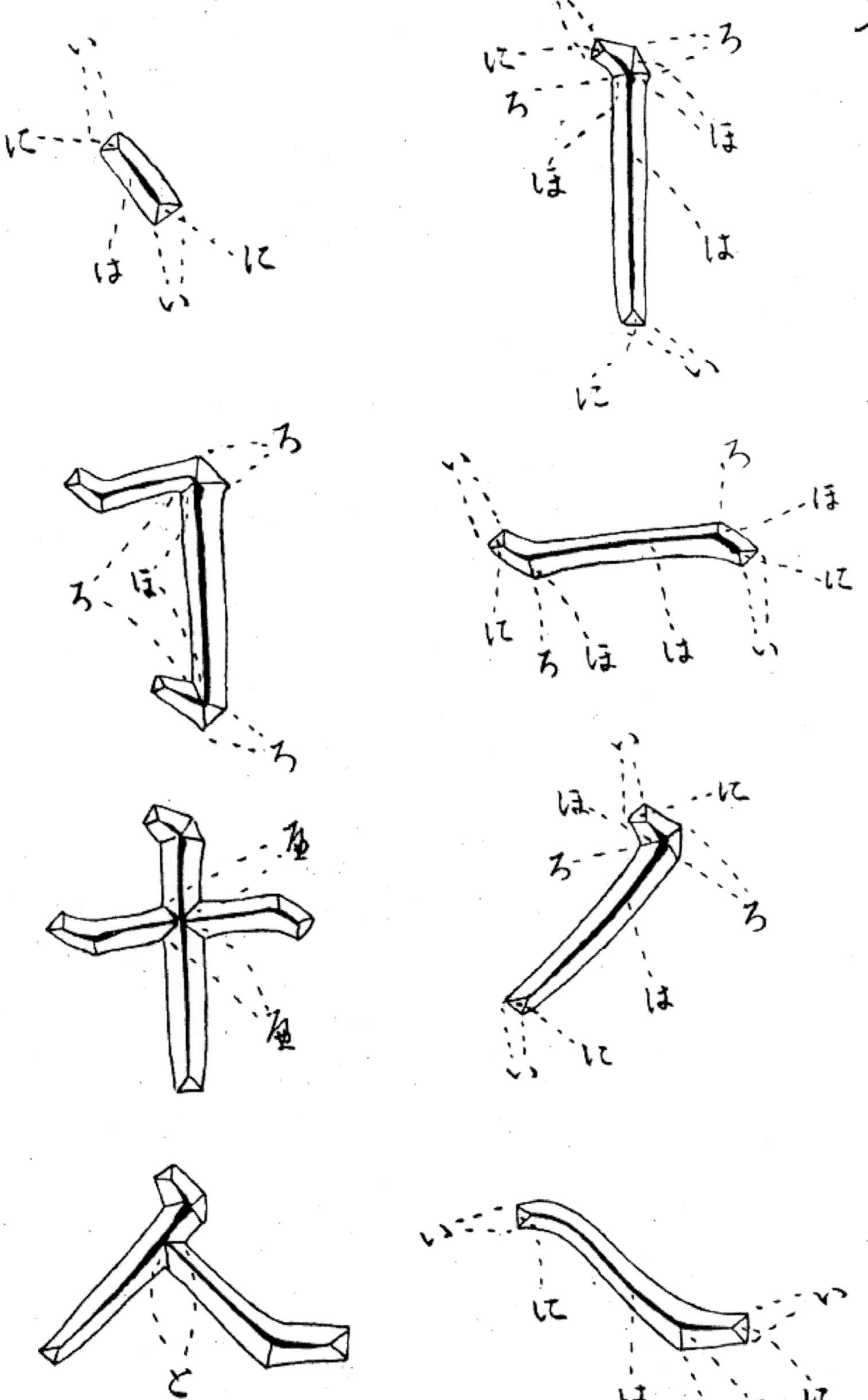

第二圖

楷書活字ノ意匠

明治廿六年五月廿五日
第二八九號

神崎正助

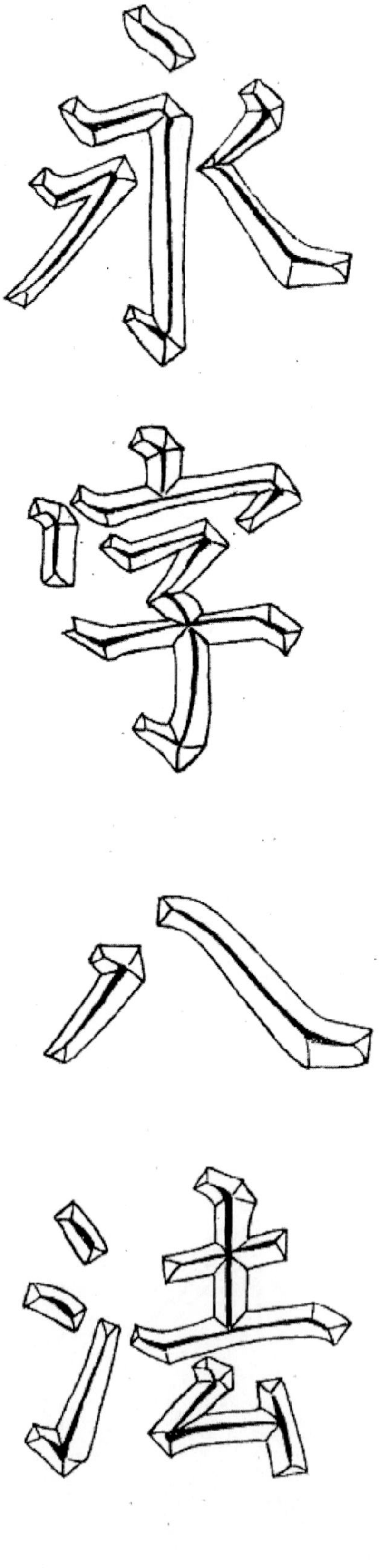

東京都　糸組物商　紐止金具
第２９２号

# 紐止金具形状ノ意匠

明治廿六年六月一日
第二九二號

栗田半蔵

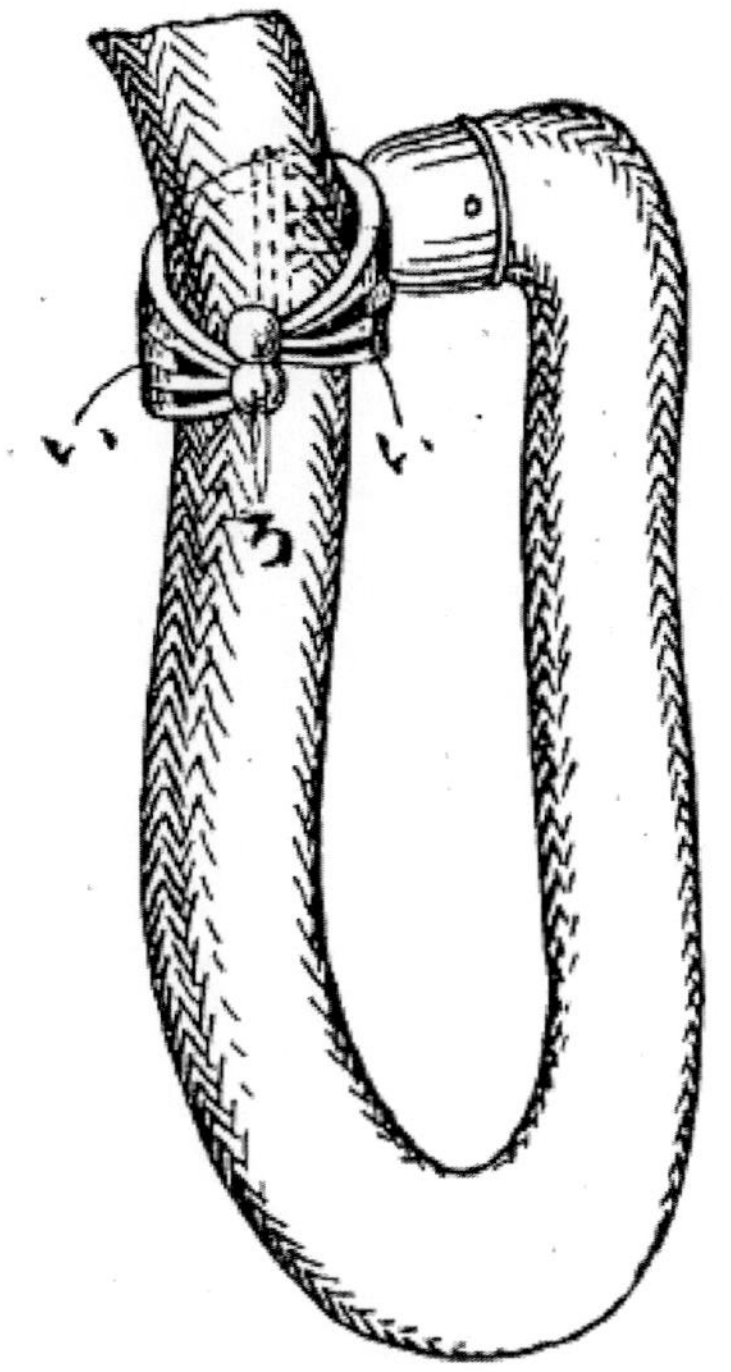


第一圖

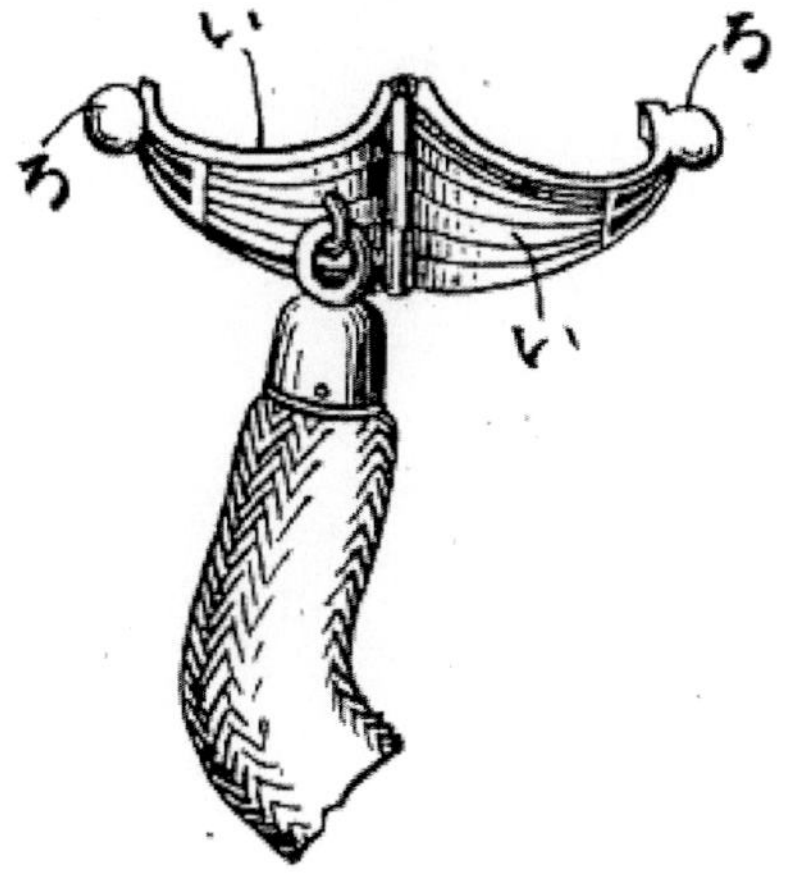


第二圖

東京府　髷止　小間物商
第301号

# 髷止形状ノ意匠

明治廿六年七月十二日
第三〇一號

中内春吉

第一図

第二図

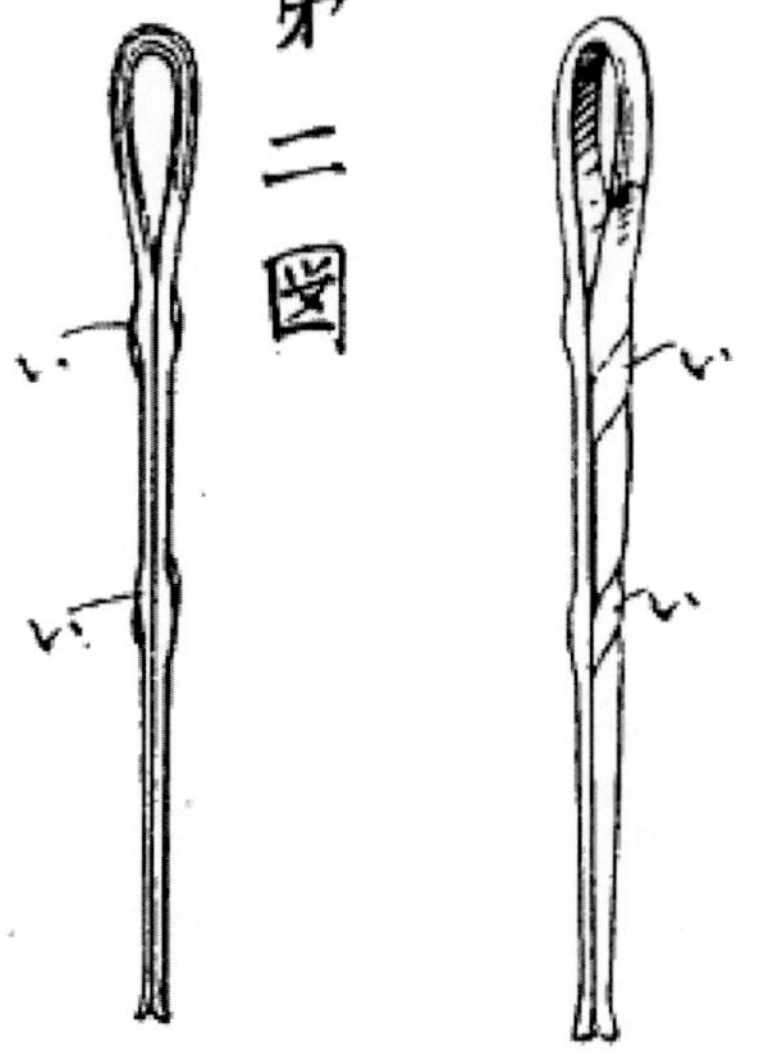

東京府　セルロイド板　金属商
第３０２号

セルロイド板色彩ノ意匠

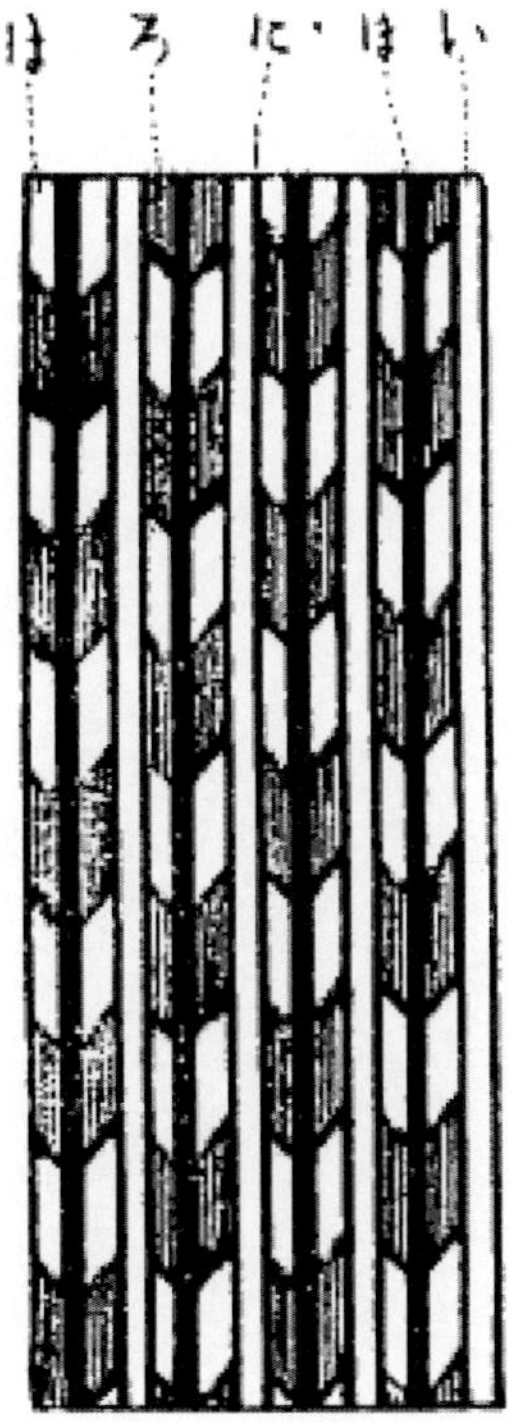


明治廿六年七月十五日
第三〇二號

山田太吉
岩瀬萬造

東京府　書簡筒　雑業
第303号

書簡筒ノ意匠

明治廿六年七月廿日
第三〇三號

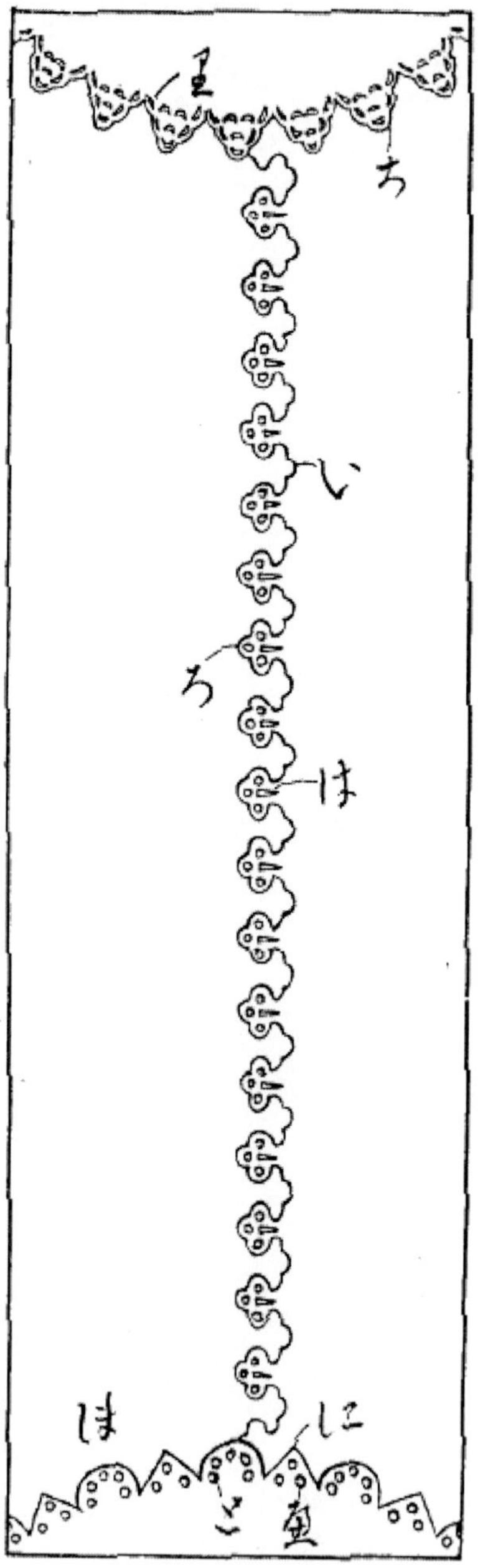

宮澤團次郎

東京府　書簡筒　雑業
第３０４号

書簡筒ノ意匠

明治廿六年七月廿日
第三〇四號

宮澤團次郎

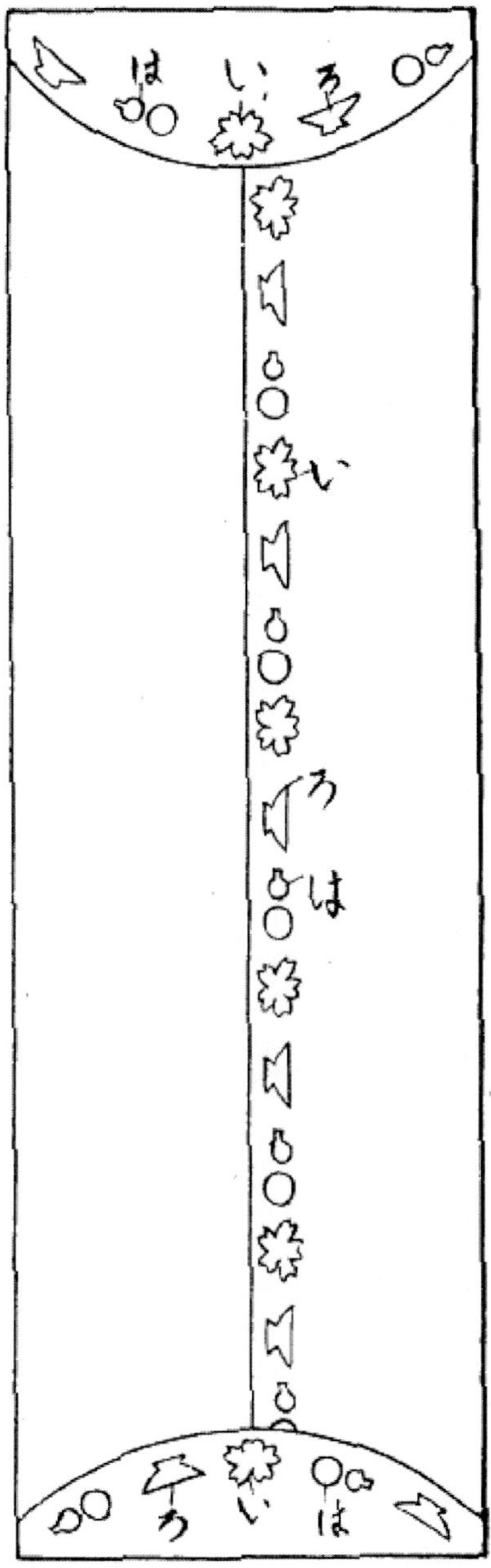

東京府　書簡筒　雑業
第305号

# 書簡筒ノ意匠

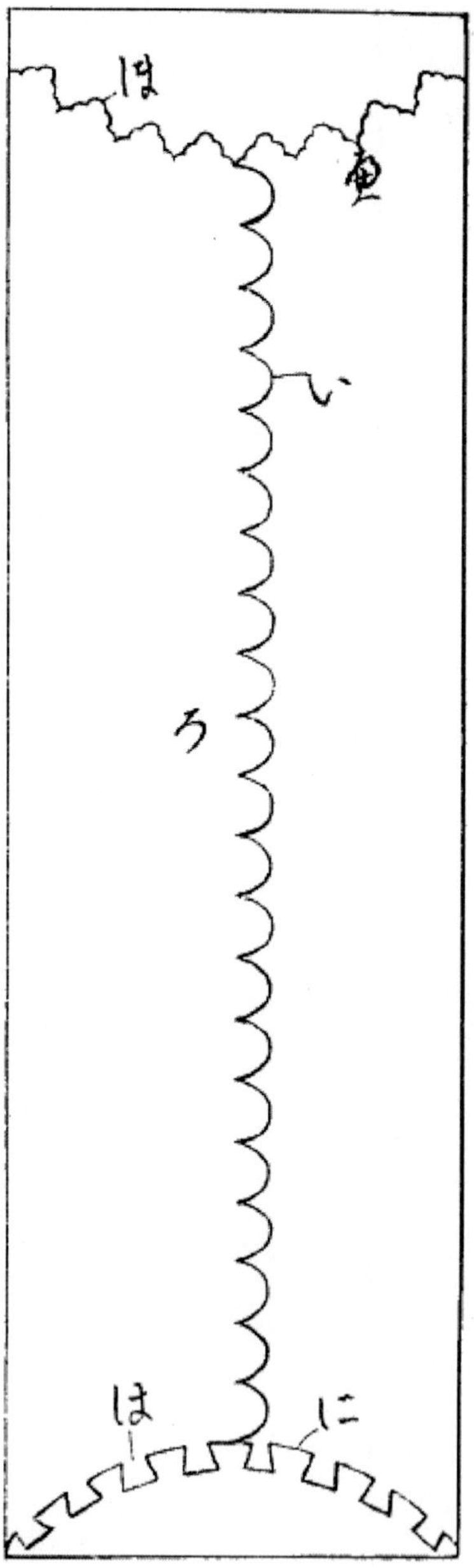


明治廿六年七月廿一日
第三〇五號

宮澤團次郎

東京府　書簡筒　雑業
第306号

# 書簡筒ノ意匠

明治廿六年七月廿一日
第三〇六號

宮澤團次郎

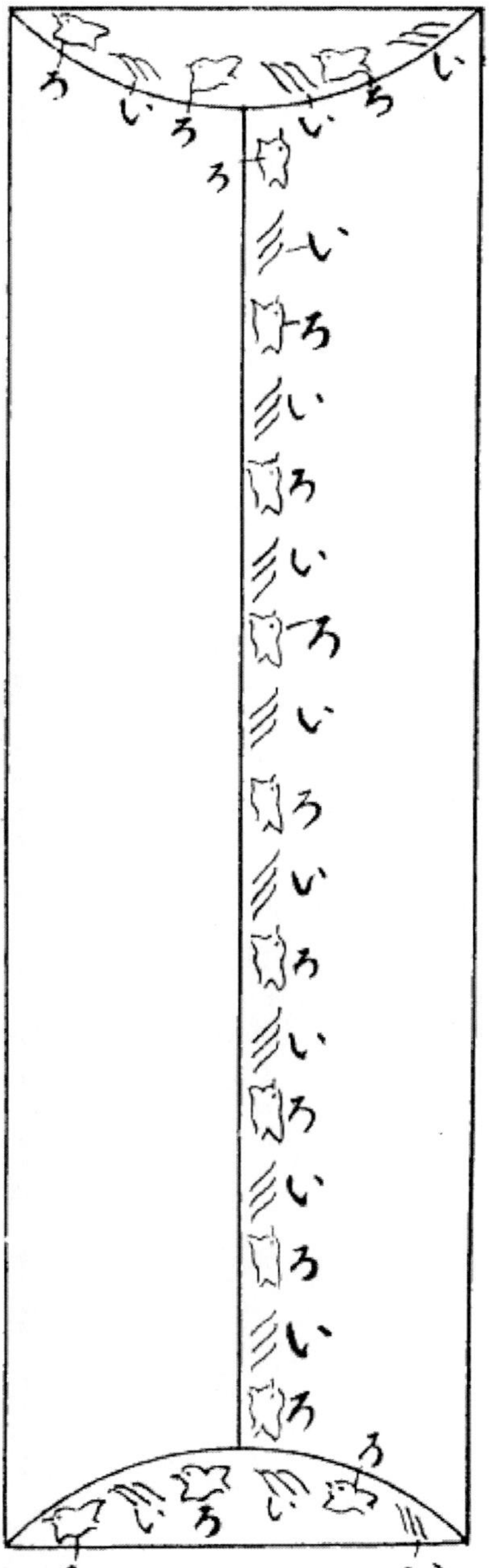

東京府　書簡ノ封皮　無職業・辯護士・無職業
第311号

書簡封皮模様ノ意匠

明治廿六年九月廿八日
第三一一號

宮地茂春
岡野一之
伊東物部

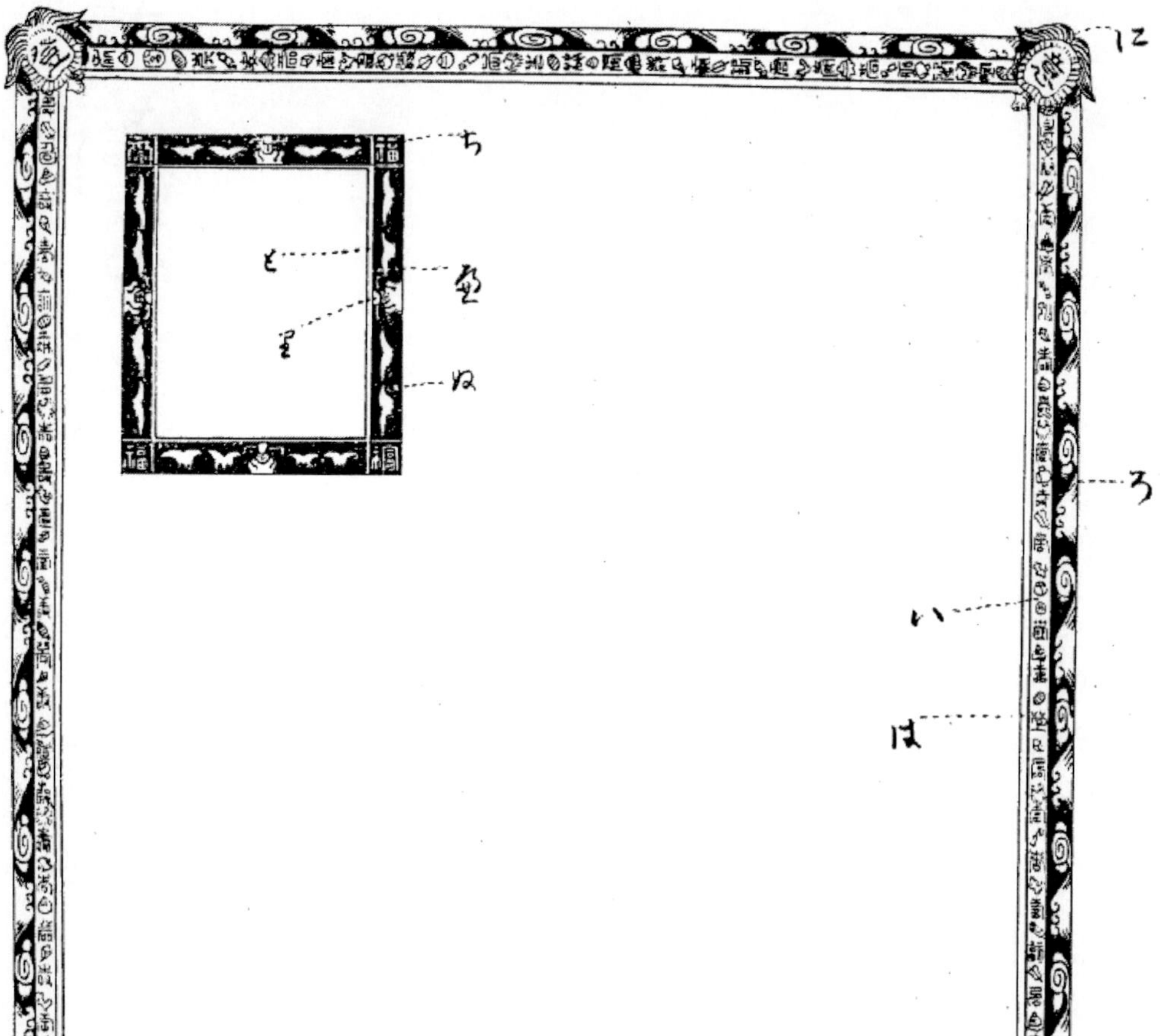

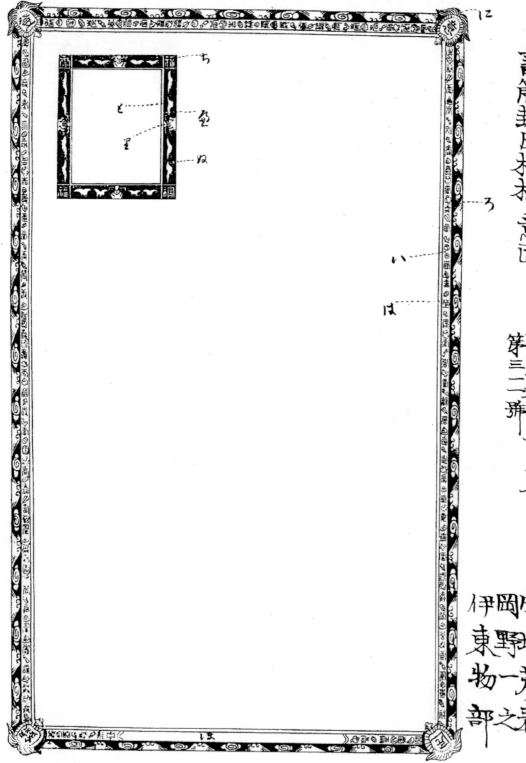

東京府　腹掛　洋服裁縫職
第317号

腹掛形状ノ意匠

明治廿六年十月廿三日
第三一七號

第一圖

黒須亀吉

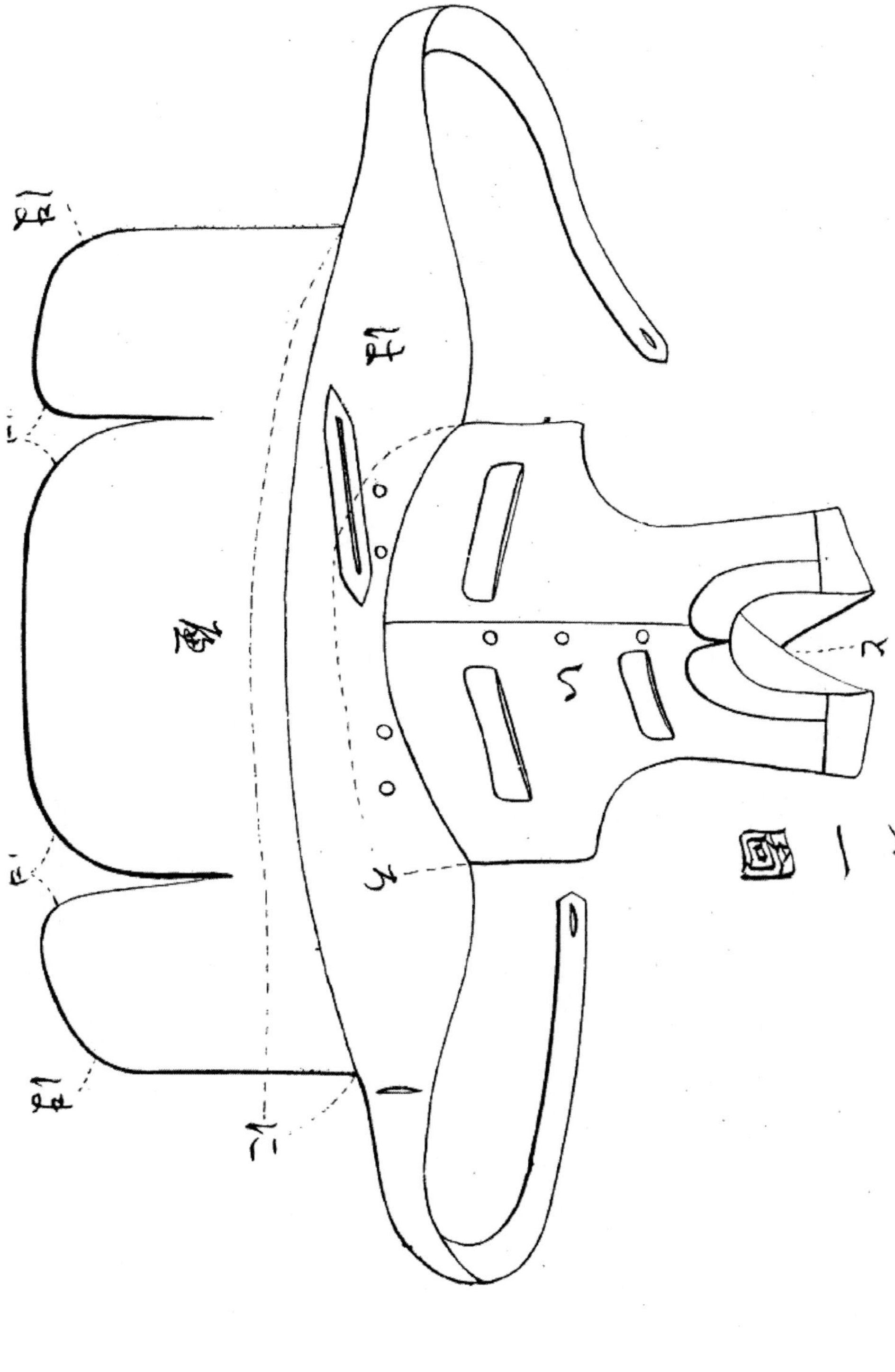

腹掛形状ノ意匠

明治廿六年十月廿三日 第三一七號

第二圖

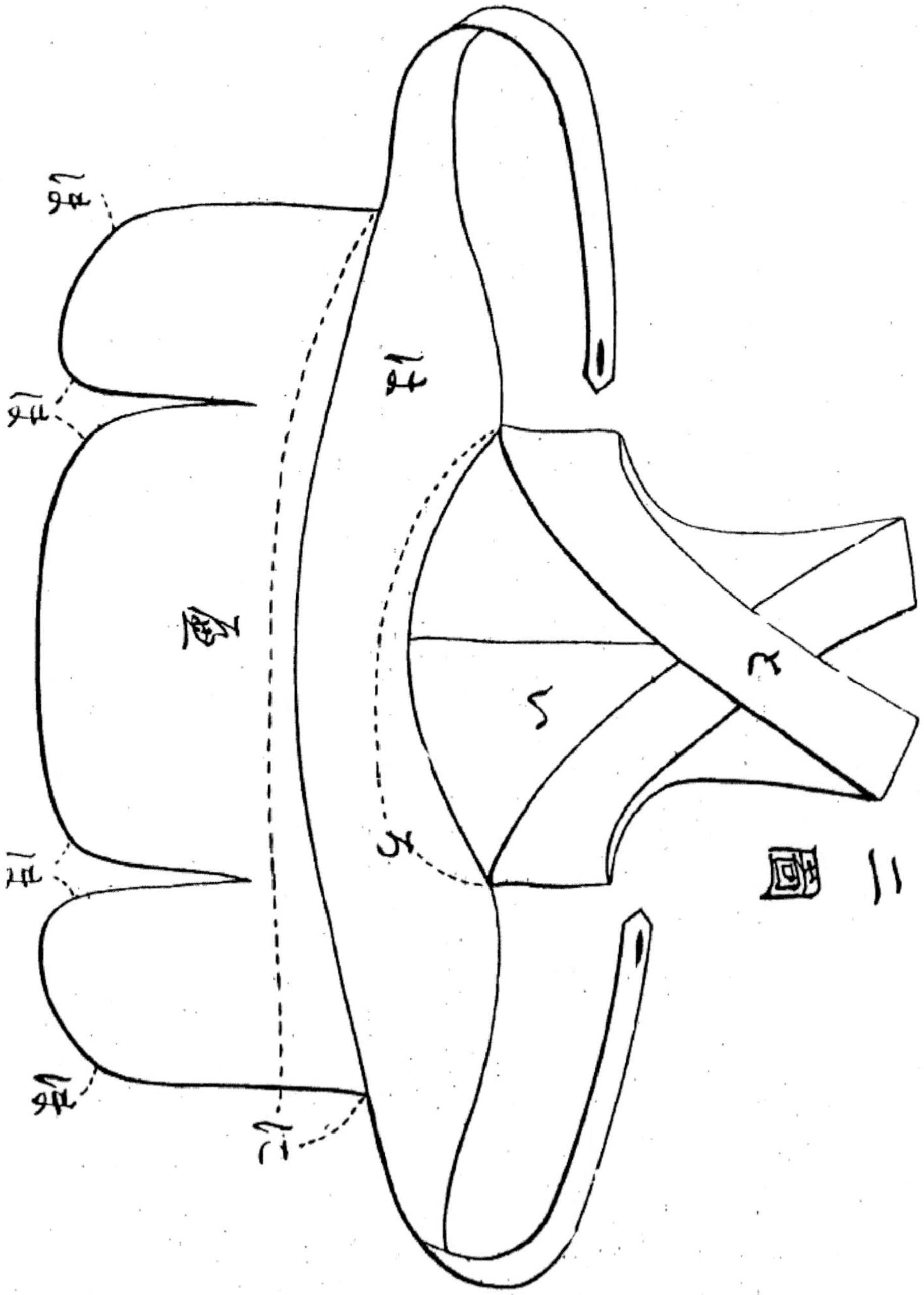


黒須亀吉

東京府　活版

第318号　活版製造業

西洋文字及西洋数字ノ意匠

明治廿六年十月廿三日

第三一八號

神崎正助

東京府　活版　活版製造印刷業

第319号

輪廓模様

明治廿六年十一月十七日

第三一九號

曲田成

東京府　書簡筒　雑業
第３３０号

書簡筒

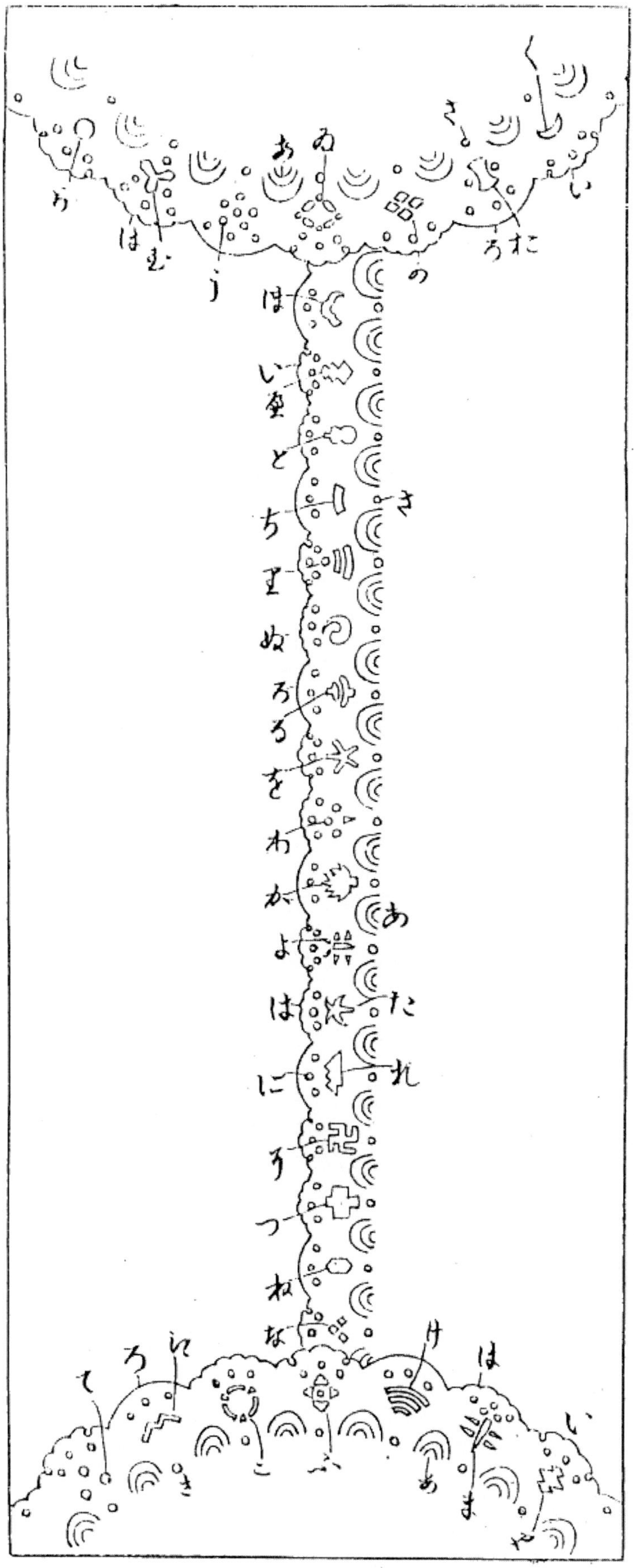

明治廿七年一月十三日
第三三〇號

宮澤團次郎

東京府　帯止金具　無職業
第331号

# 帯止金具形狀

明治廿七年一月十三日
第三三一号

山肩叔

第一圖

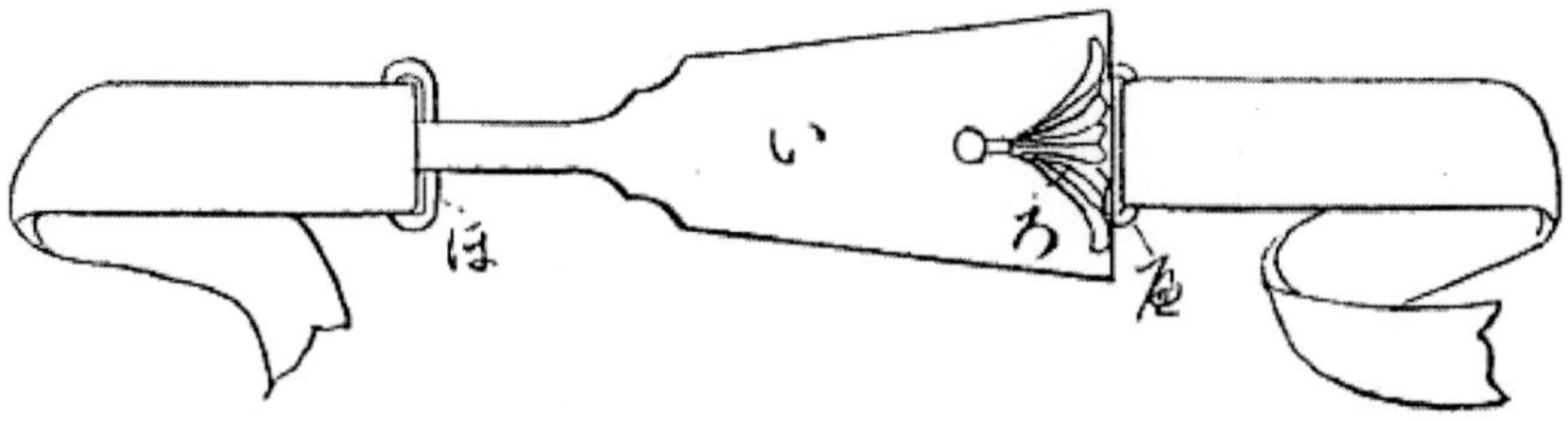


第二圖

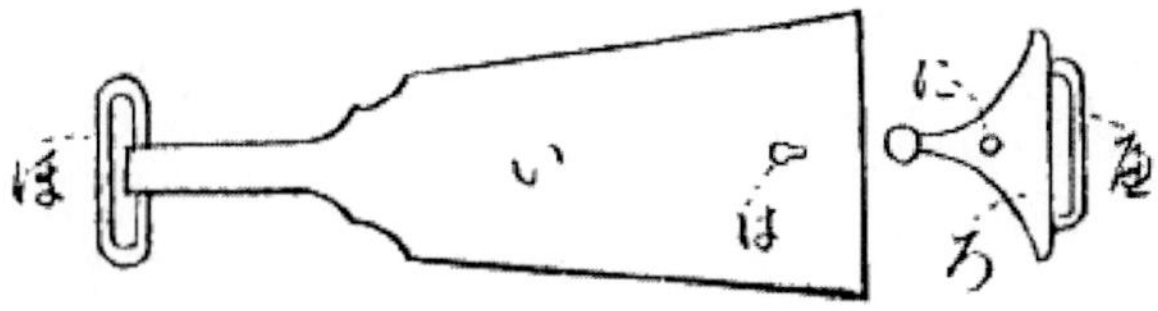

東京府　帯止金具　組糸商
第３３４号

# 帯止金具形状

明治廿七年一月十八日
第三三四号

藤掛與左衛門

第一圖

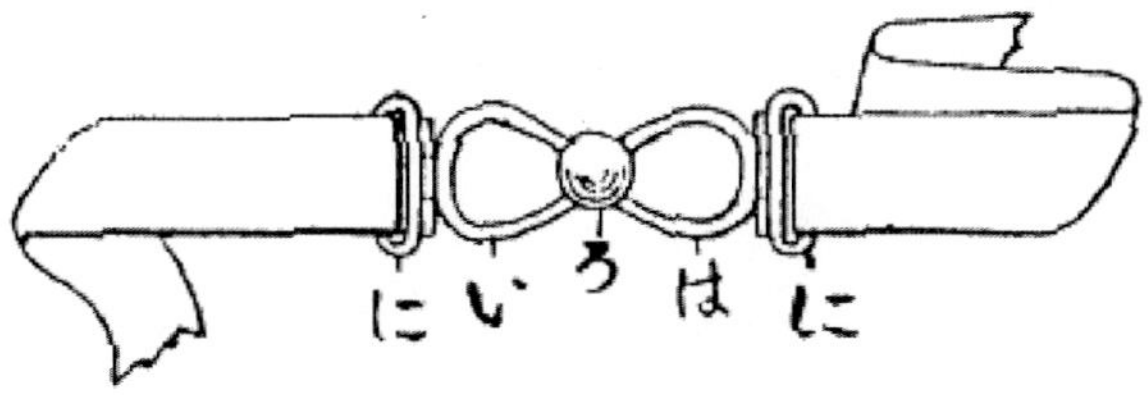


第二圖

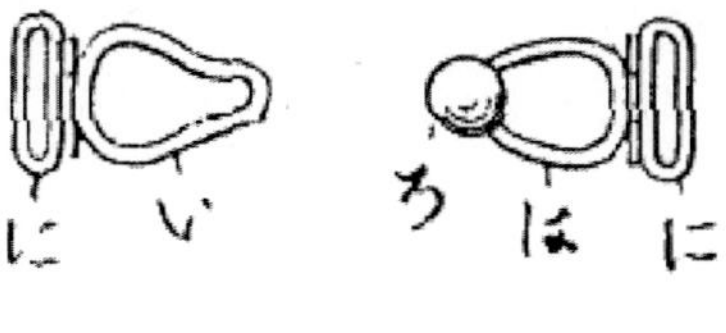

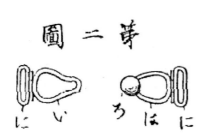

東京府　燈蓋　雑業
第342号

燈盞形状

明治廿七年三月十二日
第三四二号

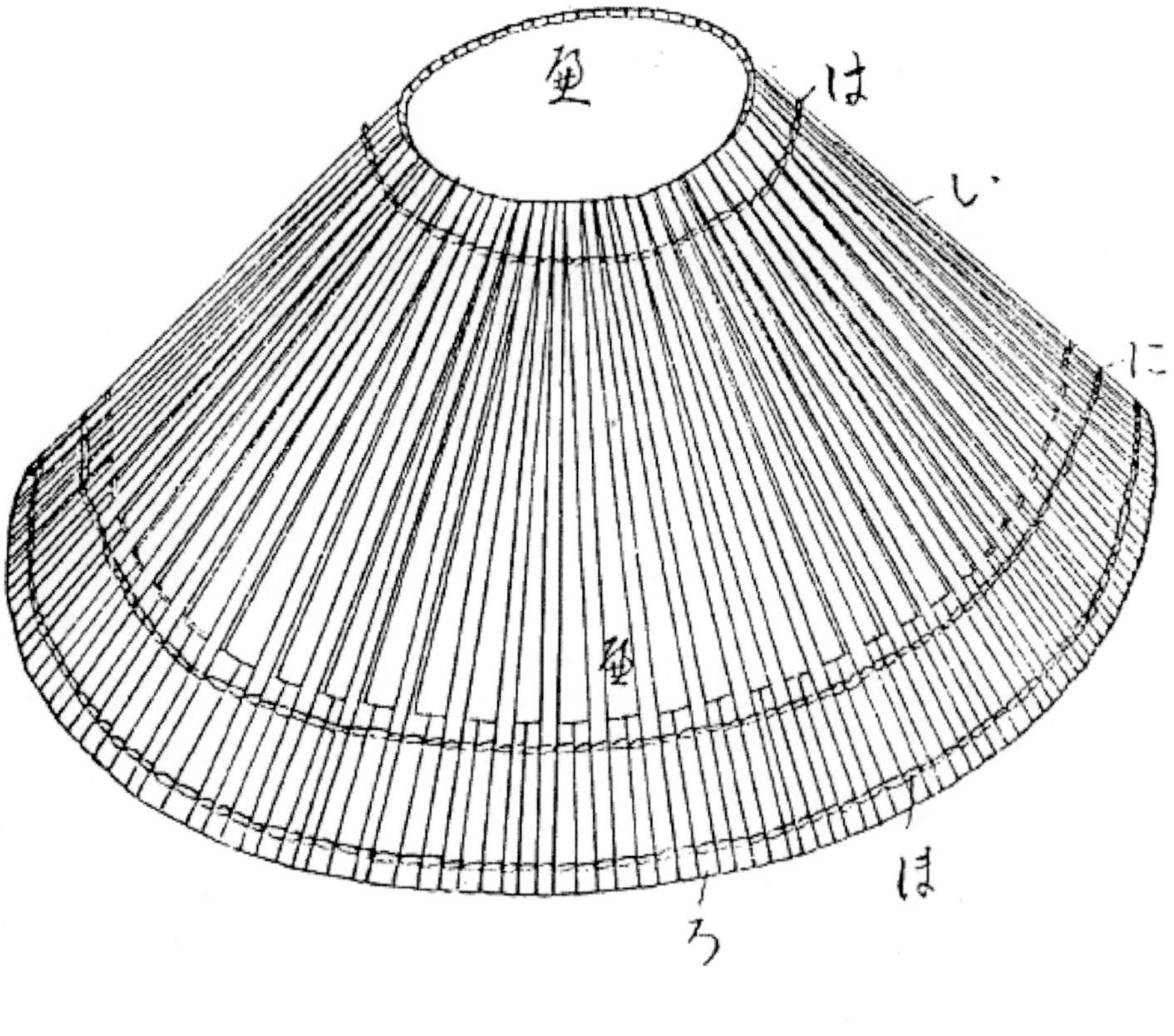


佐藤政

東京府　紐止金具　糸組物商
第343号

# 紐止金具形状

明治廿七年三月十六日
第三四三号

栗田房治

第二図

第一図

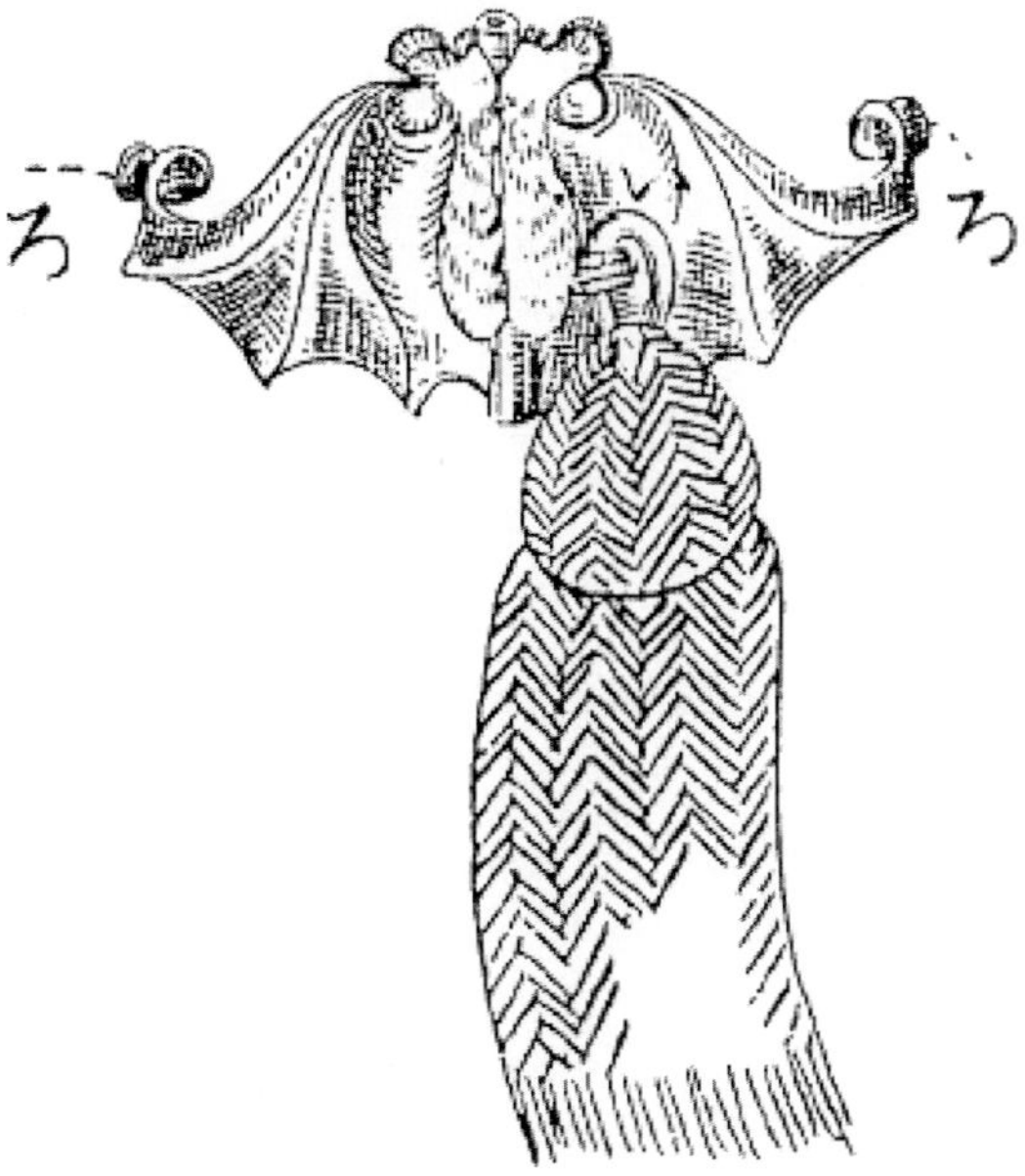

東京府　髱止　髱止商

第344号

# 髱止形状

明治廿七年三月十六日

第三四四号

伊庭留彝

東京府　箱　石鹼製造業
第347号

箱装飾

明治廿七年四月十日
第三四七号

福見定助

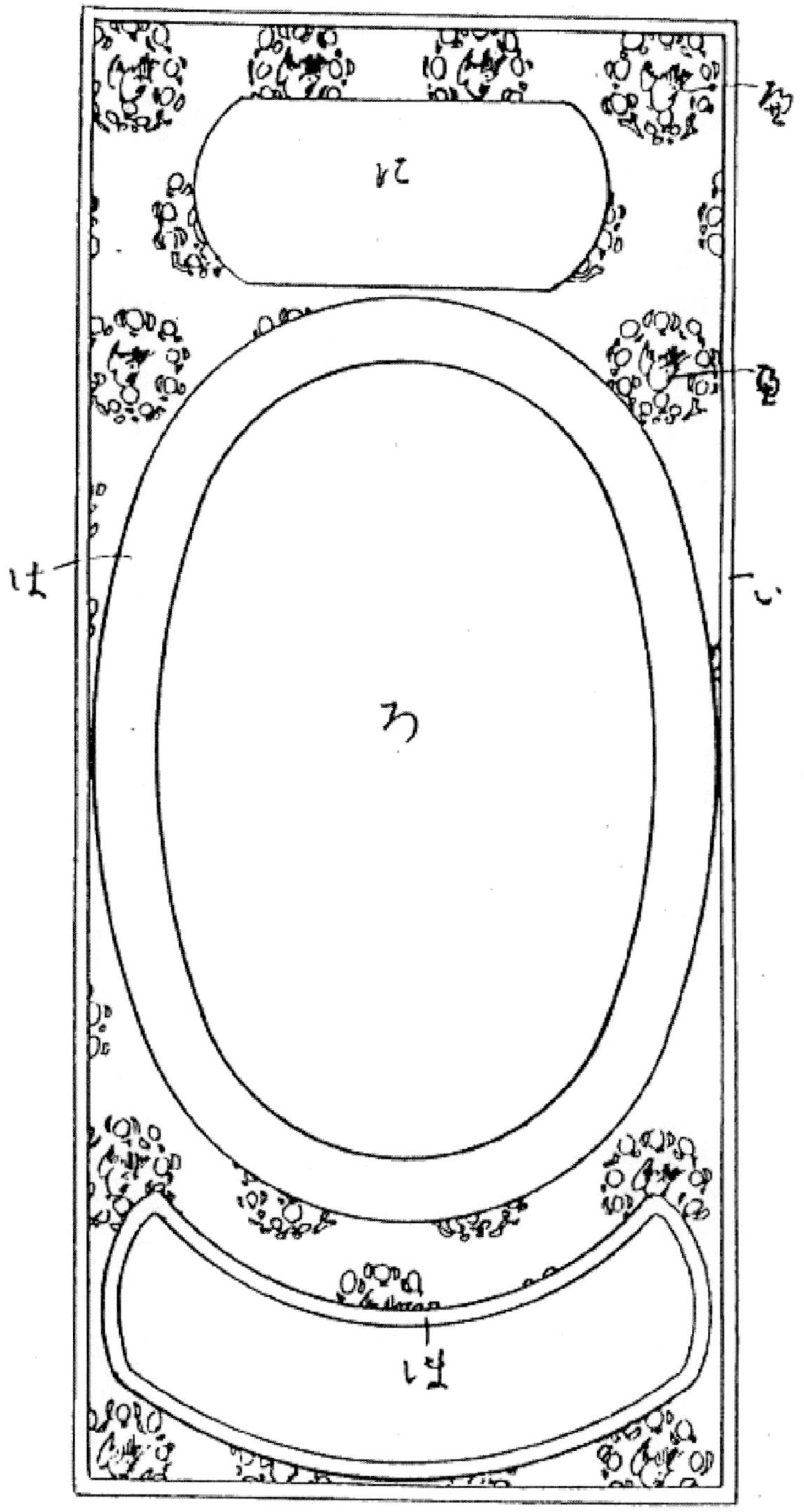

東京府　活版　活版業
第352号

# 活版繪形

明治廿七年五月十七日
第三五二号

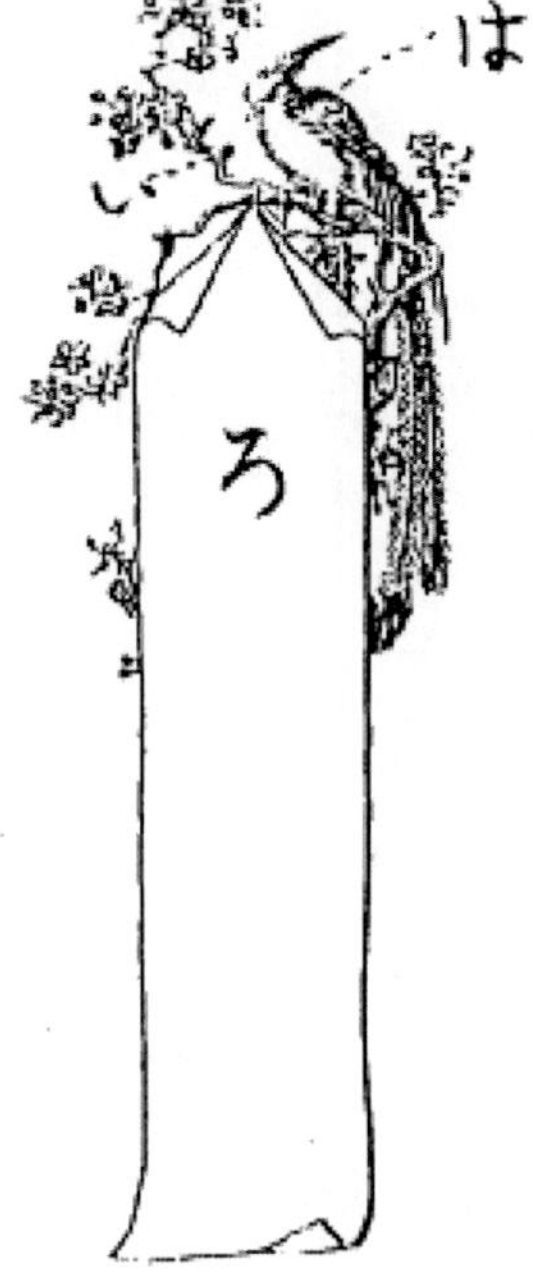


逸見久五郎

東京府　髱止　髱止商
第353号

# 髱止形狀

明治廿七年五月十八日
第三五三号

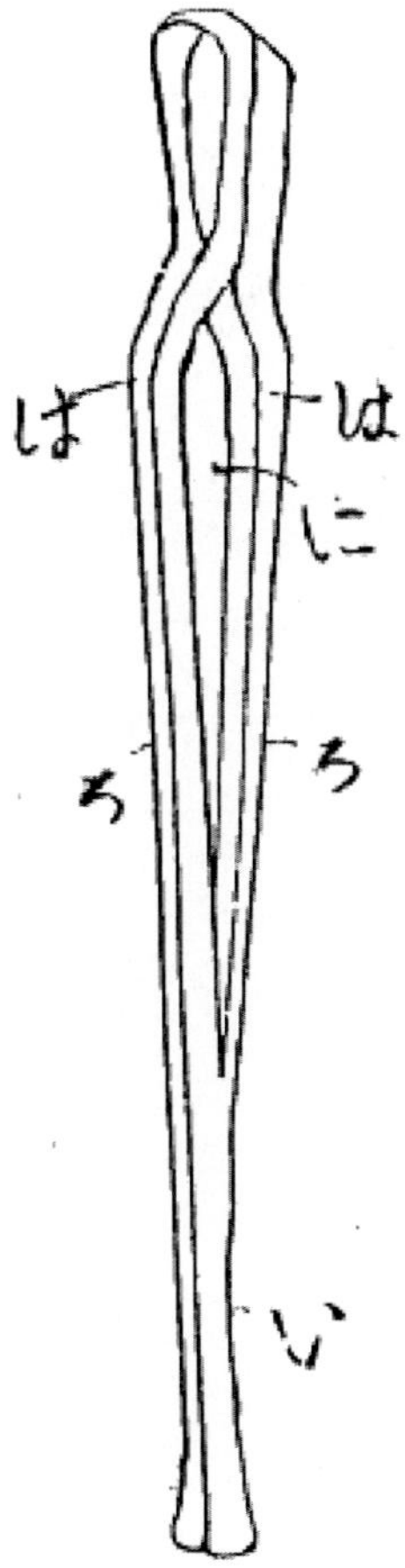


宇野增藏

東京府　髷止　小間物商
第365号

髷止形状

明治廿七年七月十一日
第三六五号

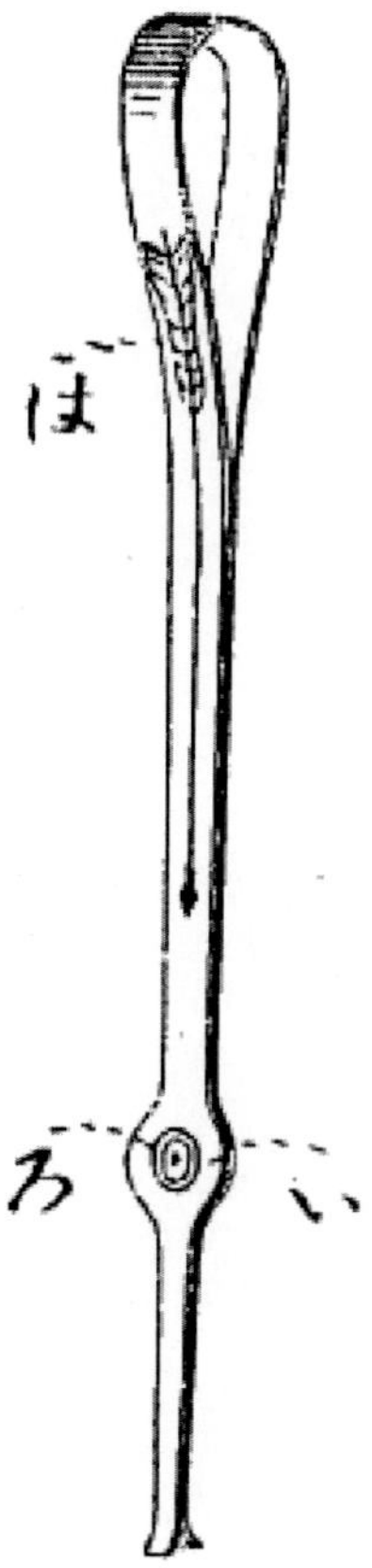


戸井真之助

東京府　髷止　髷止製造業
第366号

# 髷止形狀

明治廿七年七月廿五日
第三六六号

鹿倉仙太郎

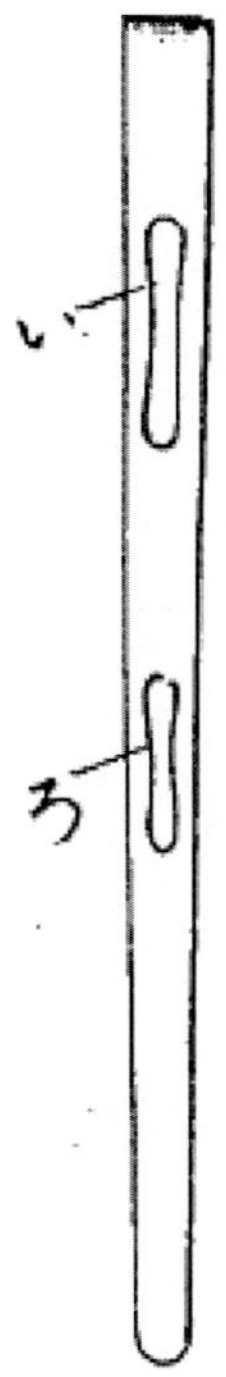

東京府　髷止　髷止商
第３６７号

# 髷止形状

明治廿七年八月一日
第三六七号

伊庭留彝

第一圖

第二圖

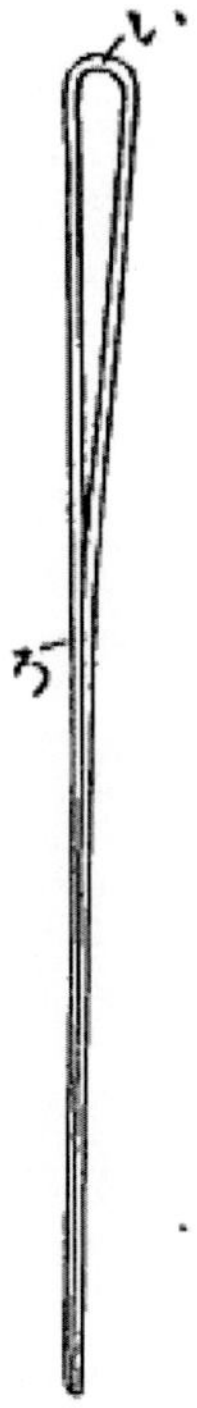

東京府　壁紙　壁紙製造業
第368号

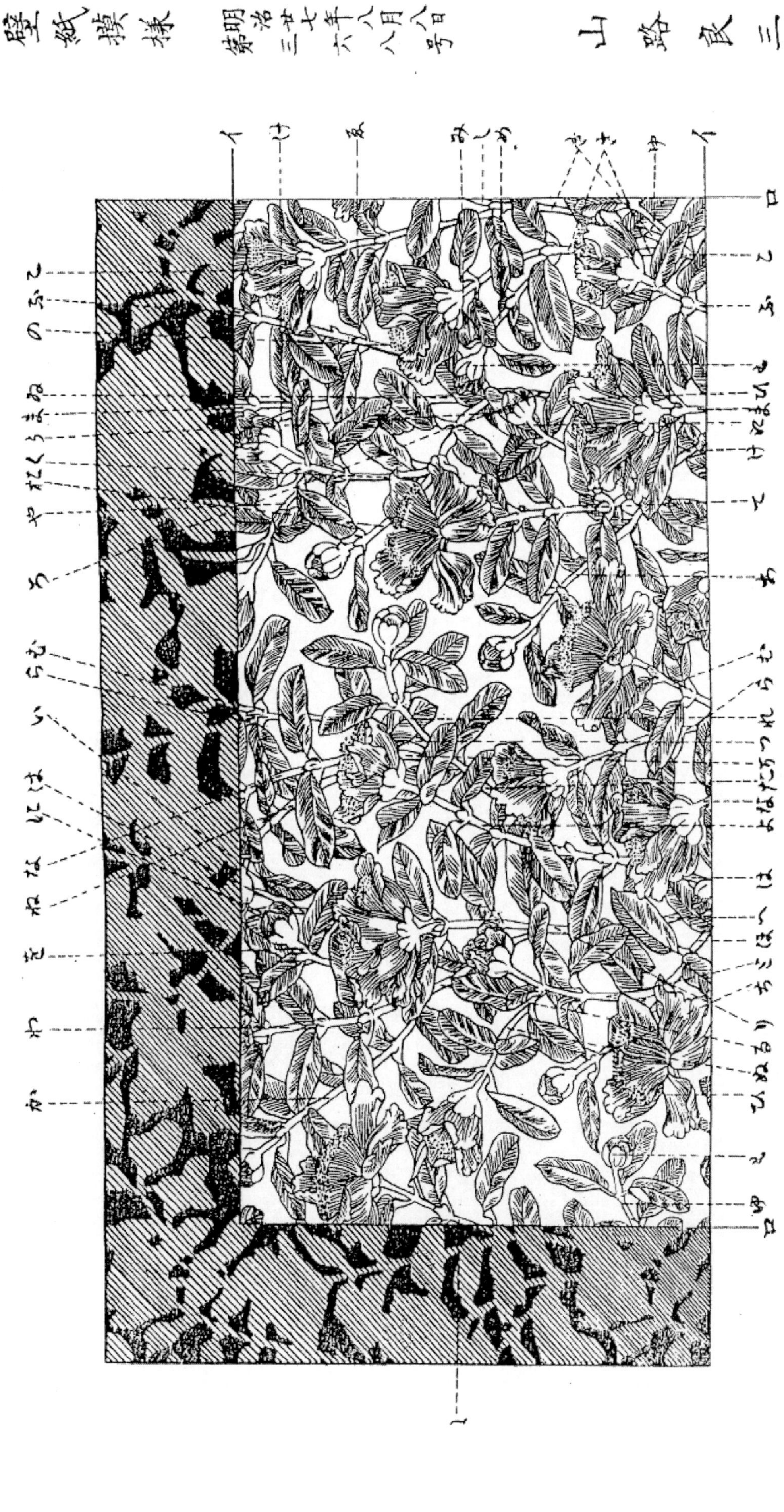

東京府　壁紙　壁紙製造業

第369号

東京府　壁紙　壁紙製造業
第370号

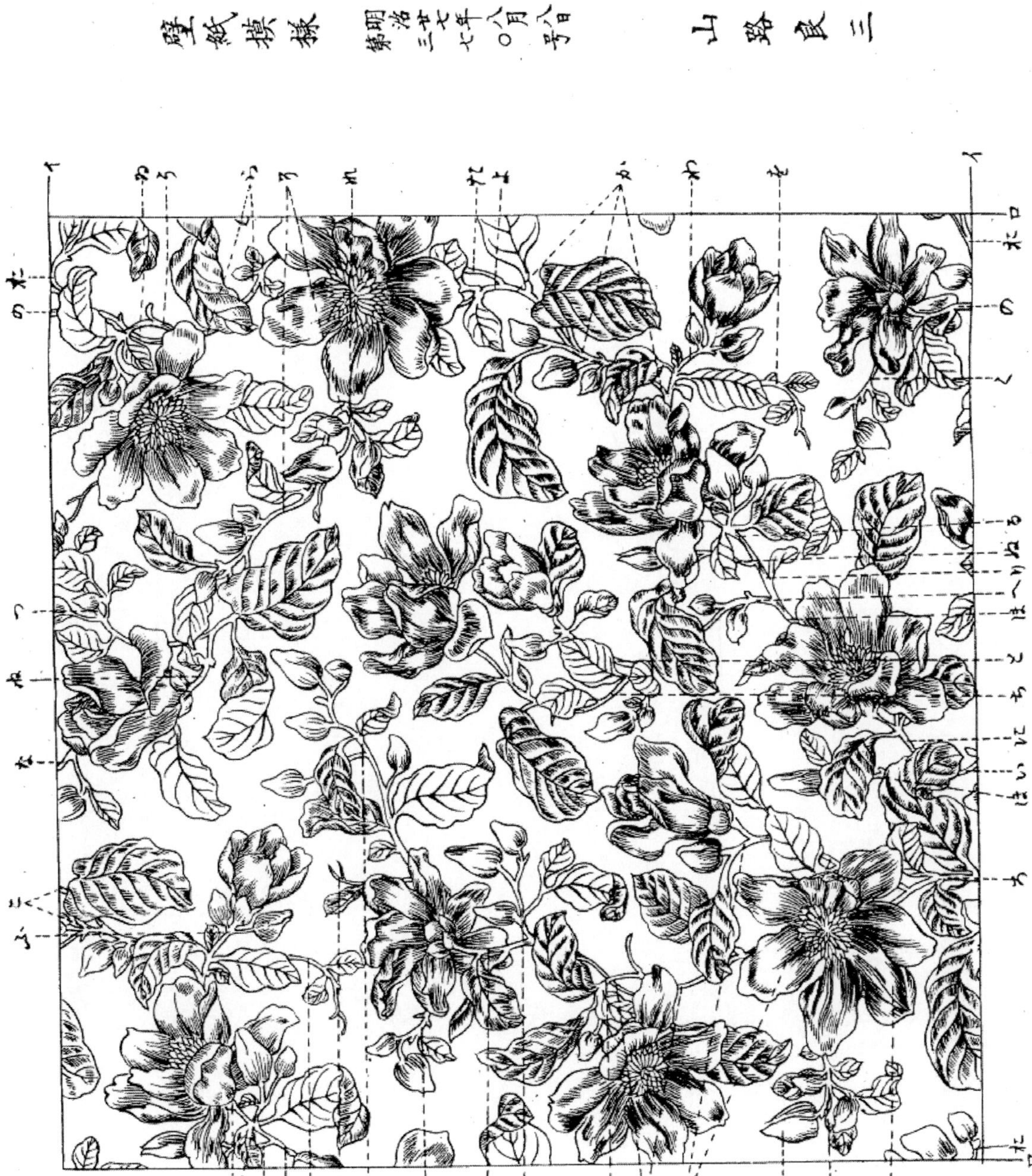

東京府　書簡筒　雑業
第３７１号

書簡筒

明治廿七年八月十五日
第三七一号

宮澤團次郎

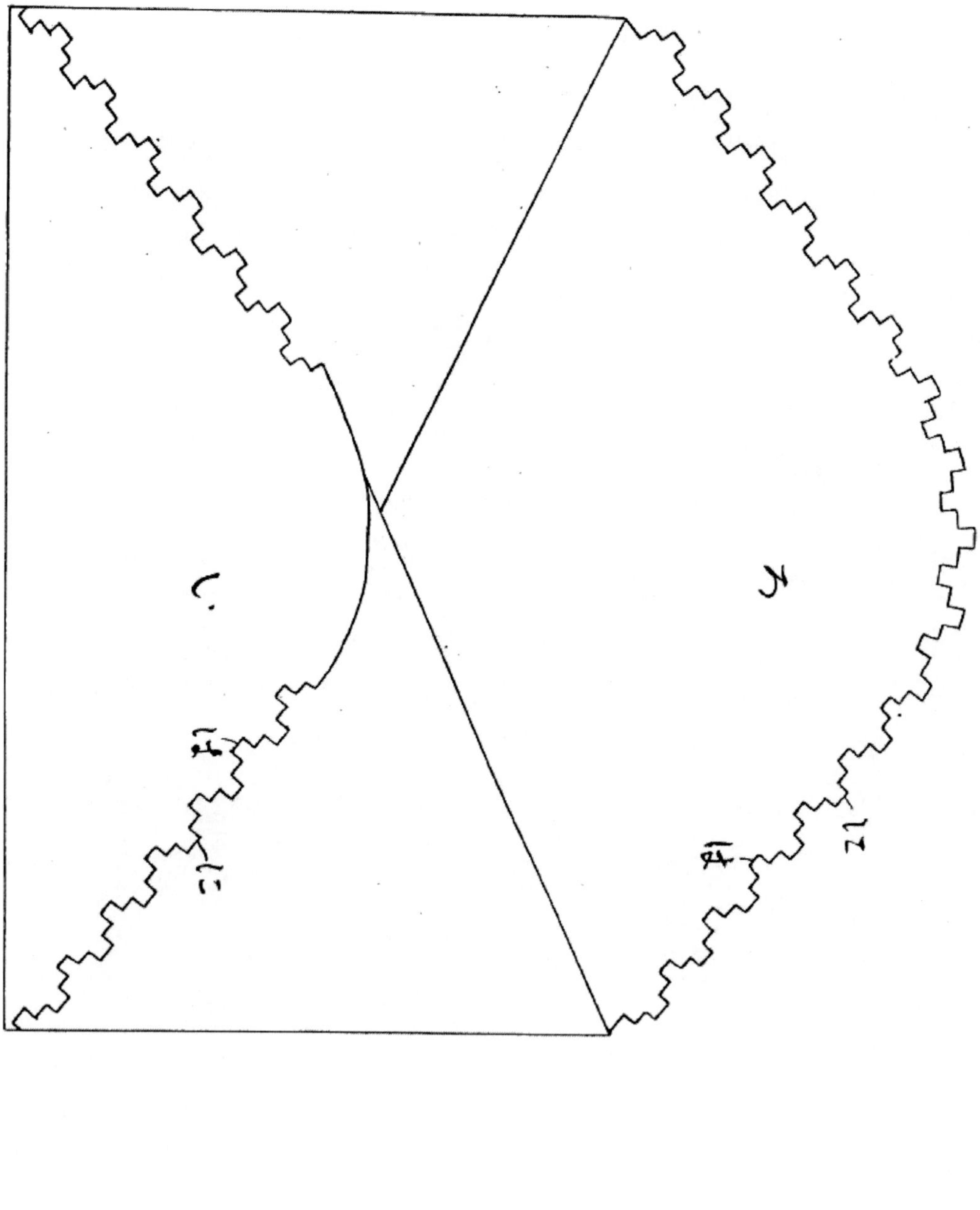

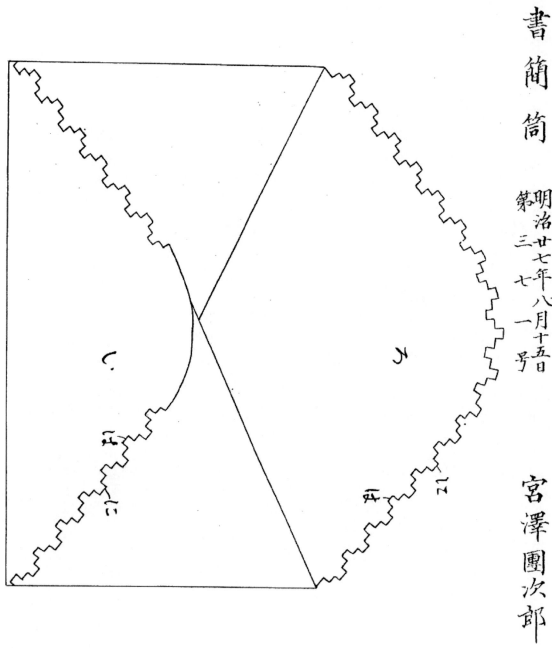

東京府　團扇　無職業
第３７２号

# 團扇ノ柄形狀

明治廿七年八月廿一日
第三七二・号

田中汲一

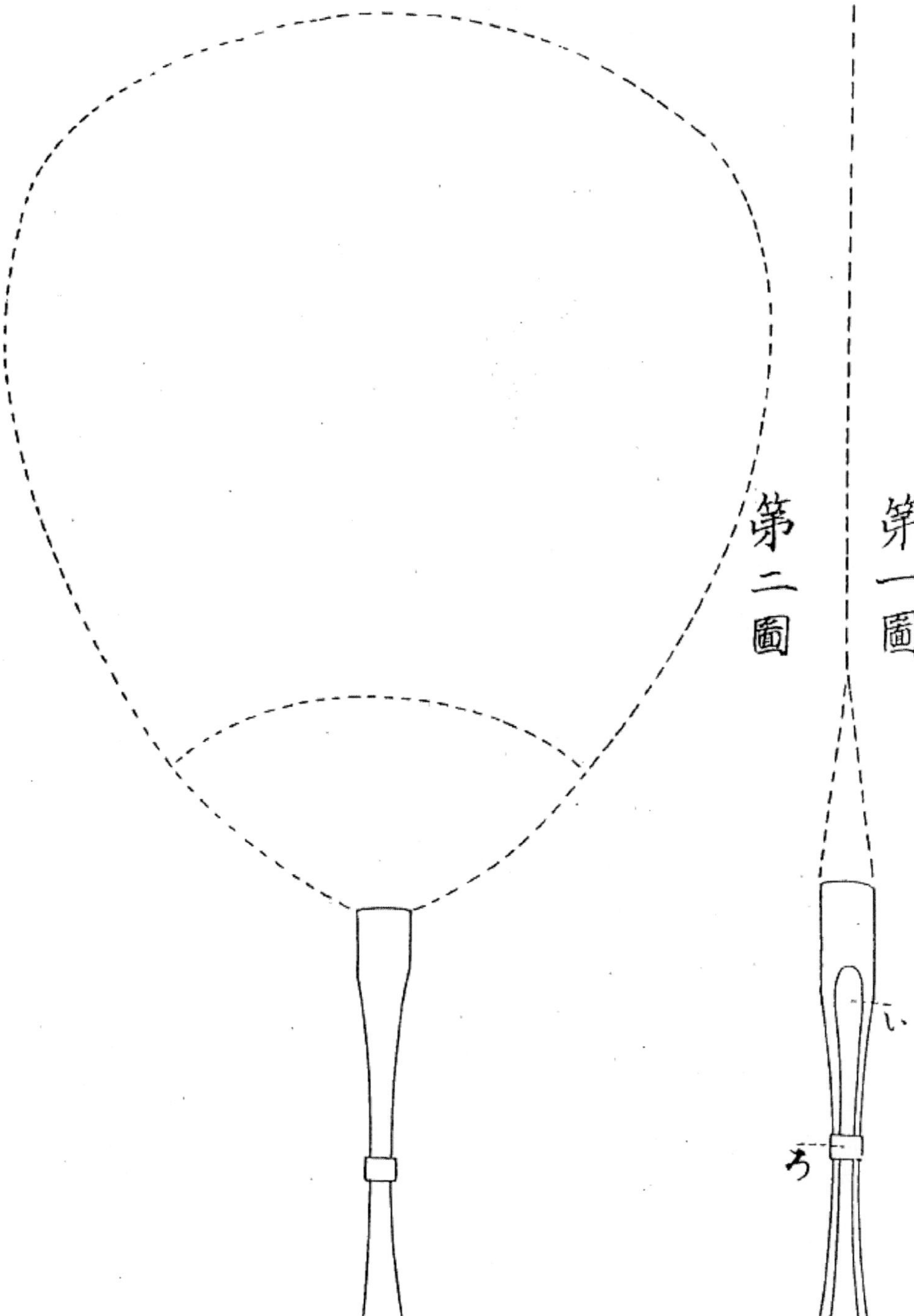

東京府　髱止　髱止製造業
第375号

# 髱止形状

明治廿七年十月五日
第三七五号

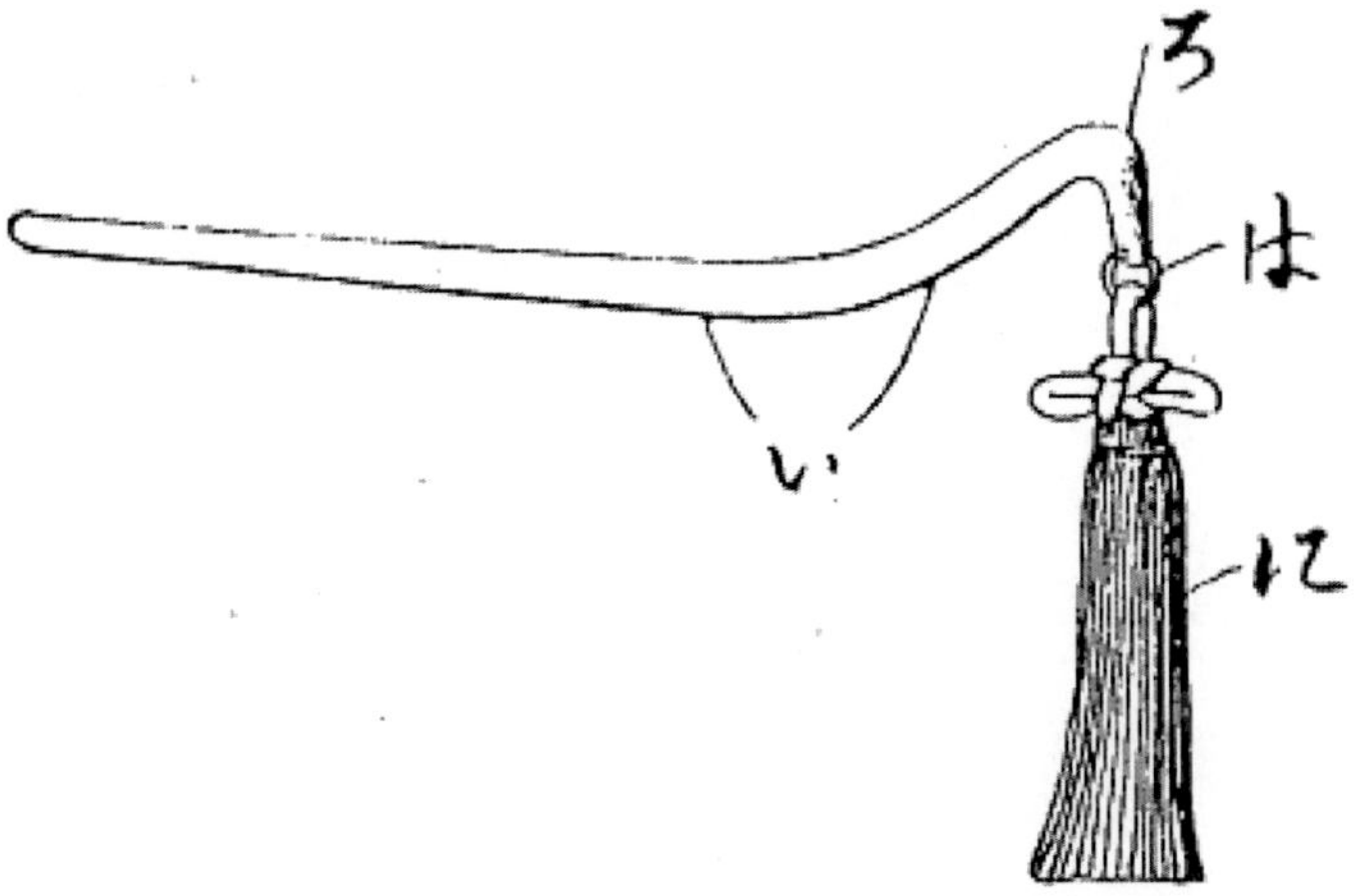


鹿倉仙太郎

東京府　髻止　髻止製造業
第376号

髢止形状

明治廿七年十月五日
第三七七六号

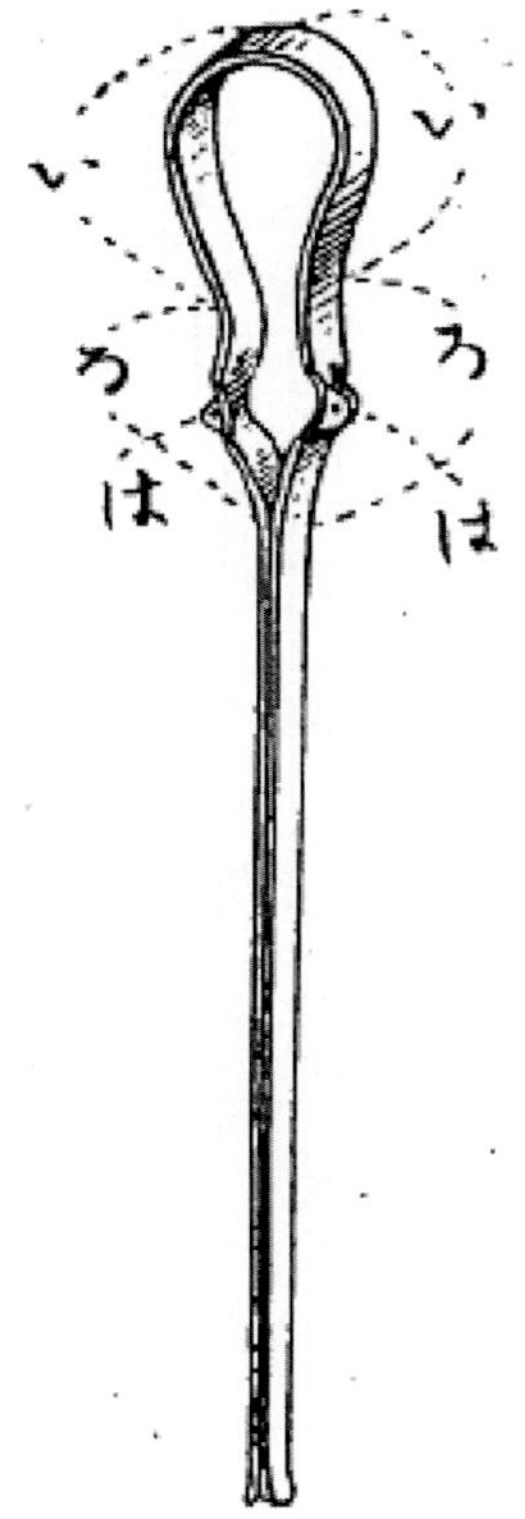


鹿倉仙太郎

東京府　團扇挿　組絲商

第381号

# 團扇挿形狀

明治廿七年十月十二日

第三八一号

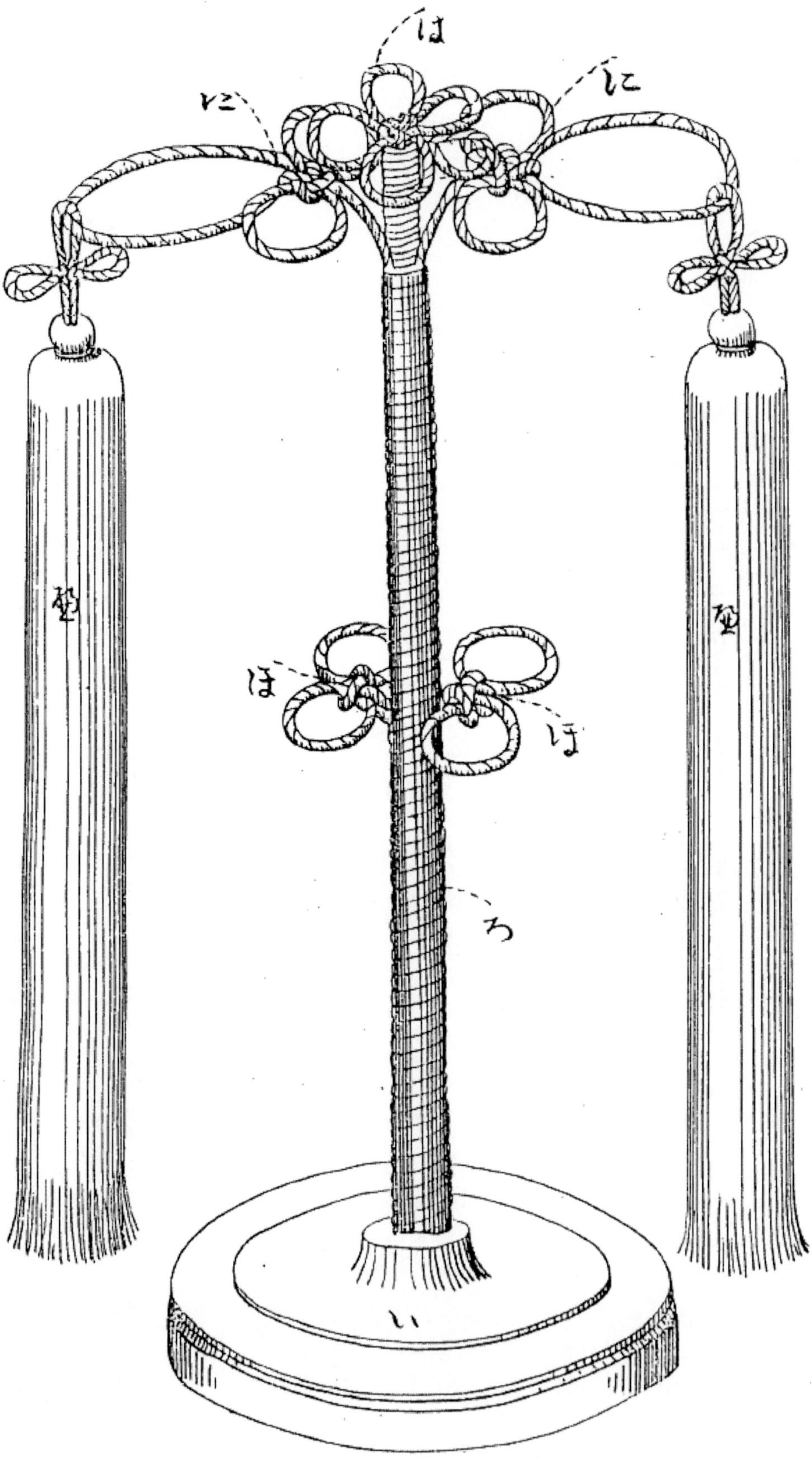


渡邉銀藏

東京府　紀章　著作業
第382号

# 紀章形状

明治廿七年十月廿四日
第三八二号

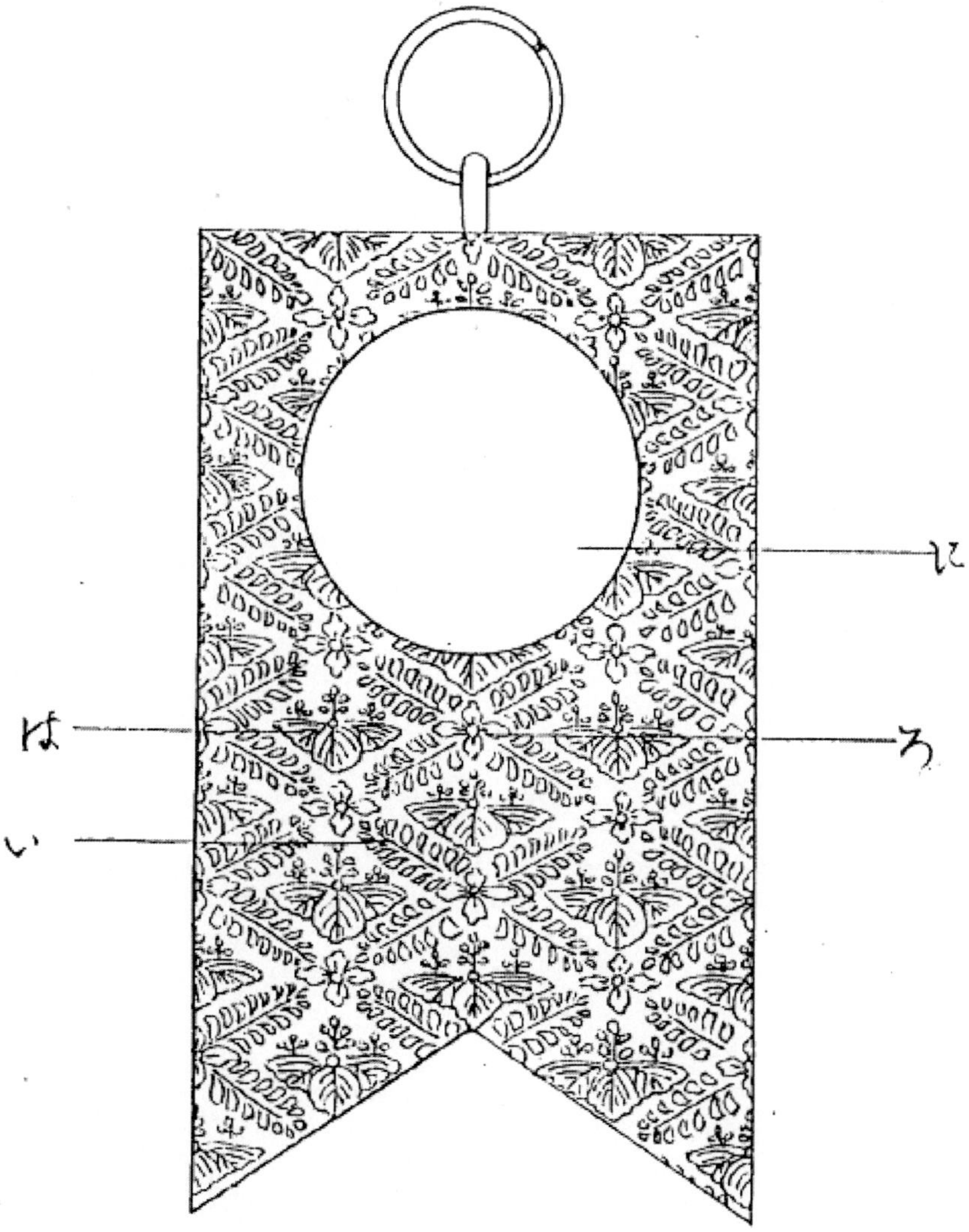


苑道春千代

東京府　煙管　煙管商
第383号

# 煙管形状

明治廿七年十月廿五日
第三八三号

金井五郎兵衛
渡邉代助

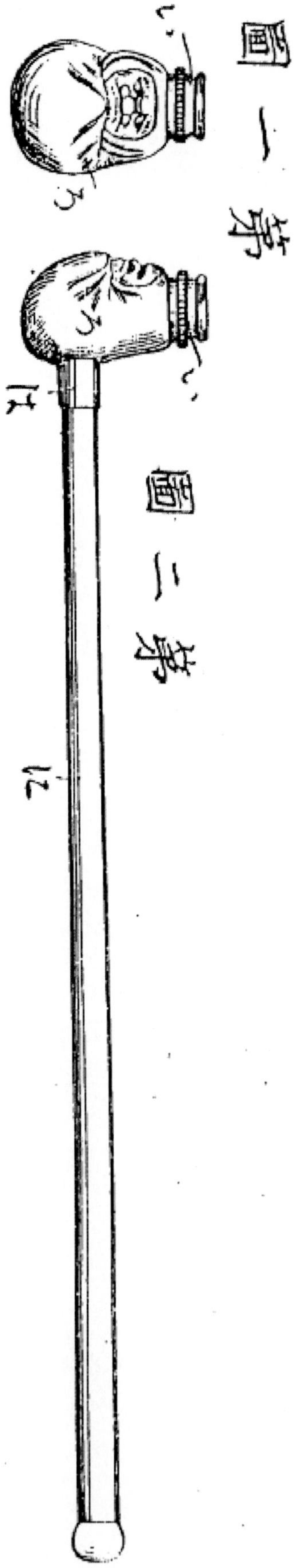

東京府　下駄　下駄商
第388号

下駄形状

明治廿七年十一月廿四日
第三八八号

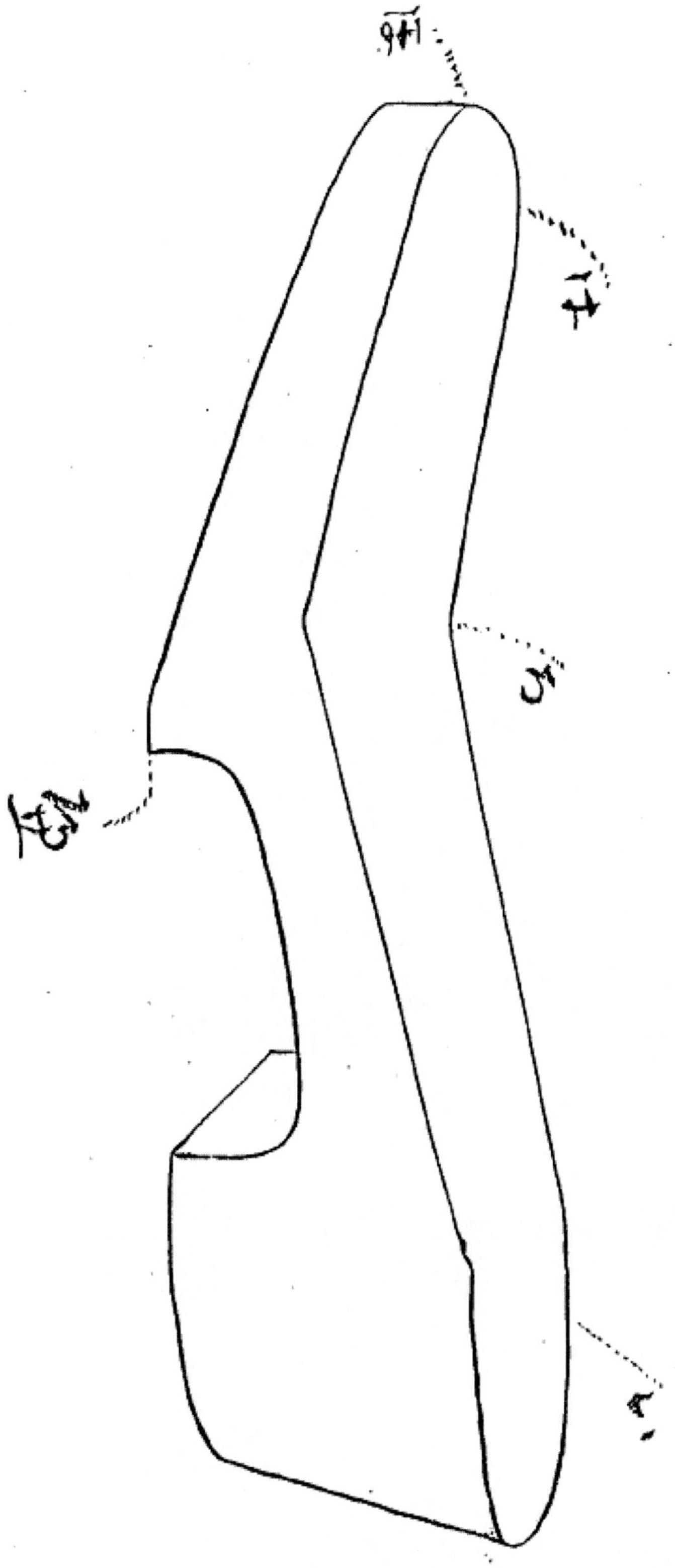

谷為藏
八木傳七

東京府　壁紙　壁紙製造業
第389号
山路良三

明治廿七年十二月三日
特三八九号

壁紙模様

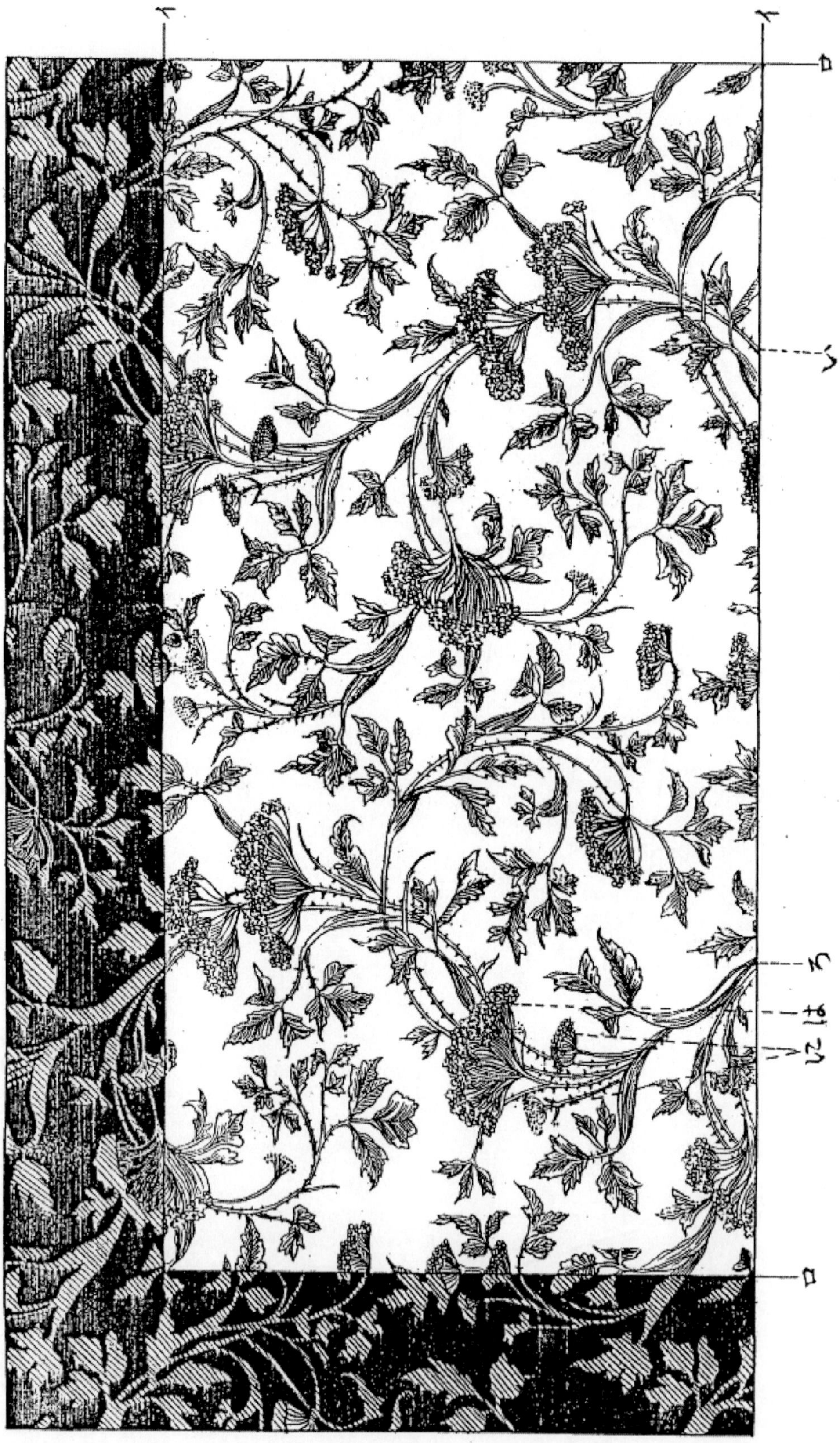

東京府　壁紙　壁紙製造業

第392号

縁張壁紙模様意匠

明治廿七年十二月十八日

第三九二号

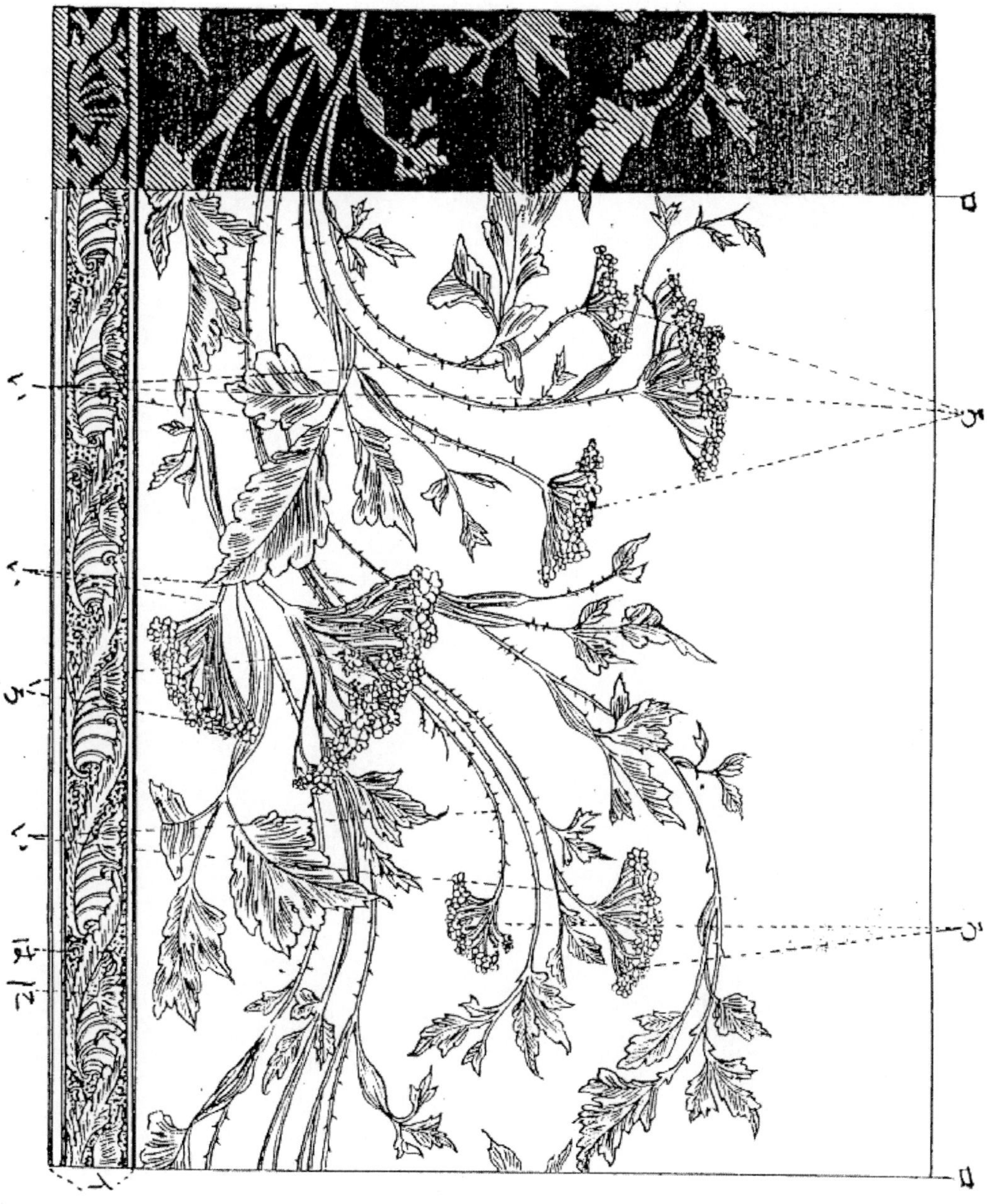

山路良三

東京府　時計紐止金具　組糸商
第396号

# 時計紐止金具形状

明治廿八年一月十七日
第三九六号

小川富蔵

第一圖

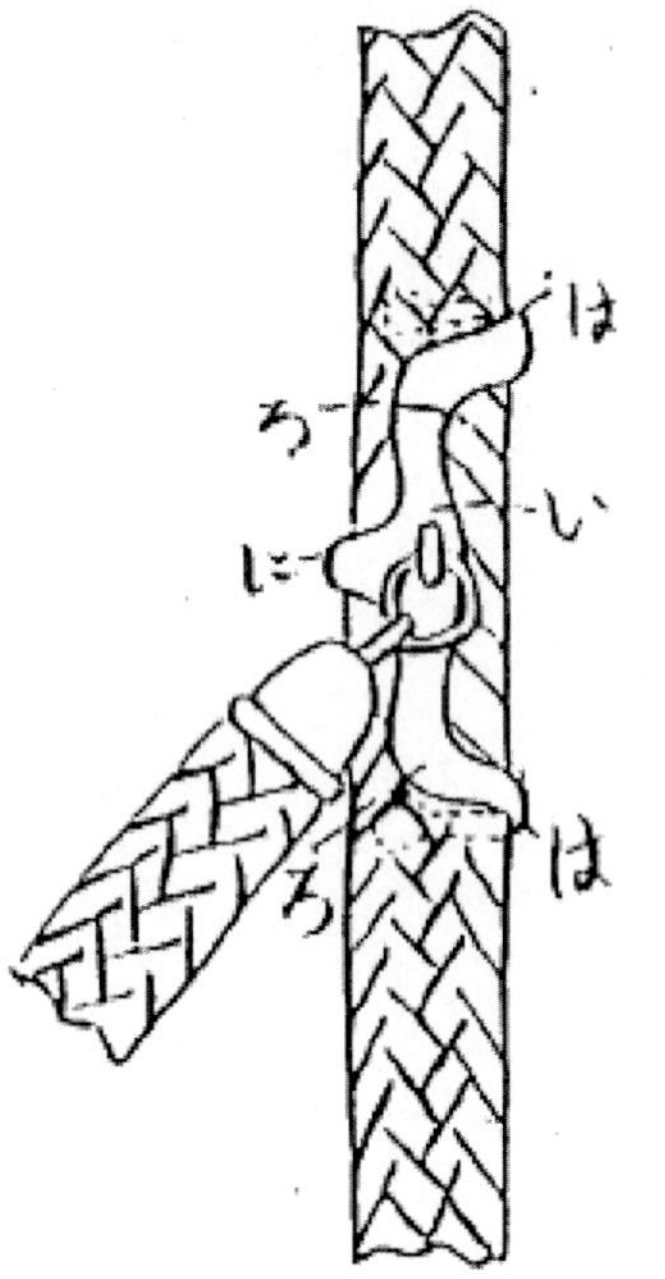


第二圖

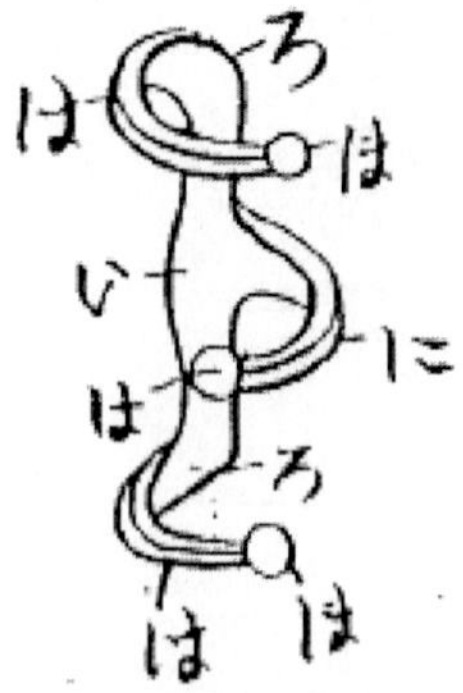

東京府　服飾ニ属スル紐止金具　雑業
第397号

# 紐止金具形状

明治廿八年一月廿一日
第三九七号

稲木繁太郎

第一圖

第二圖

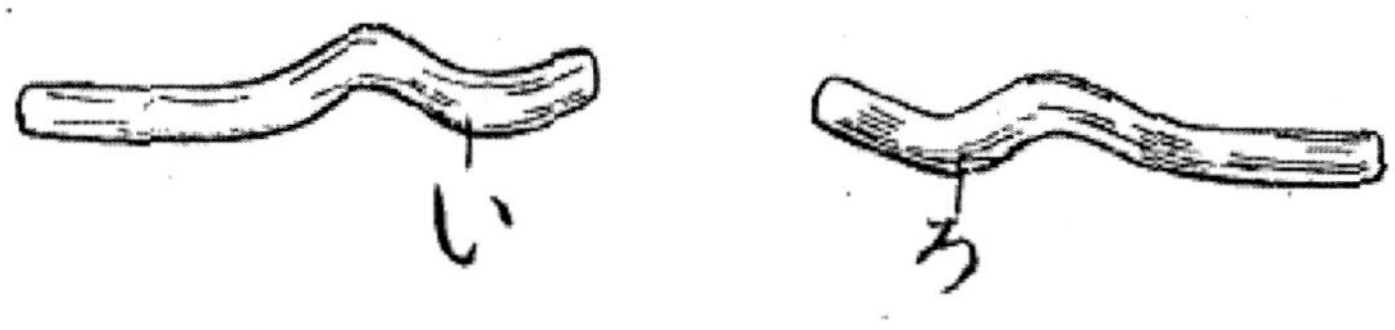

東京府　帯止金具　小間物商
第400号

# 帯止金具

明治廿八年二月四日
第四〇〇号

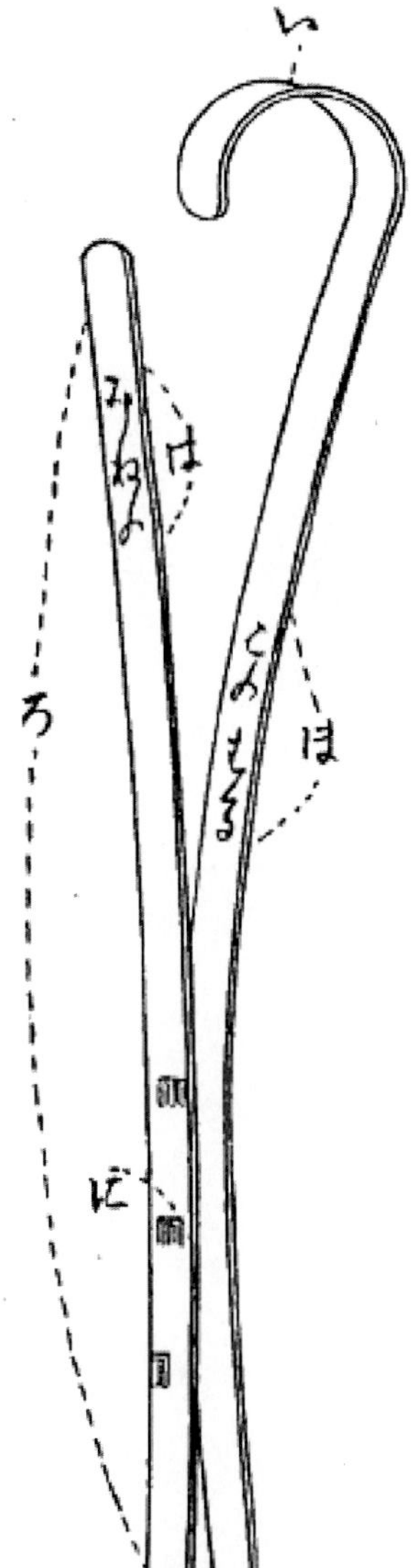


浅井頑成

東京府　壁紙　壁紙製造業
第４０１号

東京府　壁紙　壁紙製造業
第402号

壁紙摸様

明治廿八年二月六日
第四〇二号

山路良三

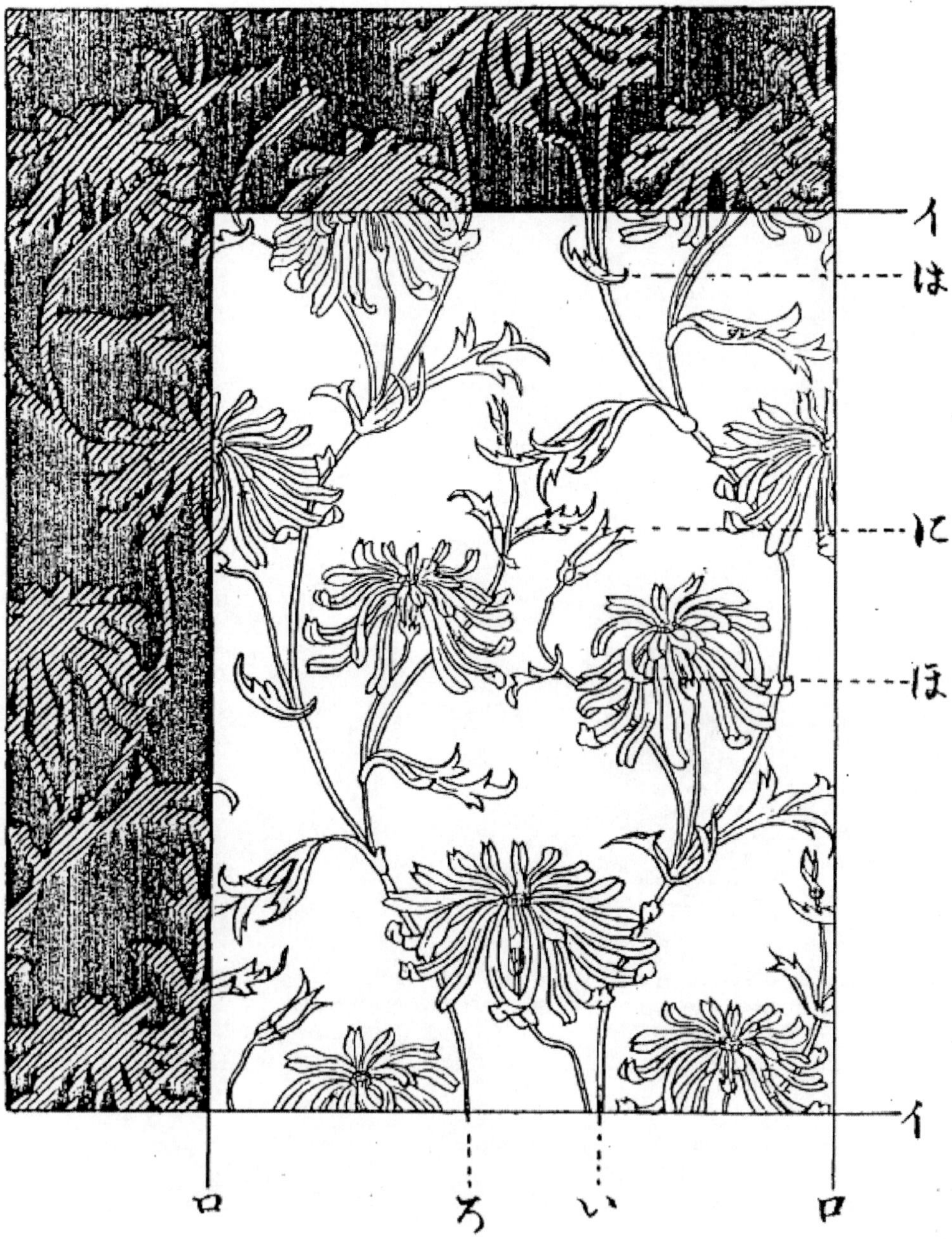

東京府　旗　雑商

第407号

旗摸様

明治廿八年二月十六日

第四〇七号

兵頭徳三郎

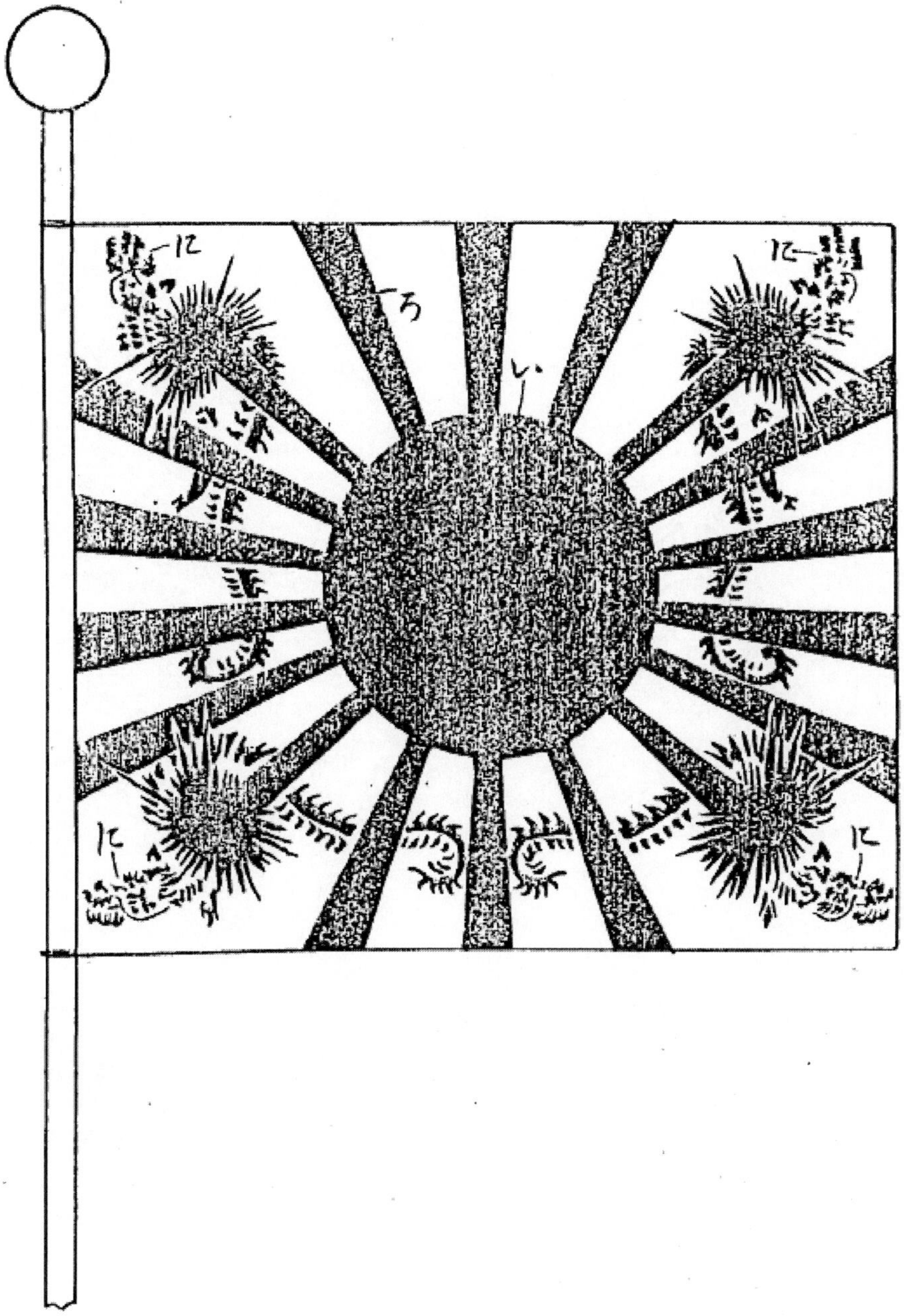

東京府　時計紐止　糸組物商
第408号

時計紐止形狀

明治廿八年二月廿日
第四〇八号

粟田房治

第一圖

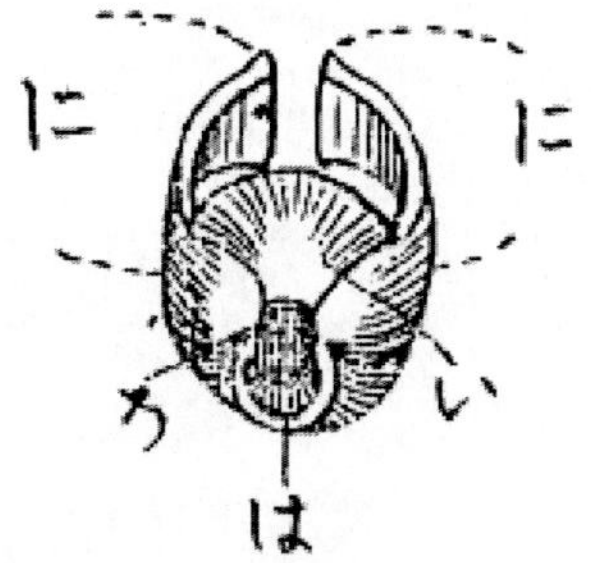


第二圖

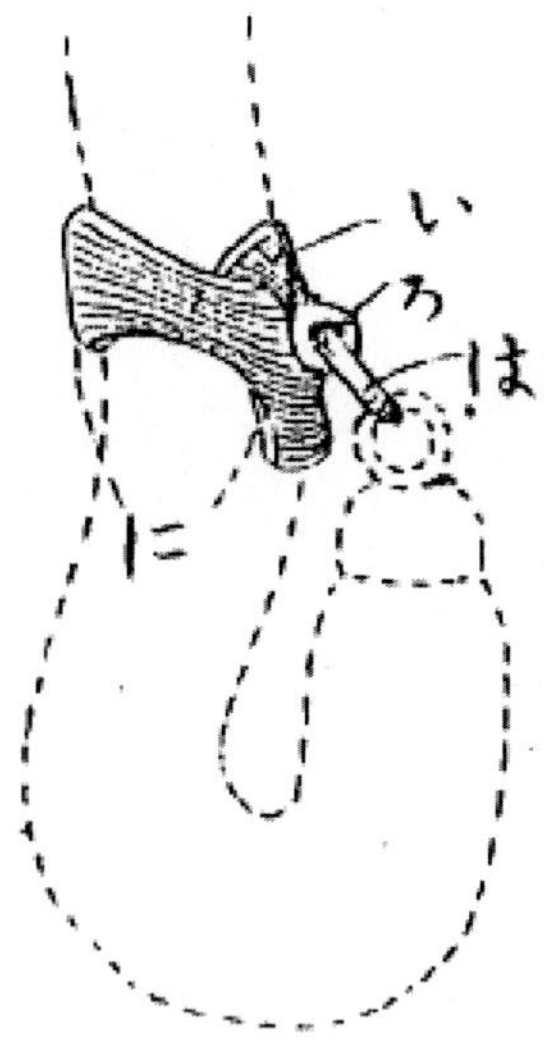

東京府　壁紙　壁紙製造業
第412号

壁紙摸様

明治廿八年三月十二日
第四一二号

山路良三

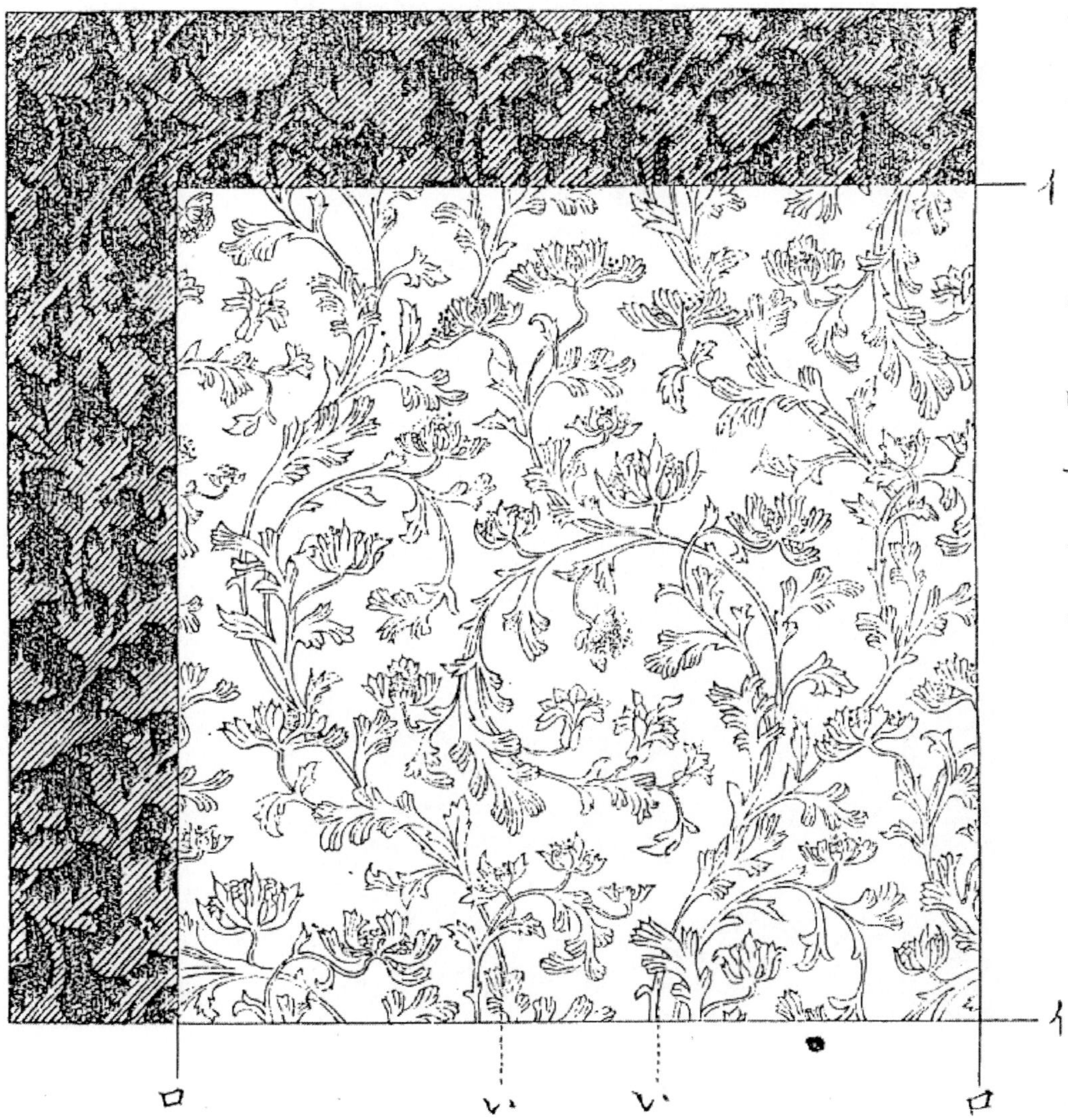

東京府　壁紙　壁紙製造業
第416号

壁紙摸様

明治廿八年四月十九日
第四一六号

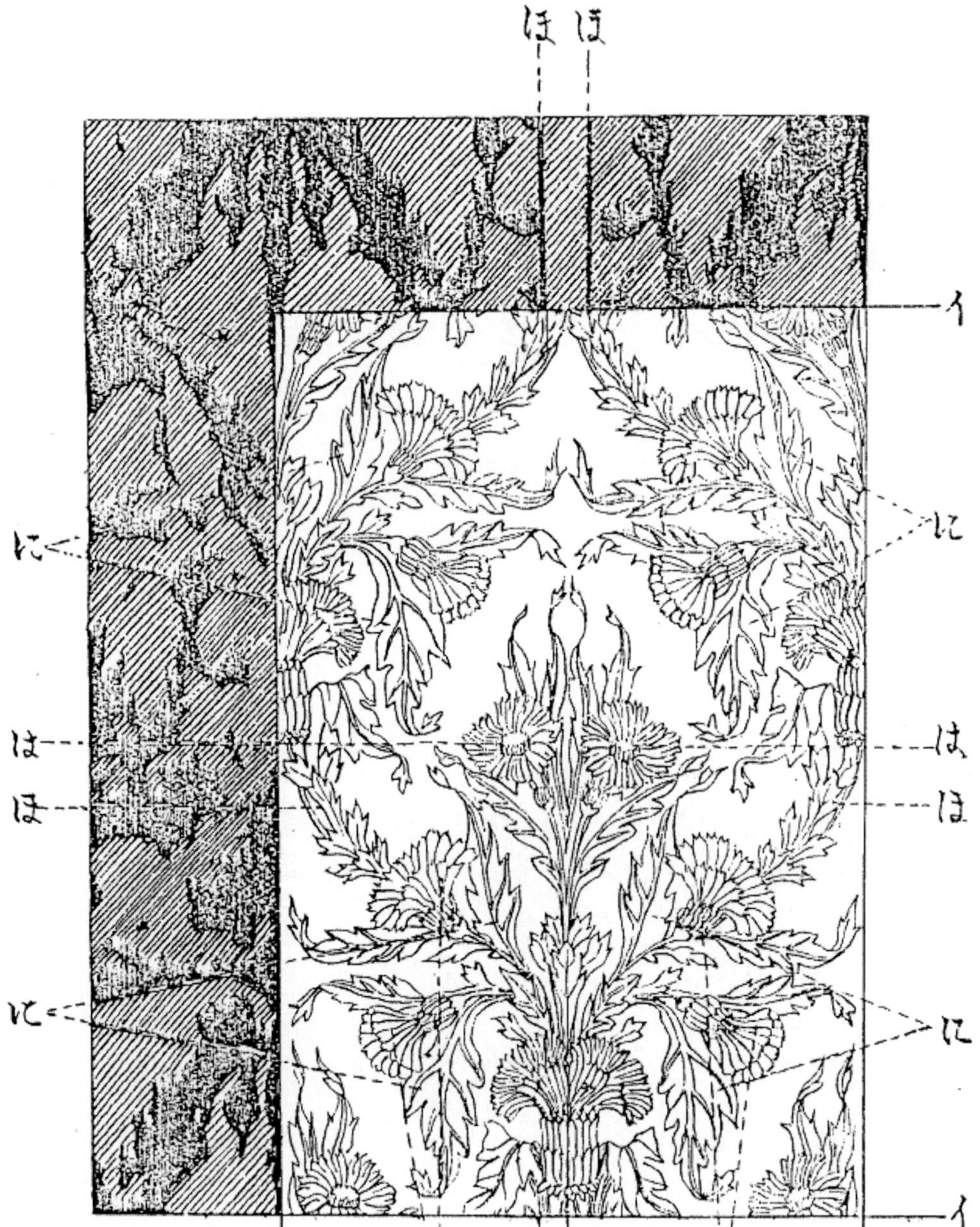


山路良三

東京府　壁紙　壁紙製造業

第417号

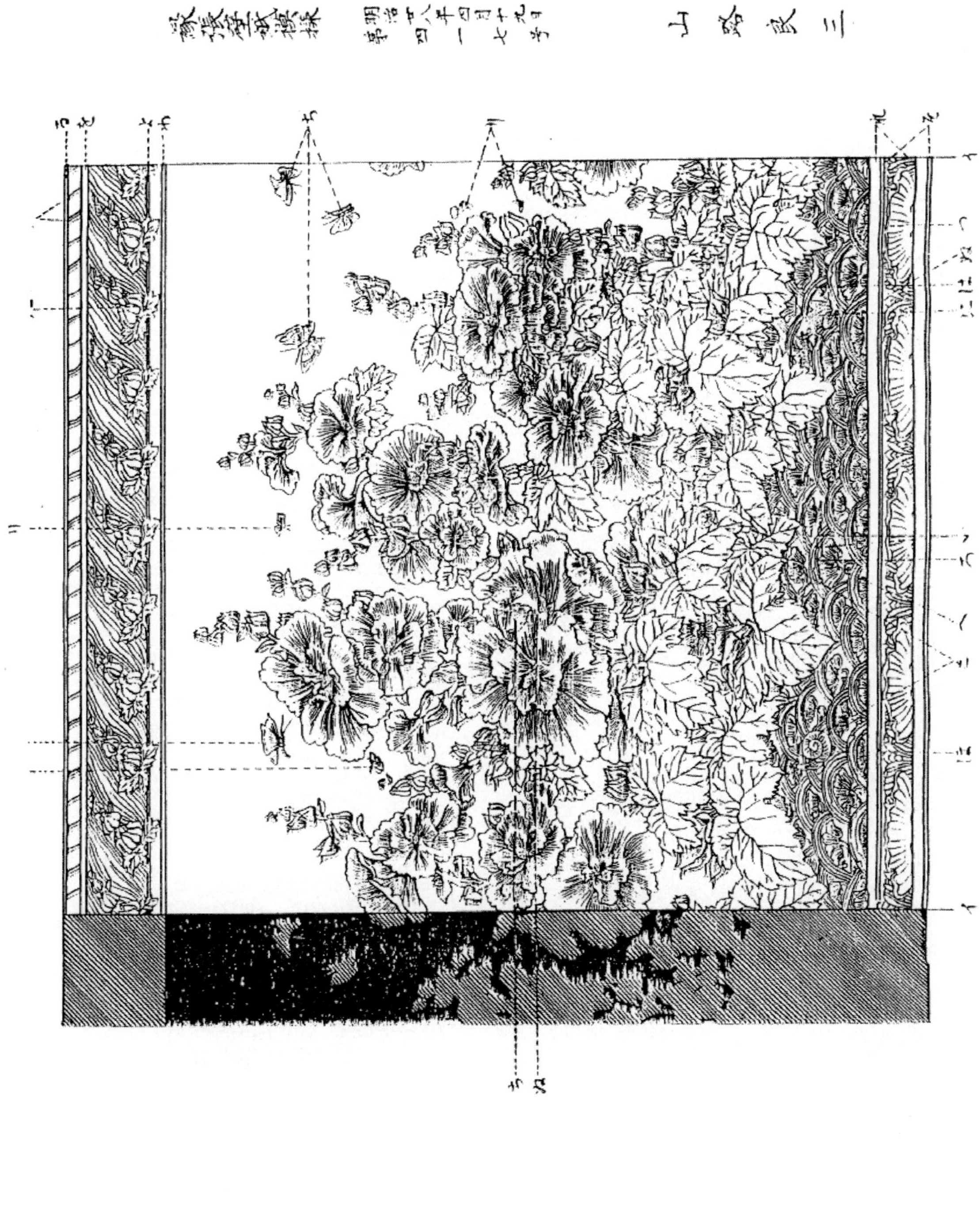

東京府　壁紙　壁紙製造業
第４１８号

壁紙模様　明治廿八年四月十九日 登録 四一八号　山路良三

東京府　髱止　錺職
第４１９号

髱止形状

明治廿八年四月廿二日
第四一九号

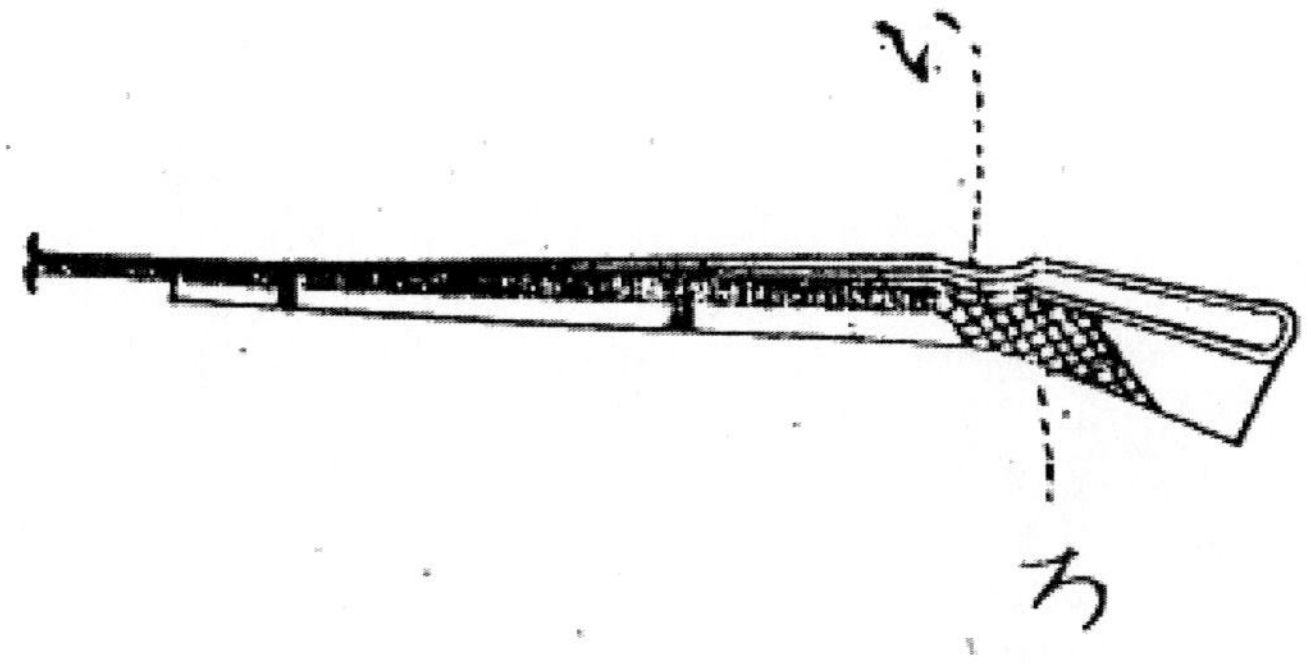


滝口角蔵

東京府　時計紐止金具　糸組物商
第422号

# 時計紐止金具形状

明治廿八年五月十日
第四二二号

粟田房治

第一圖

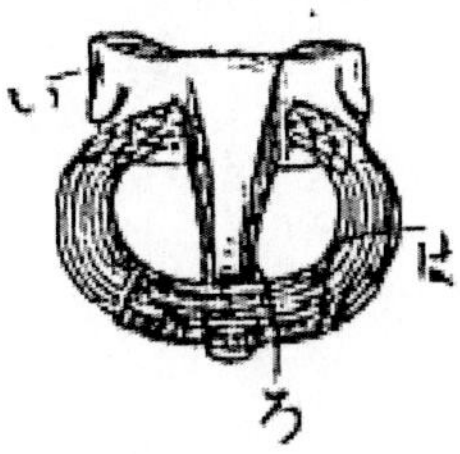


第二圖

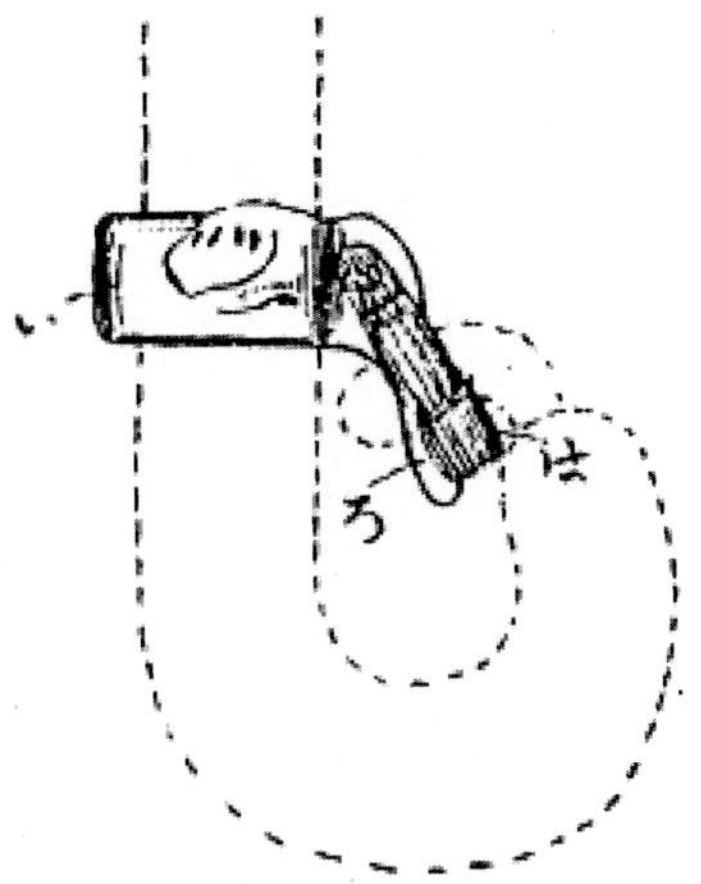

東京府　帯止金具　庶業
第423号

# 帯止金具形状

明治廿八年五月十日
第四二三号

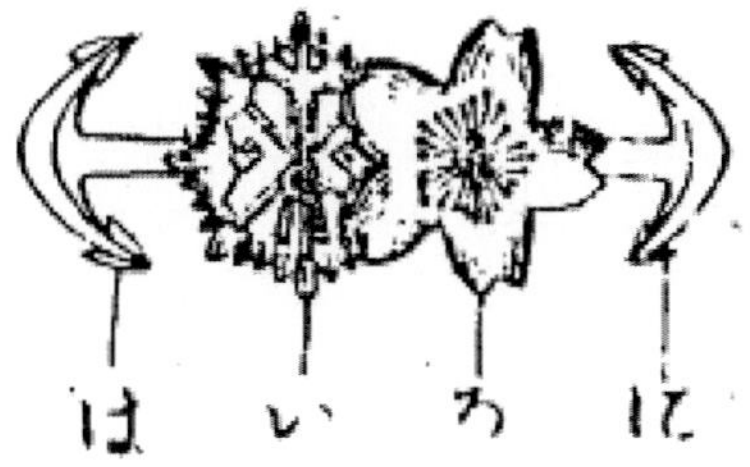


鹽田元三郎

東京府　羽織紐金具　糸組物商
第424号

# 羽織紐金具形狀

明治廿八年五月十日
第四二四号

栗田房治

第一圖

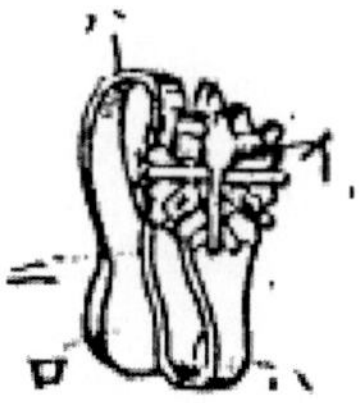


第二圖

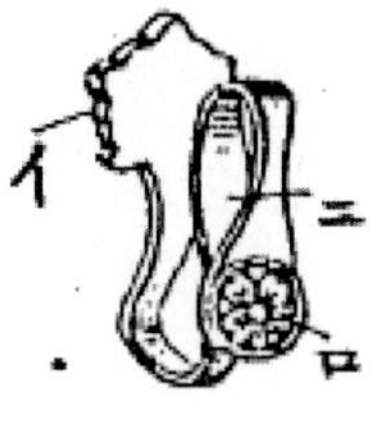

東京府 簪 庶業
第425号

# 簪形状

明治廿八年五月十六日
第四二五号

鹽田元三郎

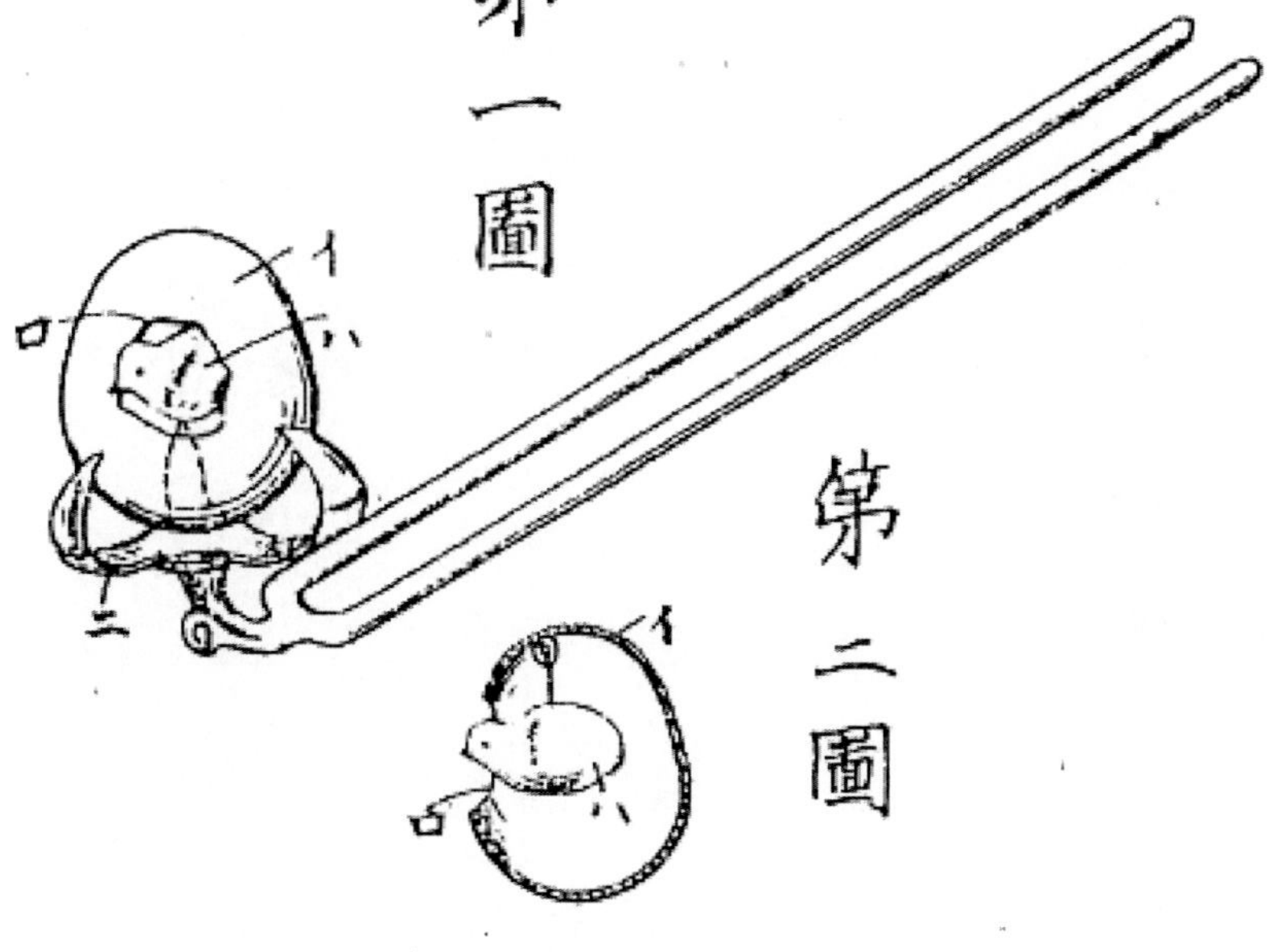

第一圖
第二圖

東京府 簪 庶業
第426号

# 簪形状

明治廿八年五月十六日
第四二六号

鹽田元三郎

第一圖

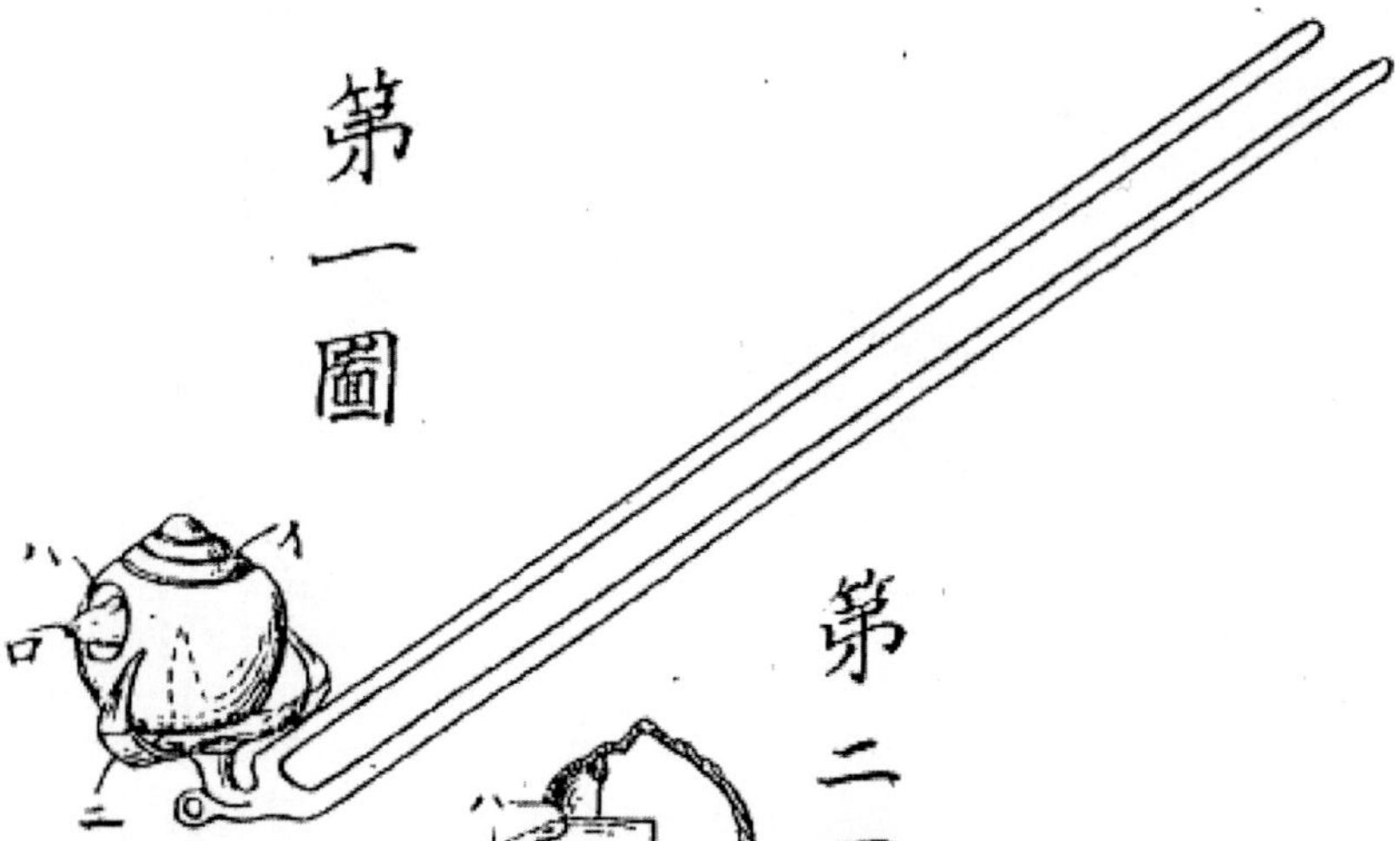


第二圖

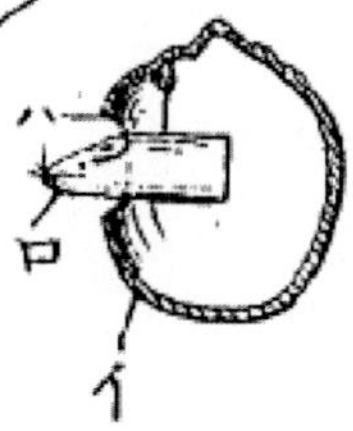

東京府　時計紐止金具　組糸商
第433号

# 時計紐止金具形狀

明治廿八年五月廿七日
第四三三号

村田友藏

第一圖

第二圖

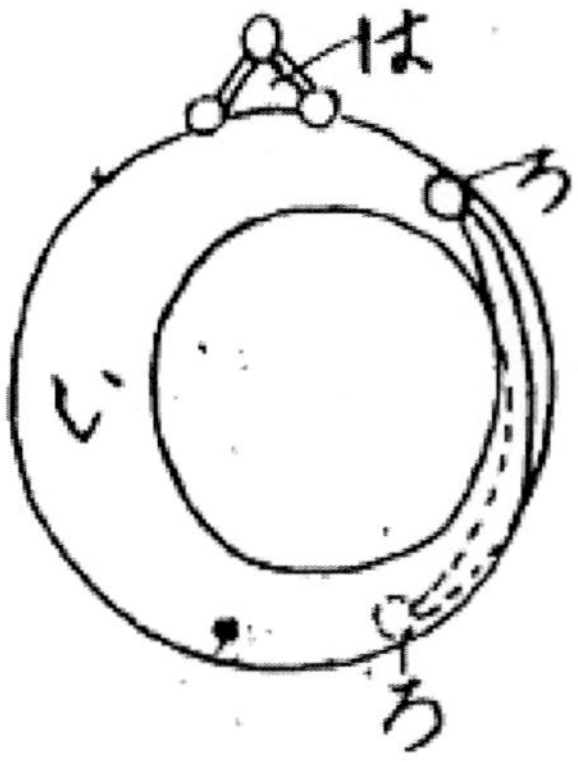

東京府　石鹸　小間物商
第435号

# 石鹸形状

明治廿八年六月七日
第四三五号

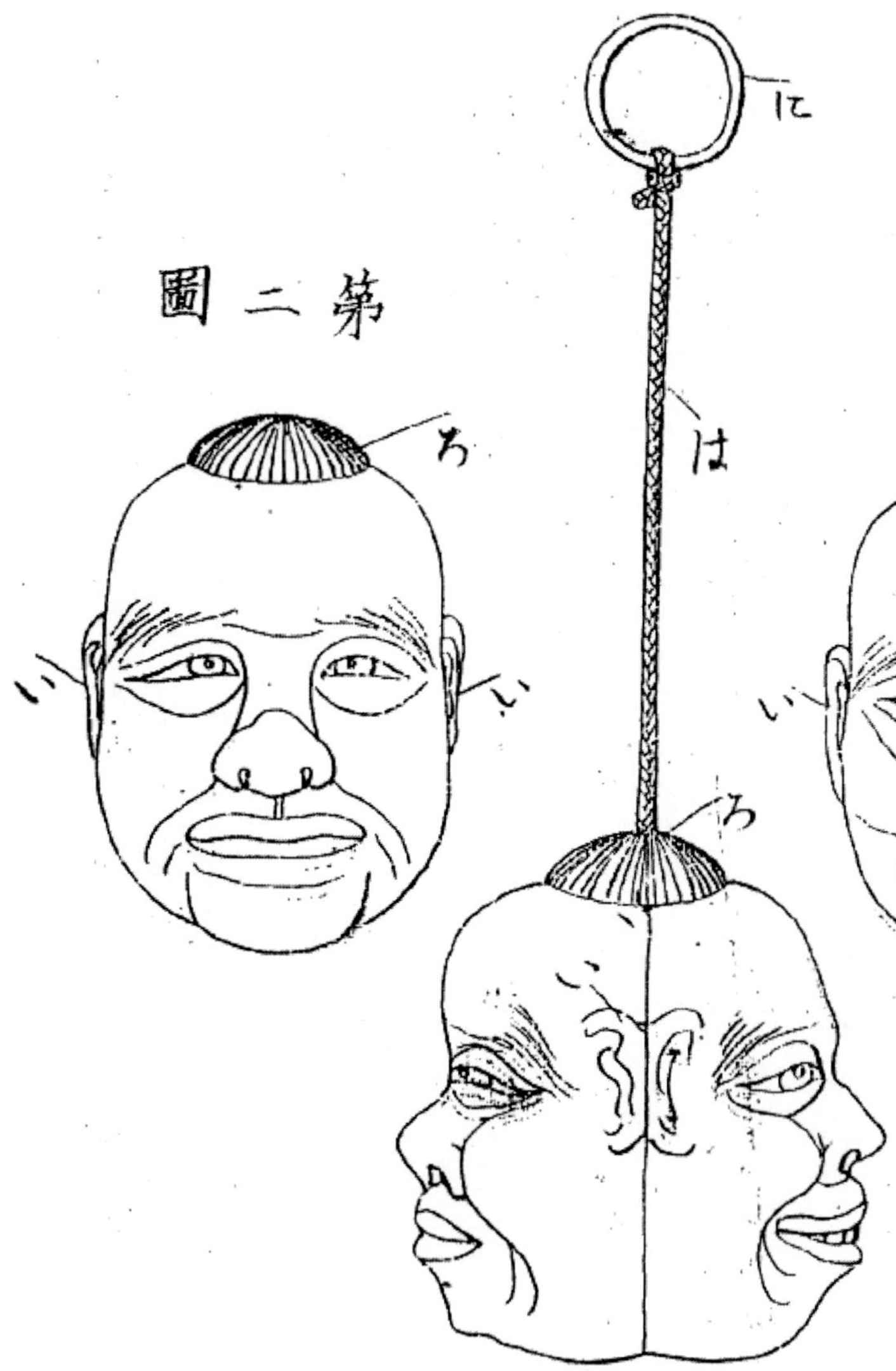


第三圖

平尾贊平

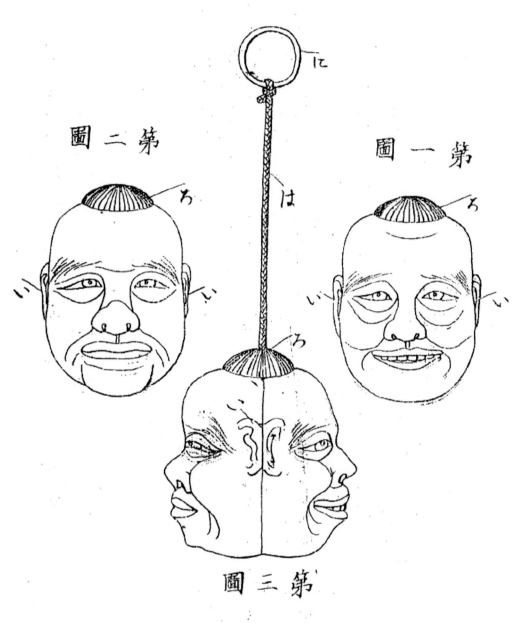

# 東京府　玩具輕氣球　藥種商
## 第437号

竿ノ兩上ニ掛ケテ海陸全勝ノ四字ヲぬノ如ク各隷書ニテ記シテ成ル玩具輕氣球摸樣全体ノ意匠

東京府東京市日本橋區村松町四十八番地
平民　藥種商
案出者　小西廣吉

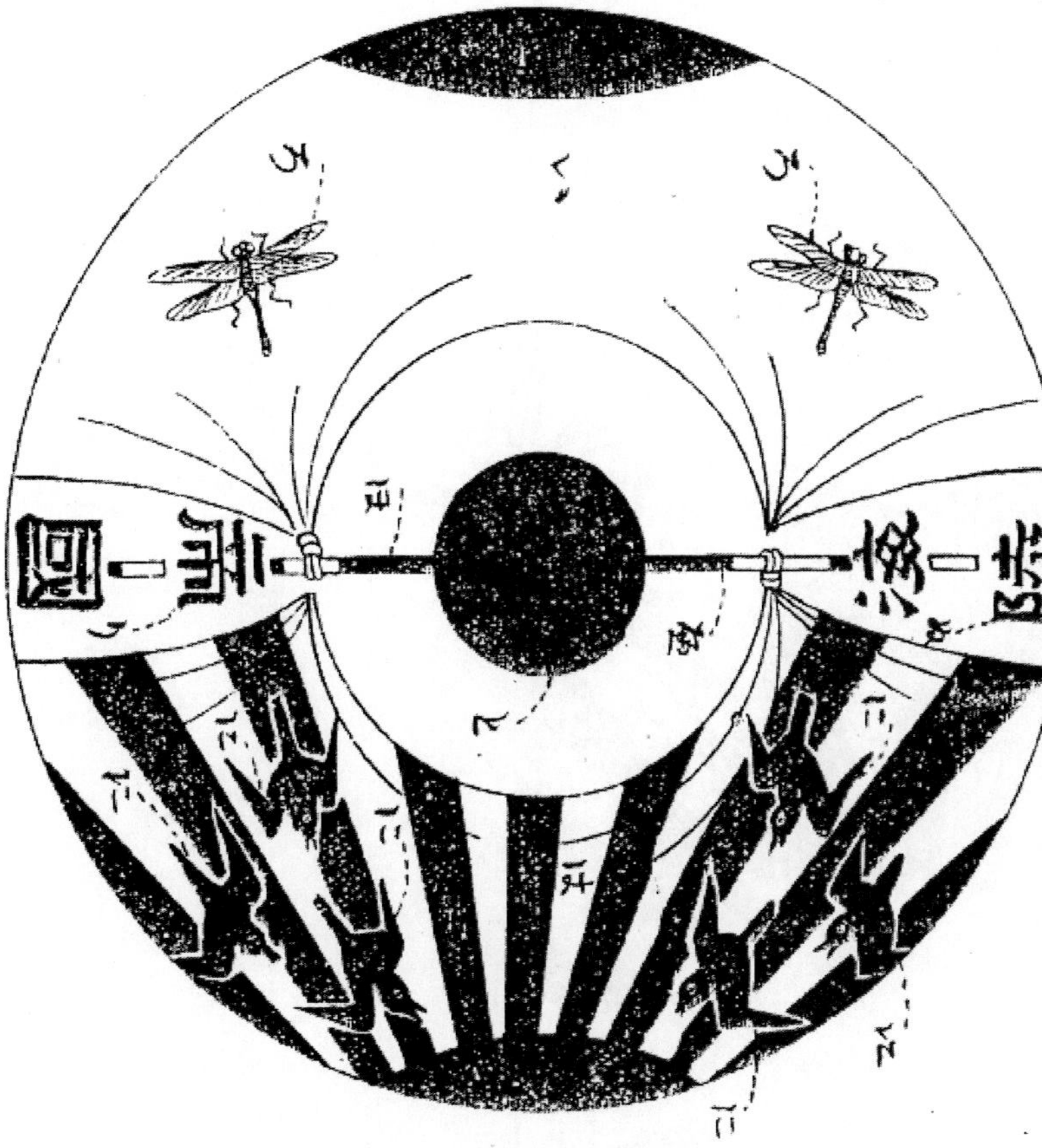

第一圖

玩具輕氣球模様　明治廿八年六月十九日 第四三七号

第二圖

小西廣吉

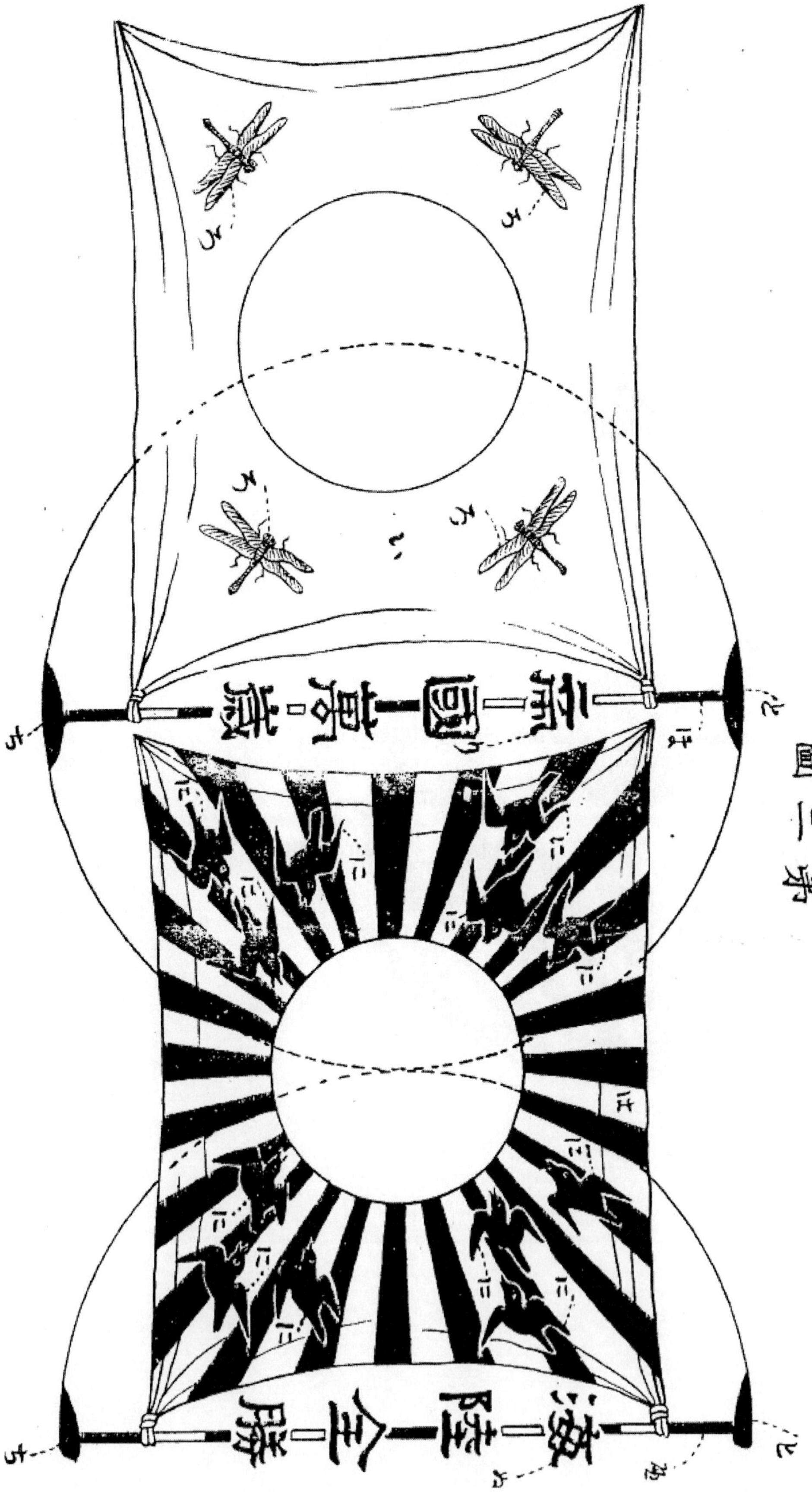

東京府　煙管　煙管商
第４３８号

# 煙管形狀

明治廿八年六月廿七日
第四三八号

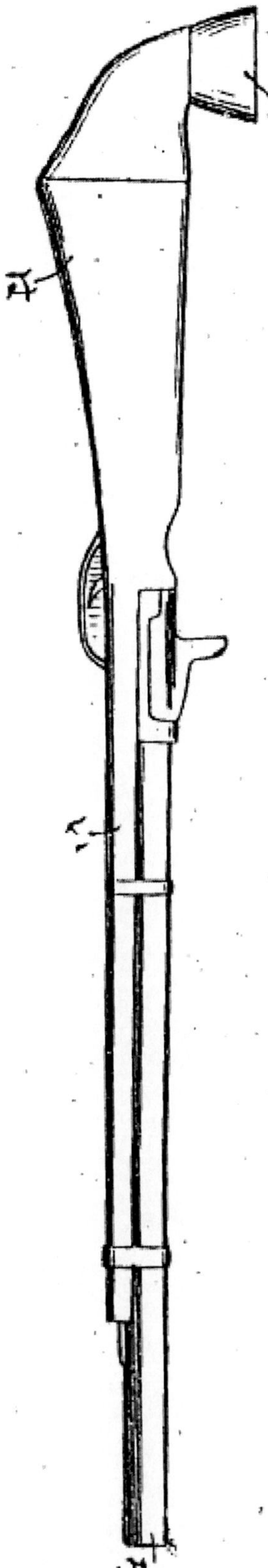

金井五良兵衛

東京府　壁紙　壁紙製造業
第443号

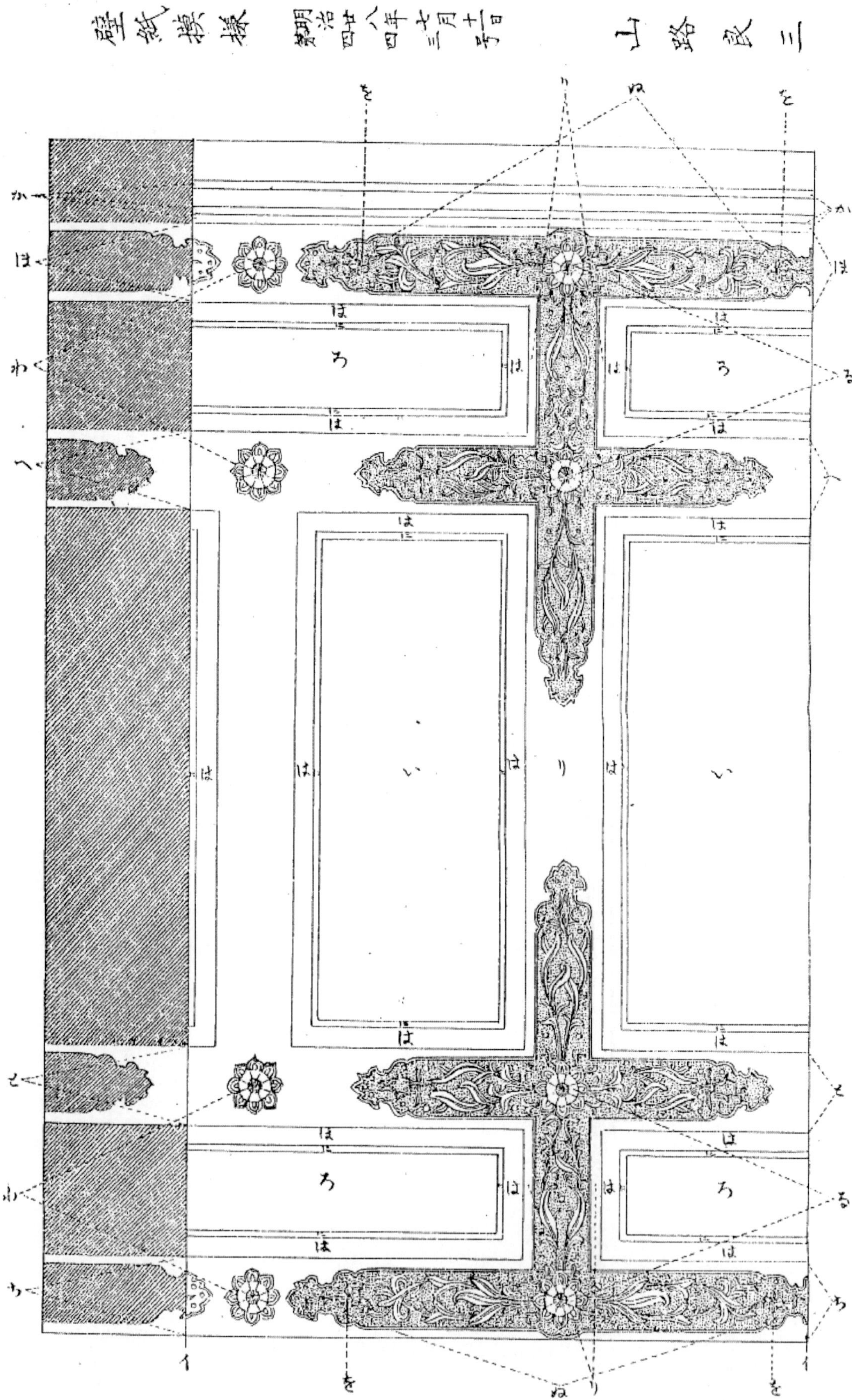

東京府　壁紙　壁紙製造業

第４４５号

# 縁張壁紙摸様

明治廿八年七月十一日

第四四四五号

山路良三

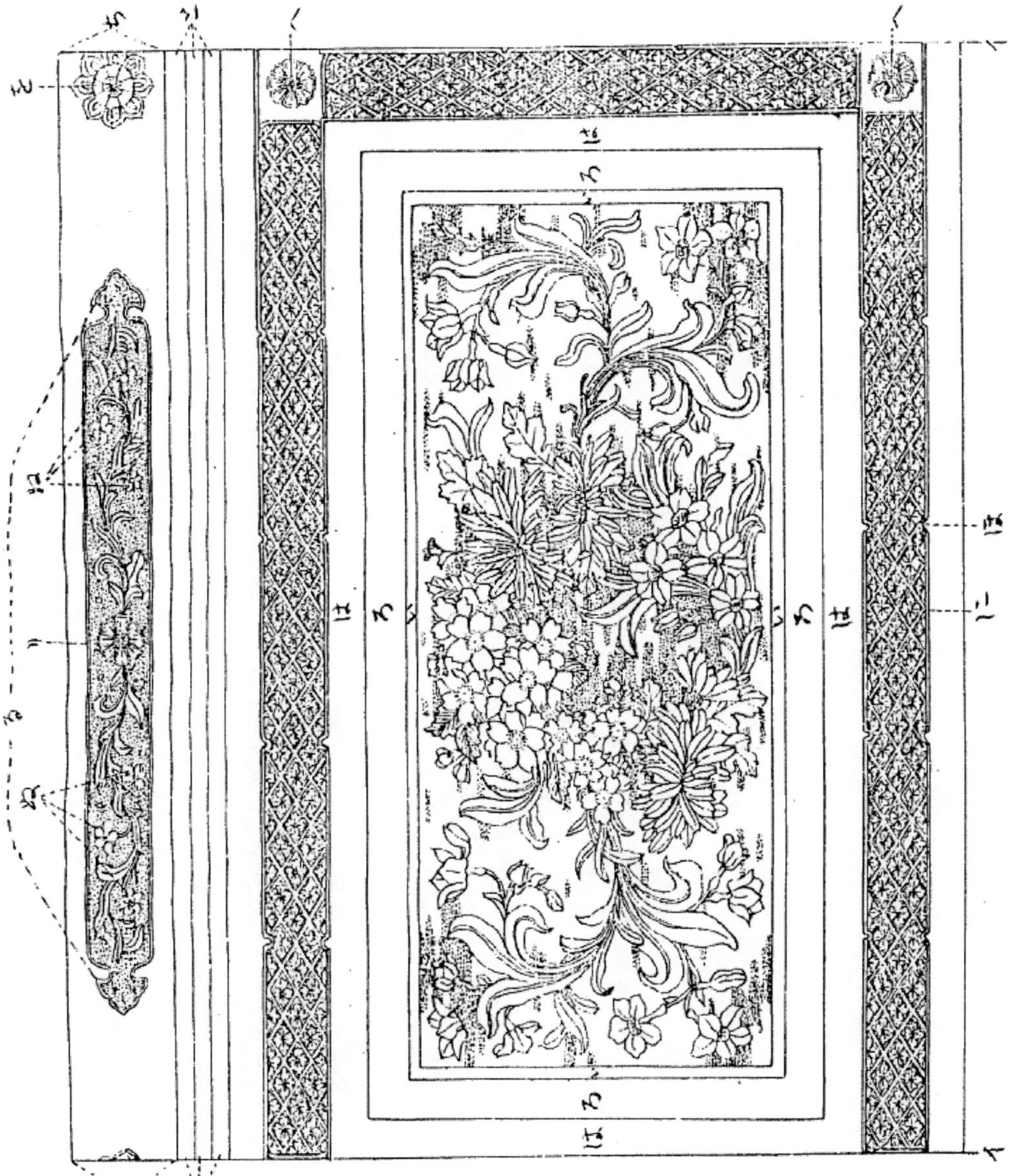

東京府　花筵　花筵業
第449号

花莚摸様

明治廿八年八月十二日
第四四九号

山野仁兵衛

東京府　花筵　花筵業

第４５０号

# 花筵摸様

明治廿八年八月十二日

第四五〇号

山野仁兵衛

東京府　壁紙　壁紙製造業
第４５１号

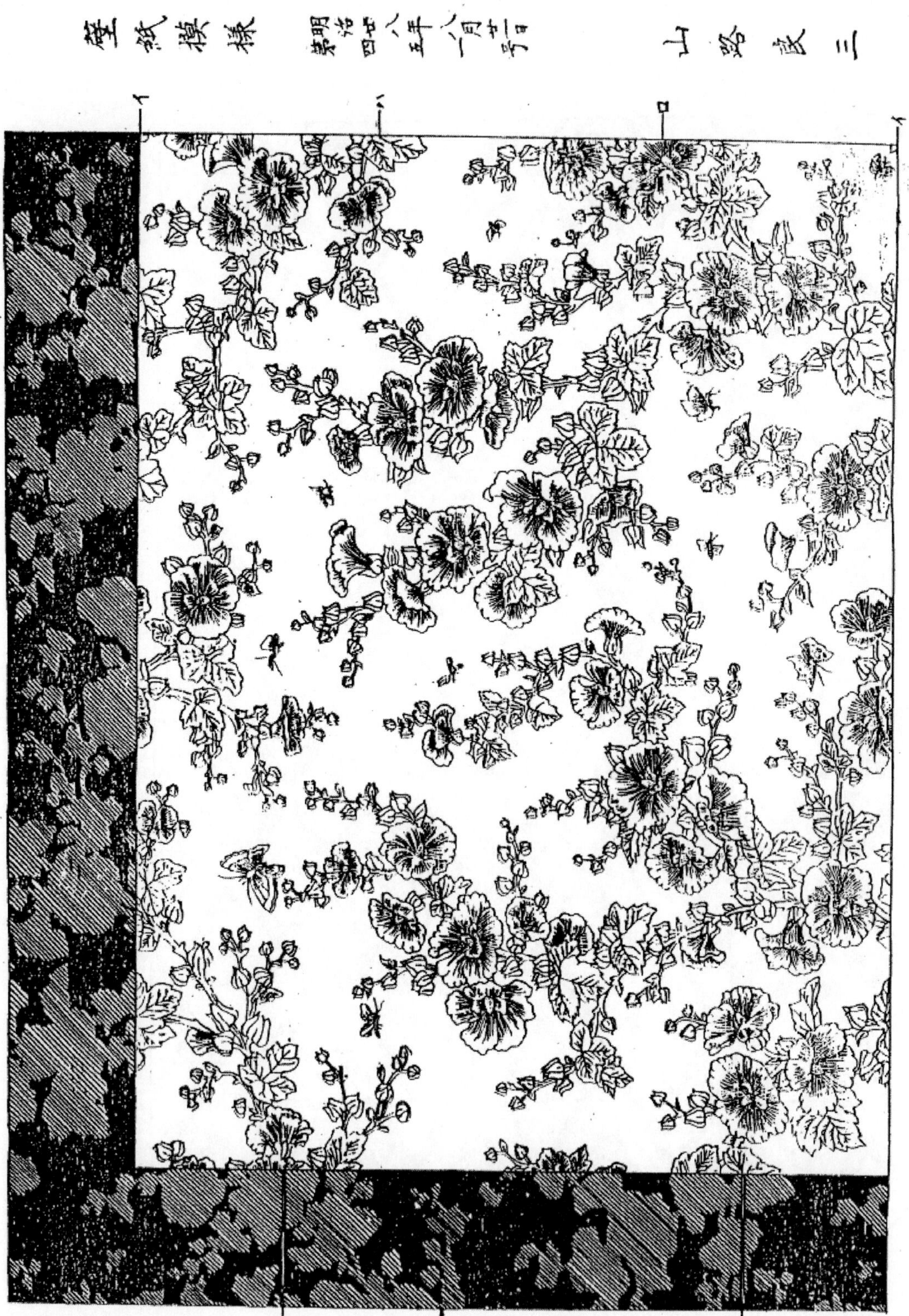

東京府　壁紙　壁紙製造業
第452号

壁紙摸様

明治廿八年八月廿九日
第四五二号

飯田想七

東京府　羽織紐止金具　糸組物商

第453号

# 羽織紐止金具形状

明治廿八年九月三日
第四五三号

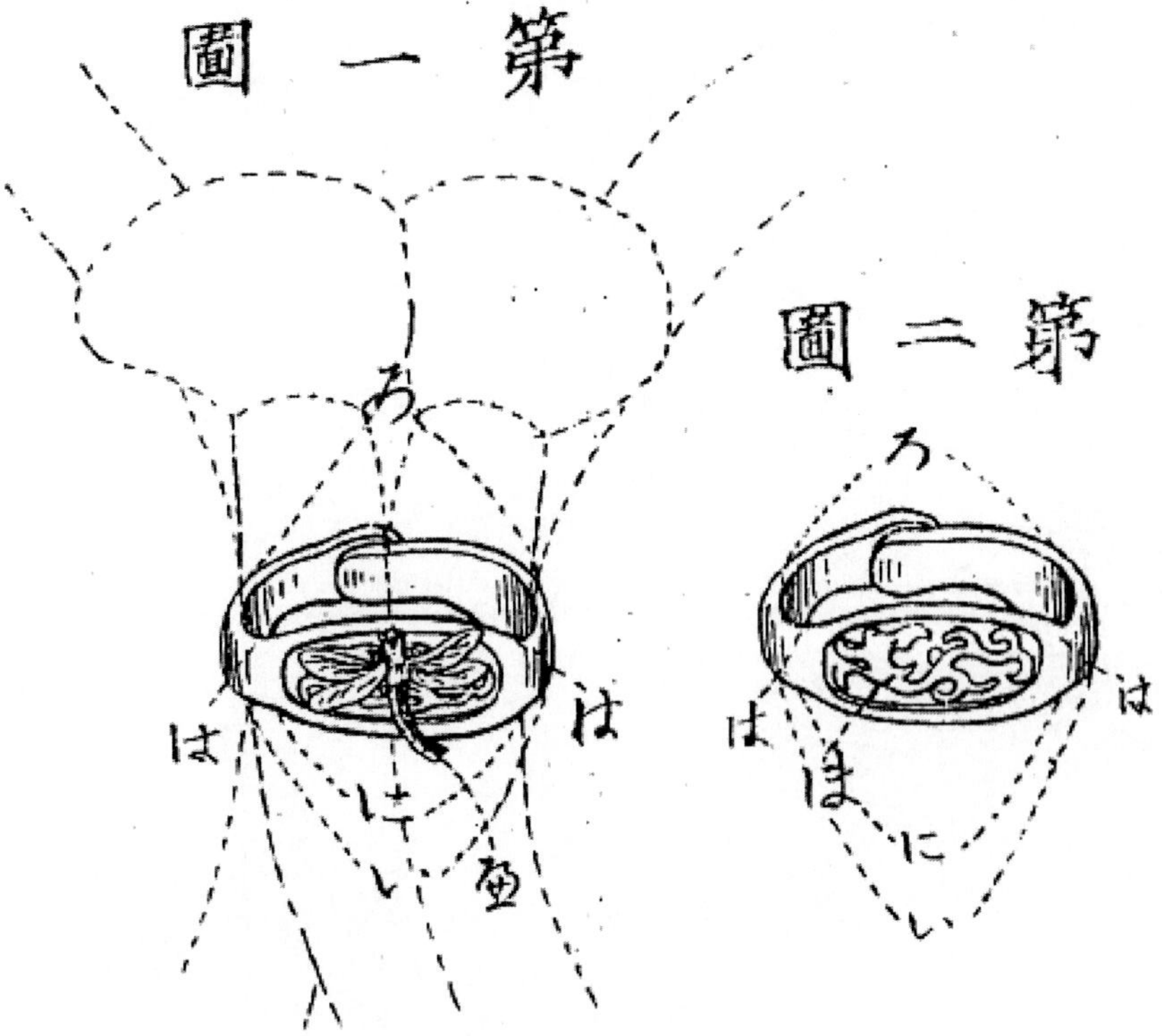


栗田房治

東京府　寫眞挿　美術品製造業

第466号

寫眞挿形状

明治廿八年十月廿二日

第四六六号

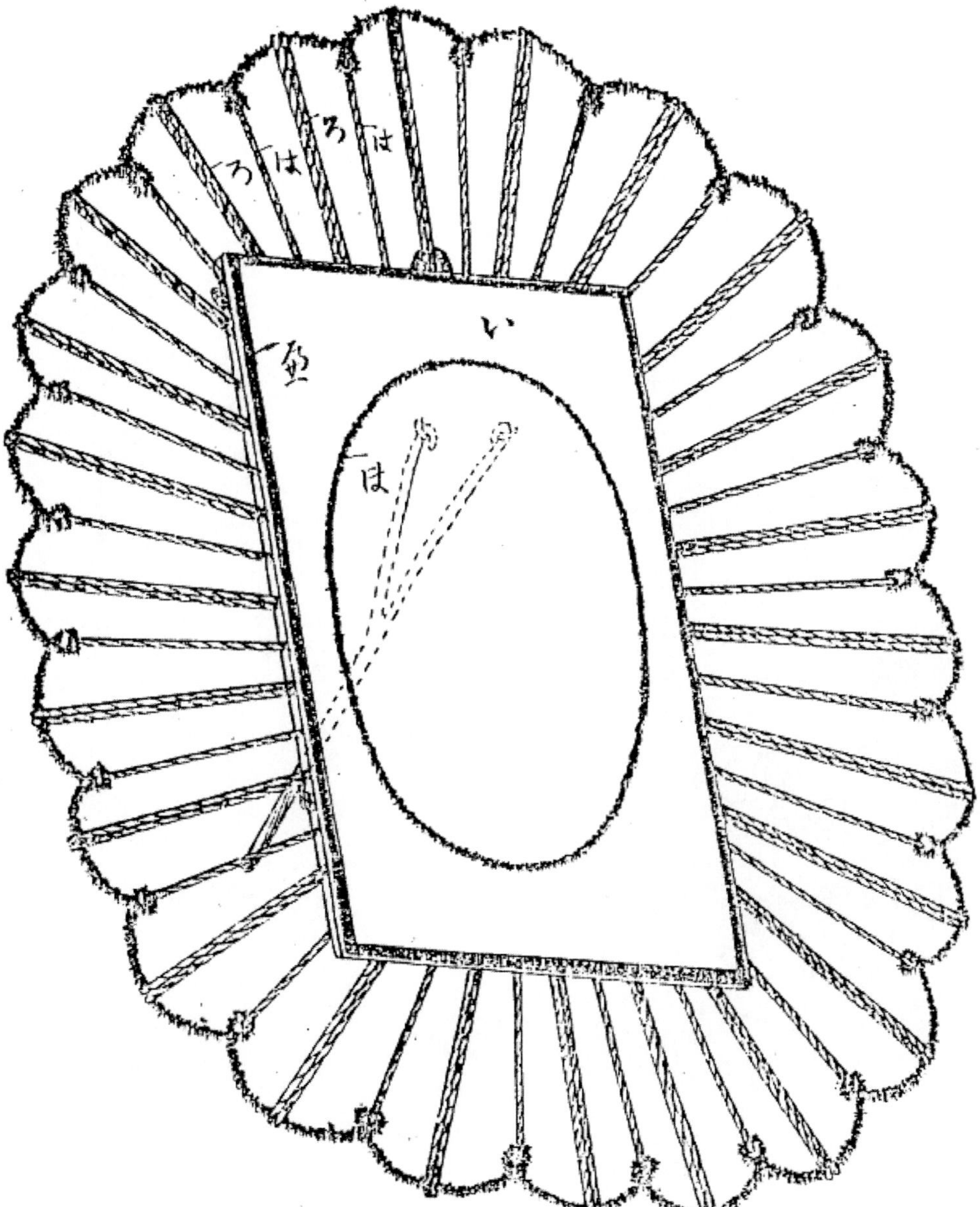


高橋敬之助

東京府　磁石　徽章製造業
第467号

# 磁石形狀

明治廿八年十月廿八日
第四六七号

中島九藏

第一圖

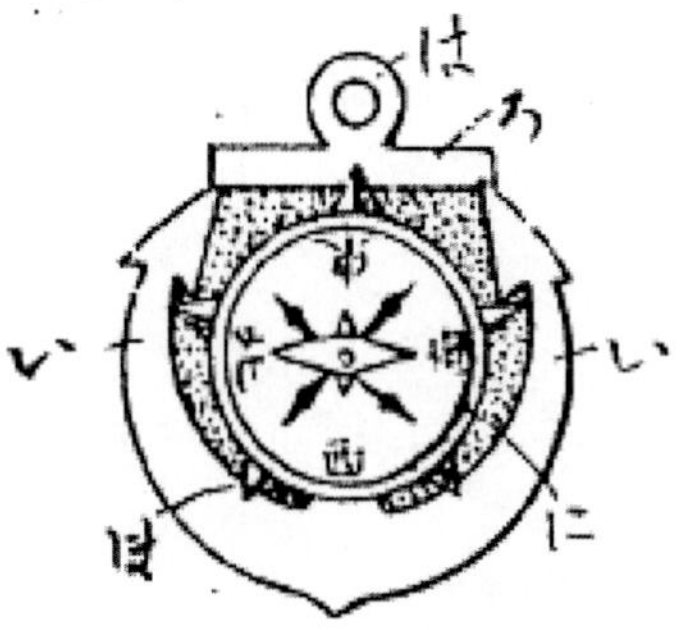


第二圖

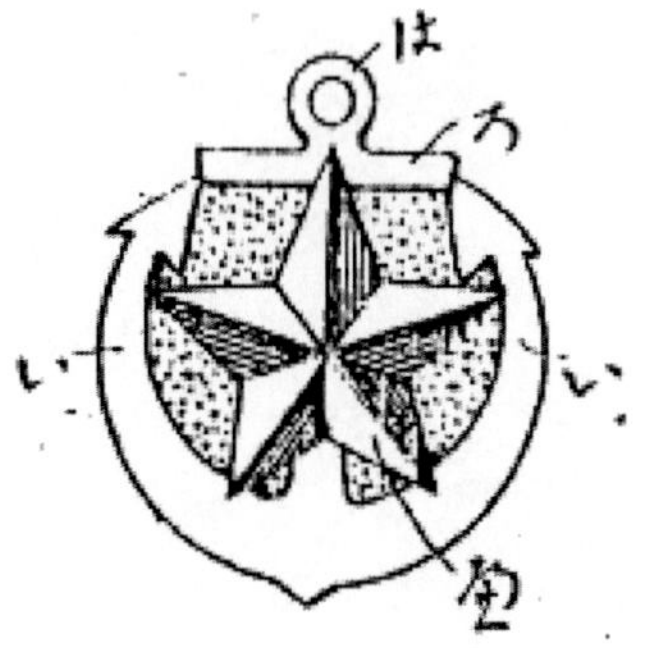

東京府　手拭　西洋蠟製造販賣業
第４７０号

手拭摸様

明治廿八年十一月十二日
第四七〇号

中川外治郎

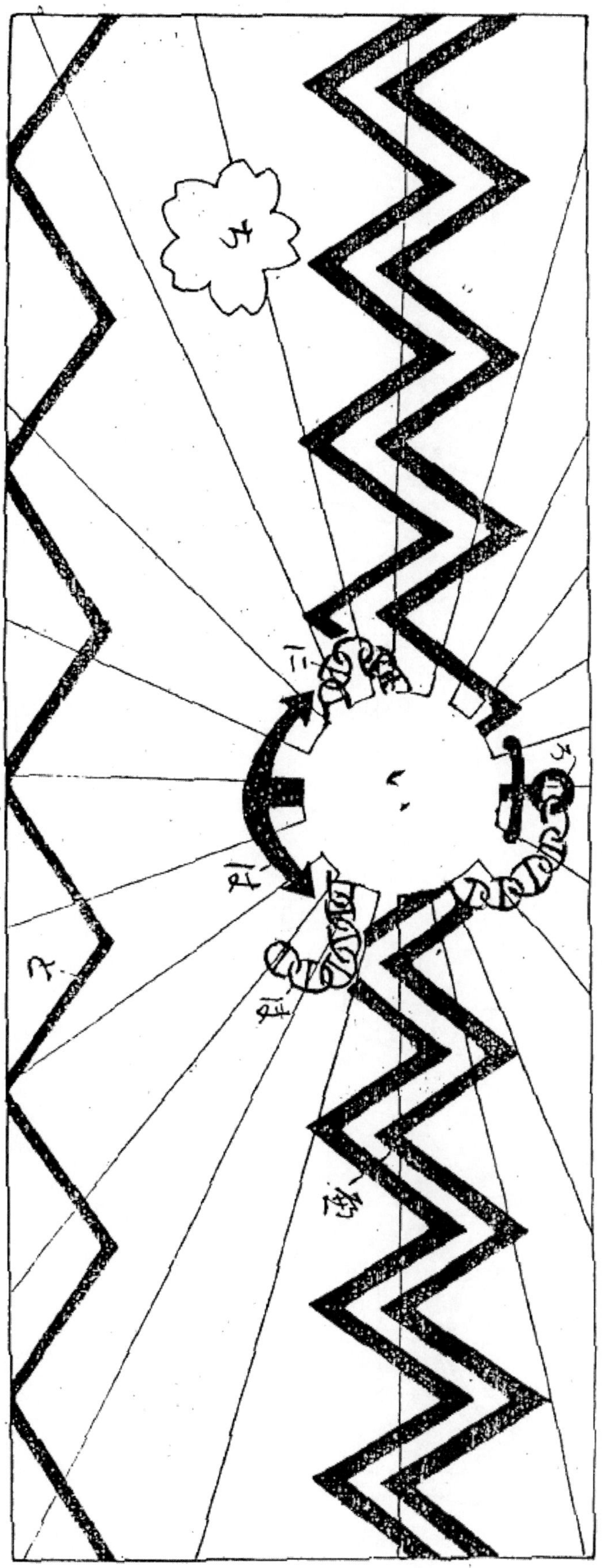

東京府　壜　小間物商
第４７１号

# 壜形状

明治廿八年十二月十五日
第四七一号

田中吉兵衛

第一圖

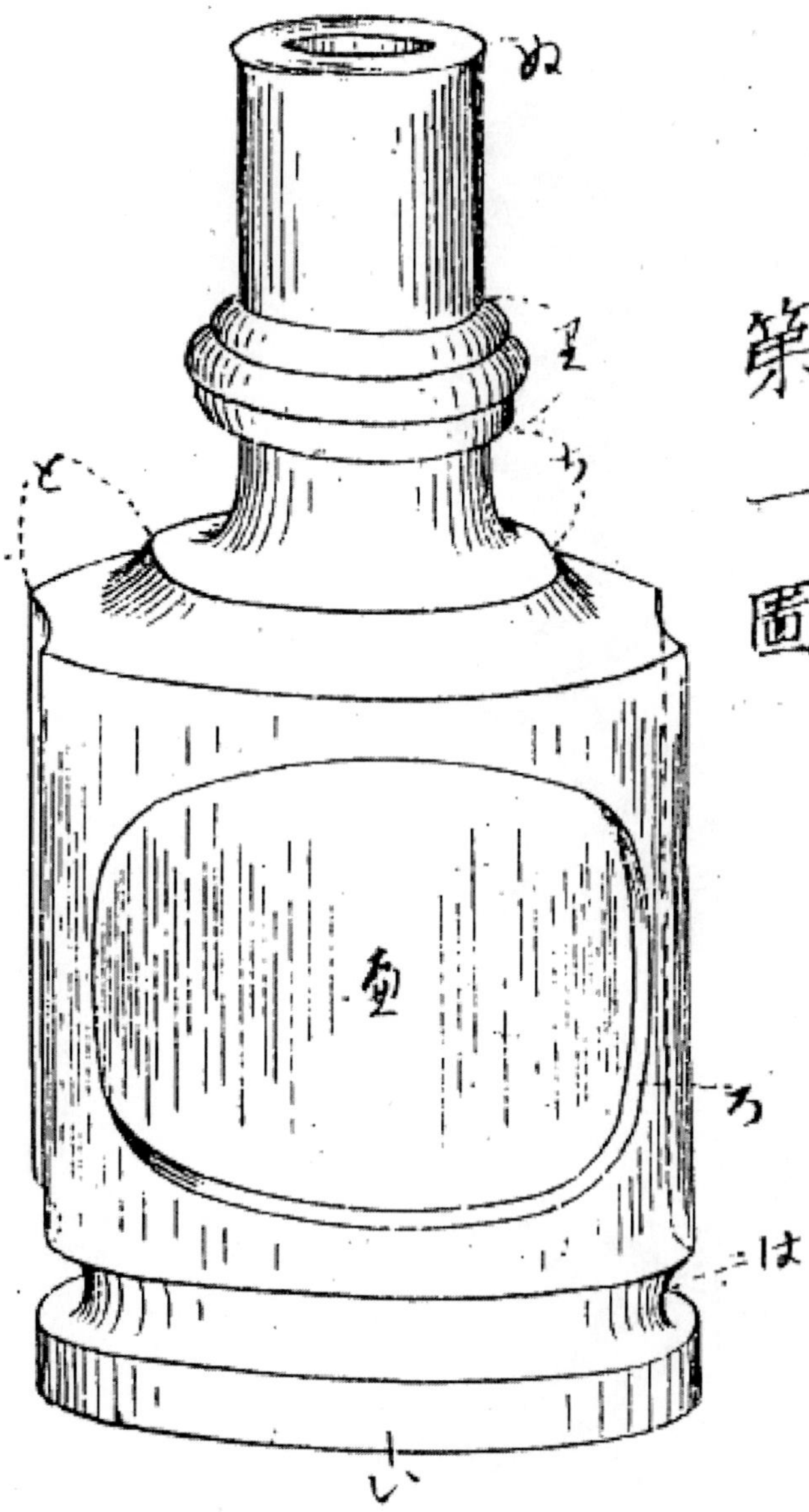


第二圖

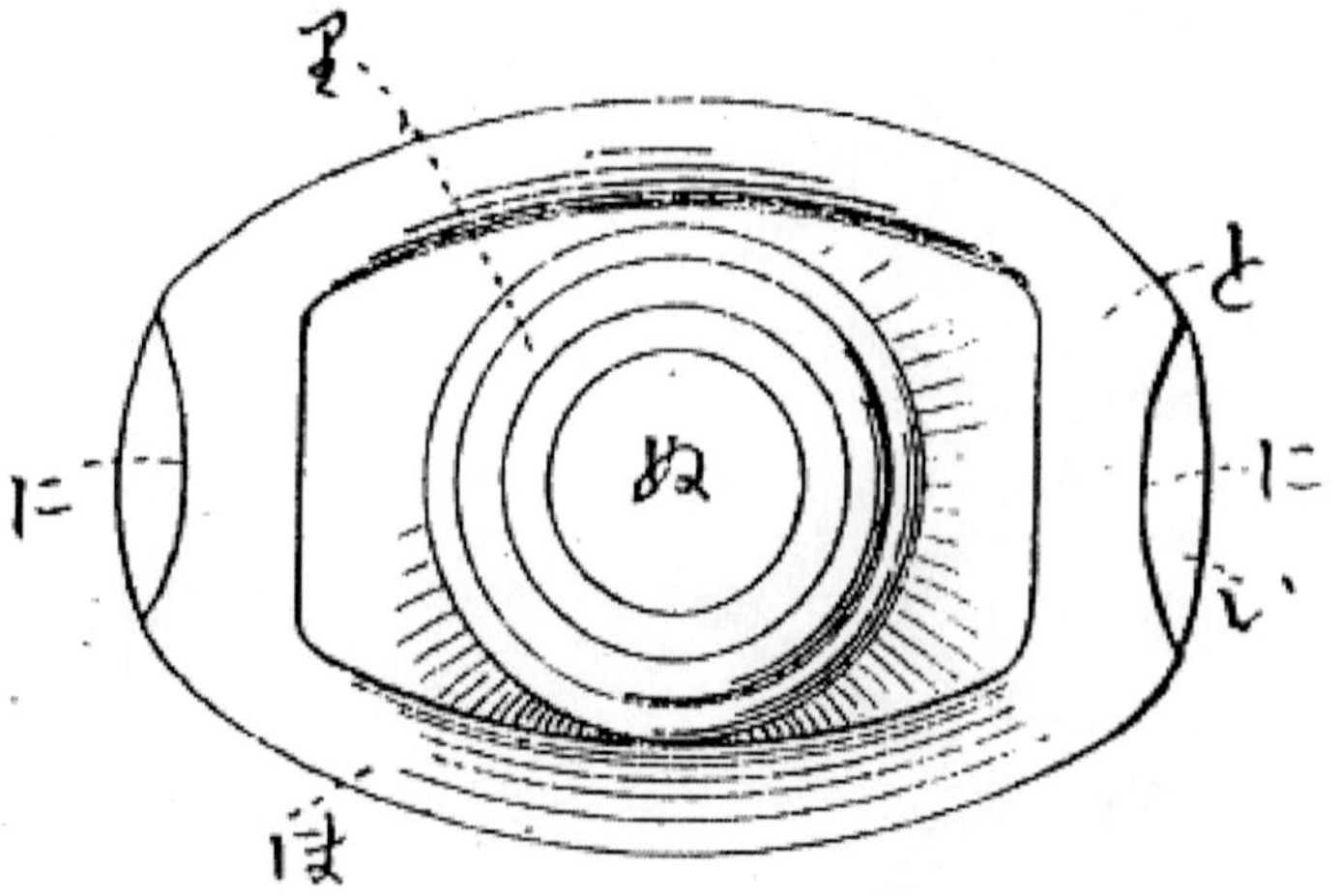

東京府　香器（腰下ヶ用）　糸組物商
第485号

# 香器形狀

明治廿八年十二月廿三日
第四八五号

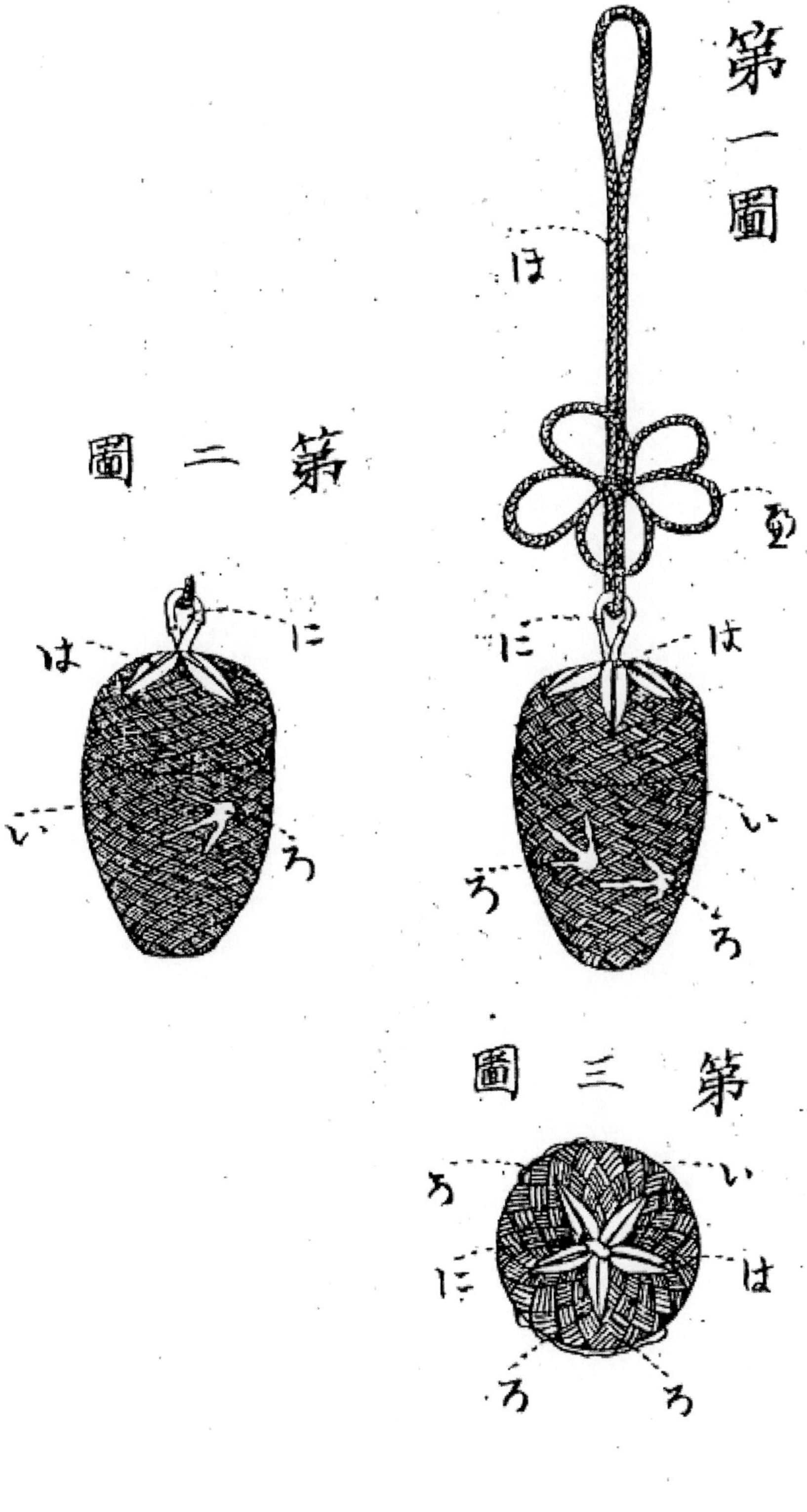


加藤忠次郎

東京府　壁紙　壁紙製造業
第490号

東京府　壁紙　壁紙製造業
第491号

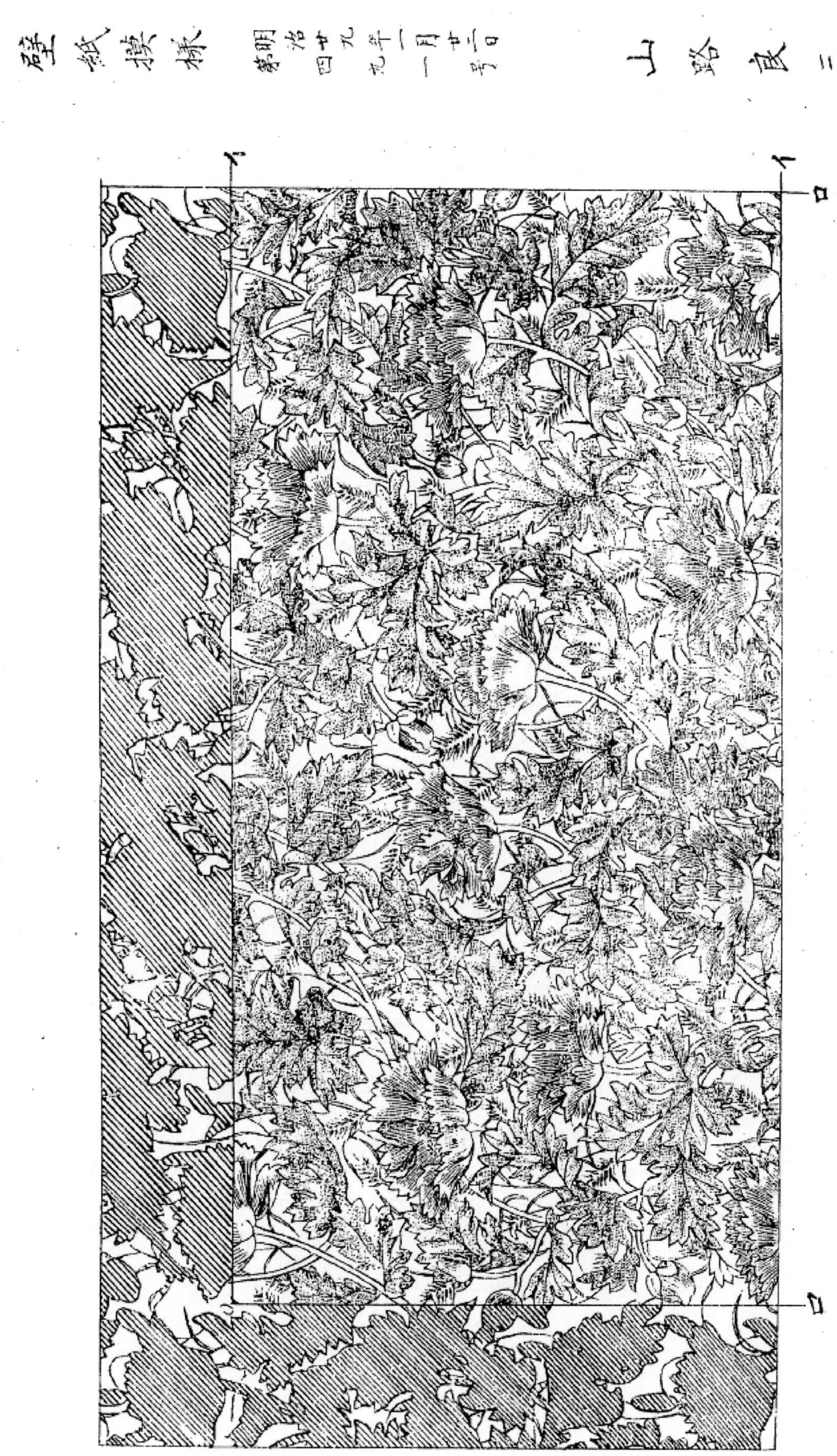

東京府　壁紙　壁紙製造業
第492号

山路良三

明治廿九年一月廿三日
第四九二号

縁張壁紙模様

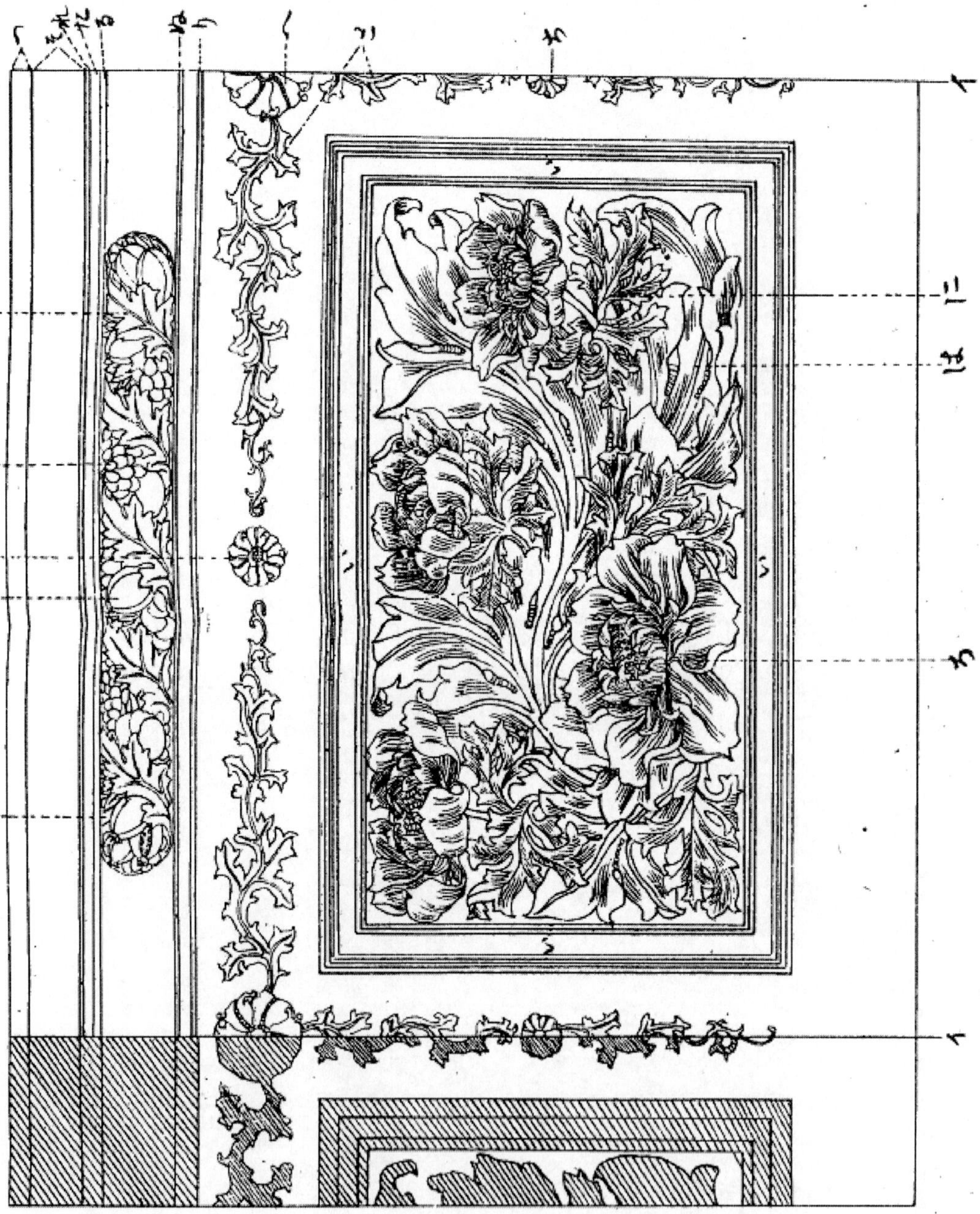

東京府　帽子　毛絲編物商
第５１０号

# 帽子形状

明治廿九年四月九日
第五一〇号

石井ハナ

第二圖

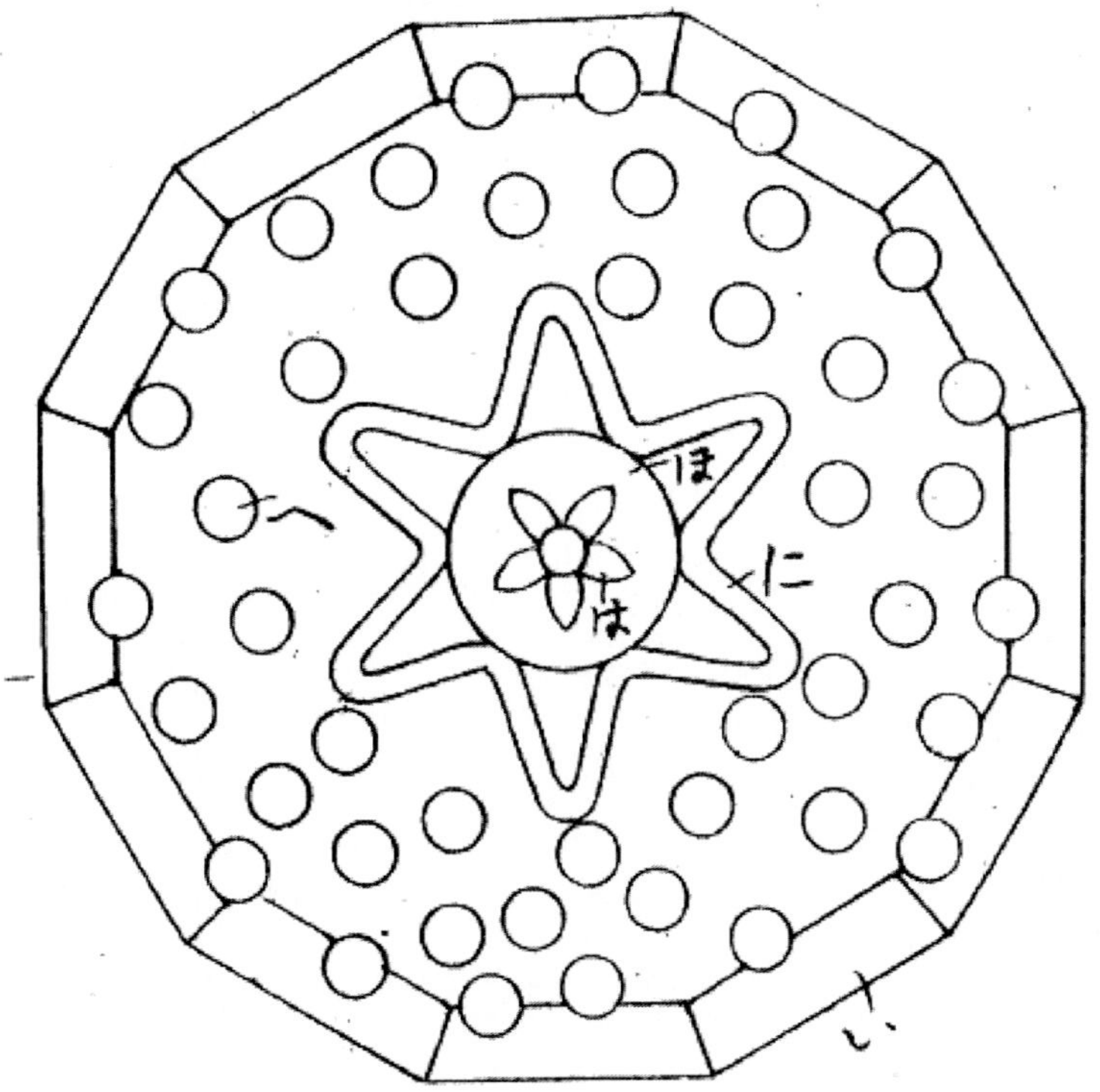


第一圖

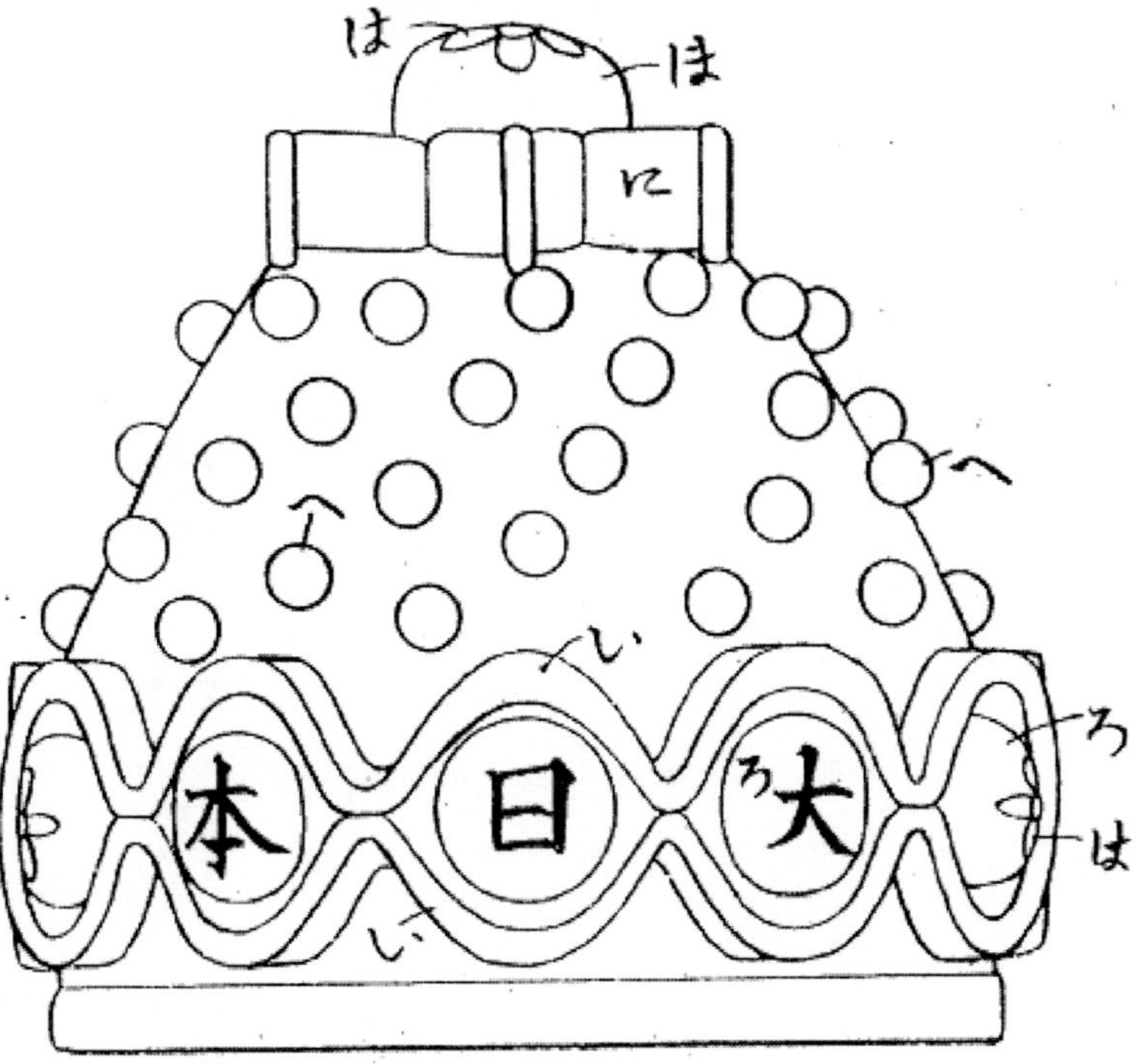

東京府　石鹼　石鹼製造業

第518号

# 石鹼形狀

明治廿九年五月廿一日

第五一八号

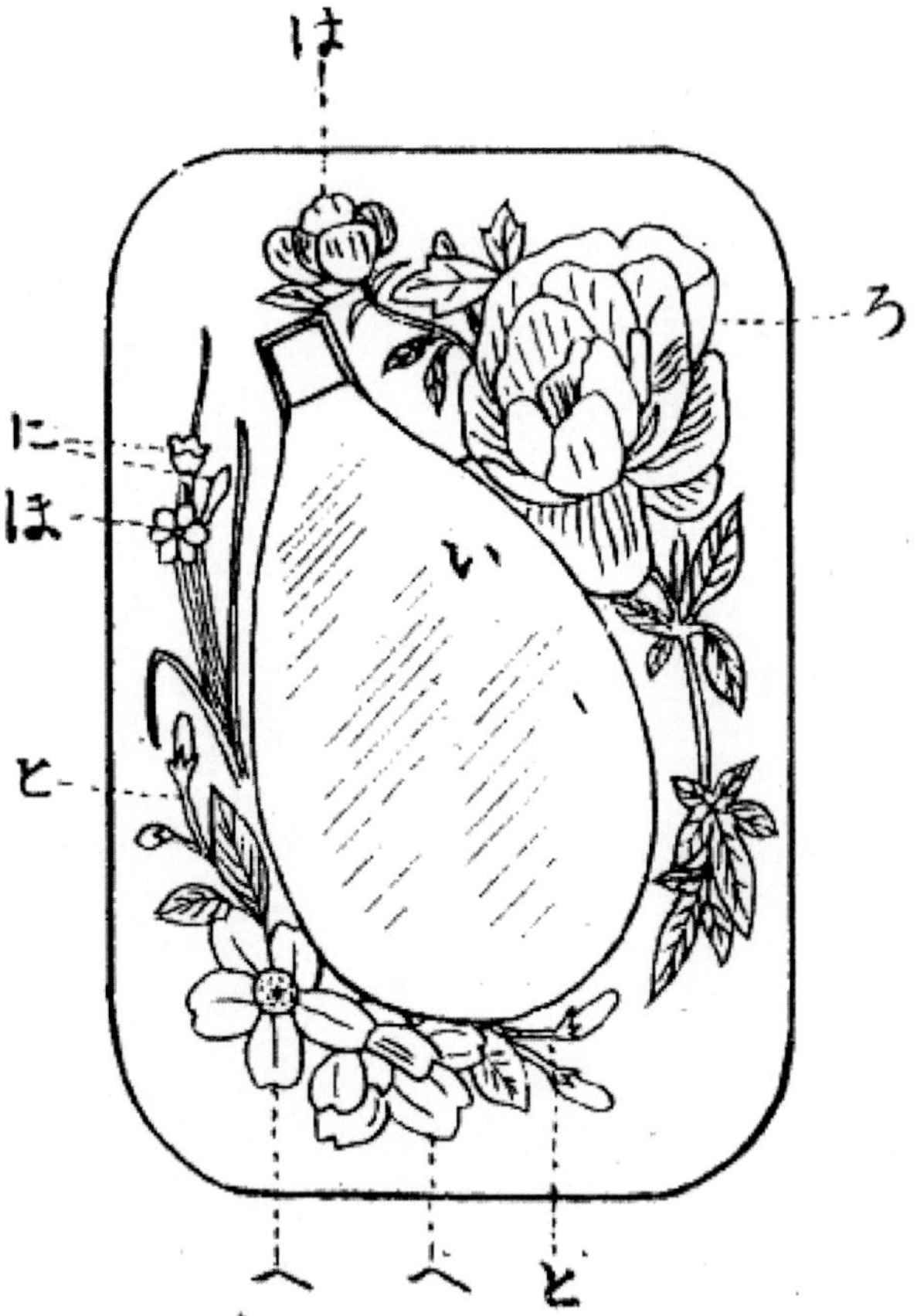


安永鐵藏

東京府　壁紙　壁紙製造業
第519号

山路良三

明治廿九年六月五日
第五一九号

壁紙模様

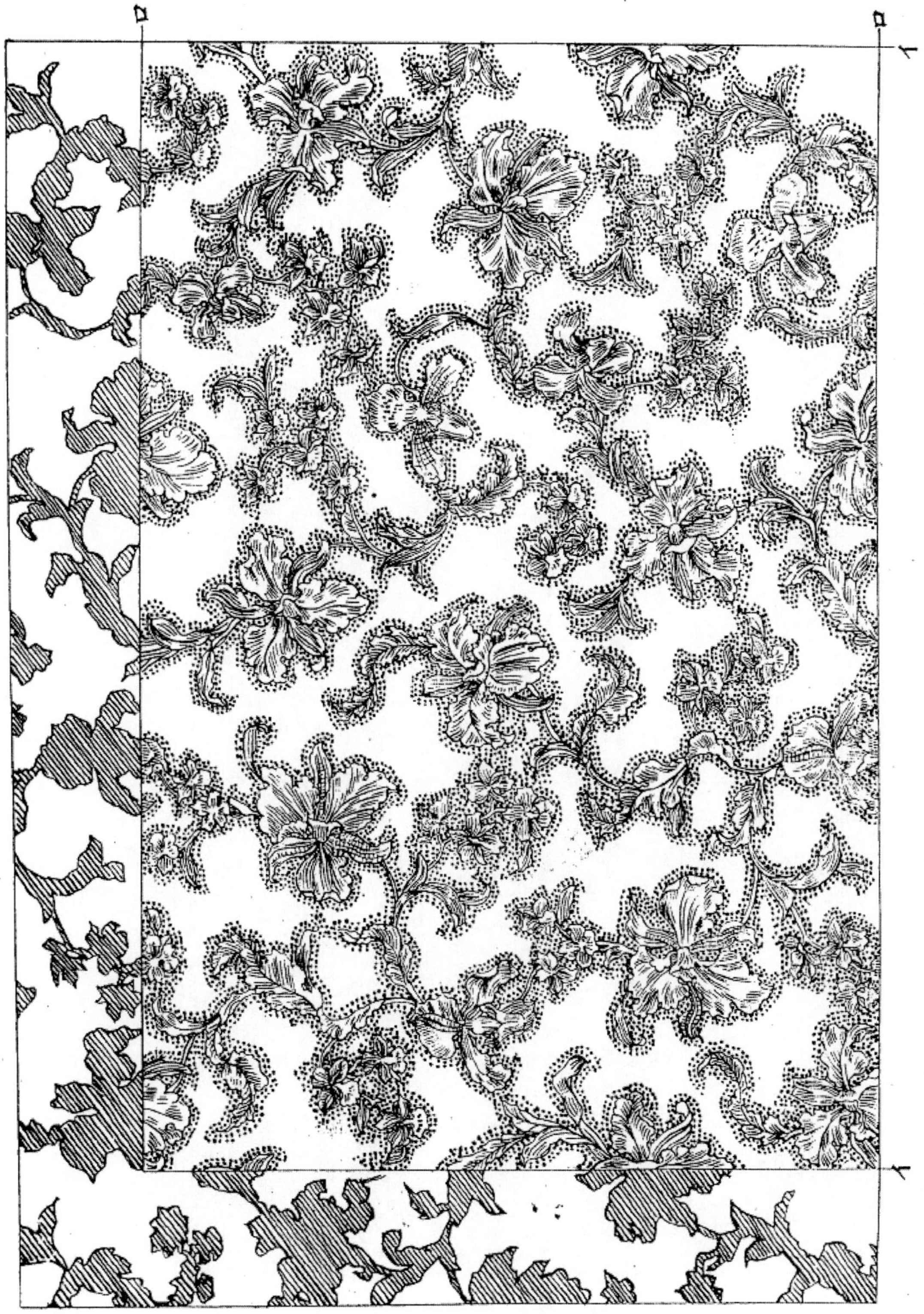

東京府　壁紙　壁紙製造業
第520号

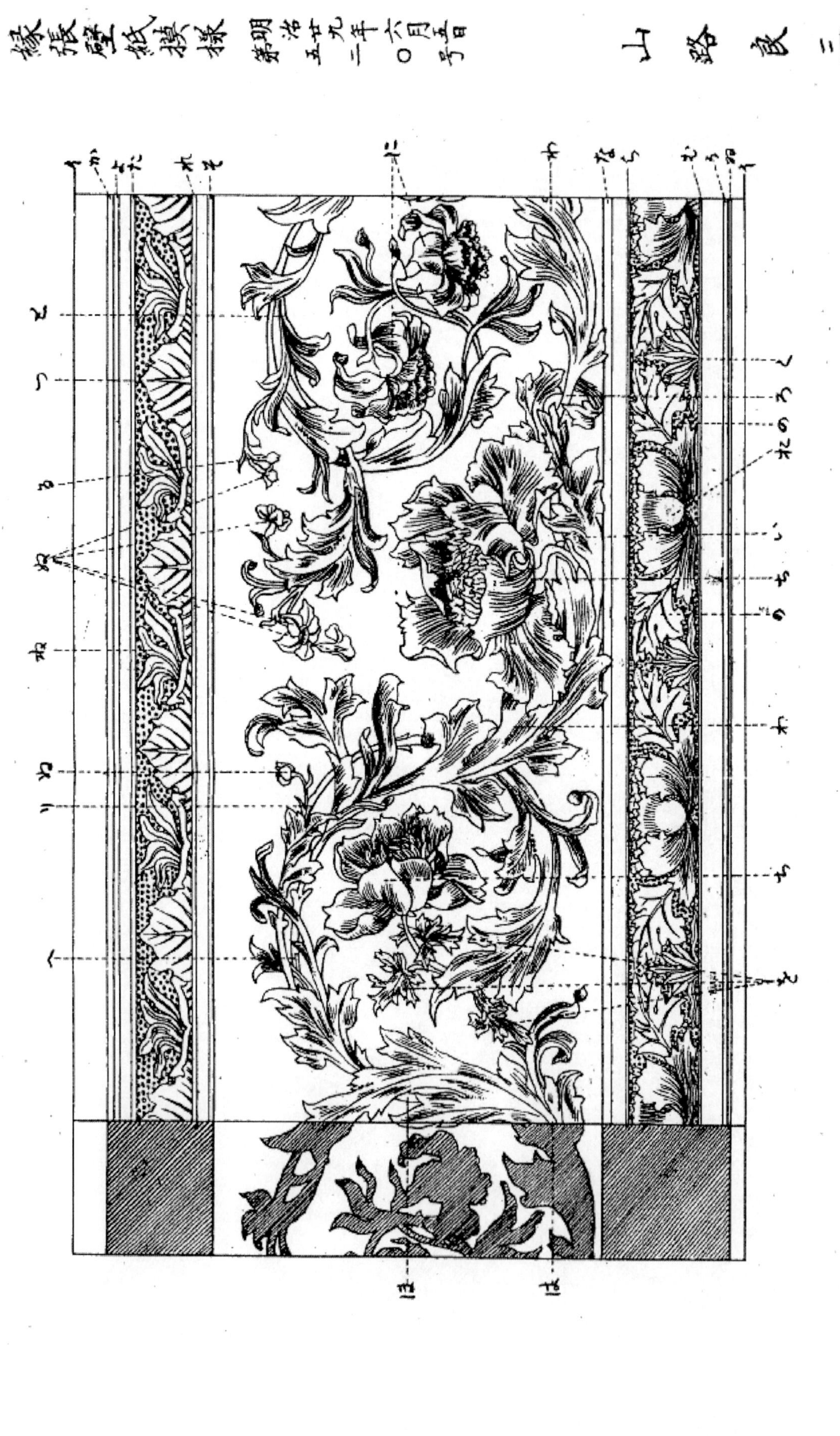

東京府　壁紙　壁紙製造業
第521号

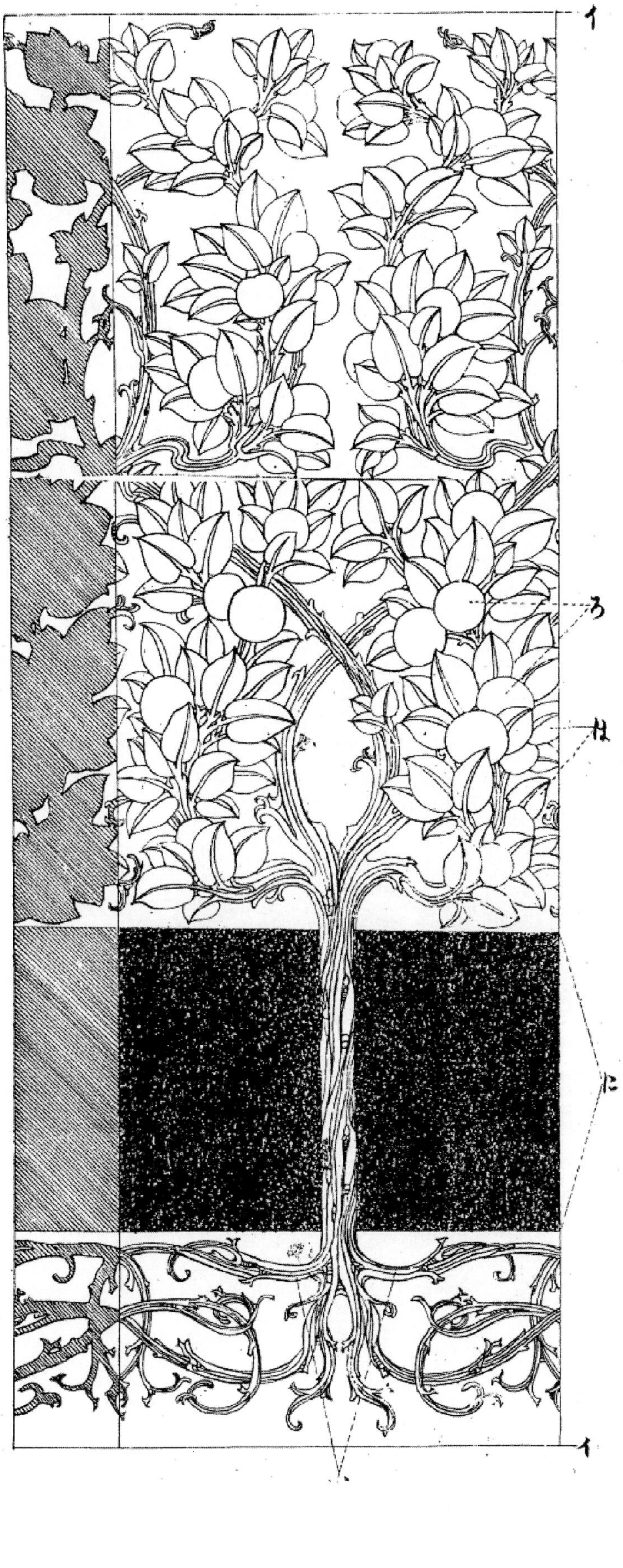


壁紙模様
明治廿九年六月五日
第五二一号
山路良三

東京府　壁紙　壁紙製造業
第522号

壁紙摸様

明治廿九年六月五日
第五二二号

山路良三

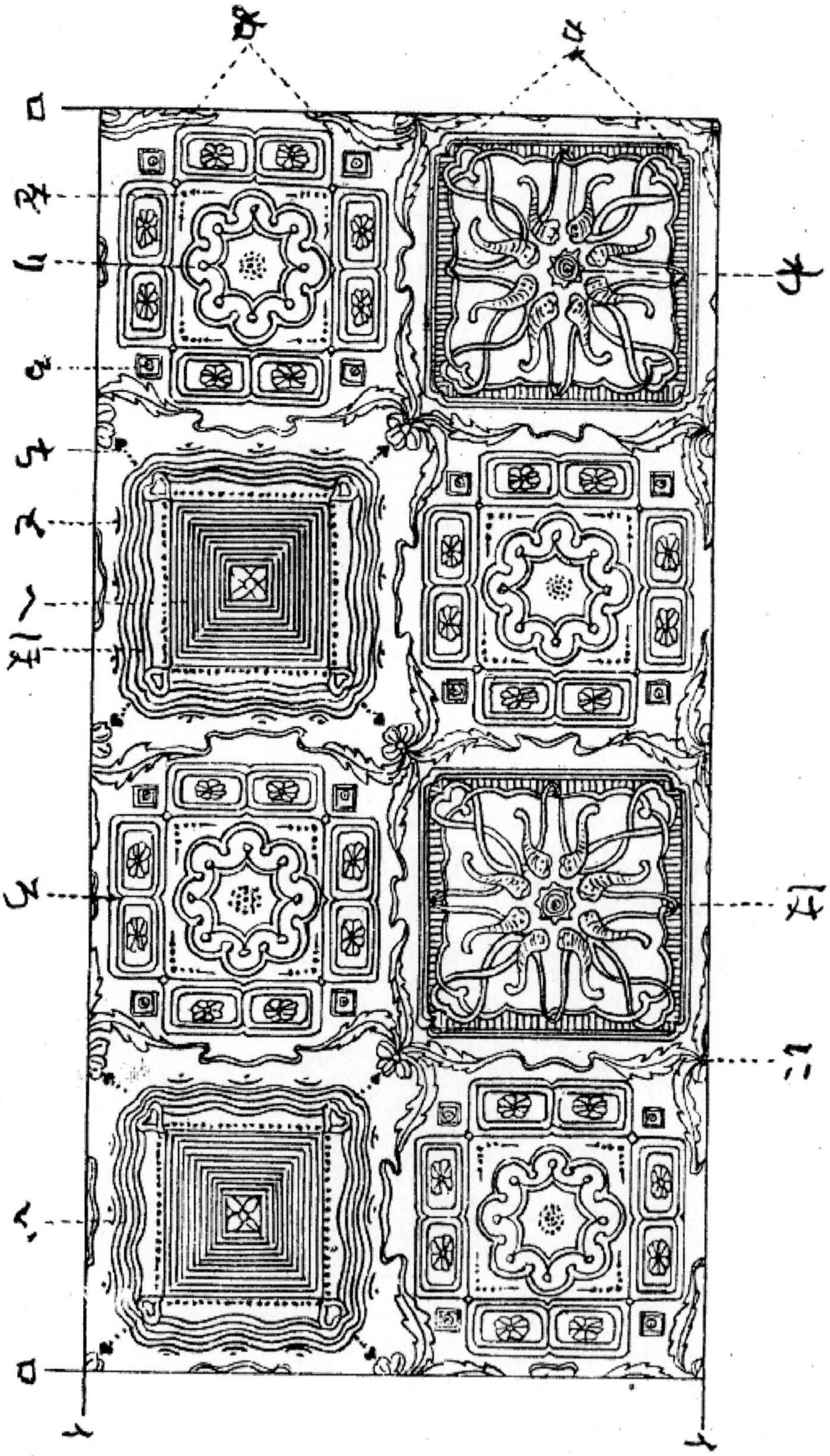

東京府　壁紙　壁紙製造業
第523号

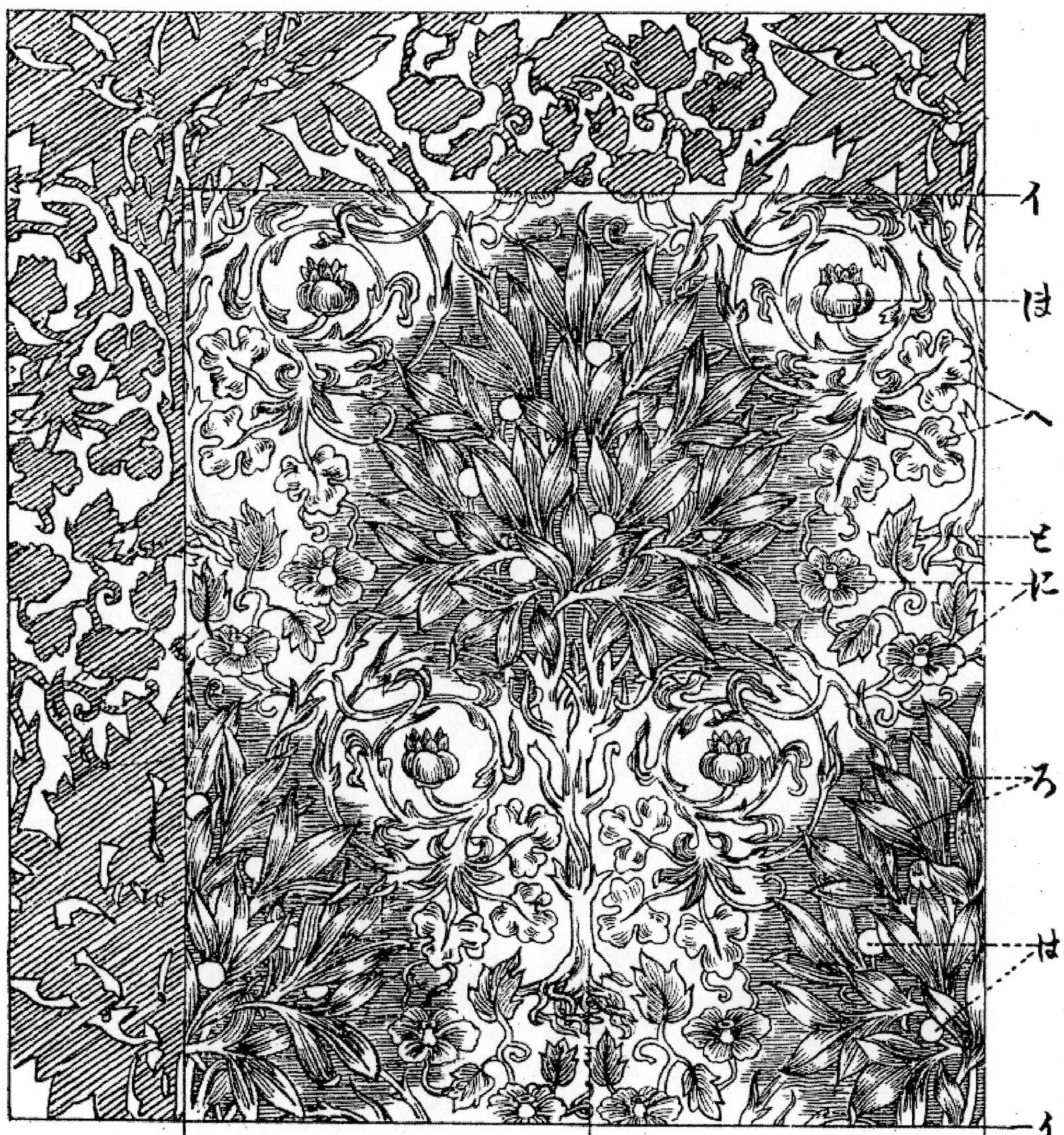


壁紙摸様

明治廿九年六月五日
第五二三号

山路良三

東京府　花筵　花筵業
第５２５号

花筵摸様

明治廿九年六月十一日
第五二五号

山野仁兵衛

東京都　花筵　花筵業
第526号

花莚摸様

明治廿九年六月十一日
第五二六号

山野仁兵衛

東京府　盃　雑業
第529号

盃摸様

明治廿九年七月一日
第五二九号

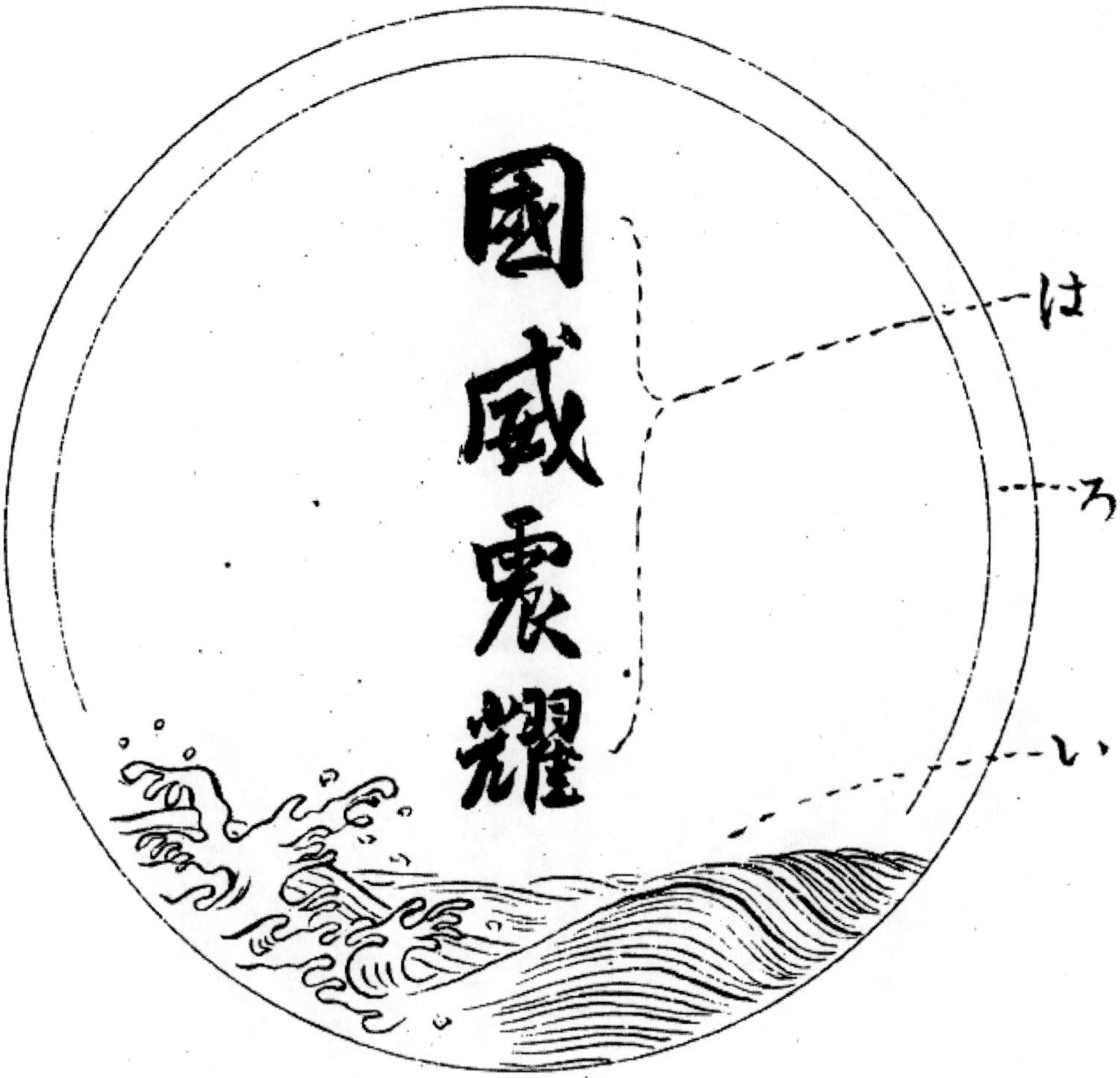


池上喜之助

東京府　羽織紐止金具及ヒ帯止金具　コークス製造業
第537号

# 紐止金具形状

明治廿九年七月十日
第五三七号

瀬島幸之助

第一圖

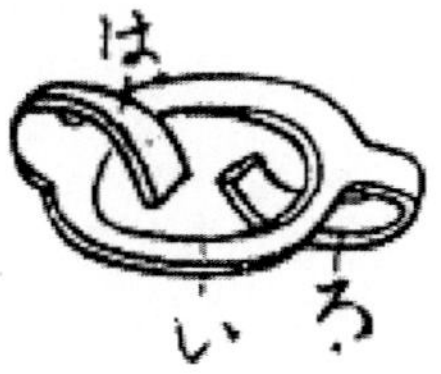


第二圖

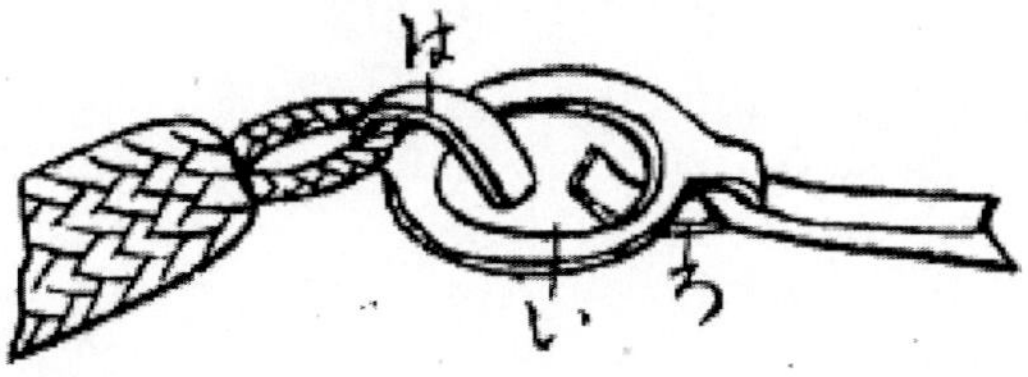

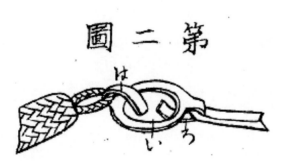

東京府　羽織紐止金具及ヒ帯止金具　コークス製造業
第538号

# 紐止金具形狀

明治廿九年七月十日
第五三八号

第一圖

第二圖

瀬島幸之助

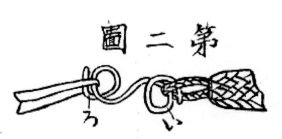

東京府　髢止　髢止製造業
第539号

# 髢止形状

明治廿九年八月七日
第五三九号

阪中熊吉

第一圖

第二圖

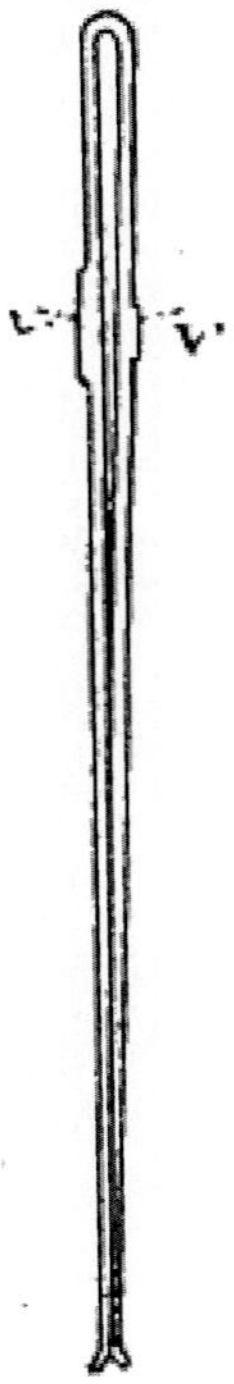

東京府　壁紙　壁紙製造業

第543号

東京府　襖紙及壁紙　襖紙壁紙製造業
第545号

伊藤荘次郎

明治廿九年八月廿六日
登録五四五号

襖壁紙模様

東京府　髷止挿　錺職
第551号

髷止挿形状

明治廿九年九月廿八日
第五五一号

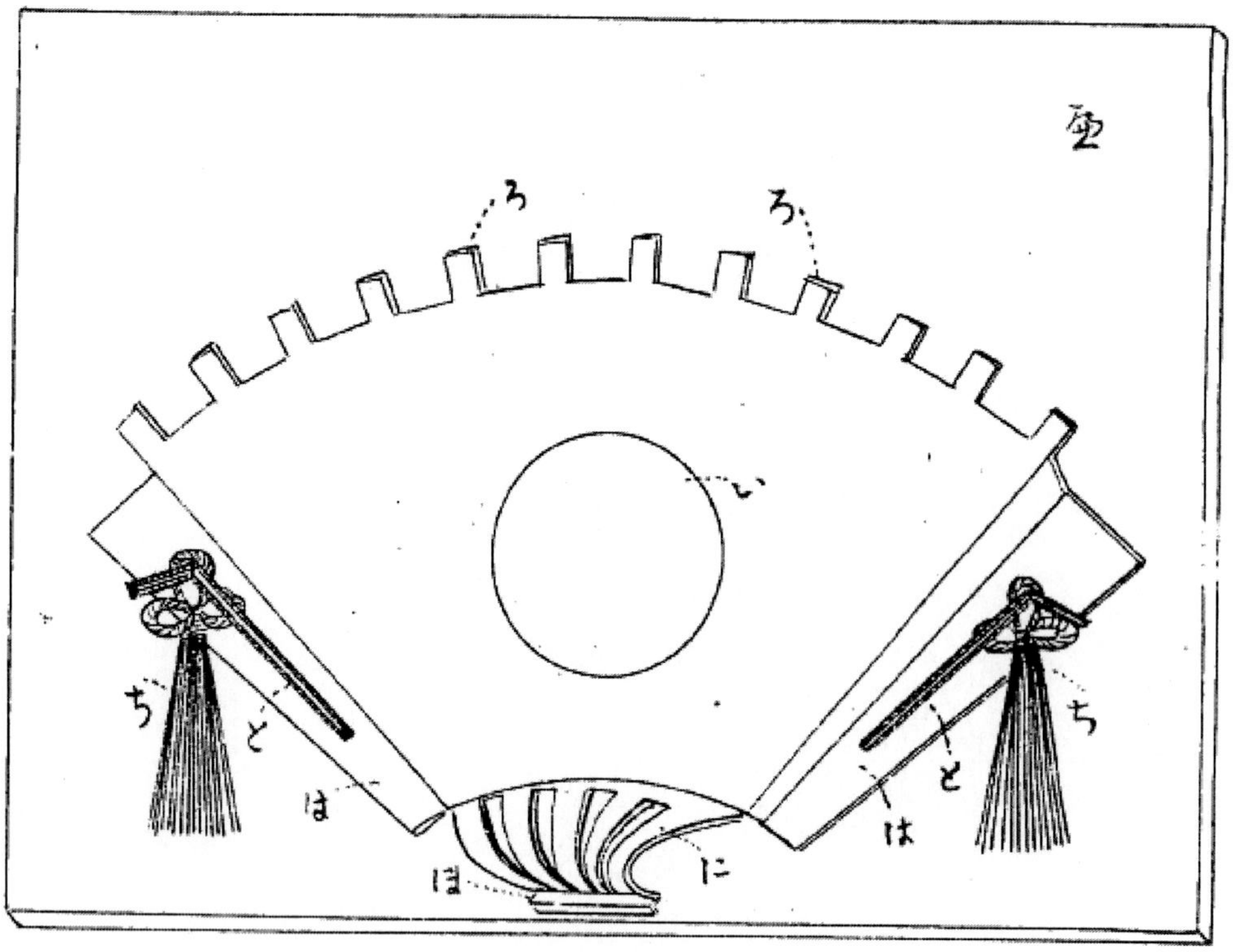


瀧口覺藏

東京府　盃　雑業
第552号

盃摸様

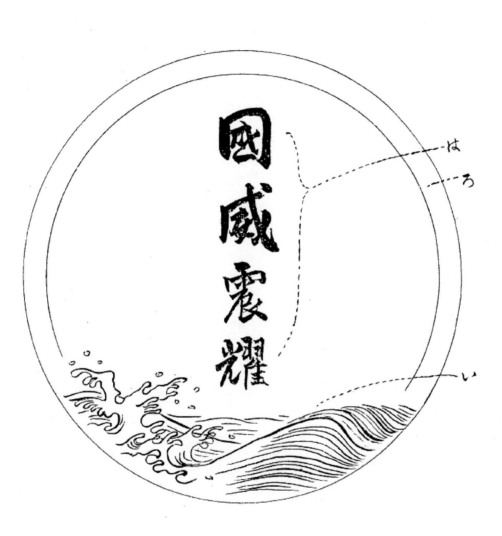

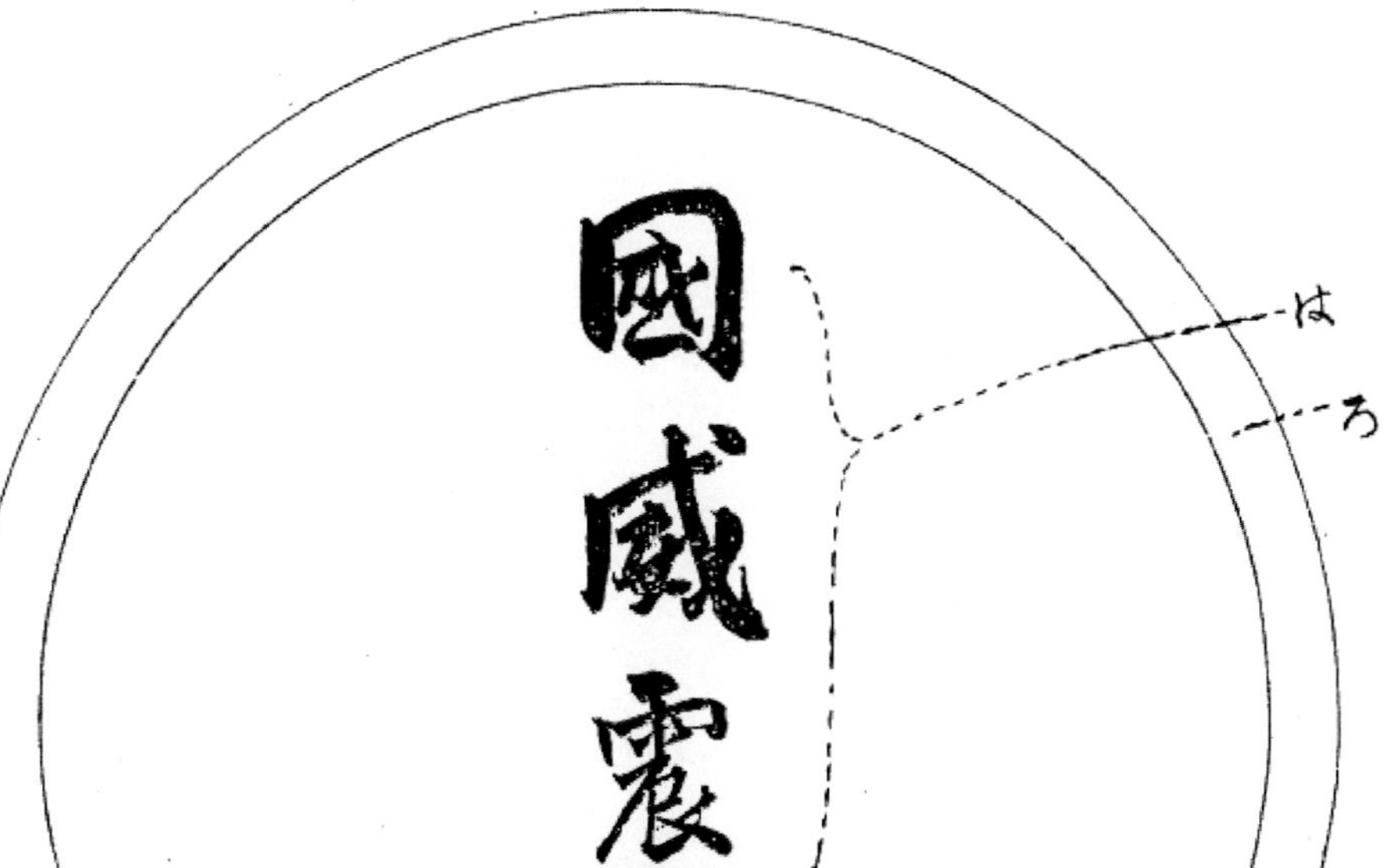


明治廿九年十月二日
第五五二号

池上喜之助

東京府　盃　雑業
第553号

盃模様

明治廿九年十月二日
第五五三号

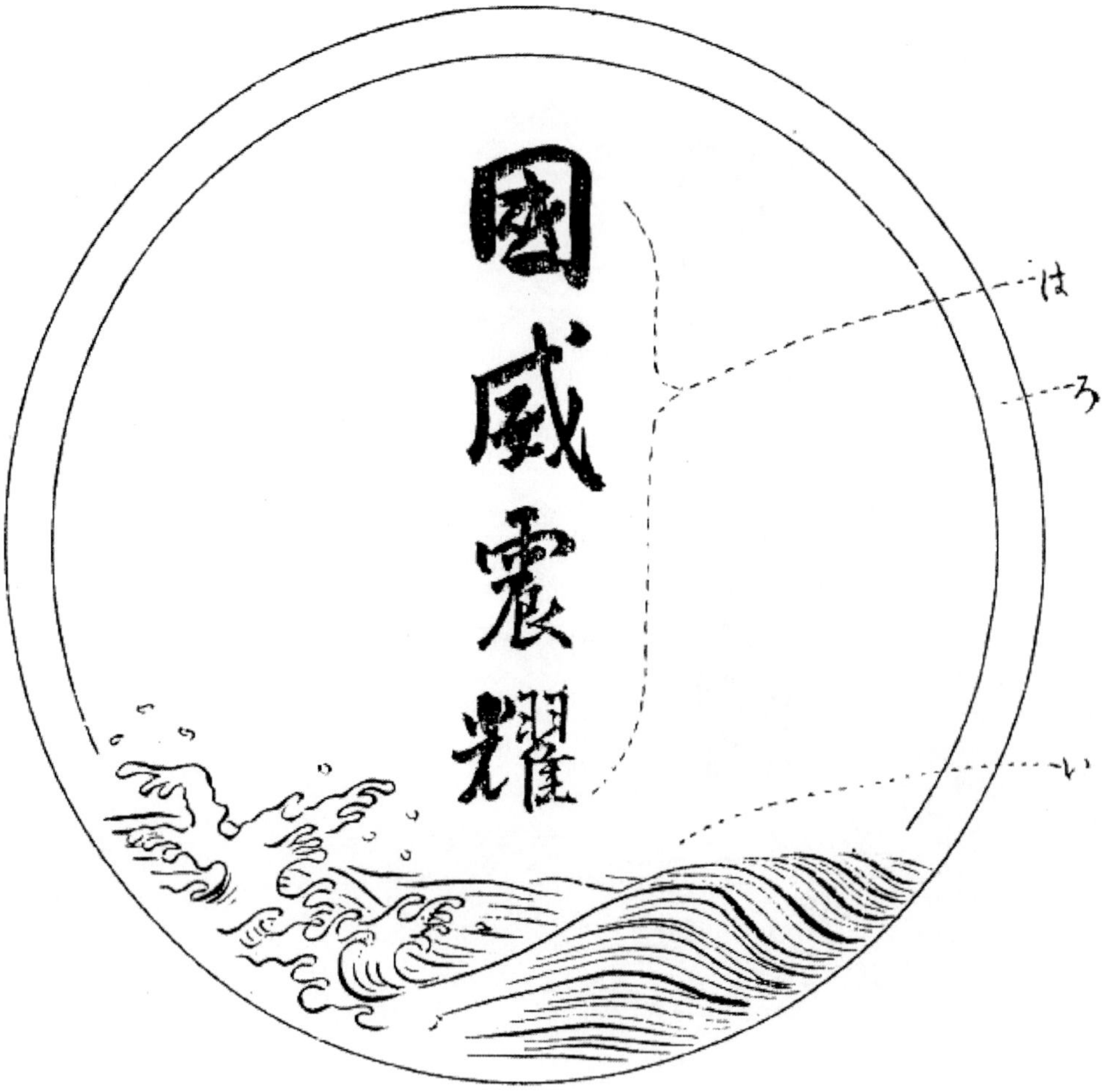


池上喜之助

東京府　一切ノ織物　薬種商

第556号

織物染摸様

明治廿九年十月十日

第五五六号

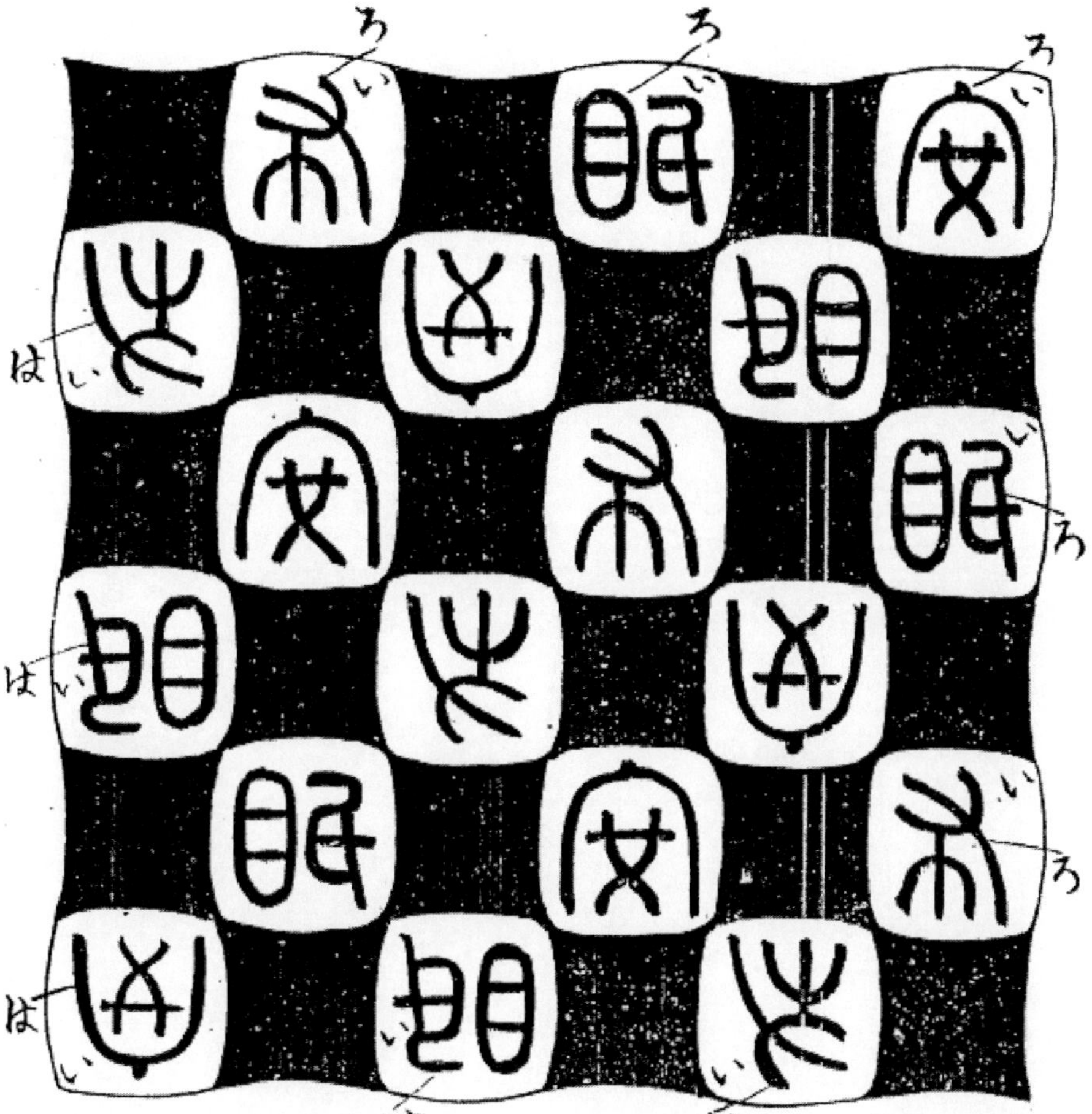


松本伊兵衛

東京府　襯衣　無職業
第558号

襯衣形状

明治廿九年十月十九日
第五五八号

小村連

第一圖

襯衣形状

小村連

明治廿九年十月十九日
第五五八号

第二圖

東京府　羽織紐止金具　錺職
第559党

# 羽織紐止金具形状

明治廿九年十月廿六日
第五五九号

岡崎治之助

第一圖

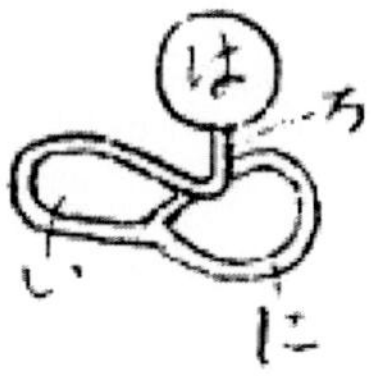


第二圖

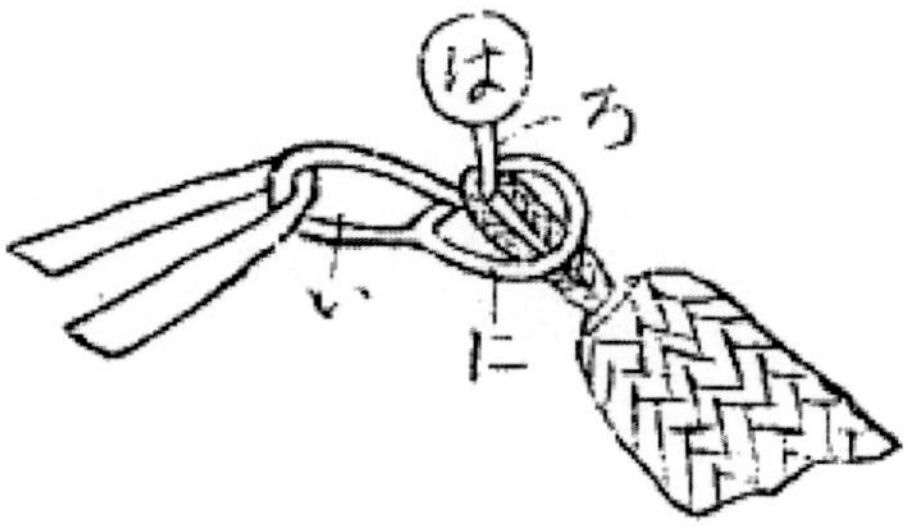

東京府　襖紙及壁紙　襖紙壁紙製造業
第５６０号

伊藤荘次郎
明治廿九年十月廿六日
第五六〇号
襖紙及壁紙模様

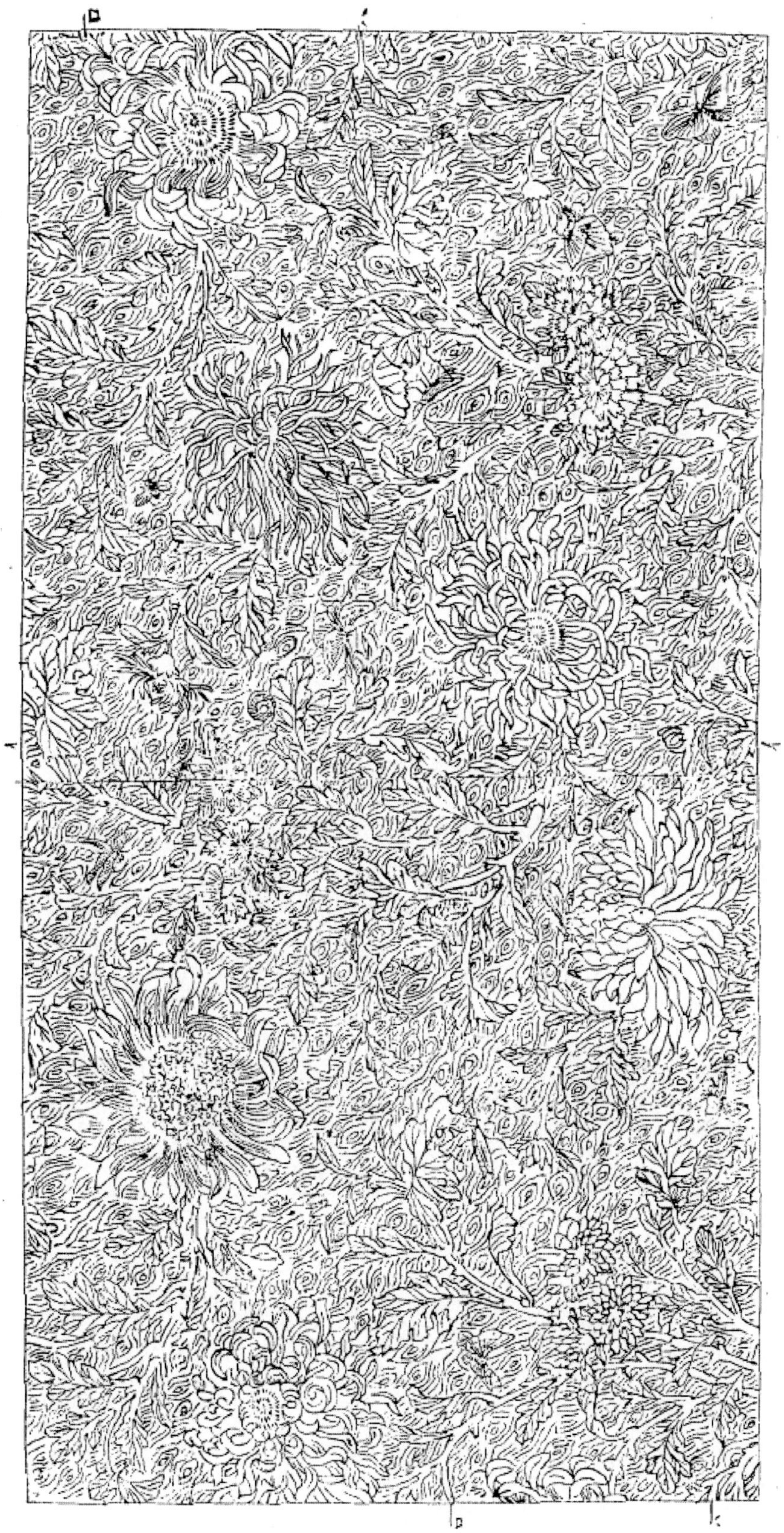

東京府　襖紙及壁紙　襖紙壁紙製造業
第561号

伊藤庄次郎

襖紙及壁紙模様　明治廿九年十月廿六日
第五六一号

東京府　墁　白粉商
第563号

# 墁形状

明治廿九年十一月四日
第五六三号

白山勇治郎

第一圖

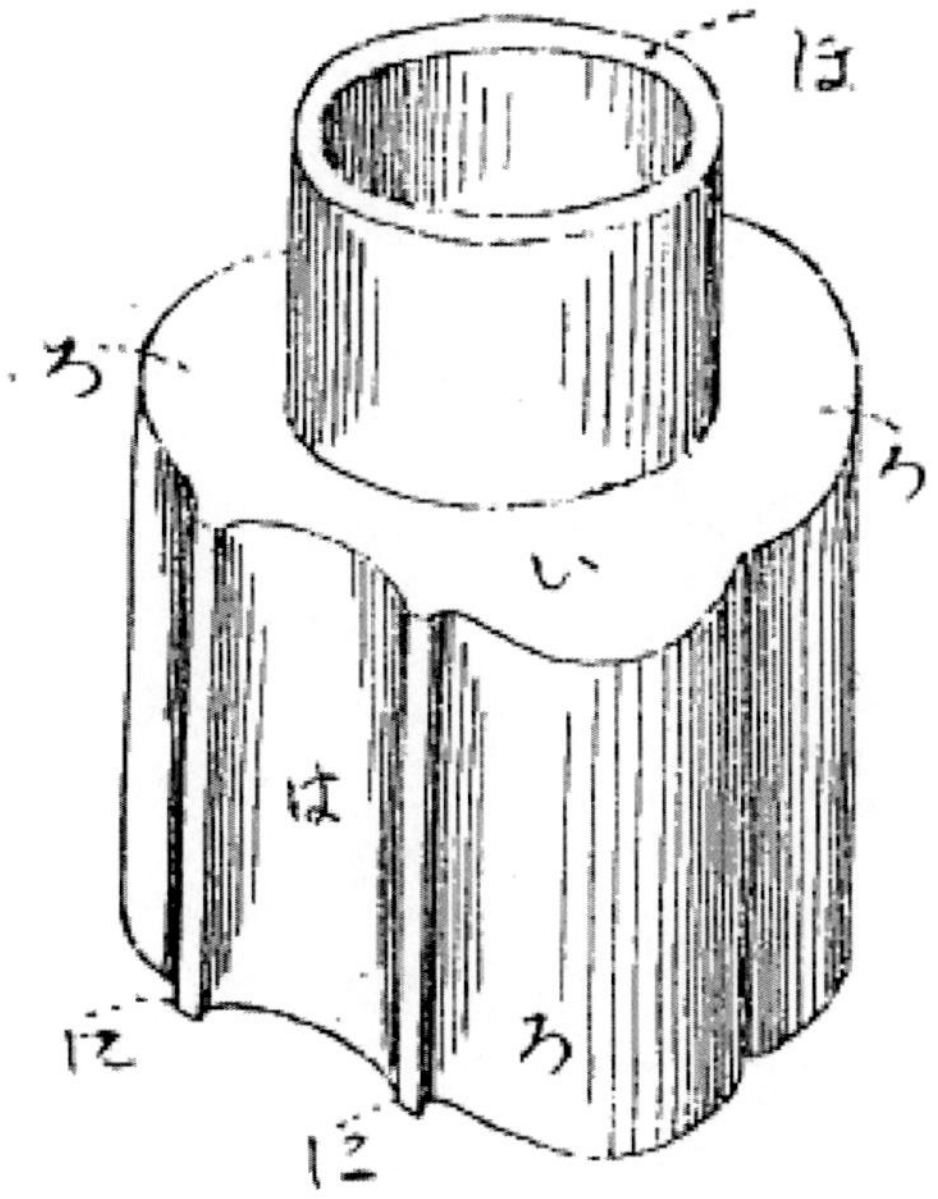


第二圖

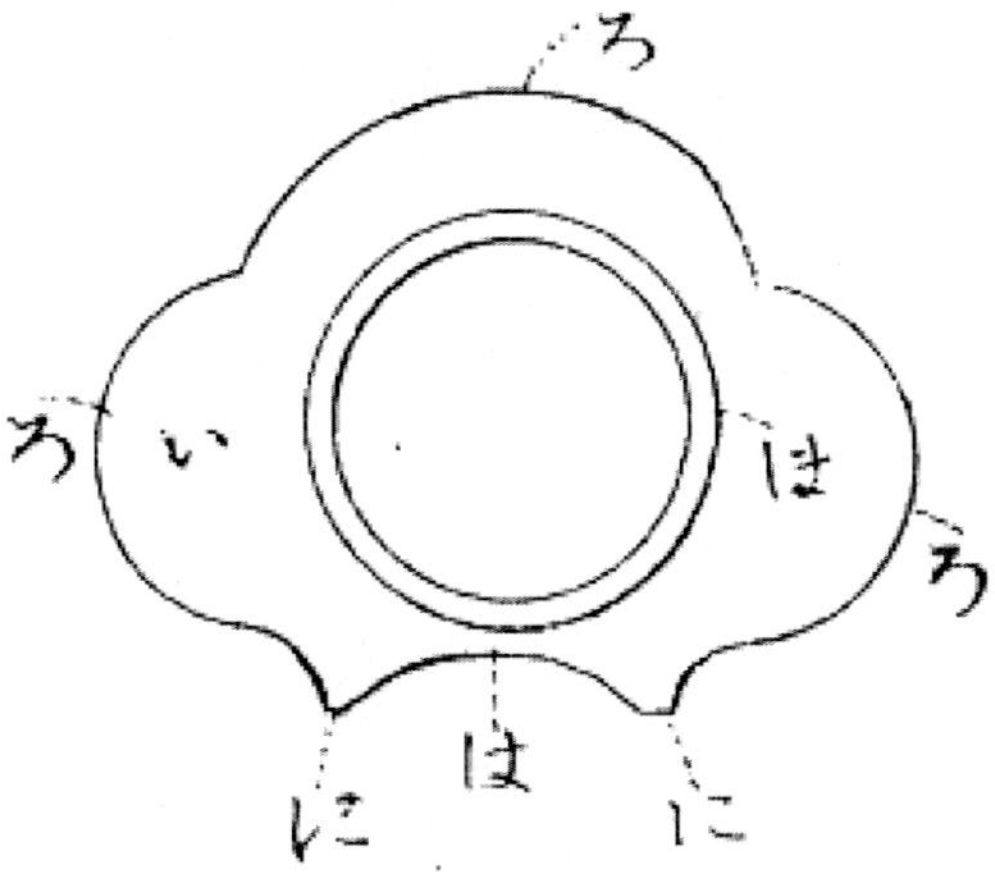

東京府　襖紙及壁紙　襖紙壁紙製造業
第567号

東京府　根掛　小間物商・錺職
第577号

# 根掛形状

明治廿九年十二月廿八日
第五七七号

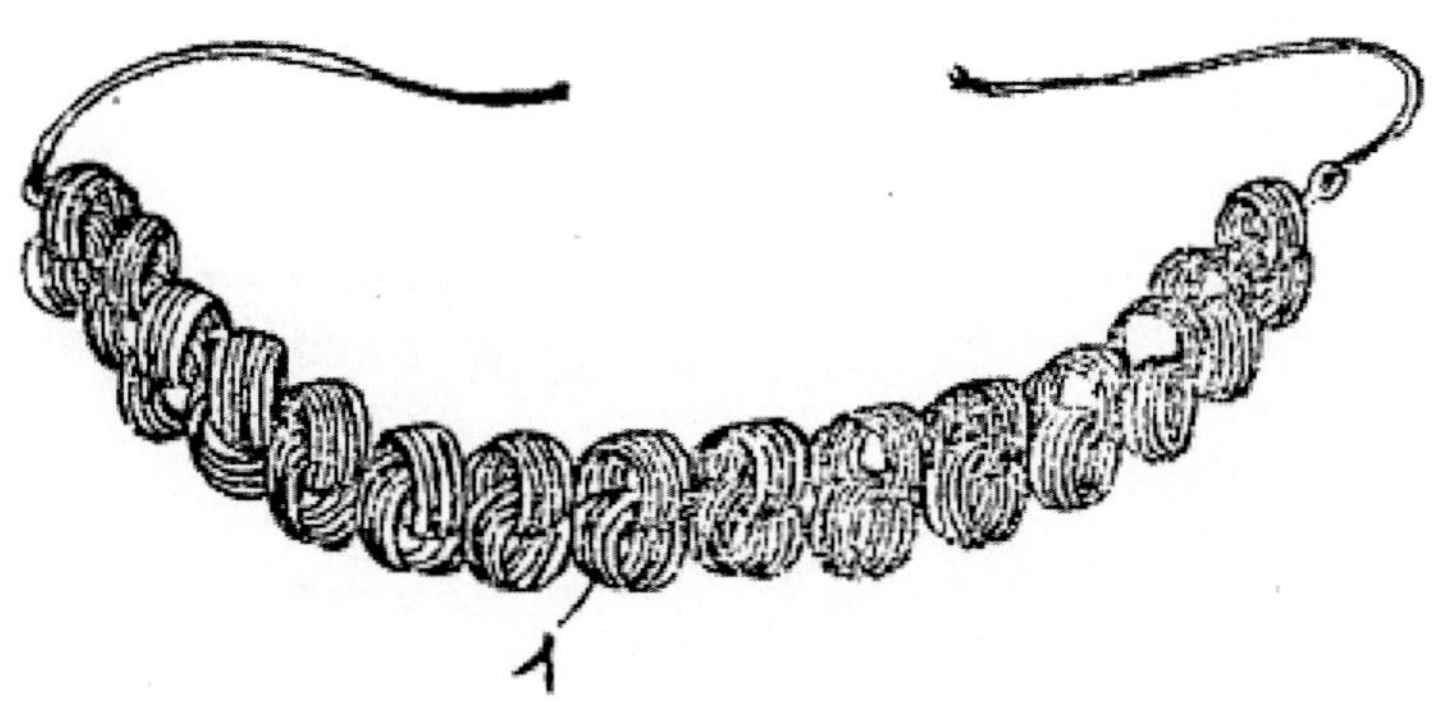


白倉石太郎
水島音一郎

東京府　壁紙　壁紙製造業
第579号

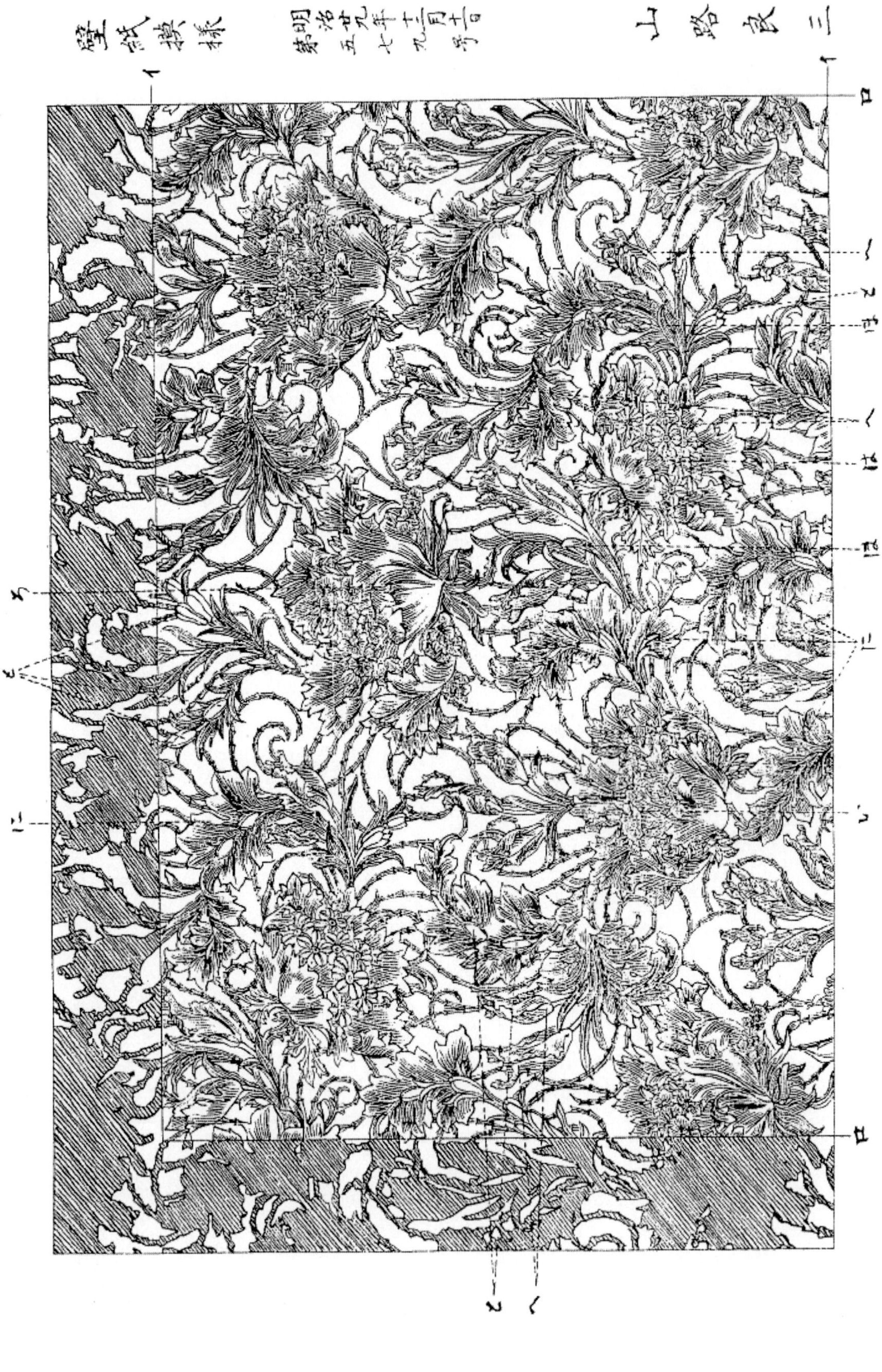

東京府　帽子　毛絲編物商
第５８０号

帽子形状

明治廿九年十二月十四日
第五八〇号

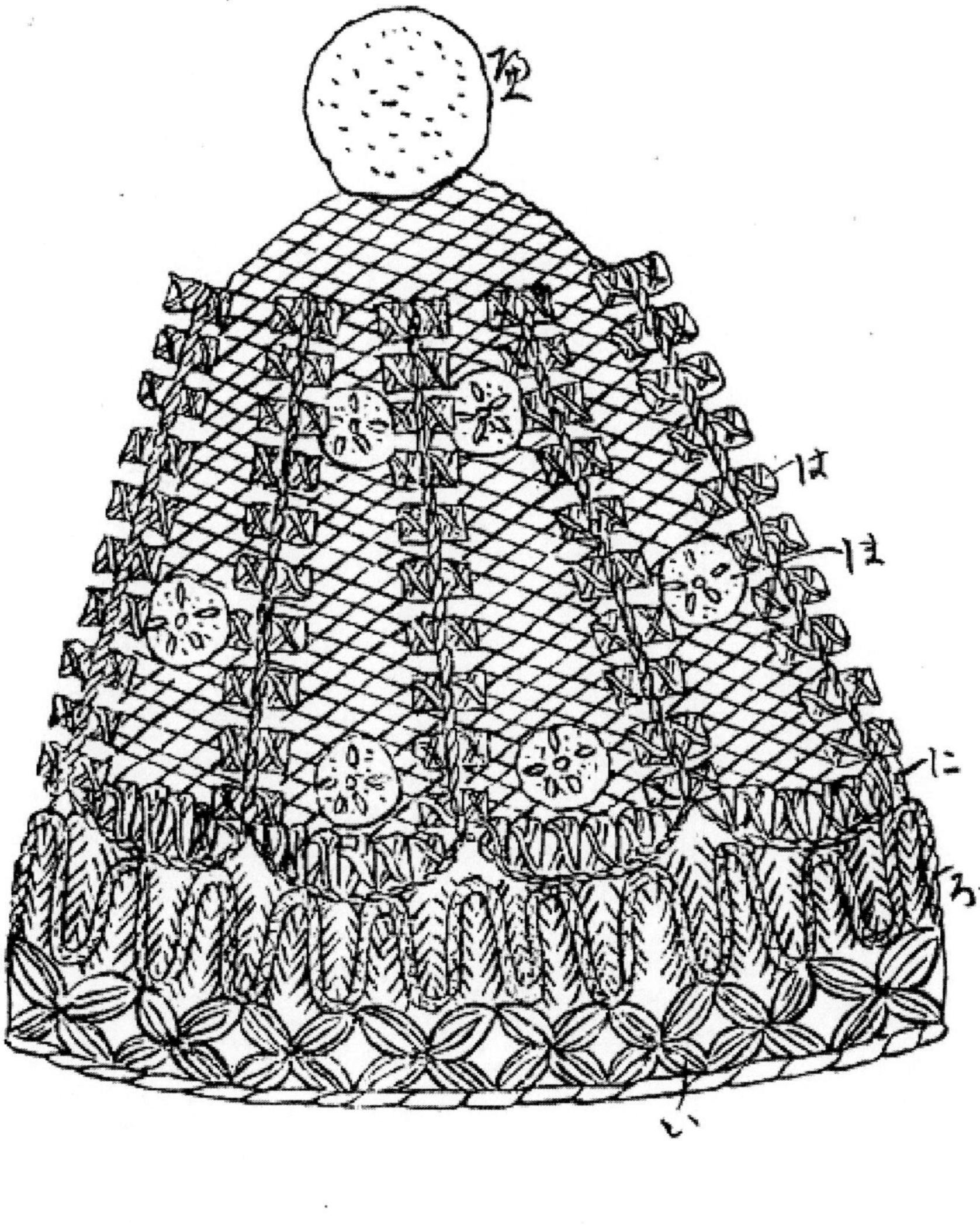


石井ハナ

東京府　髱止　髱止製造業

第582号

# 髱止形状

明治廿九年十二月十日

第五八二号

阪中熊吉

第一圖

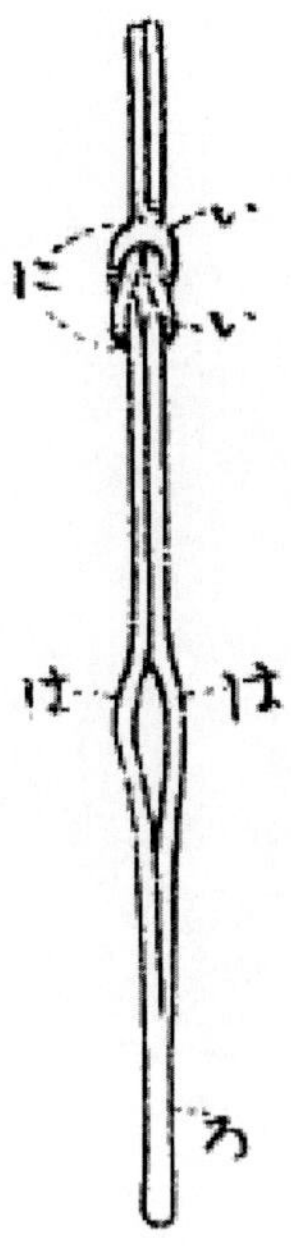


第二圖

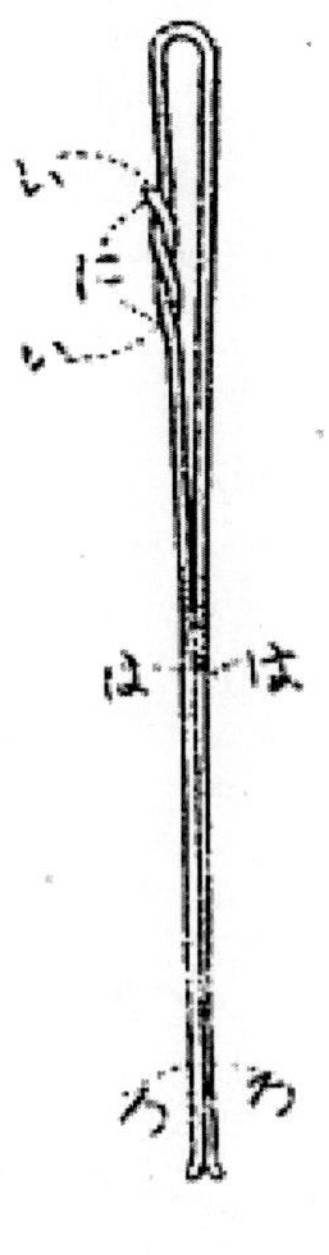

東京府　帽子　毛糸編物商
第５８７号

帽子形狀

明治三十年一月十九日
第五八七號

石井八十

第一圖

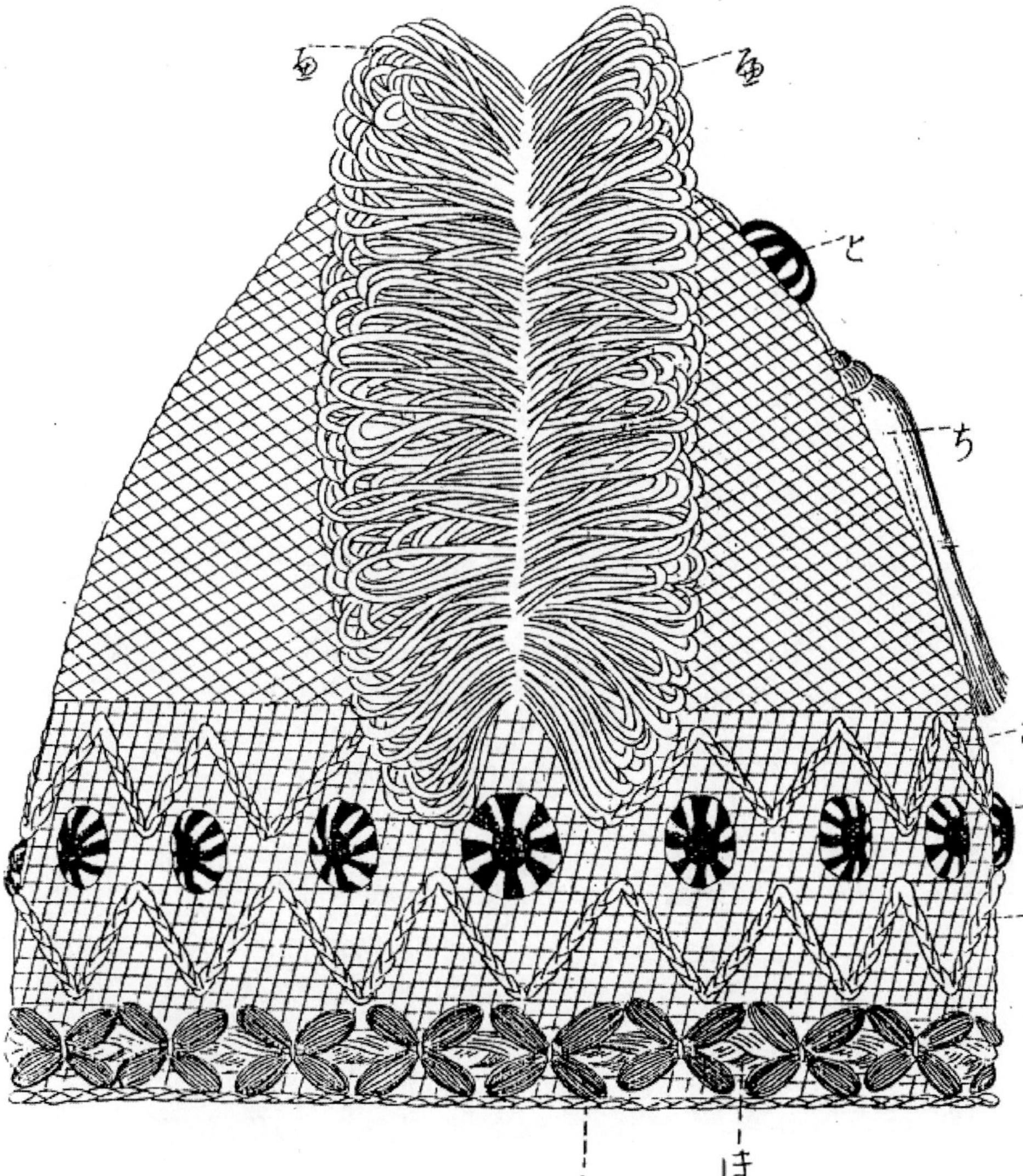

帽子形状

明治三十年一月十九日
第五八七號

石井八十

# 第二圖

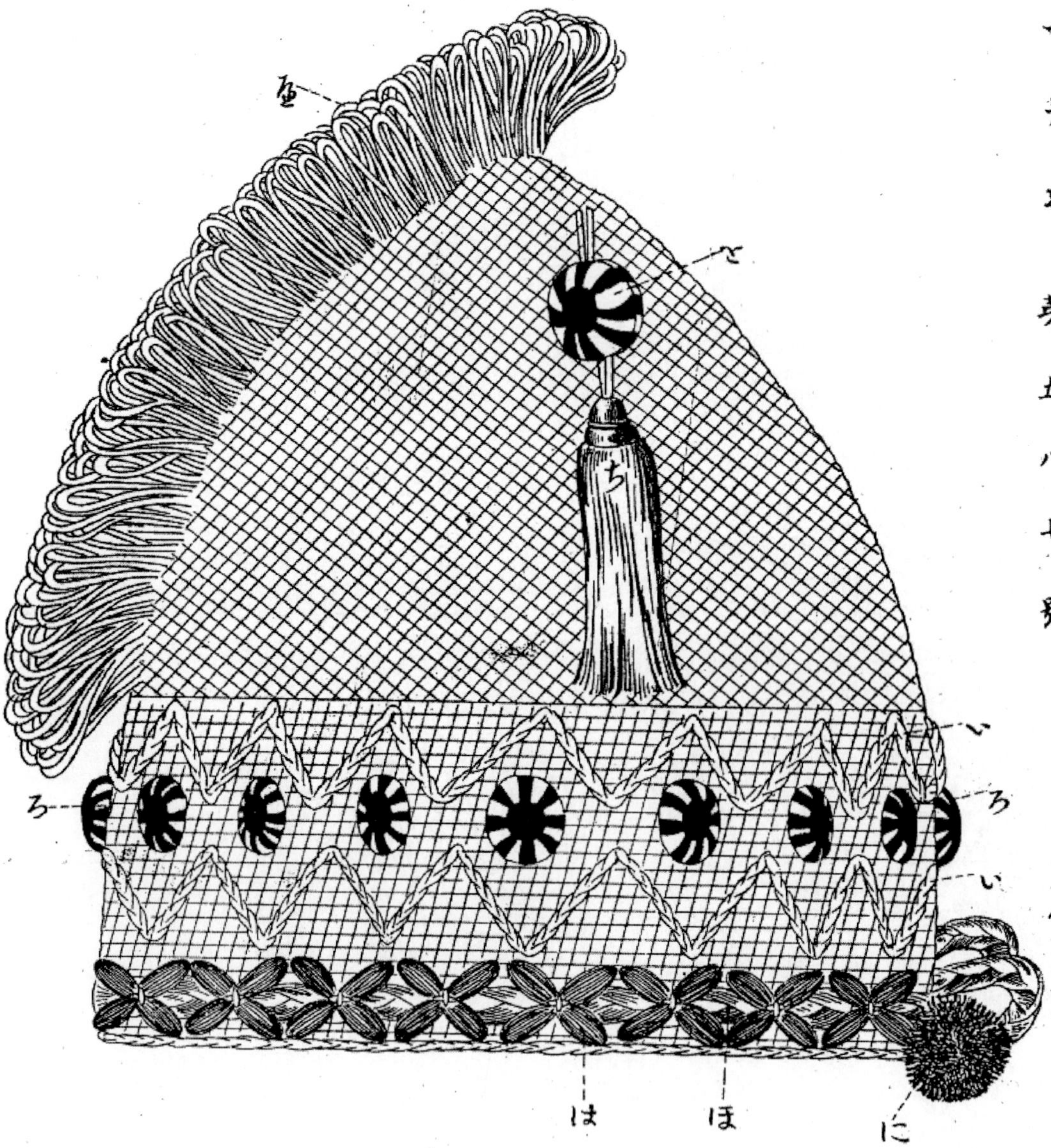

東京府　襖紙及壁紙　襖紙壁紙製造業

第596号

伊藤荘次郎

明治三十年二月十九日
第五九六號

襖紙及壁紙模様

東京府　壁紙及襖紙　襖紙壁紙製造業
第597号

壁紙及襖紙模様

明治三十九年二月十九日
第五九七號

伊藤荘次郎

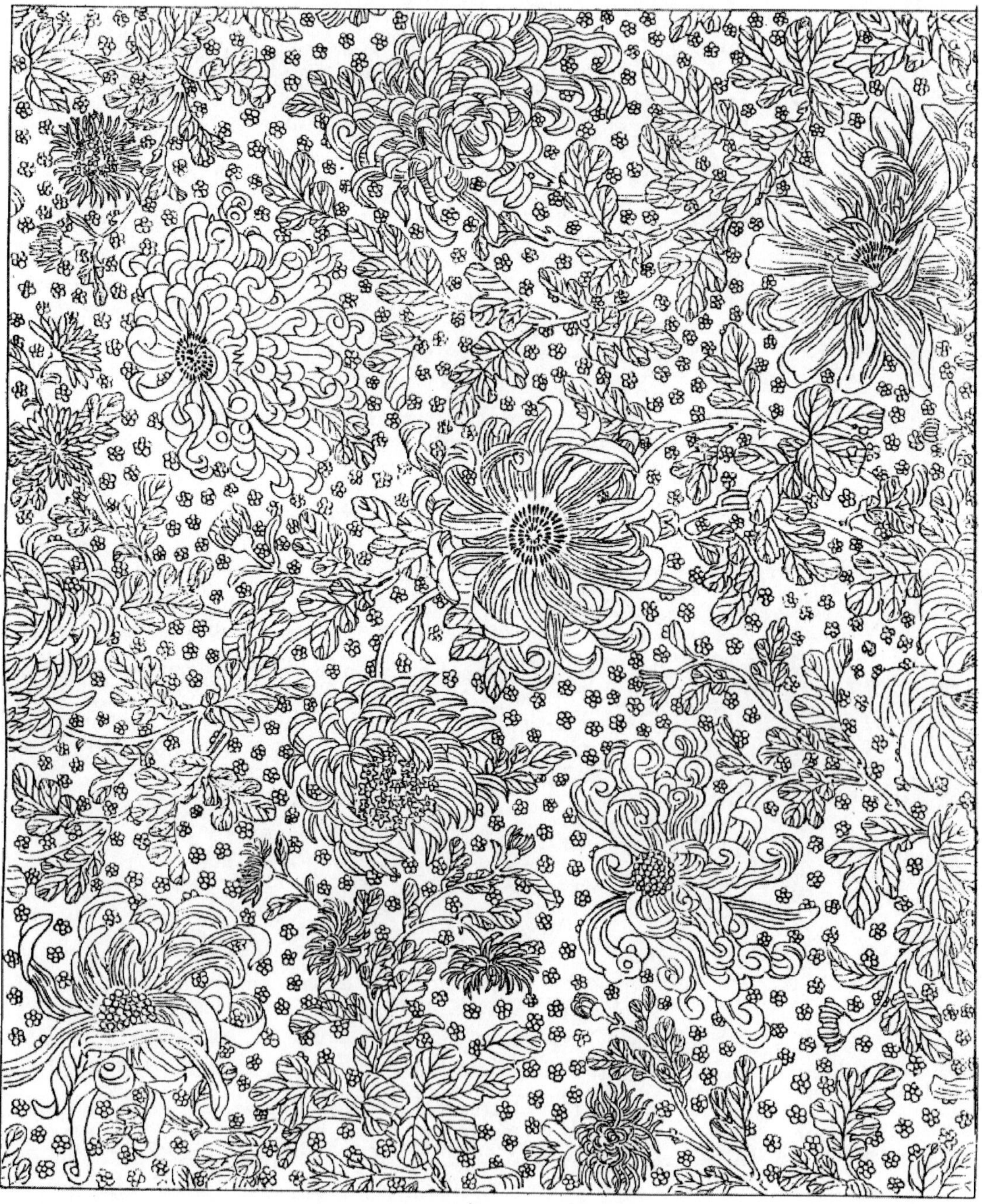

東京府　壁紙及襖紙　襖紙壁紙製造業
第598号

東京府　包紙　薬種兼化粧品商
第６００号

色紙模様　第六〇〇號

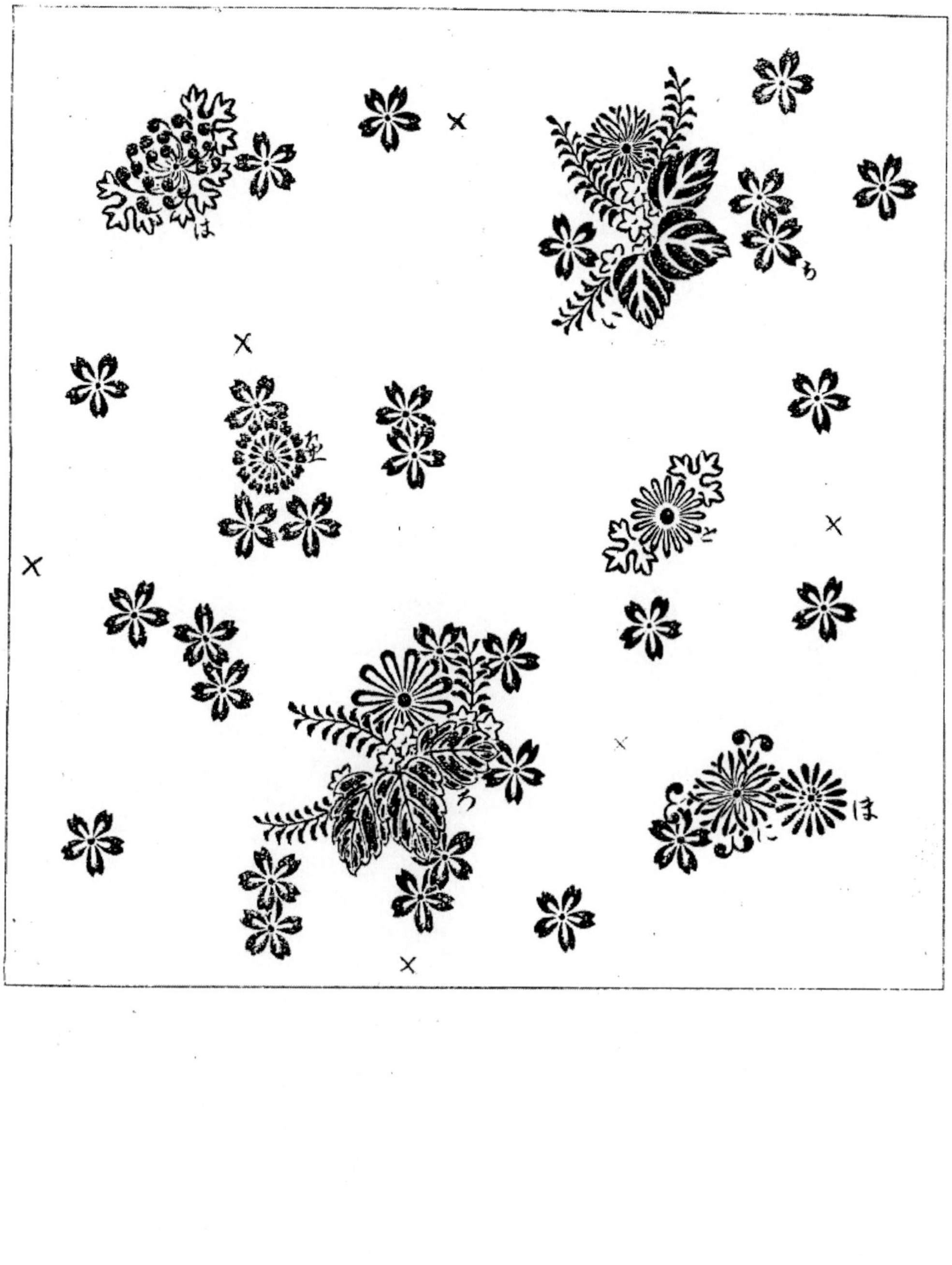

松澤常吉

東京府　帽子　毛糸編物販賣業
第602号

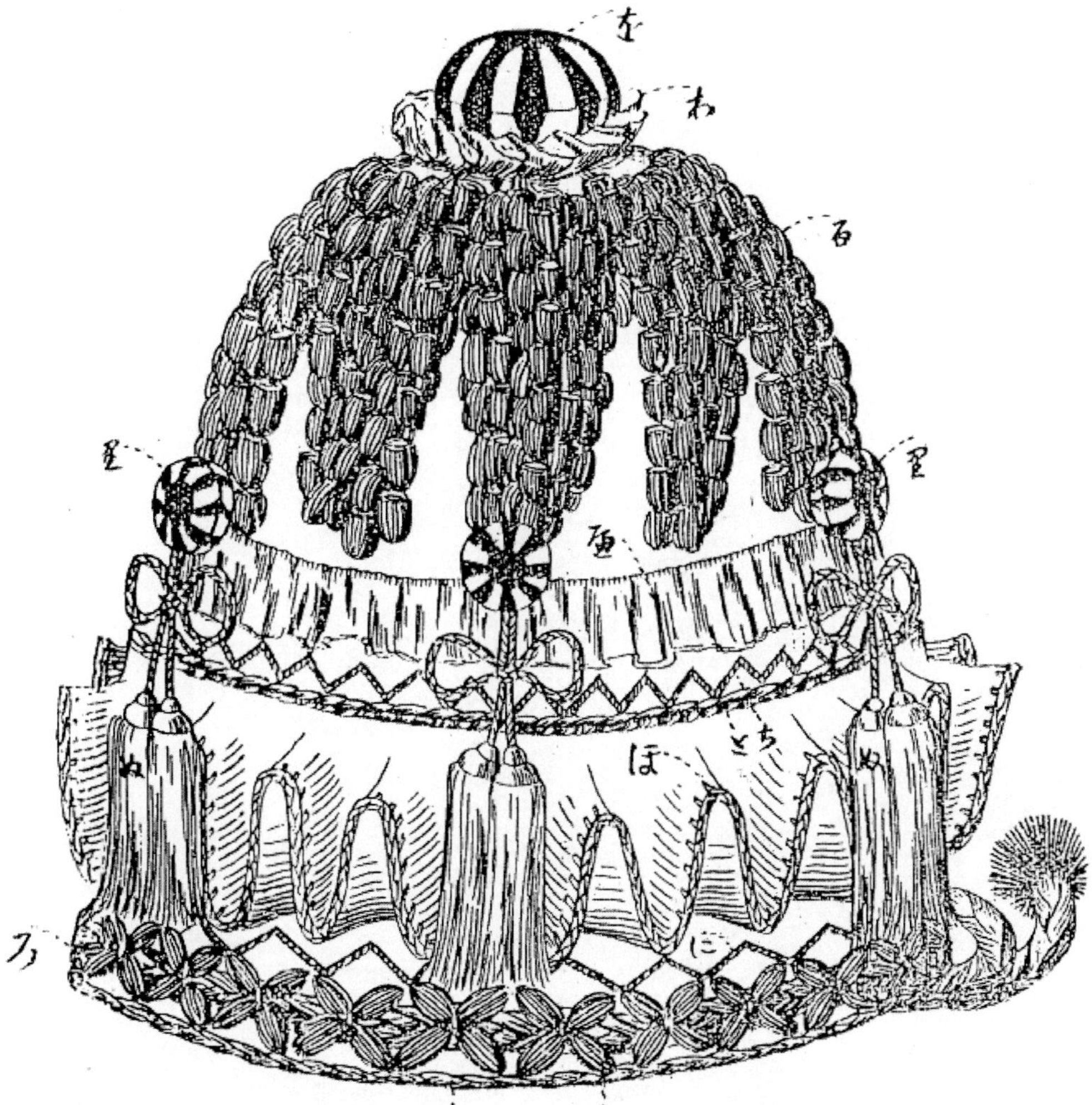


東京府東京市神田區須田町十四番地
平民　毛糸編物販賣業
案出者　吉松豊吉

東京府　襖紙及壁紙　襖紙壁紙製造業
第６０４号

東京府　襖紙及壁紙　襖紙壁紙製造業

第605号

伊藤荘次郎

明治三十年三月十三日

第六〇五號

襖紙及壁紙模様

東京府　指環　鋳職
第610号

# 指環形狀

明治三十年三月廿九日
第六一〇號

飯島彌三郎

第一圖

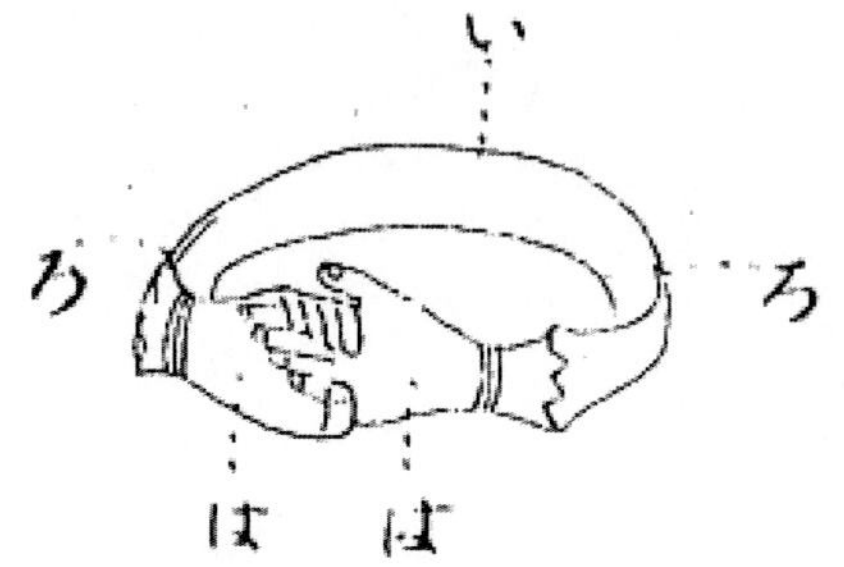


第二圖

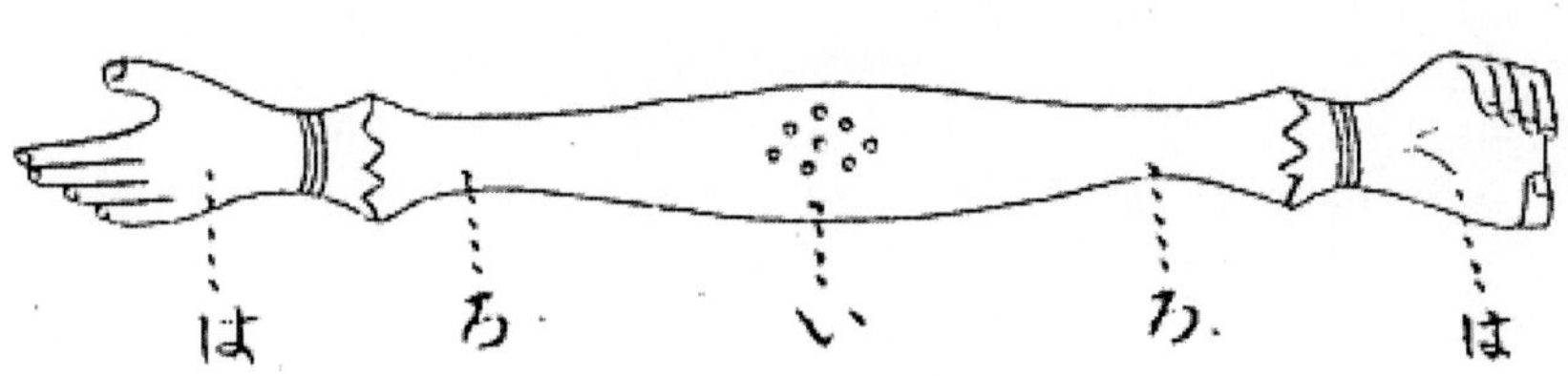

東京府　壁紙　壁紙製造業
第616号

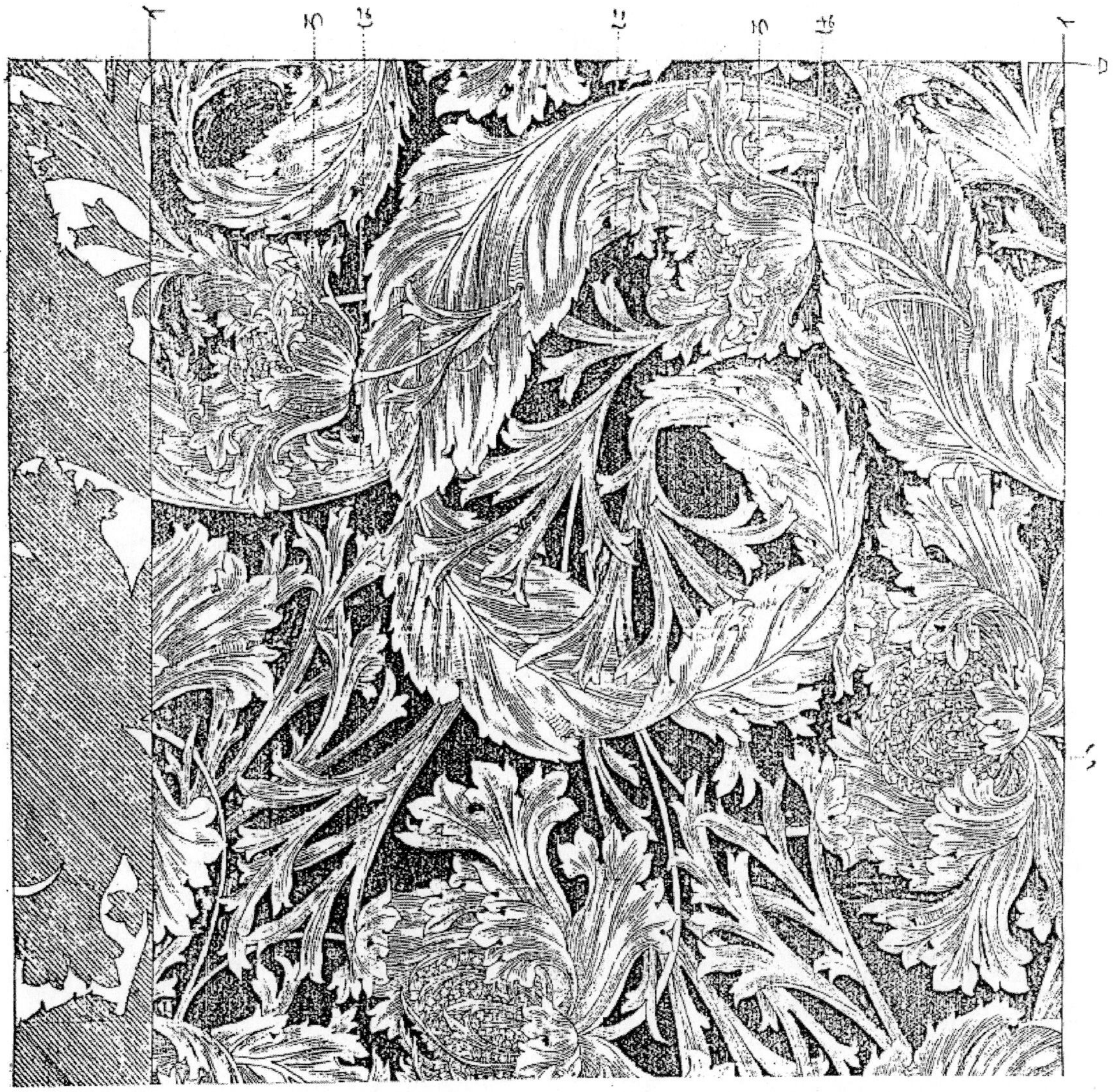

東京府　壁紙　壁紙製造業

第617号

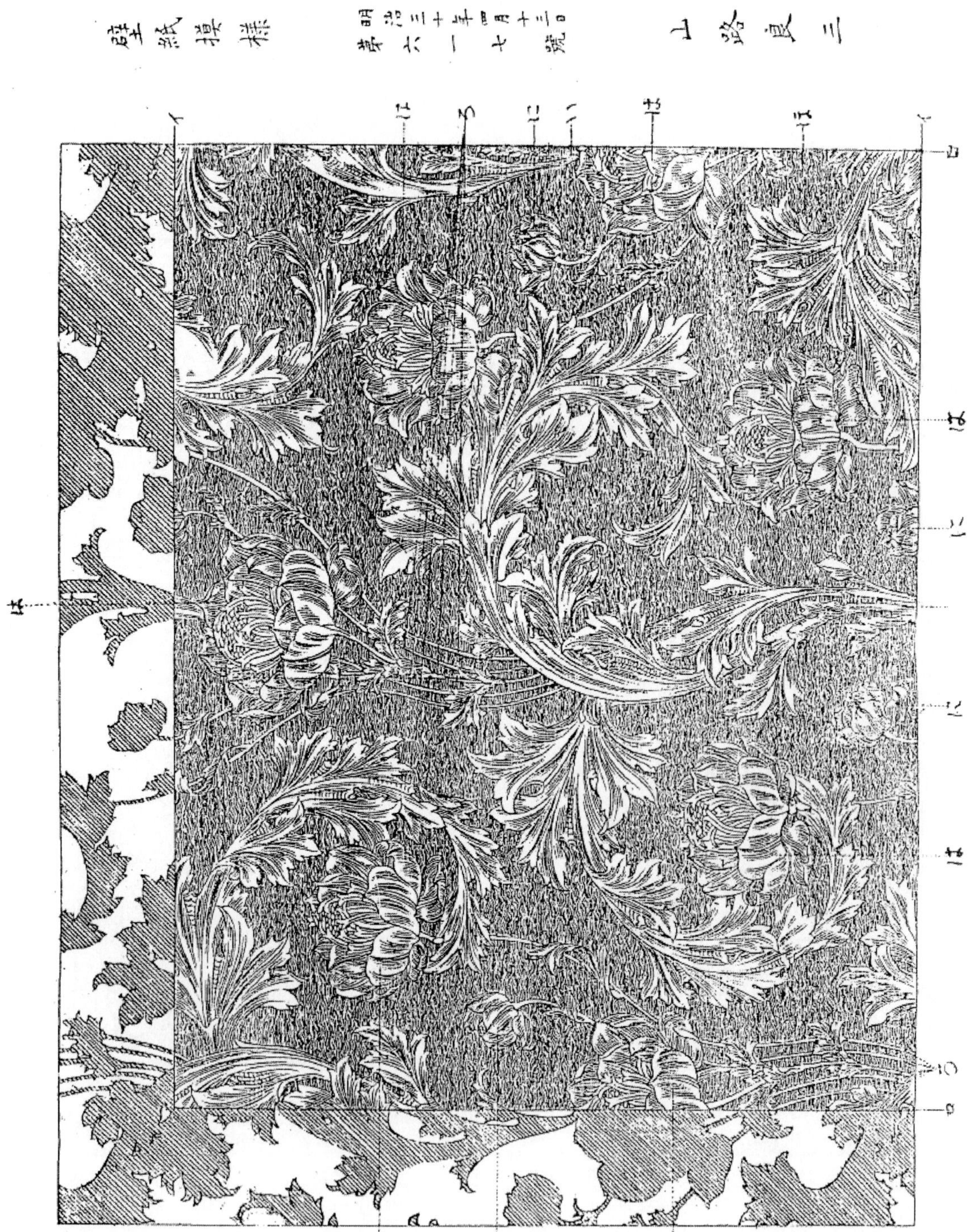

東京府　襖紙及壁紙　壁紙製造業
第619号

伊藤荘次郎

明治三十一年四月十四日
第六一九號

襖紙及壁紙模様

東京府　壁紙襖紙　壁紙製造業

第620号

壁紙襖紙模様

明治三十年四月十六日

第六二〇號

飯田想七

東京府 簪 和服裁縫業
第622号

# 簪形状

明治三十年四月廿八日
第六二二號

井坂はる

第一圖

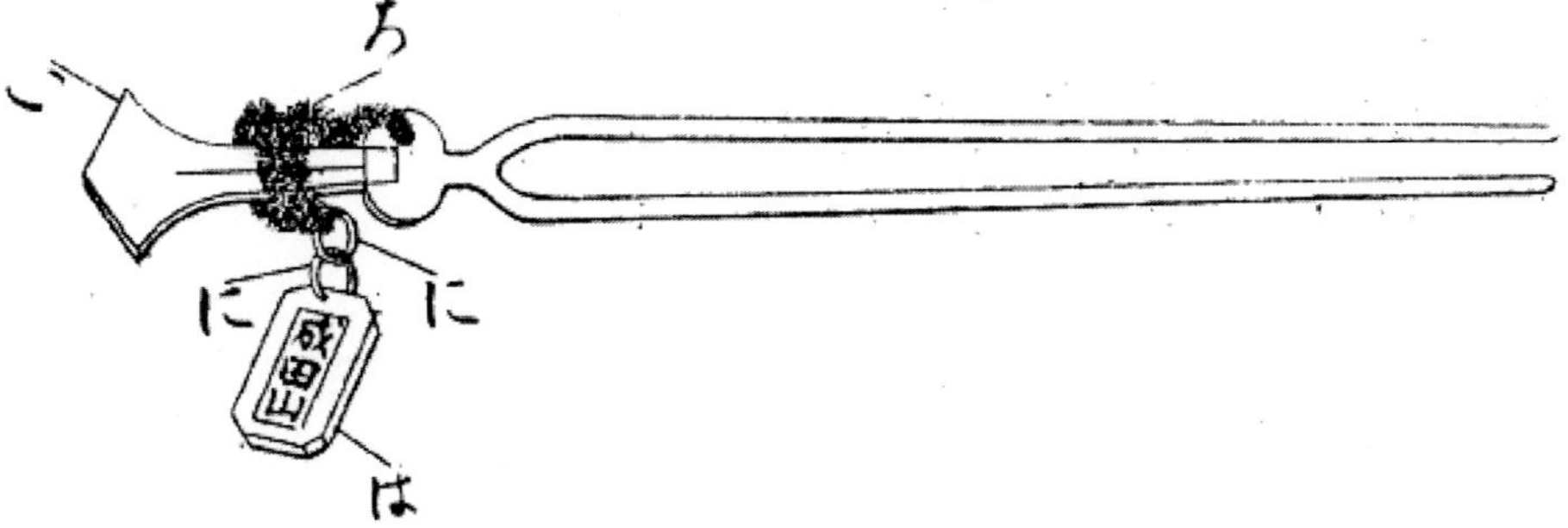


第二圖

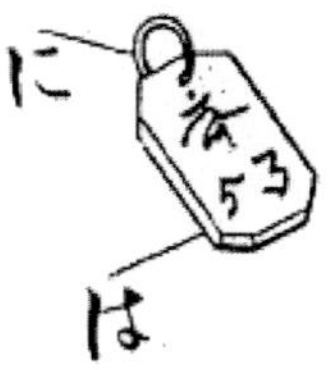

東京府 電燈 彫刻業
第623号

電燈形狀

明治三十年四月廿九日
第六二三號

中村長七

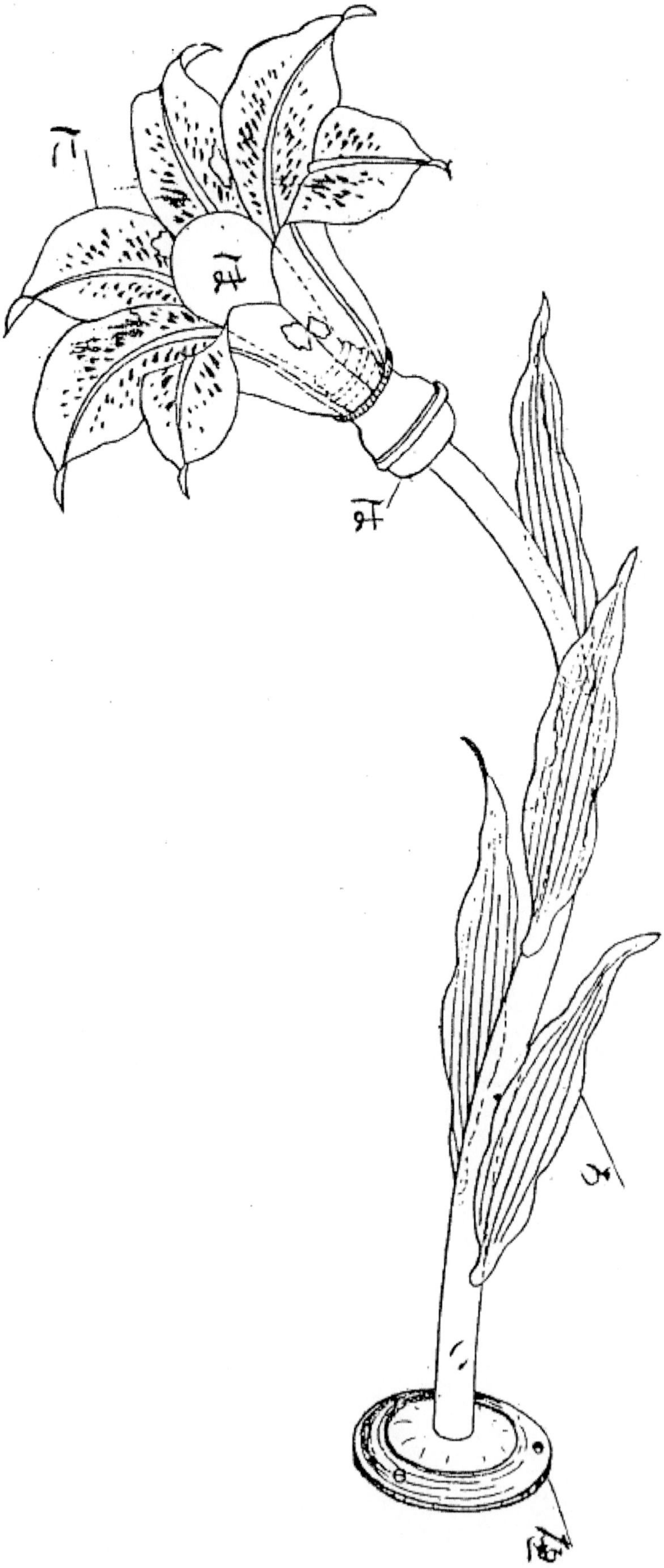

東京府　根掛　錺職
第６２５号

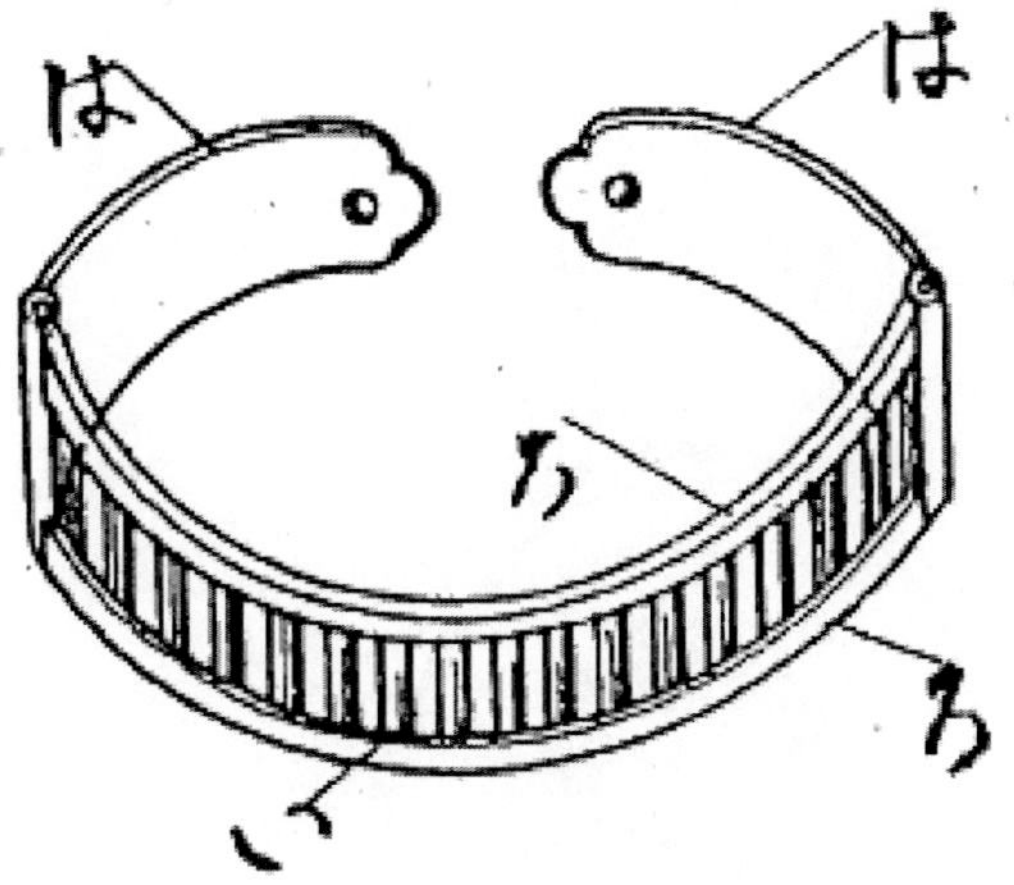


東京府東京市下谷區二長町四十五番地
平民　錺職
案出者　松田留吉

東京府　石鹼　雑業
第627号

# 石鹼形状

明治三十年五月十五日
第六二七號

高橋靖之助

第一圖

第二圖

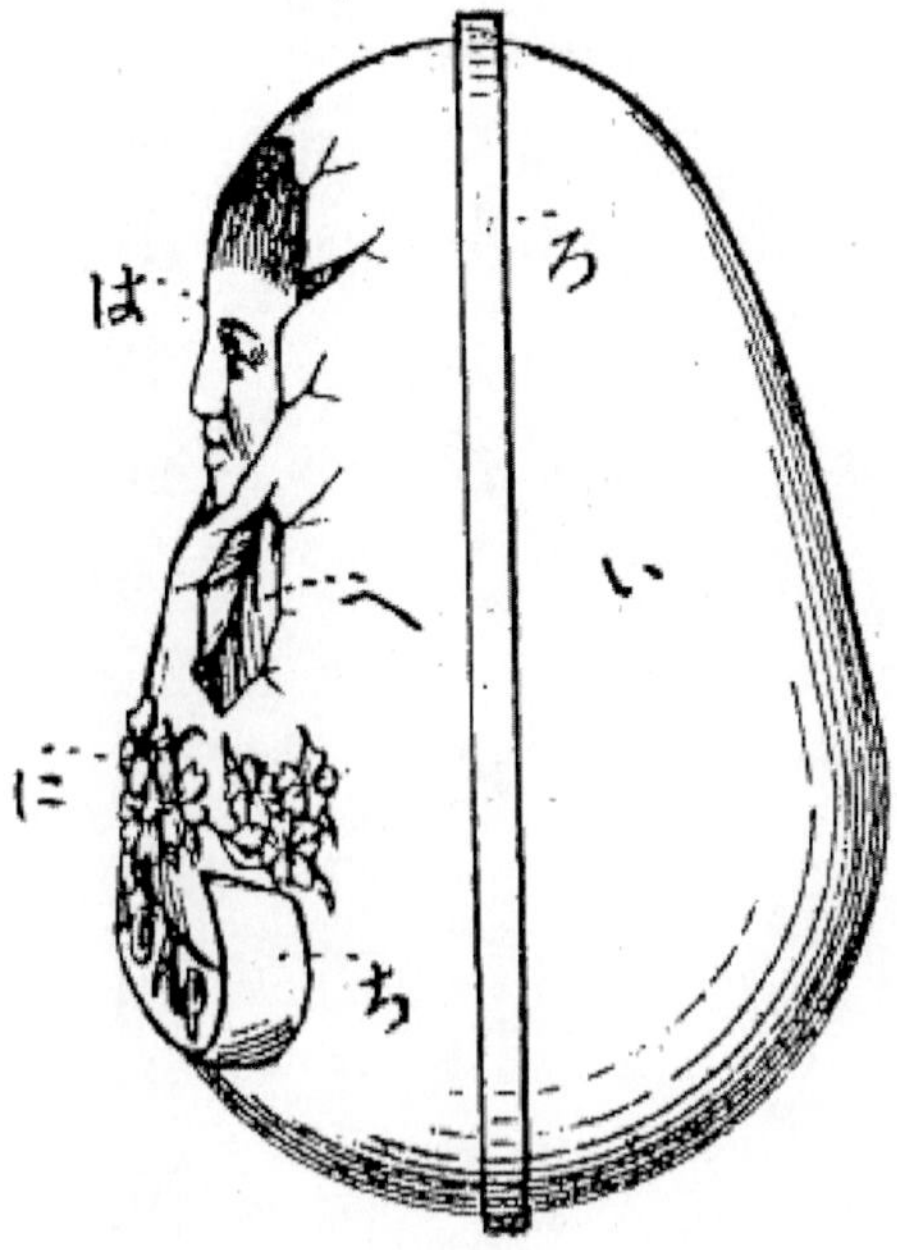

東京府　香袋入　金属商
第628号

香袋入

明治三十年五月十七日

第六二八號

安達豐吉

第一圖　第二圖　第三圖

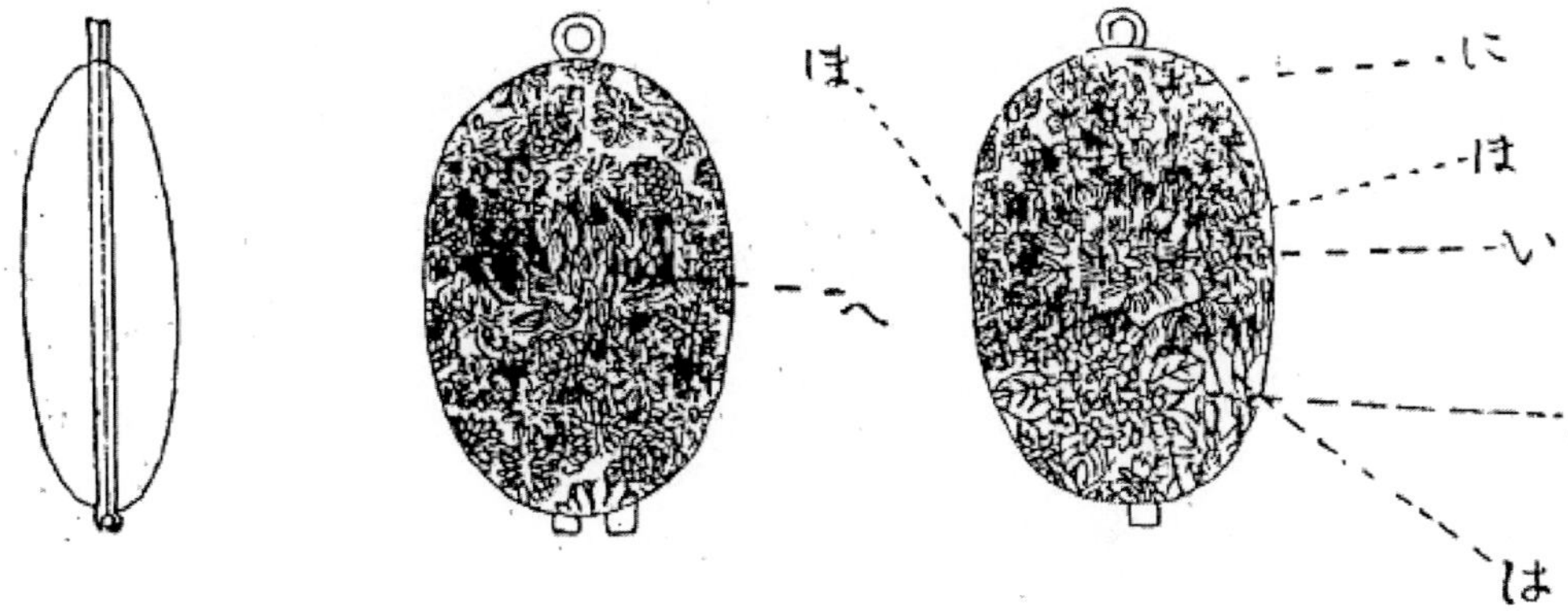

東京府　香袋入　金属商
第629号

第一圖　第二圖　第三圖

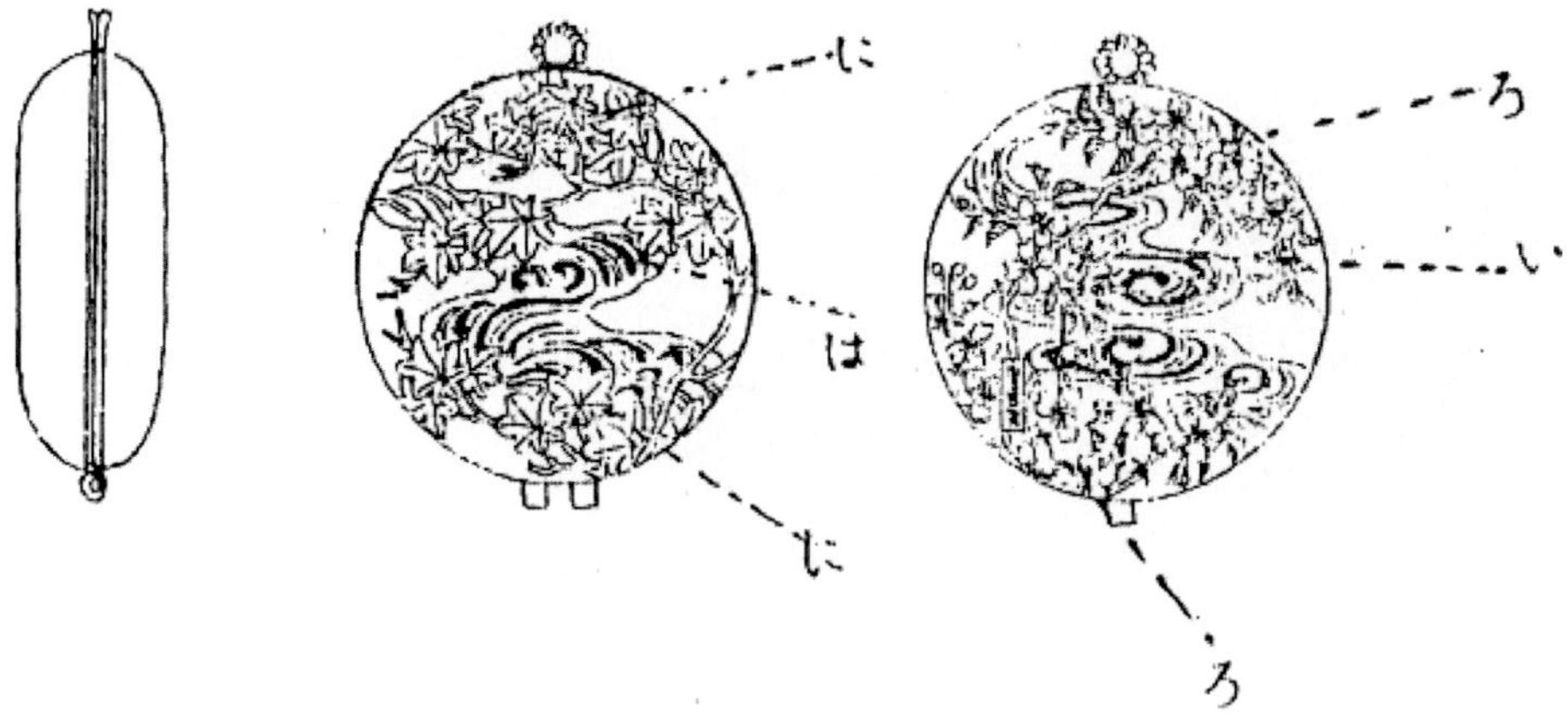


仝府仝市下谷區竹町一番地第三號寄留
平民　金属商
案出者　安達豊吉

東京府　壁紙　壁紙製造業
第630号

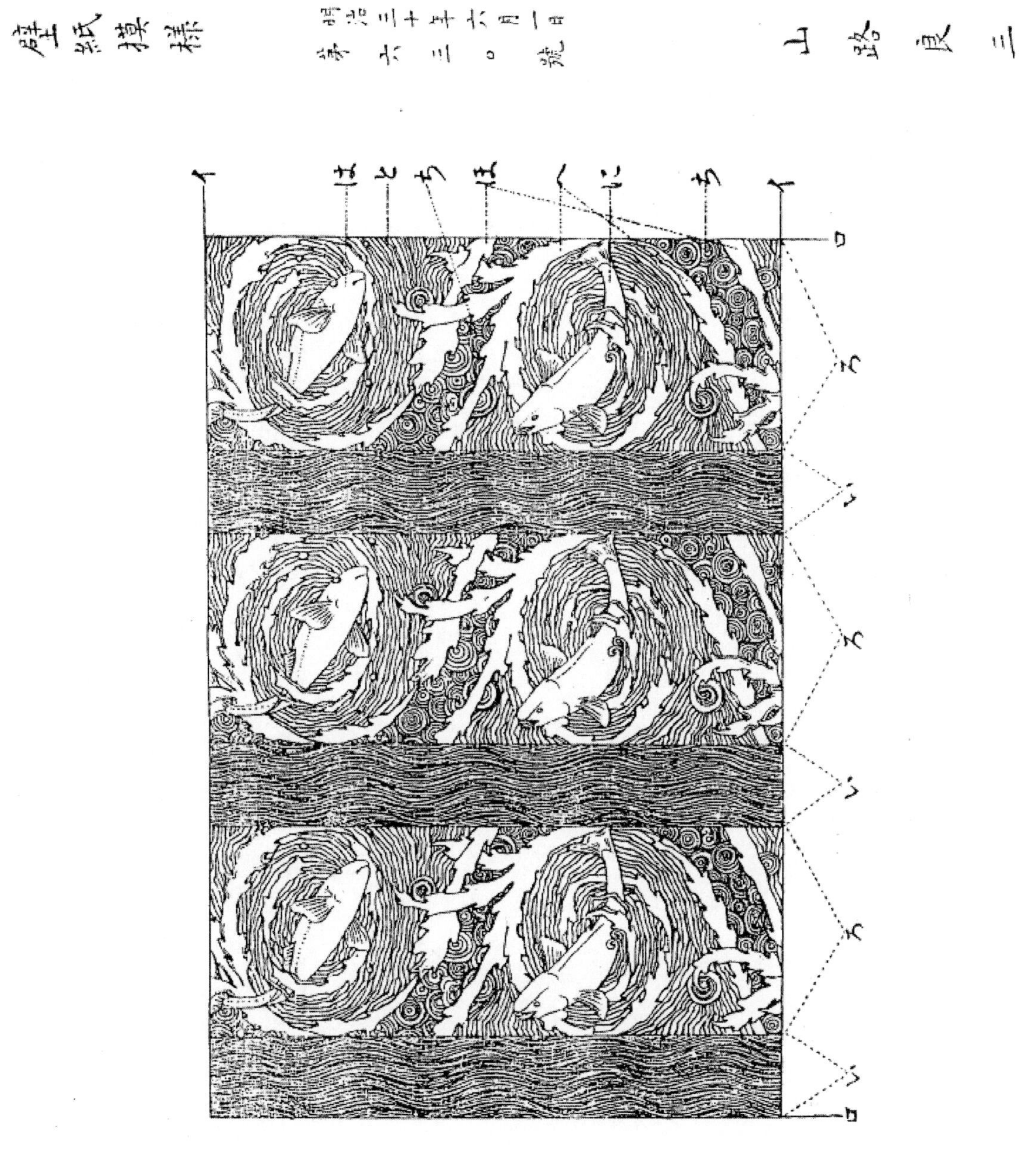

東京府　簪　和服裁縫業
第632号

簪形状

明治三十年六月十四日
第六三二號

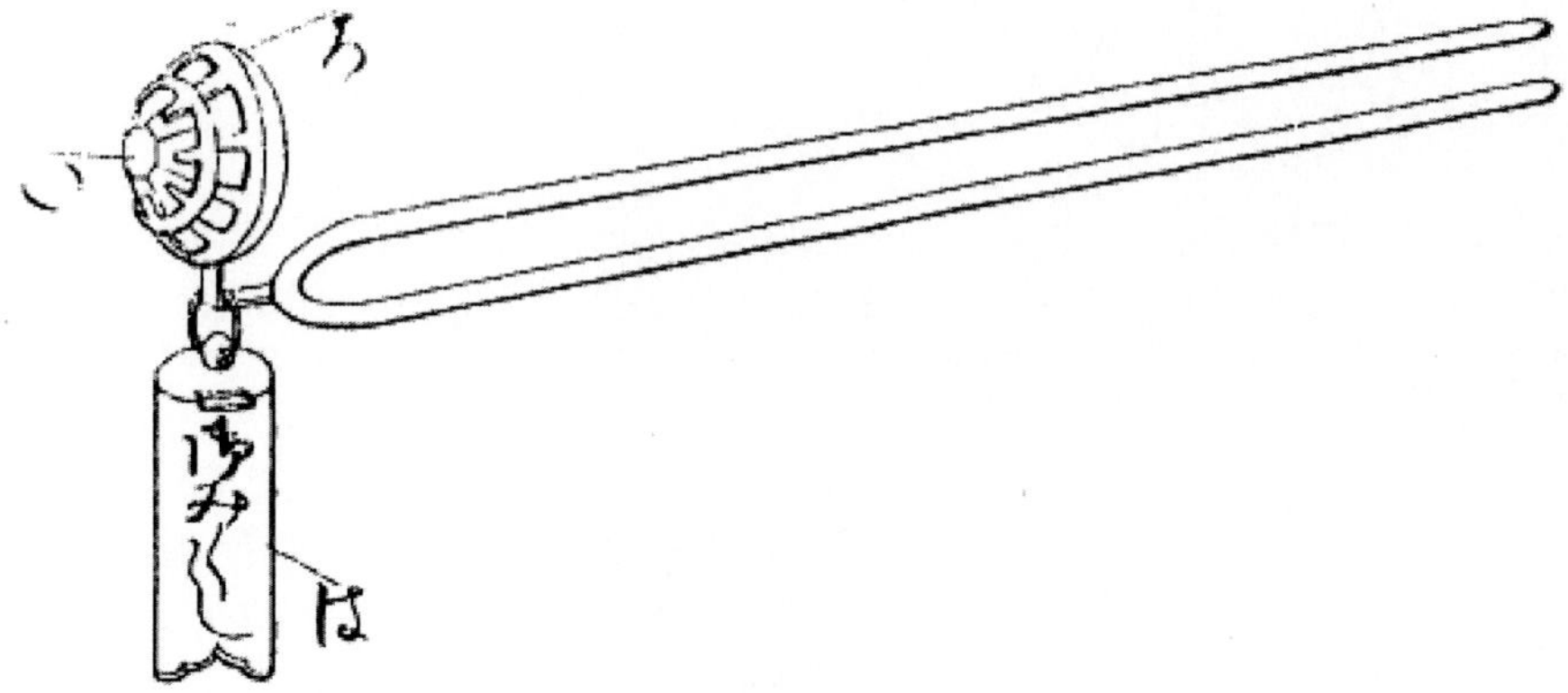


井坂えろ

東京府　壁紙　壁紙製造業
第633号

東京府　壁紙　壁紙製造業

第634号

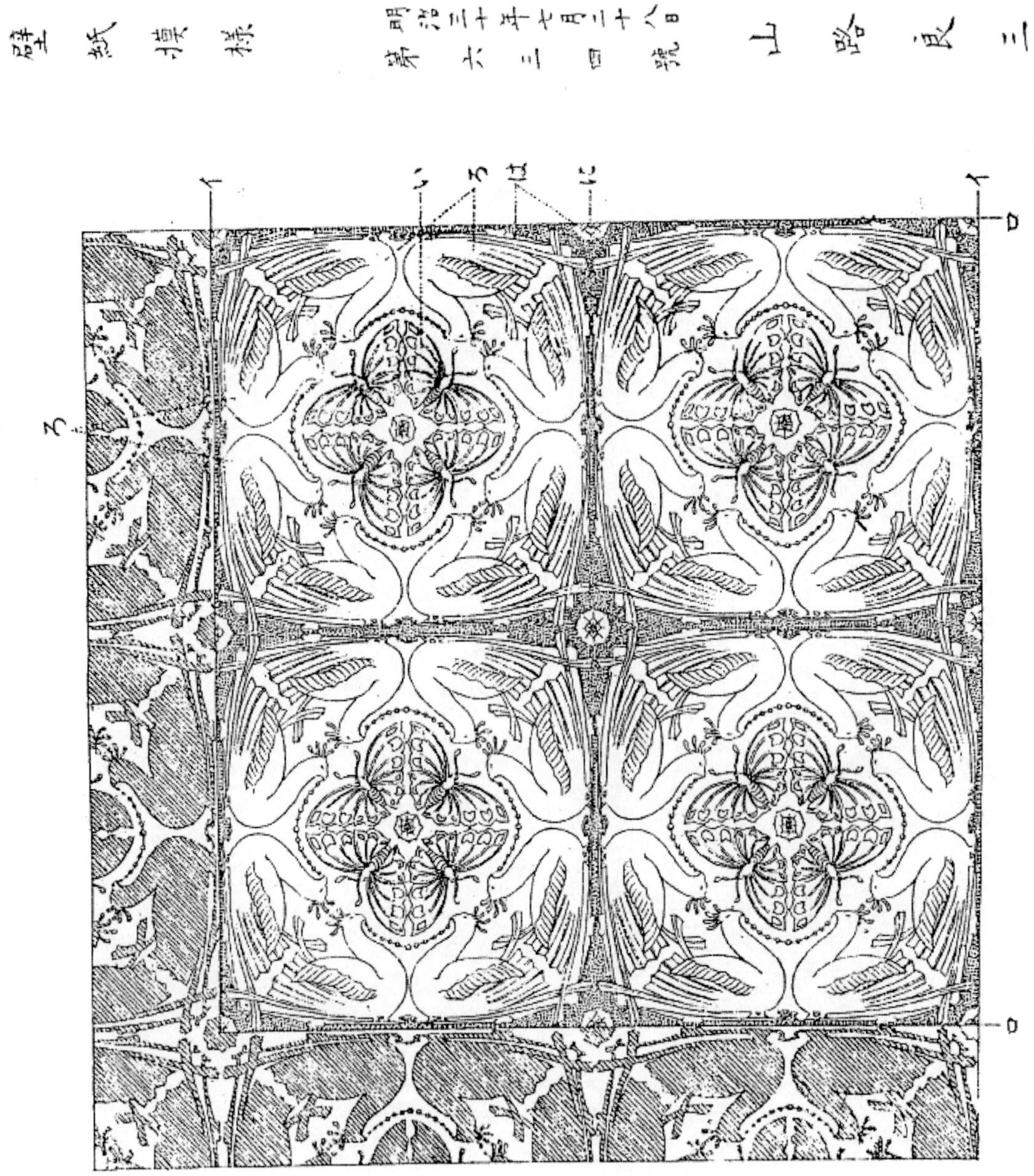

東京府　壁紙　壁紙製造業
第635号

山路良三

明治三十七年七月廿八日
第六三五號

壁紙模樣

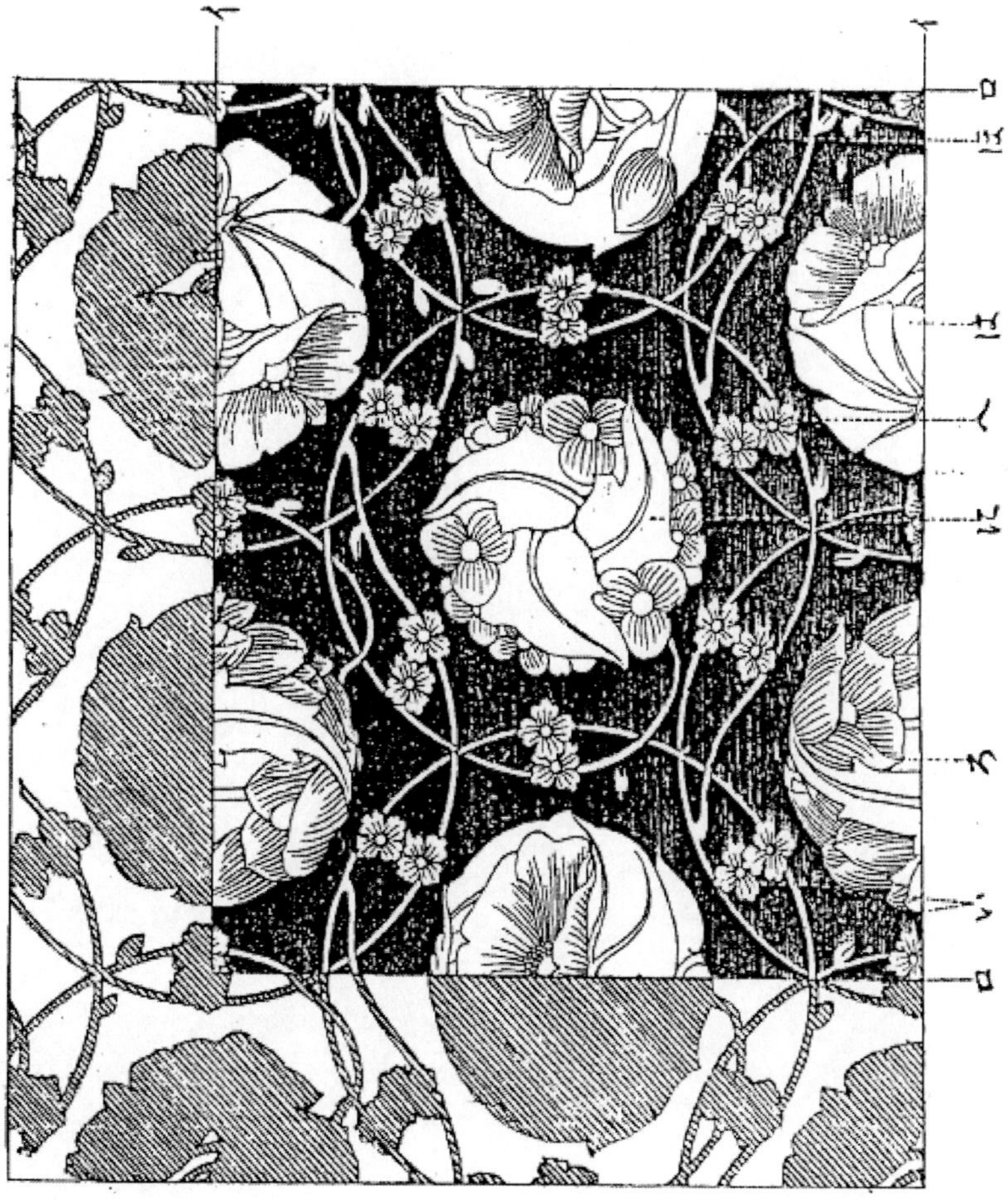

東京府　壁紙　　壁紙製造業
第6636号

山路良三

明治三十三年七月廿八日
第六六三六號

縁張壁紙模様

東京府　壁紙　壁紙製造業
第６４０号

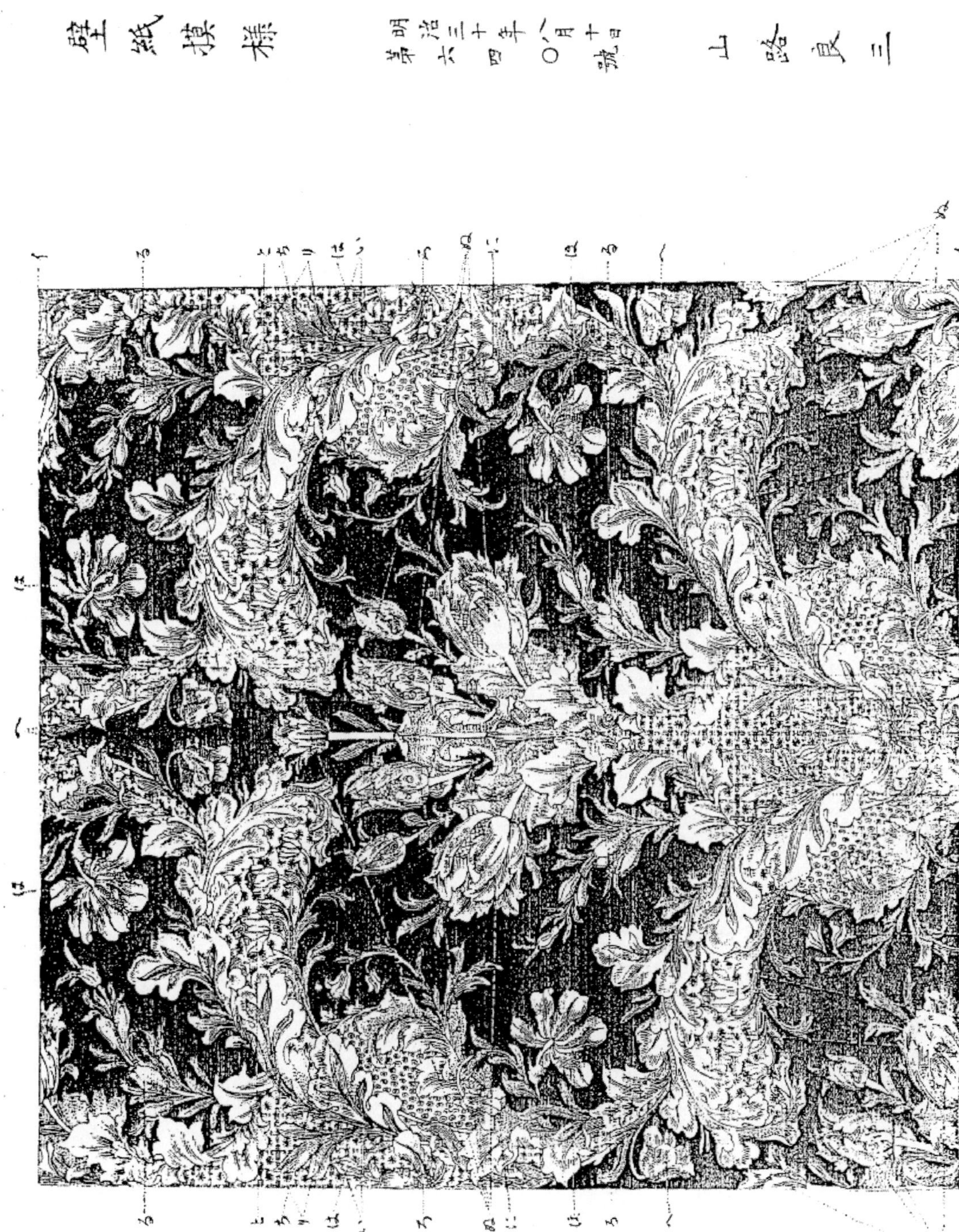

東京府 壁紙
第641号 壁紙製造業

山路良川

壁紙模様

明治三十年八月十日
第六四一号

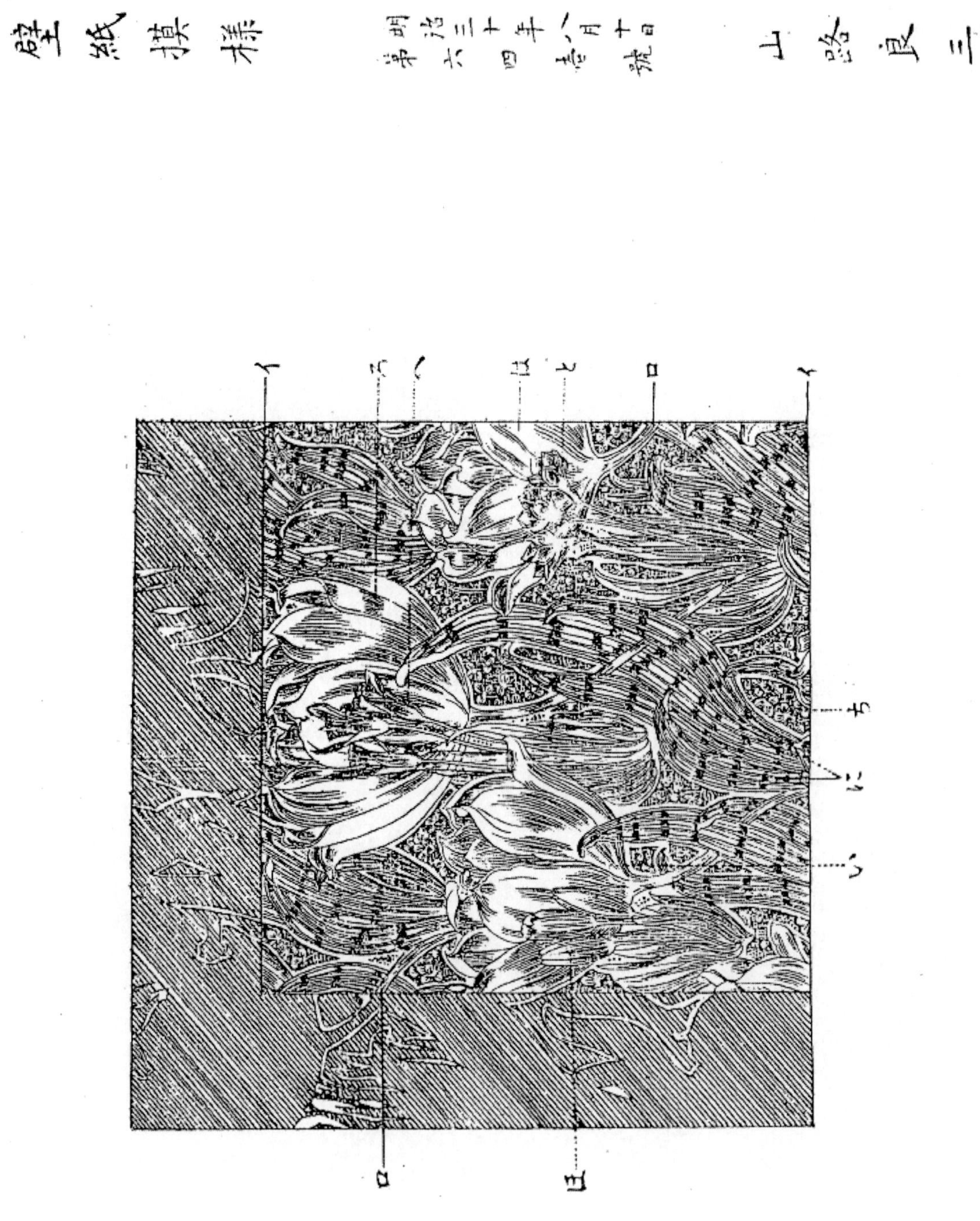

東京府　壁紙　壁紙製造業
第642号

# 壁紙摸様

明治三十年八月十日
第六四二號

山路良三

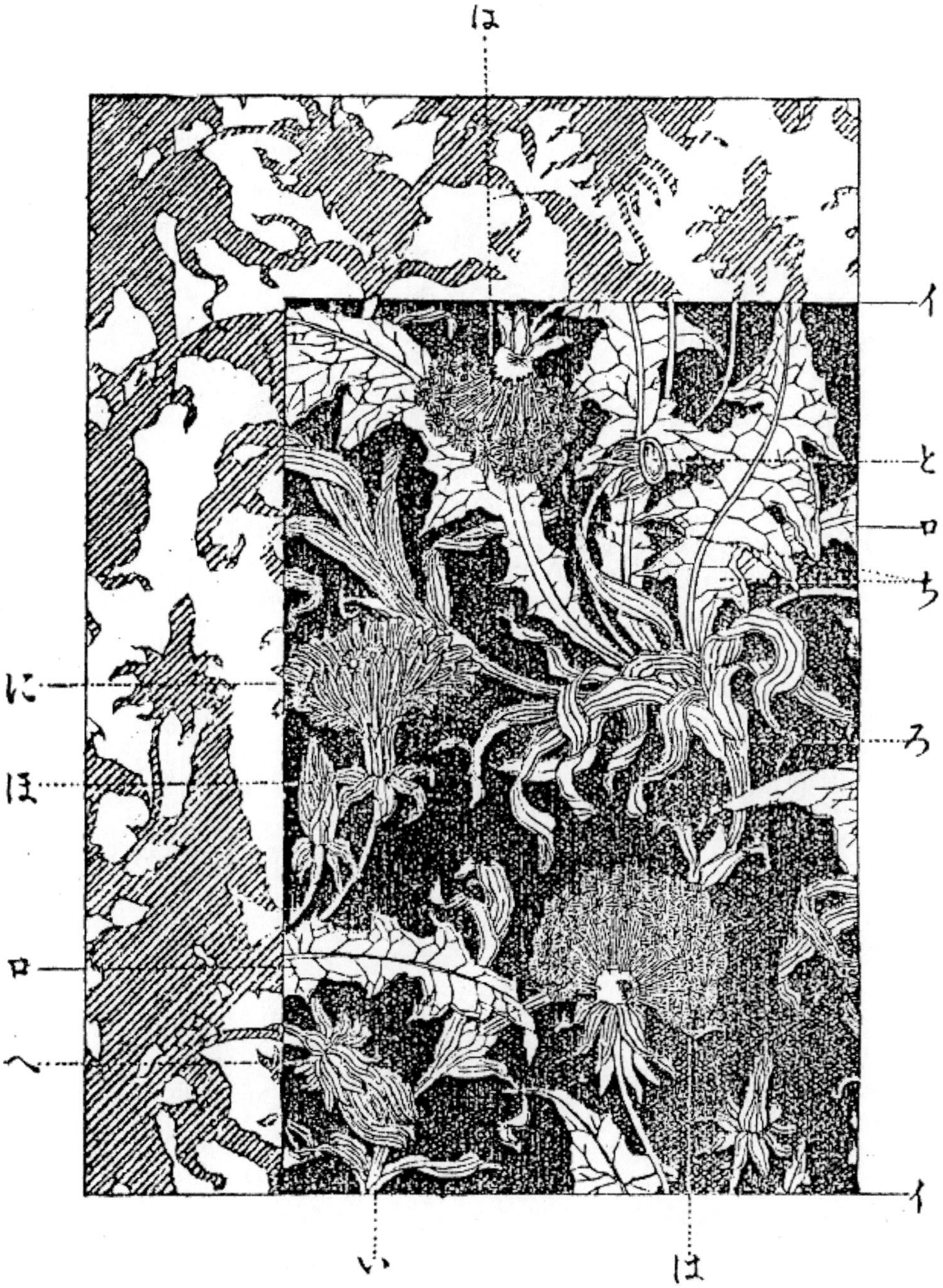

東京府　壁紙　壁紙製造業

第643号

山路良三

第六四三號

明治三十年八月十日

縁張壁紙模様

東京府　襖紙及壁紙　襖紙壁紙製造業

第646号

東京府　襖紙及壁紙　襖紙壁紙製造業
第６４７号

伊藤荘次郎

明治三十年八月二十日
第六四七號

襖紙及壁紙模様

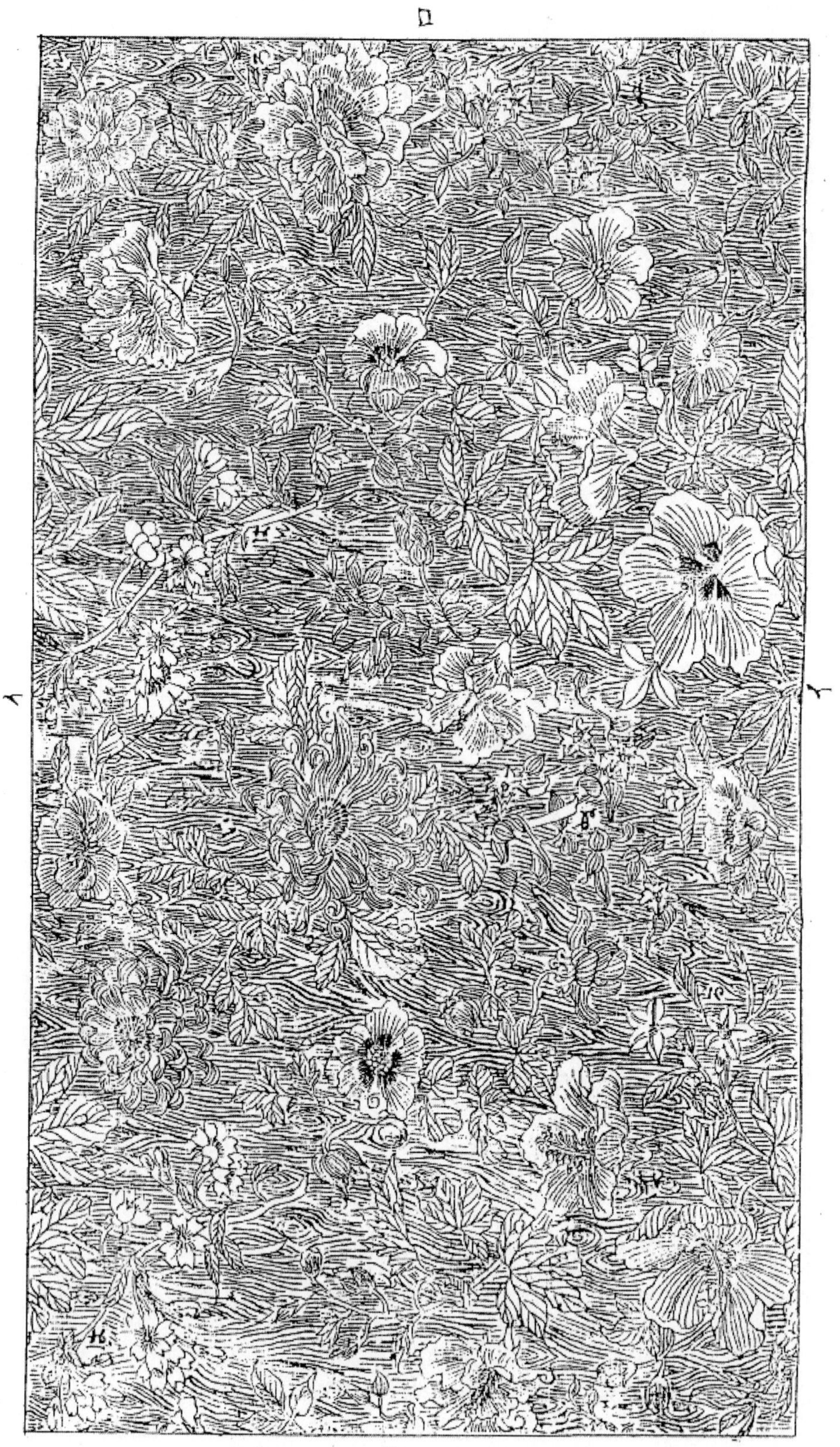

東京府　襖紙及壁紙　襖紙壁紙製造業
第648号

東京府　小楊枝箱　小間物商
第652号

小楊枝箱形状

明治三十年九月十七日
第六五二號

一森岸市

第一圖

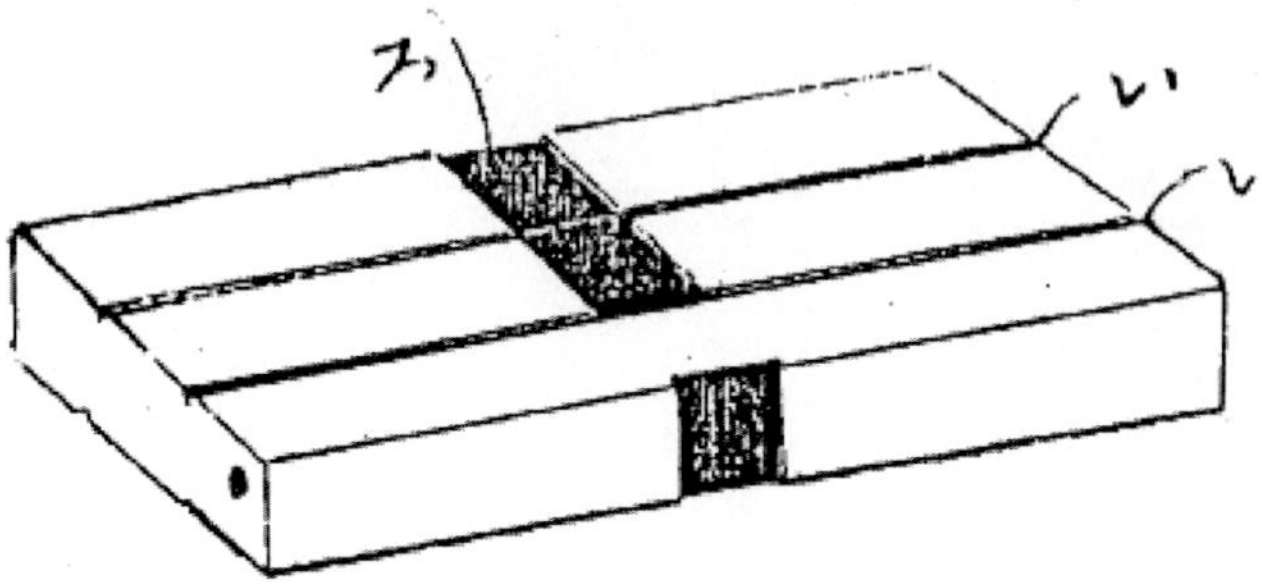


第二圖

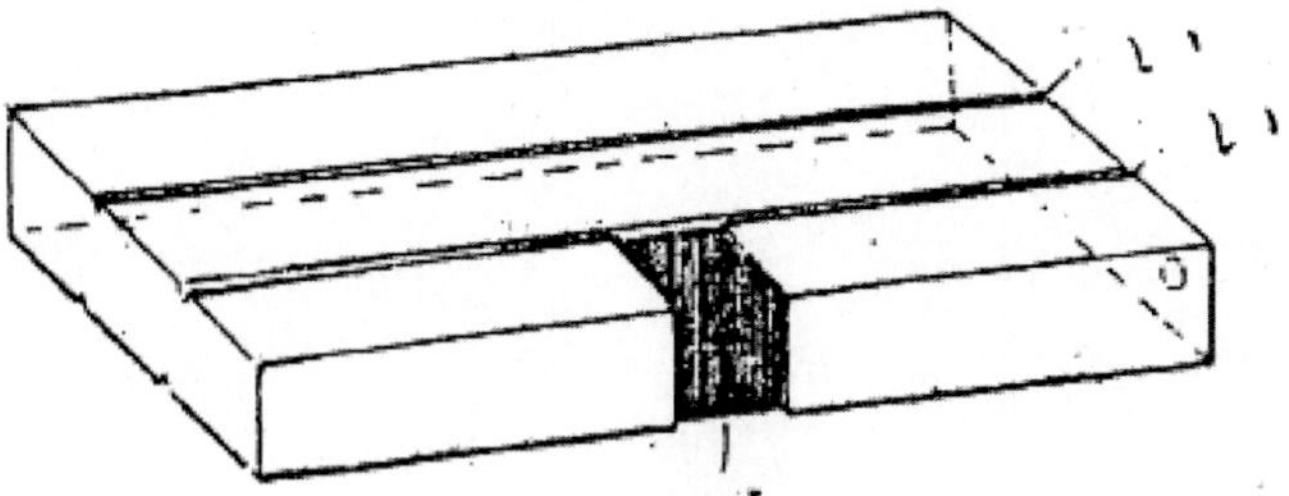

東京府　帽子　毛絲編物商
第653号

帽子形狀

明治三十年九月廿七日
第六五三號

石井八十

第一圖

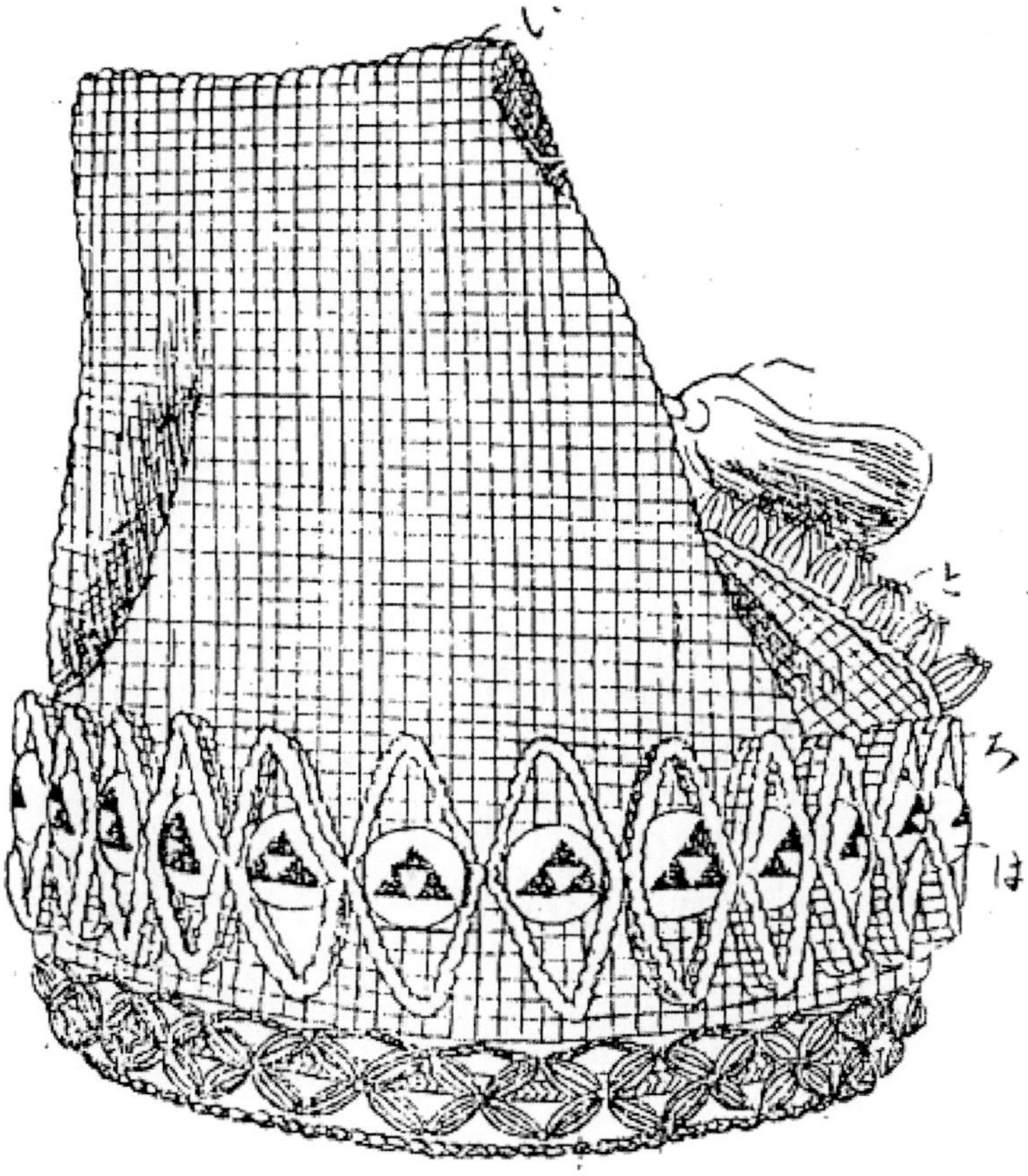

# 帽子形狀

明治三十年九月廿七日
第六五三號

石井八十

第二圖

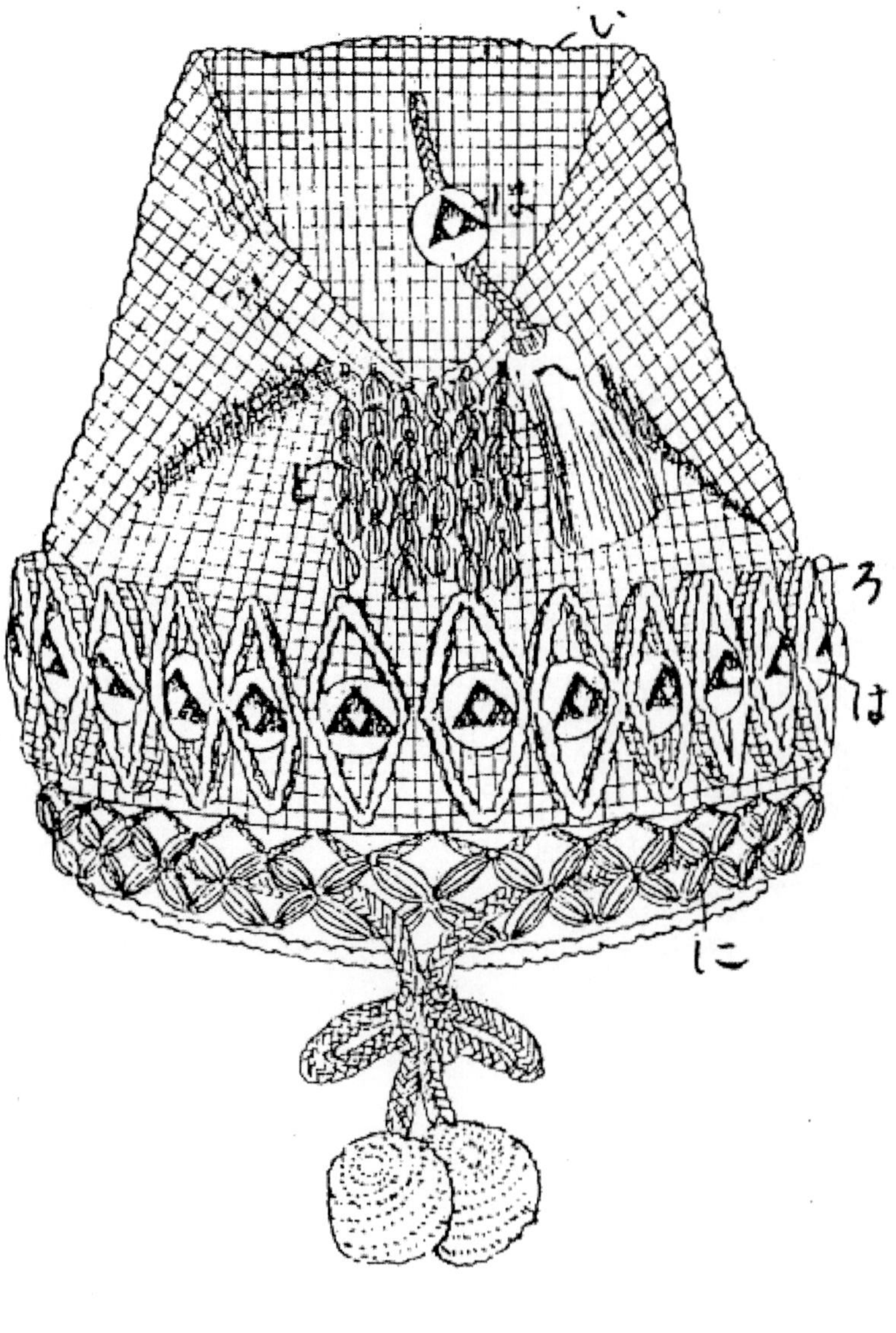

東京府　帽子　毛絲編物商
第654号

帽子形状

明治三十年九月二十七日
第六五四號

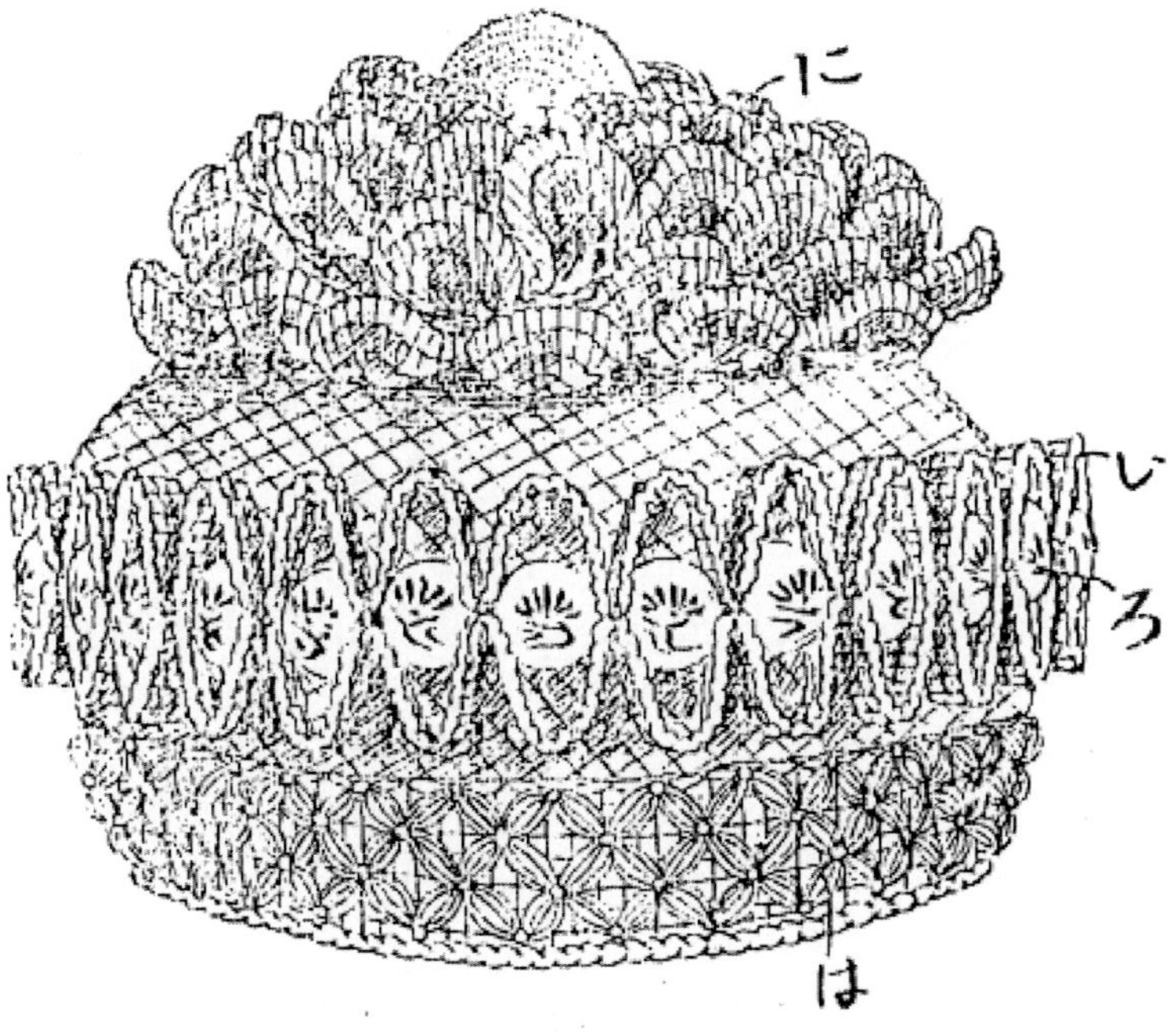


石井八十

東京府　玩具人形　畫工
第６５７号

玩具人形

明治三十年十月二十三日
第六五七號

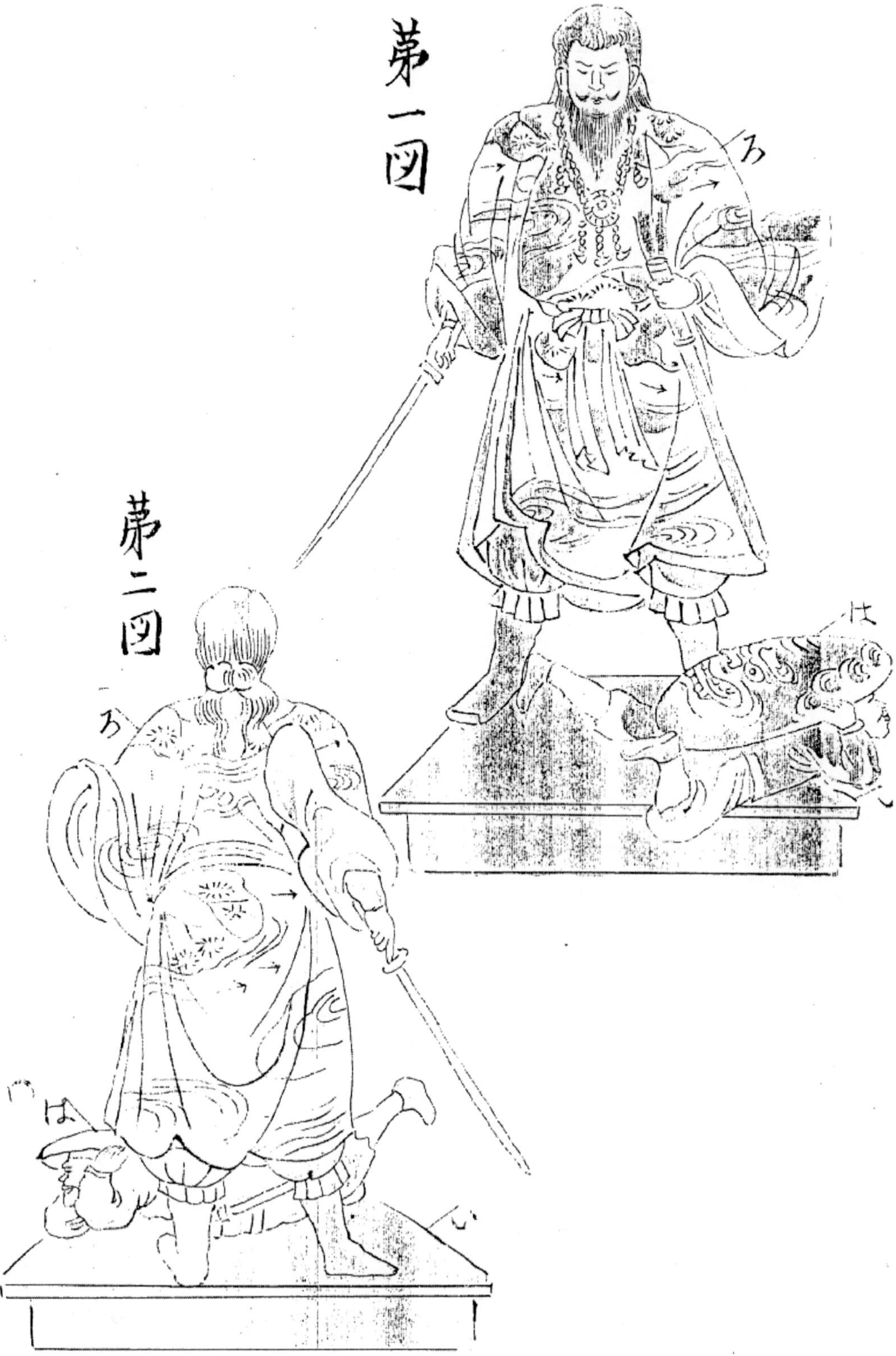


落合幾次郎

玩具人形

明治三十年十月二十三日

第六五七號

落合幾次郎

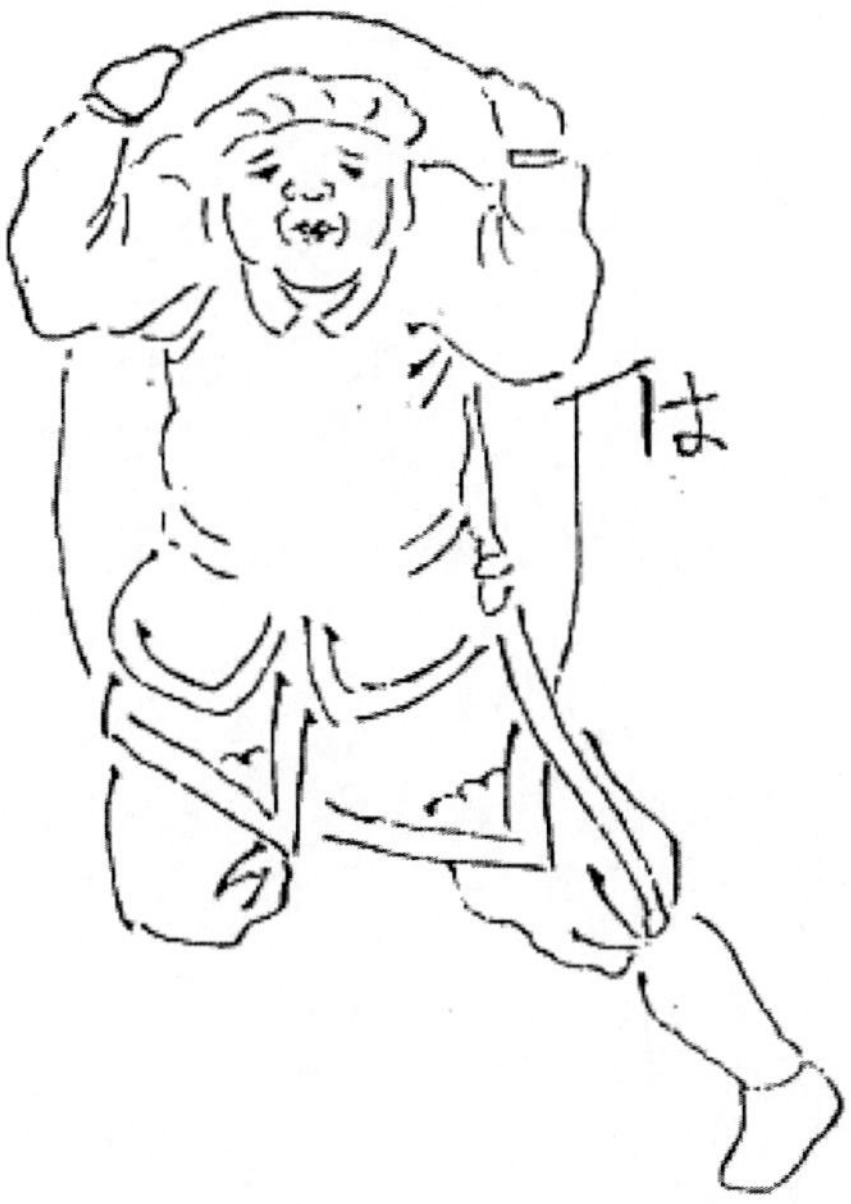


第三図

東京府　髷形　小間物商
第666号

髷形摸様

明治三十年十二月十日
第六六六號

藤井榮太郎

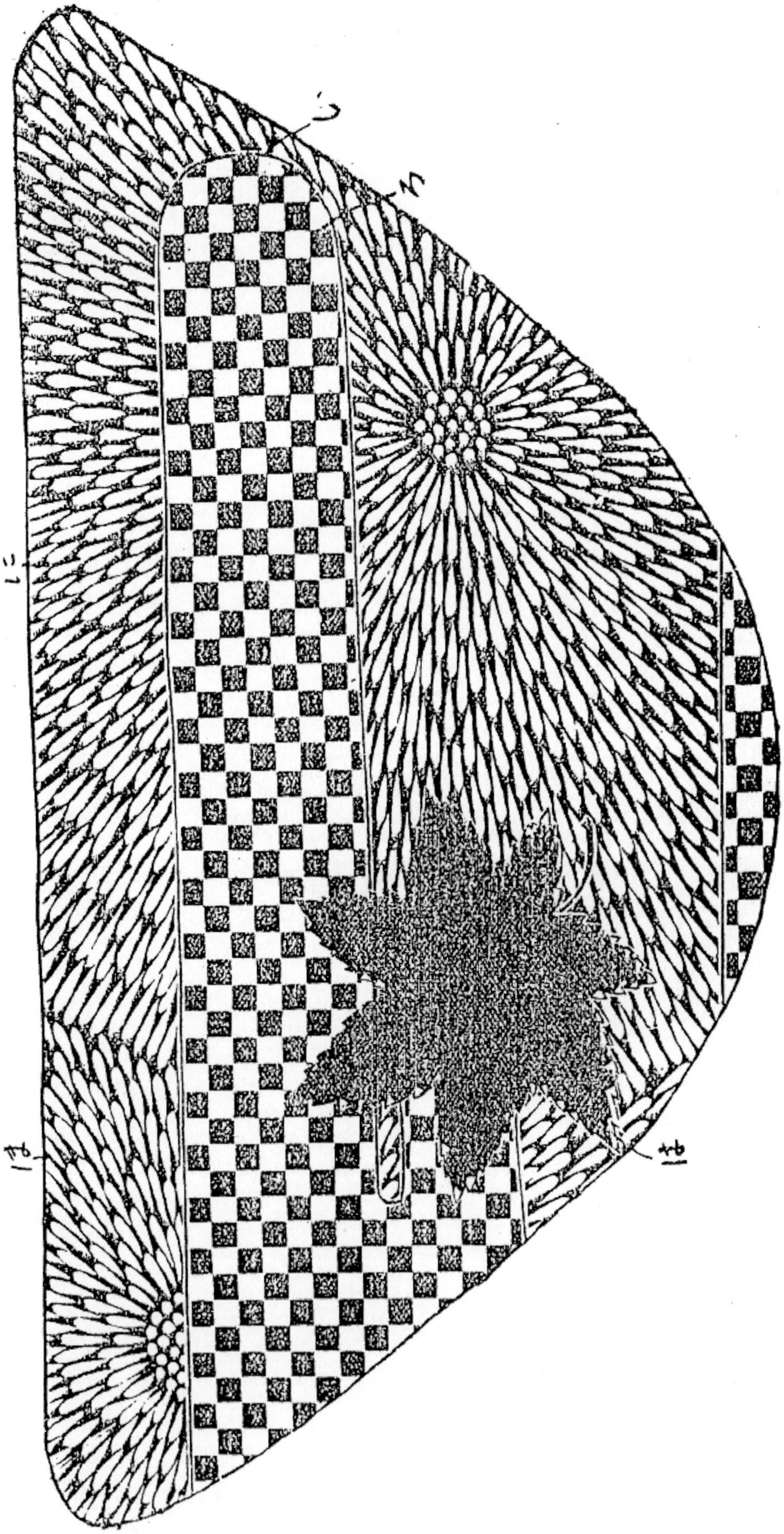

東京府　壁紙　壁紙製造業
第668号

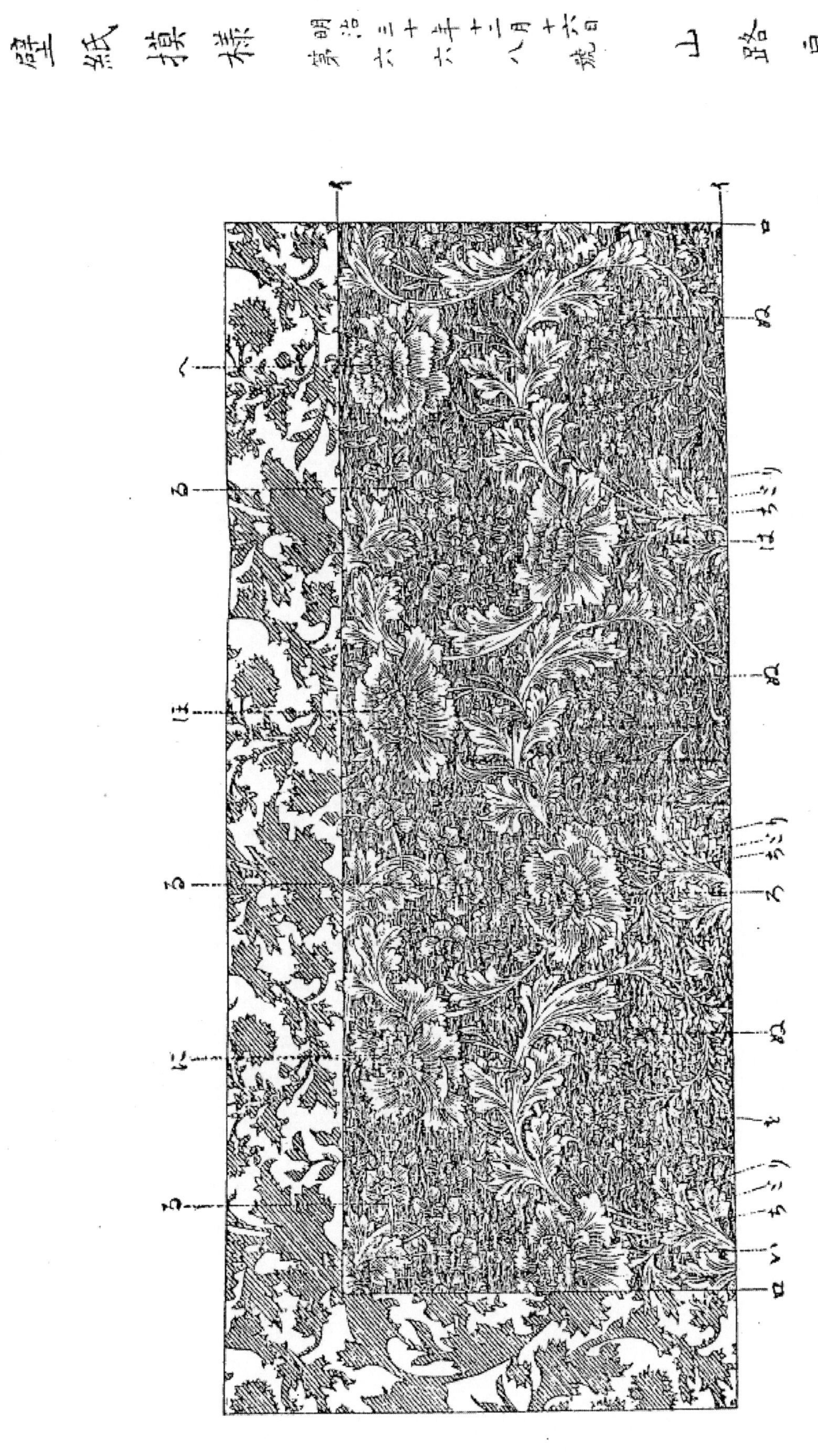

東京府　壁紙　壁紙製造業
第669号

山路良三

明治三十六年十二月十六日
第六六九號

壁紙模様

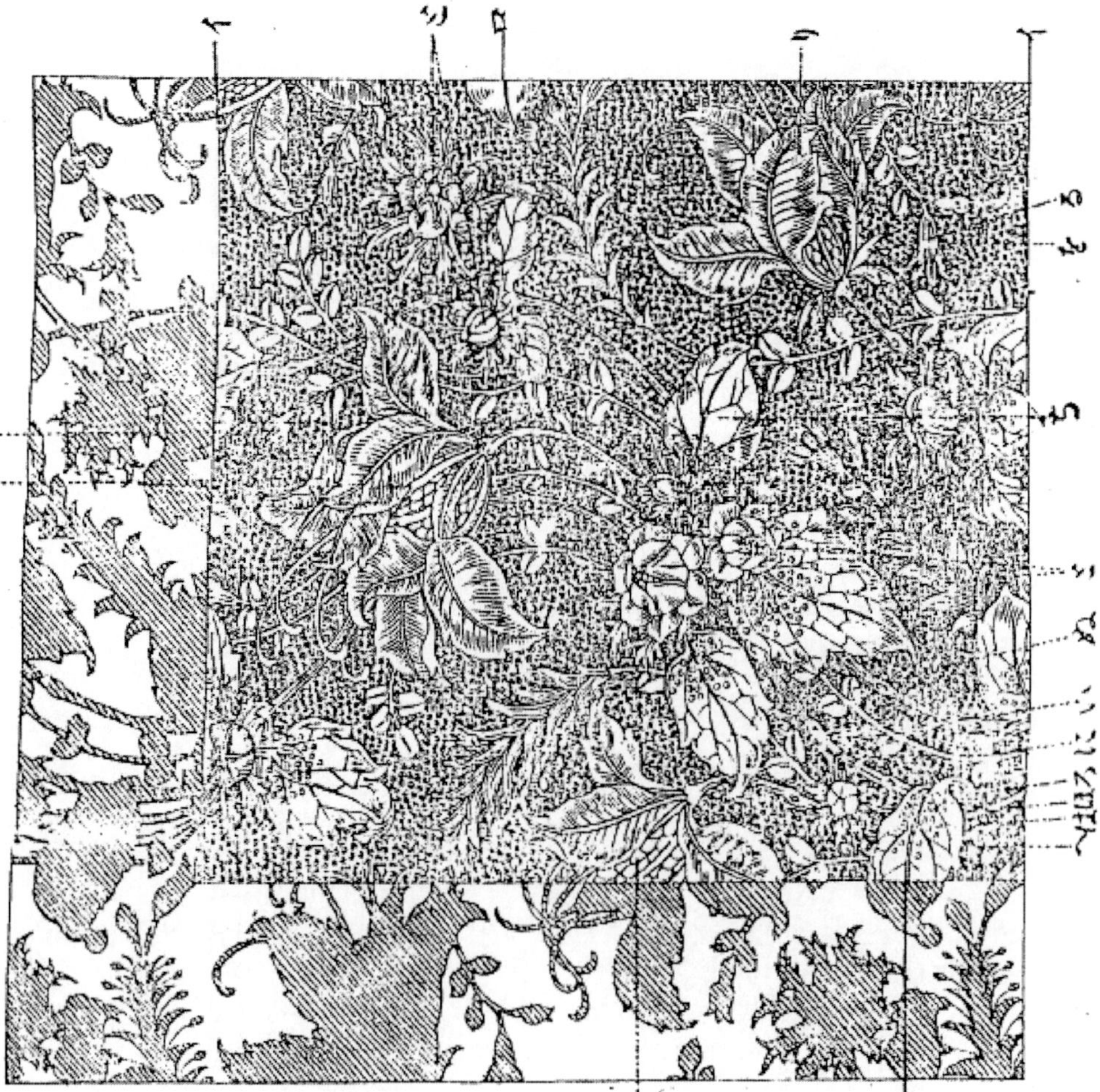

東京府　簪　簪製造販賣業

第671号

簪形狀

明治三十年十二月廿五日

第六七一號

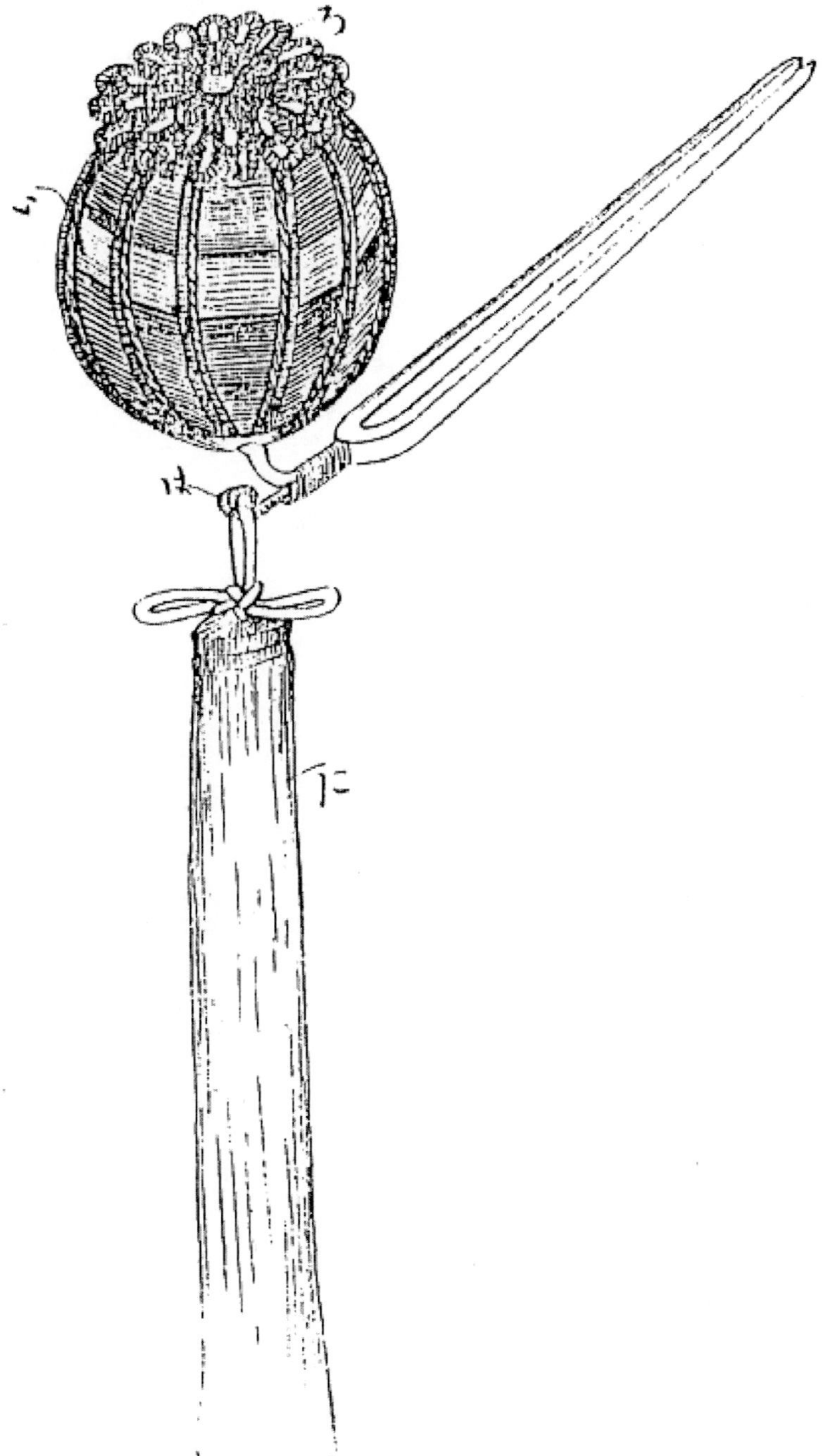


魚住滄

東京府　熨斗　印刷業
第672号

熨斗

明治三十年十二月廿七日
第六七二號

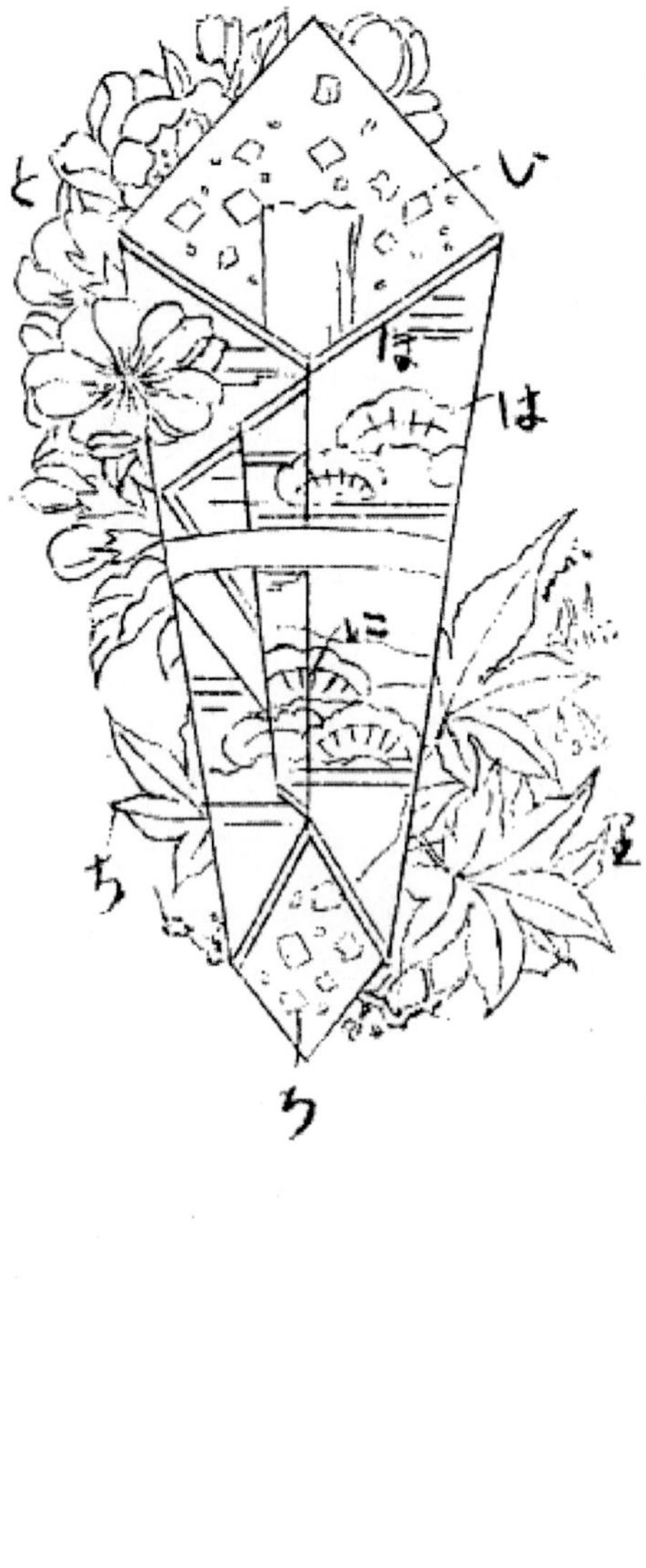


大江太

東京府　熨斗　印刷業
第673号

熨斗

明治三十年十二月廿七日
第六七三號

大江太

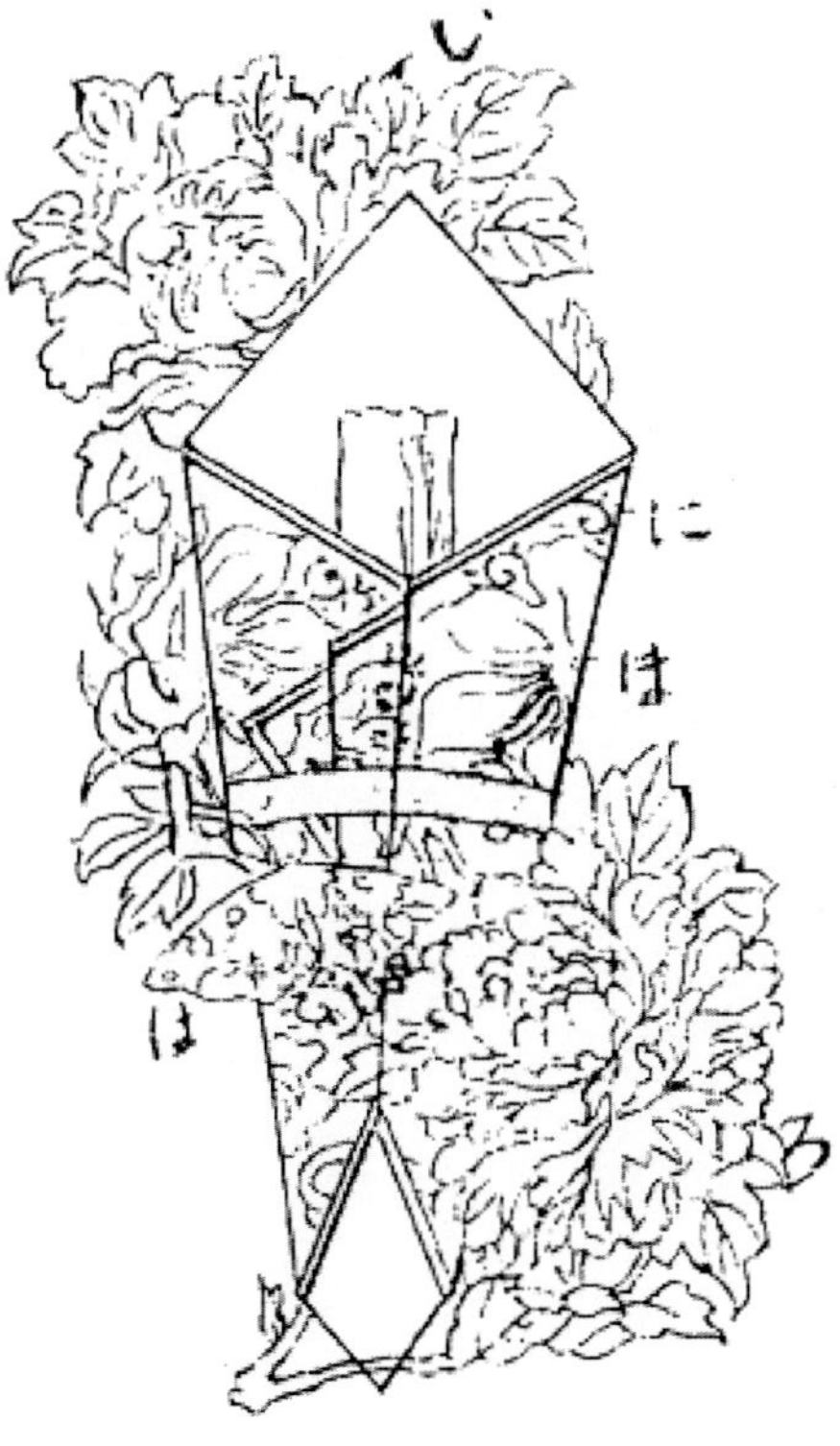

東京府　石鹸函　錺職
第675号

仝府仝市浅草区茅町二丁目廿一番地
平民　石鹸函販賣業
仝　井上小四郎

第一圖

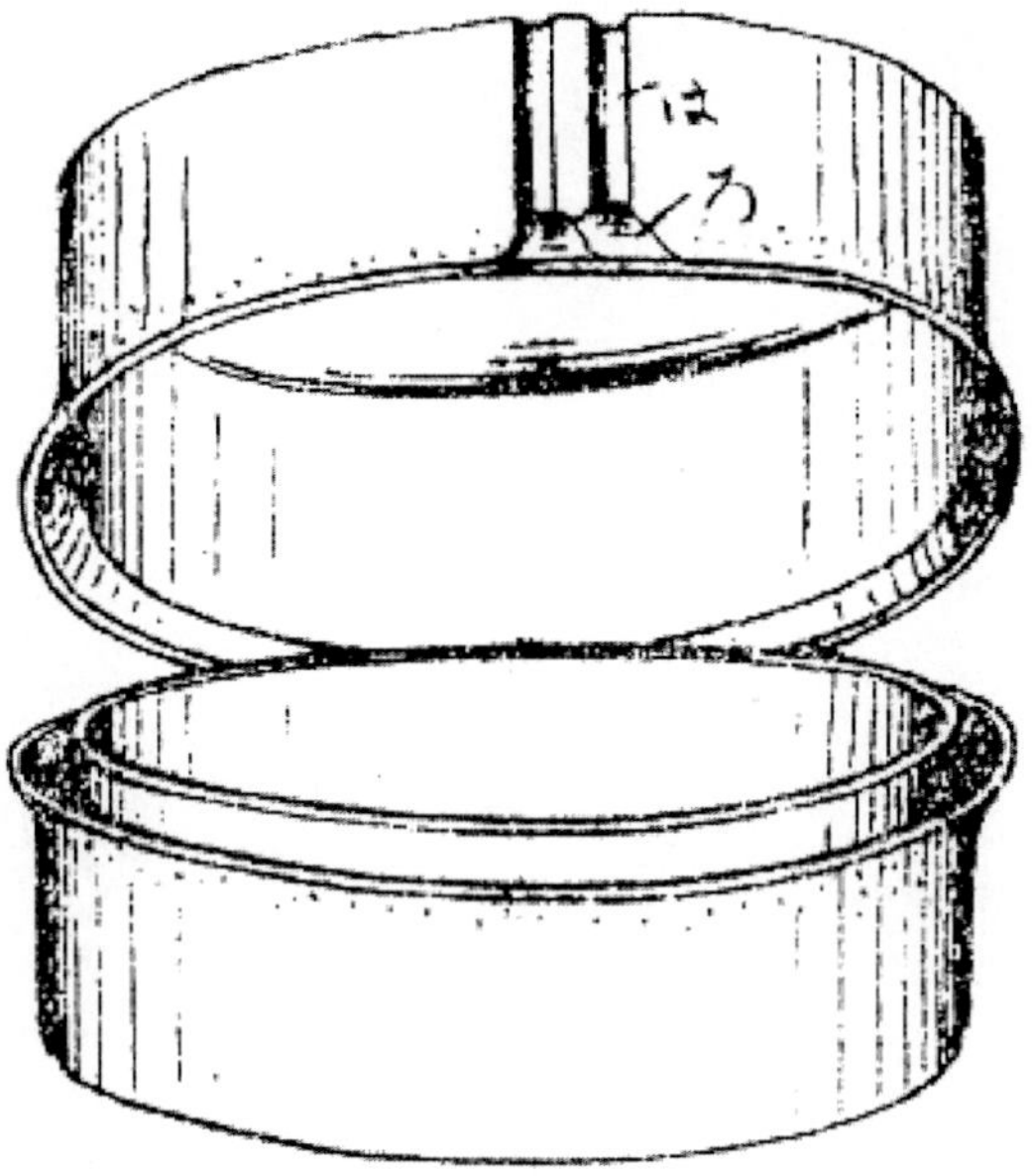


第二圖

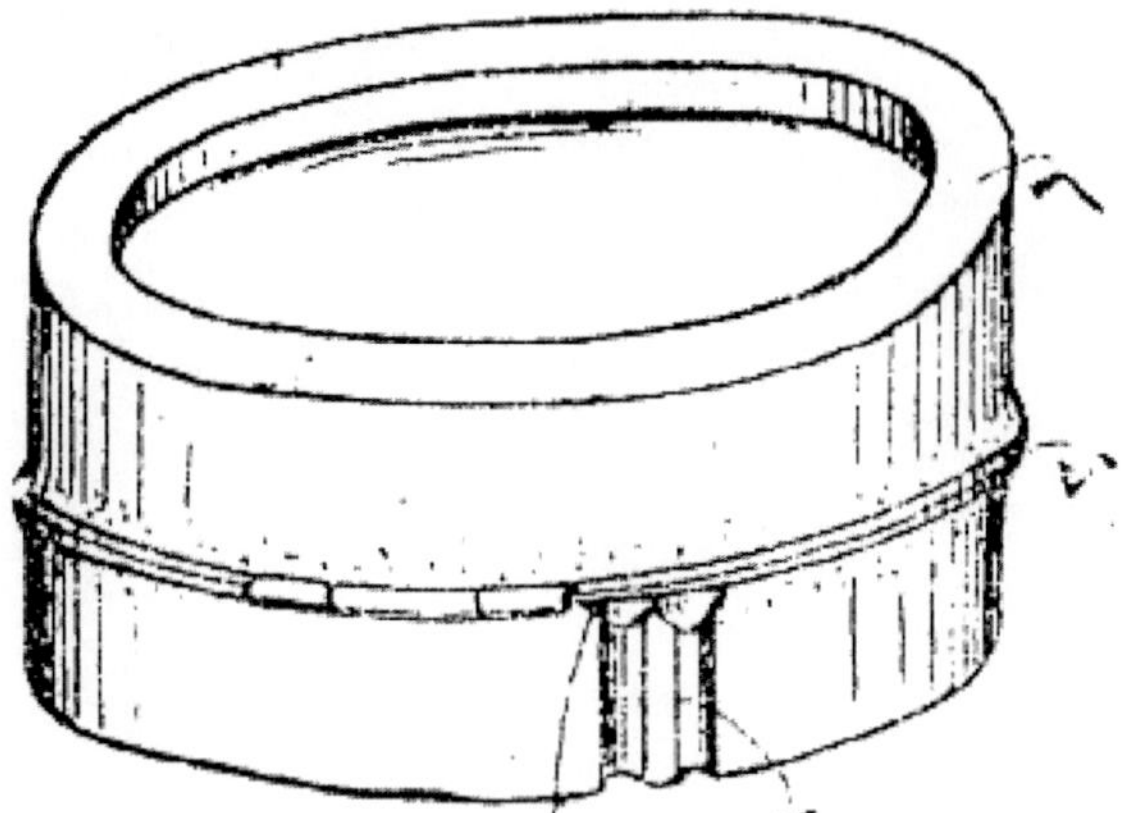

東京府　壁紙　壁紙製造業
第678号

壁紙摸様

明治三十一年二月十九日
第六七八號

山路良三

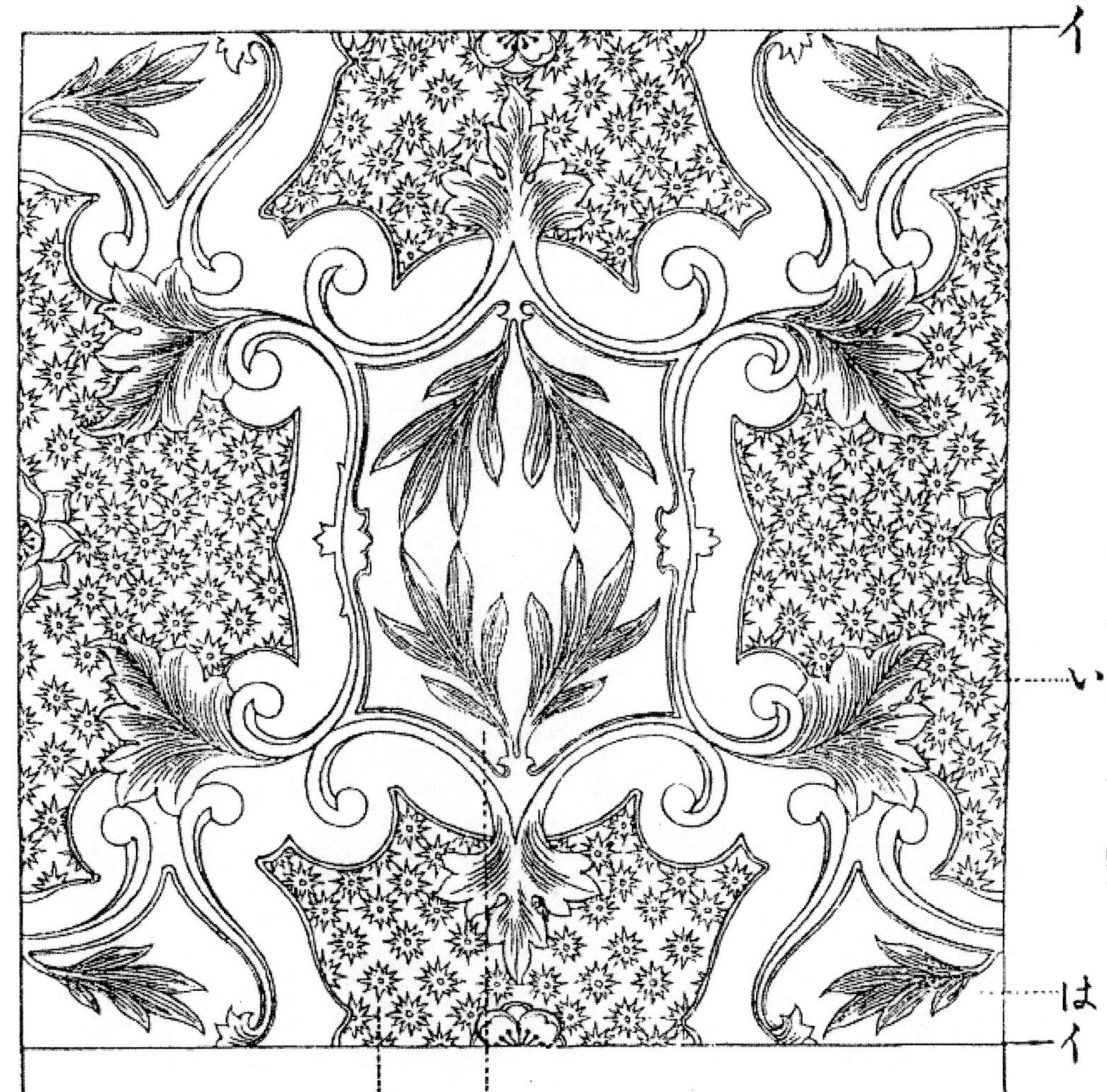

東京府　壁紙　壁紙製造業
第679号

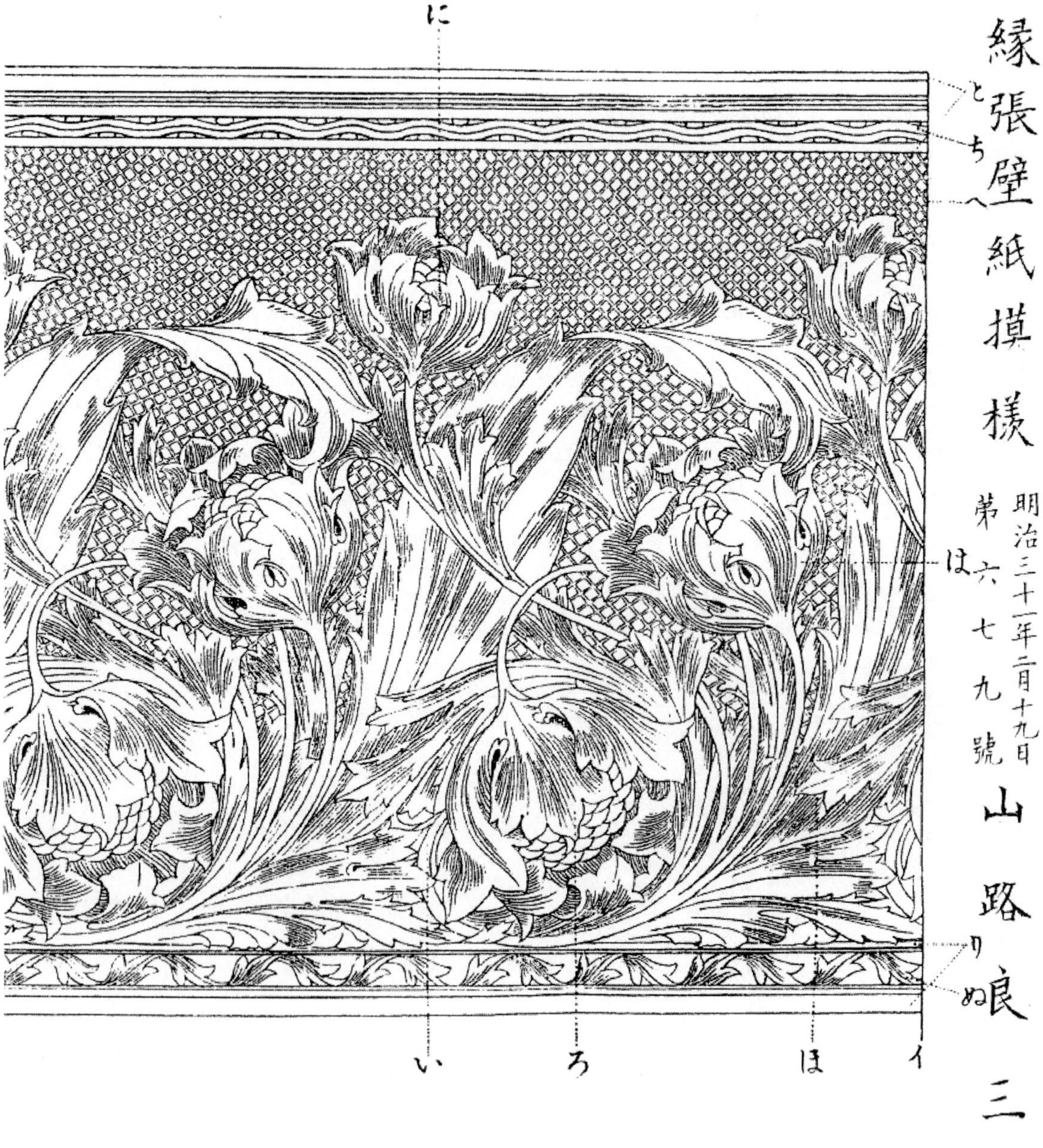

東京府　歯磨入　小間物商
第680号

齒磨入形狀

明治三十一年二月廿五日
第六八〇號

清水鎌藏

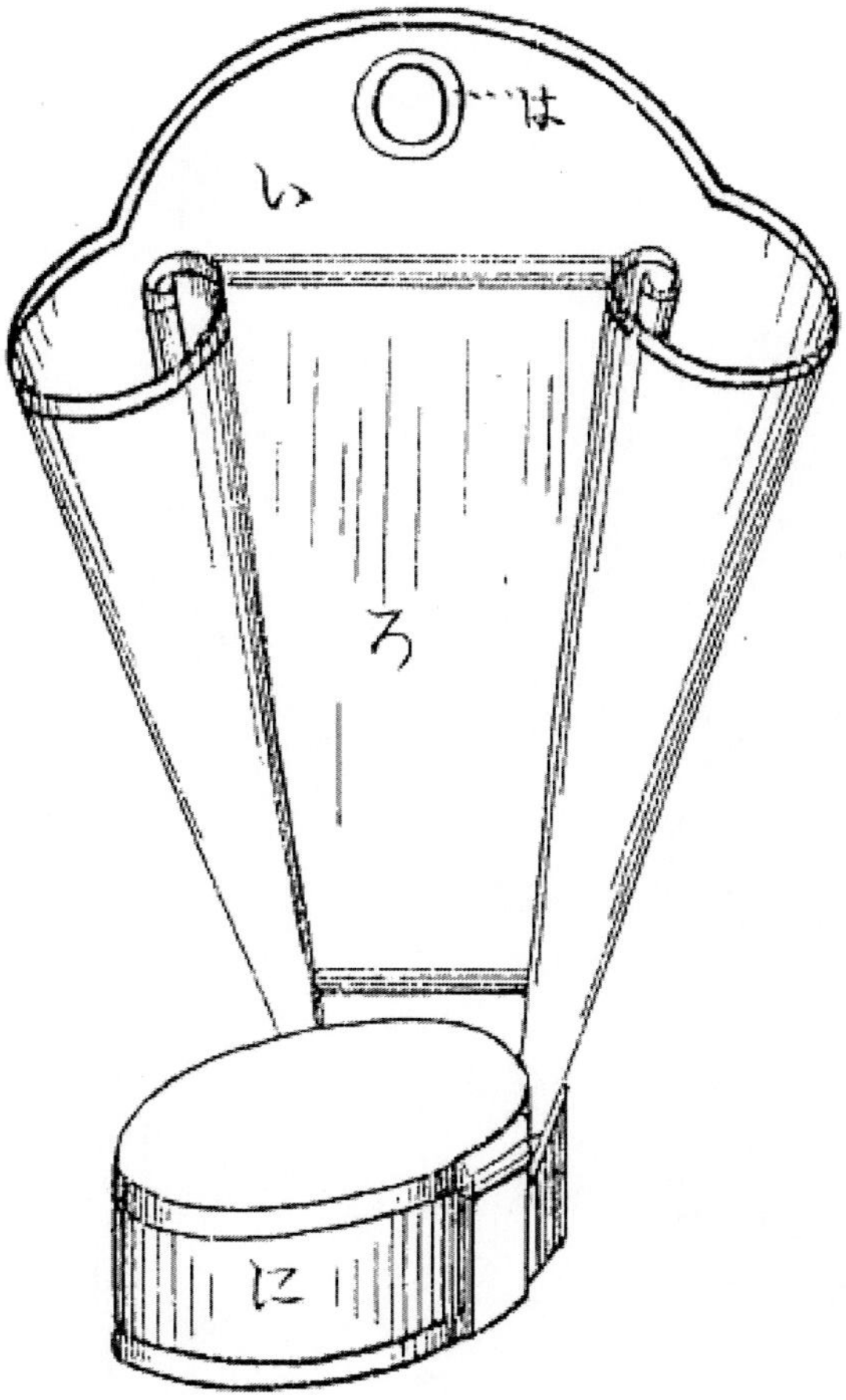

東京府　壜　　壜製造業

第683号

# 壜形状

第六八三號　明治三十一年四月四日

福見定助

第一圖

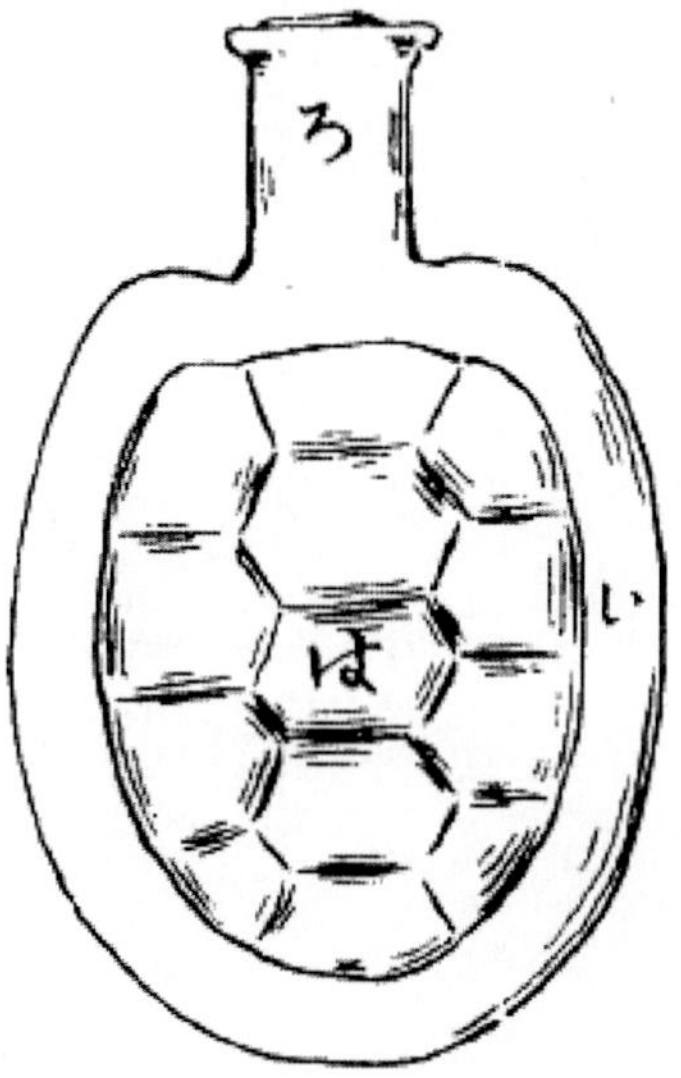


第二圖

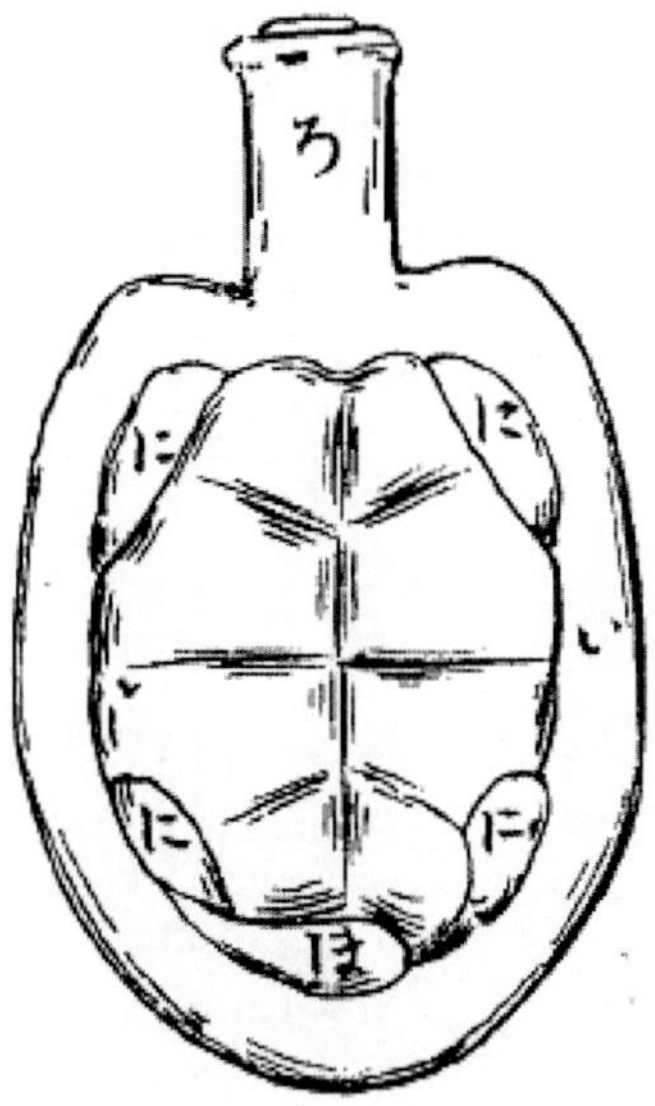

東京府　箱　小間物商
第684号

# 箱　摸　様

明治三十一年四月六日
第六八四號　塩濱達之輔

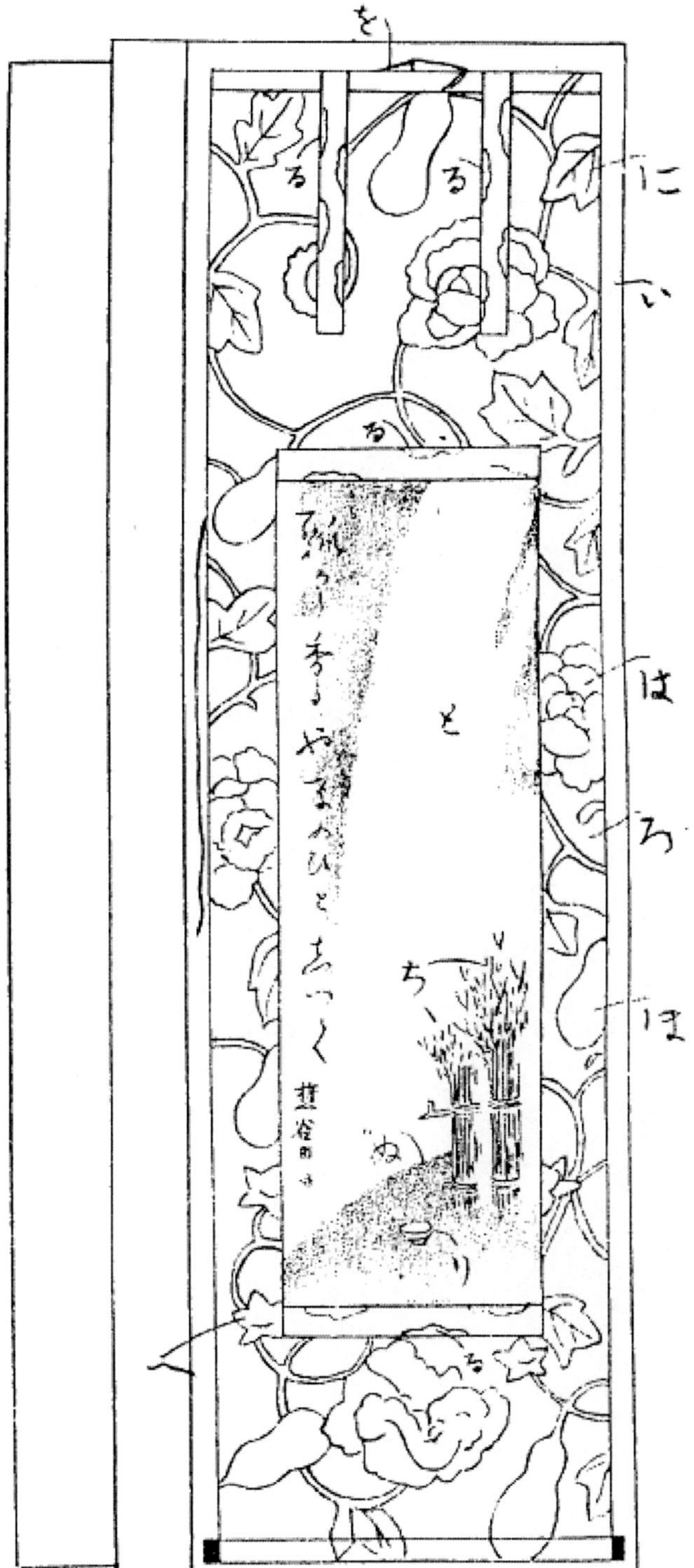

東京府　壁紙　壁紙製造業
第６８６号

# 縁張壁紙模様

明治三十一年四月十四日
第六八六號
山路良三

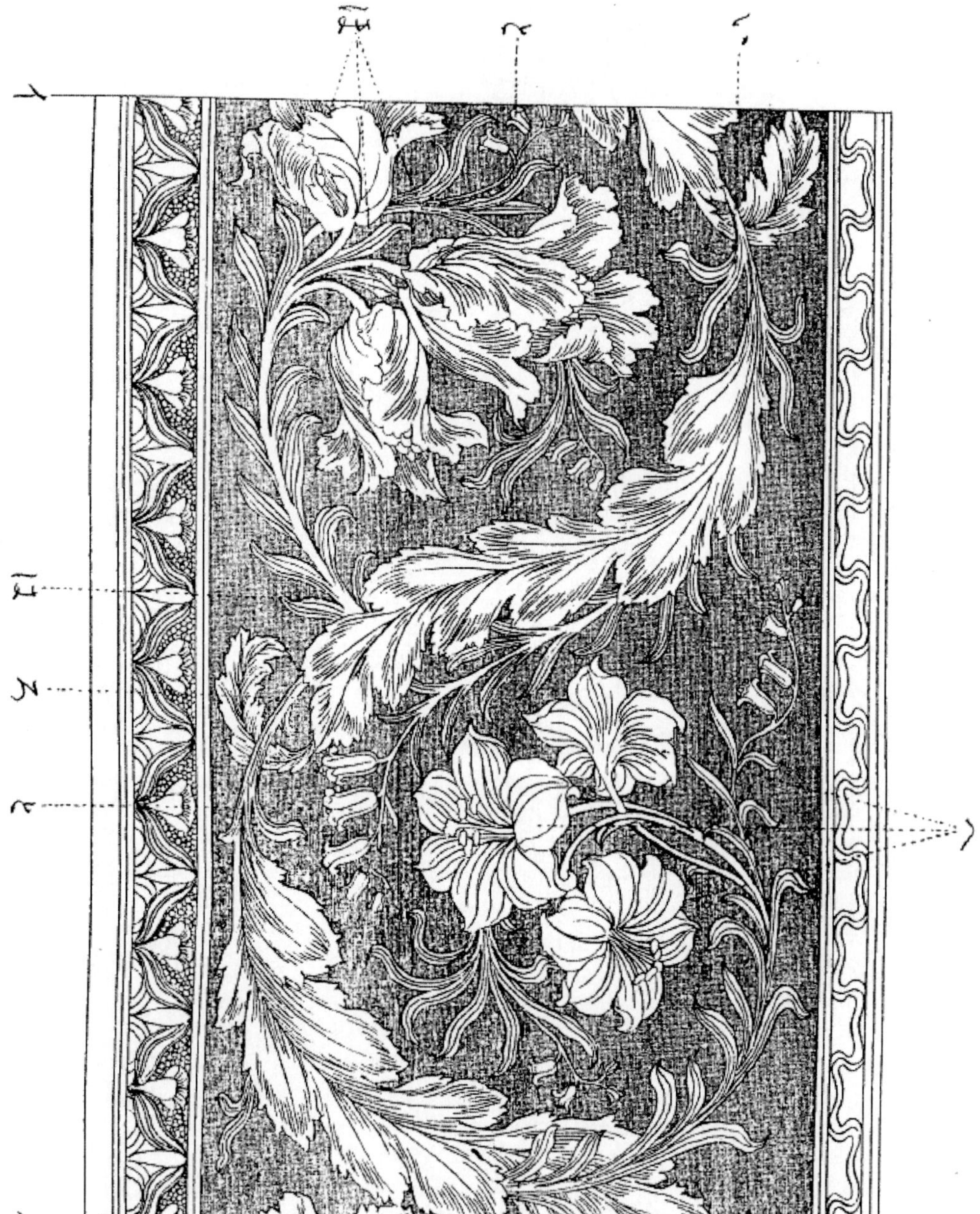

東京府　壁紙　壁紙製造業

第687号

# 壁紙摸様

明治三十一年四月十四日
第六八七號

山路良三

東京府　壁紙　壁紙製造業

第6888号

# 壁紙模様

明治三十一年四月十四日

第六八八八號

山路良三

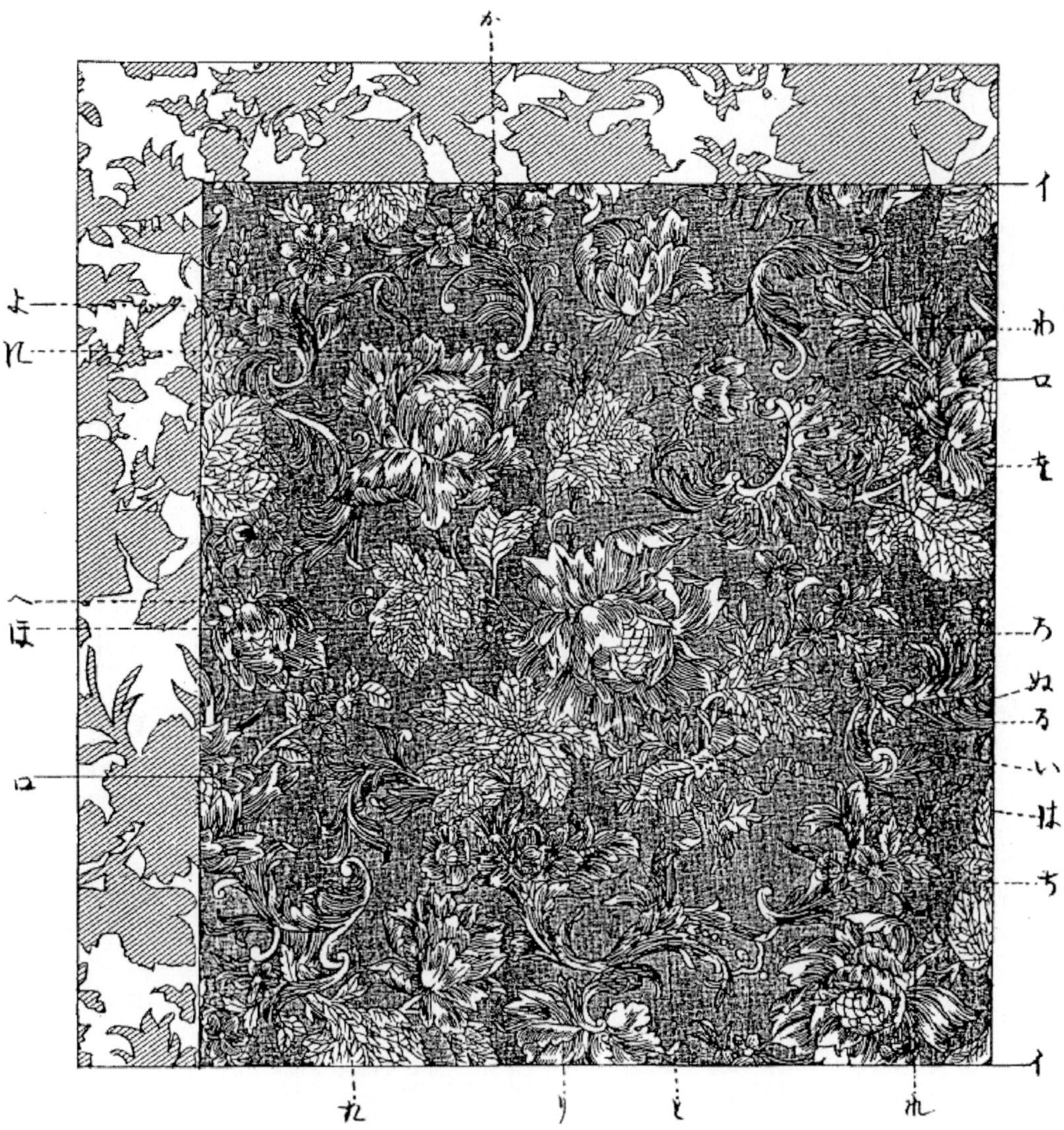

東京府　名刺挾　モール製造業
第693号

# 名刺挾形状

明治三十一年六月二十日
第六九三號
大岩貞吉

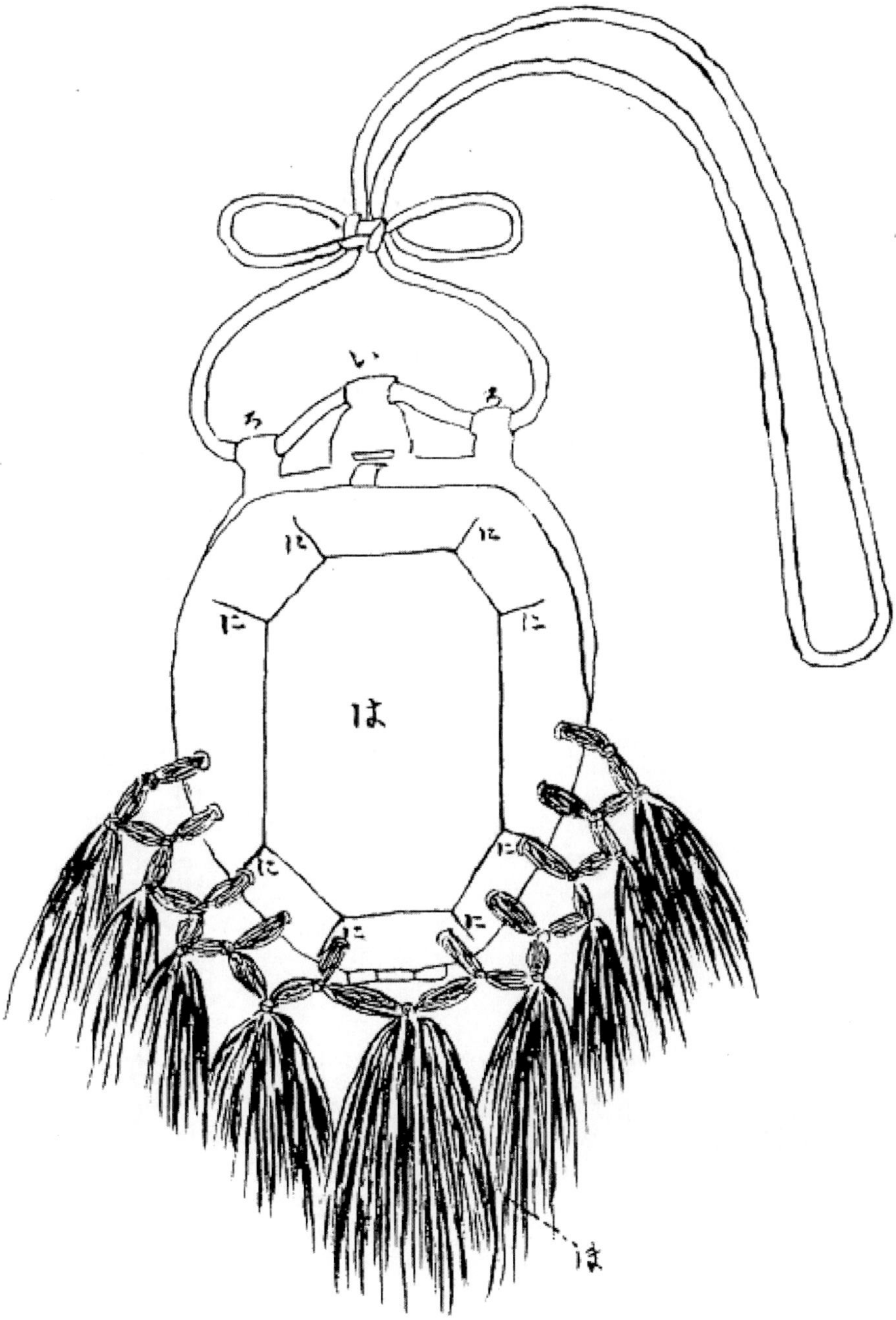

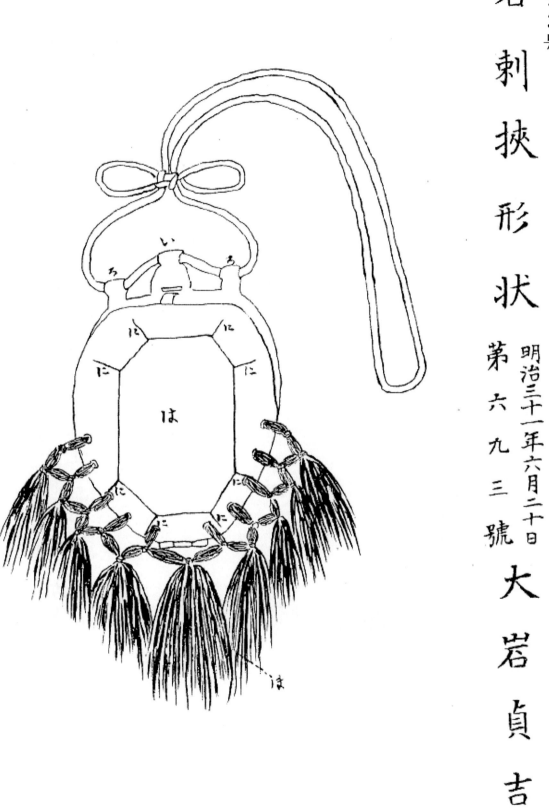

東京府　羽織紐止金具　絲組物商
第694号

# 羽織紐止金具

明治三十一年六月廿五日
第六九四號　粟田房治

第一圖

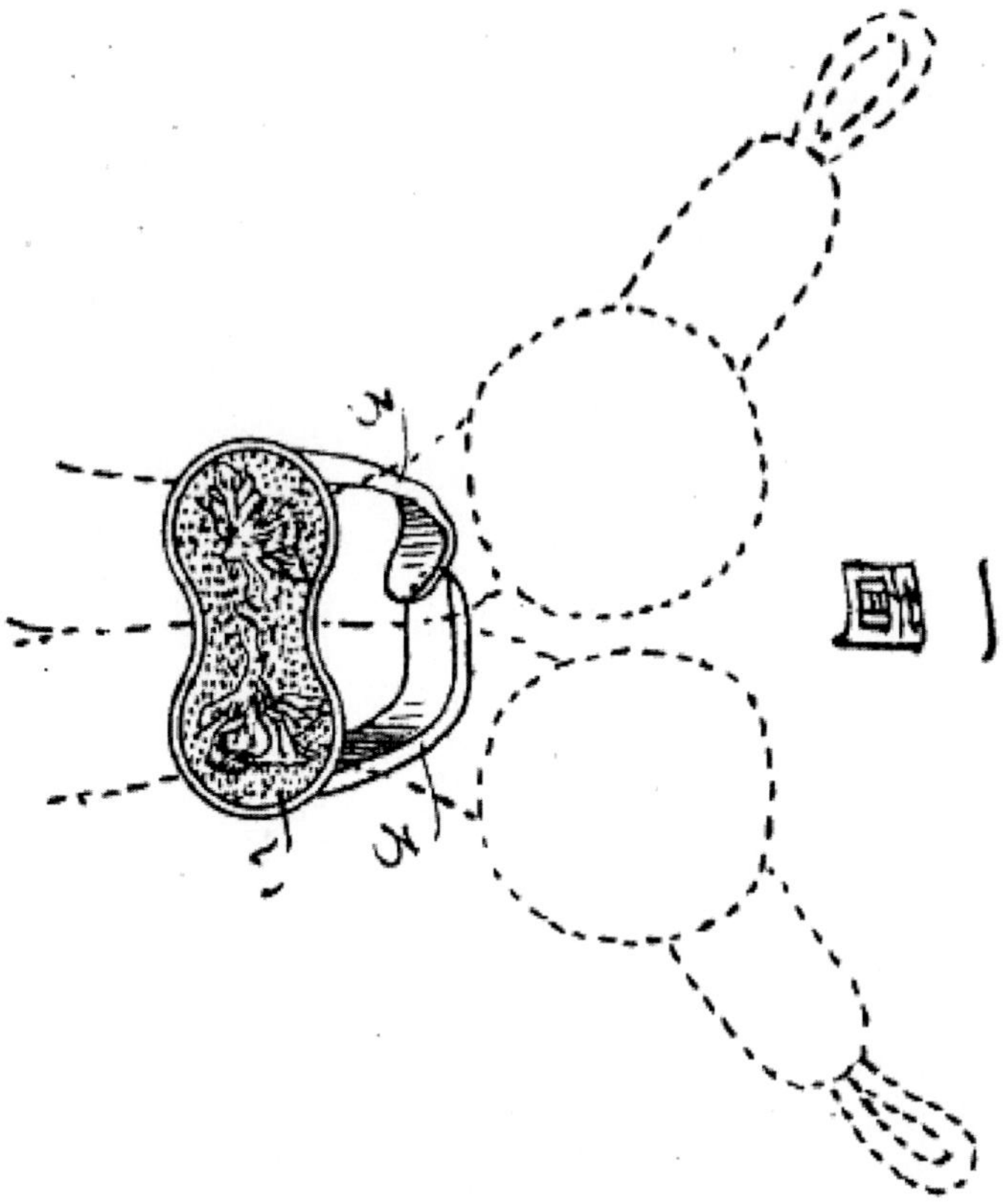


第二圖

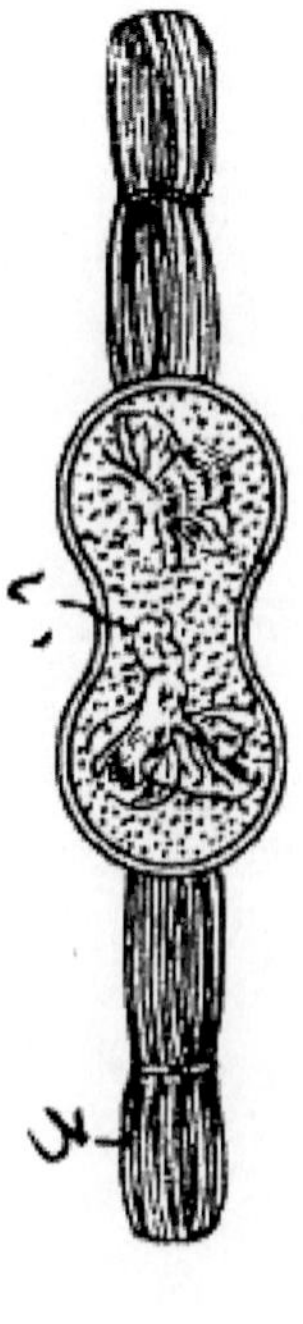

東京府　時計紐止金具　糸組物商
第695号

# 時計紐止金具

明治三十一年六月廿五日
第六九五號
粟田房治

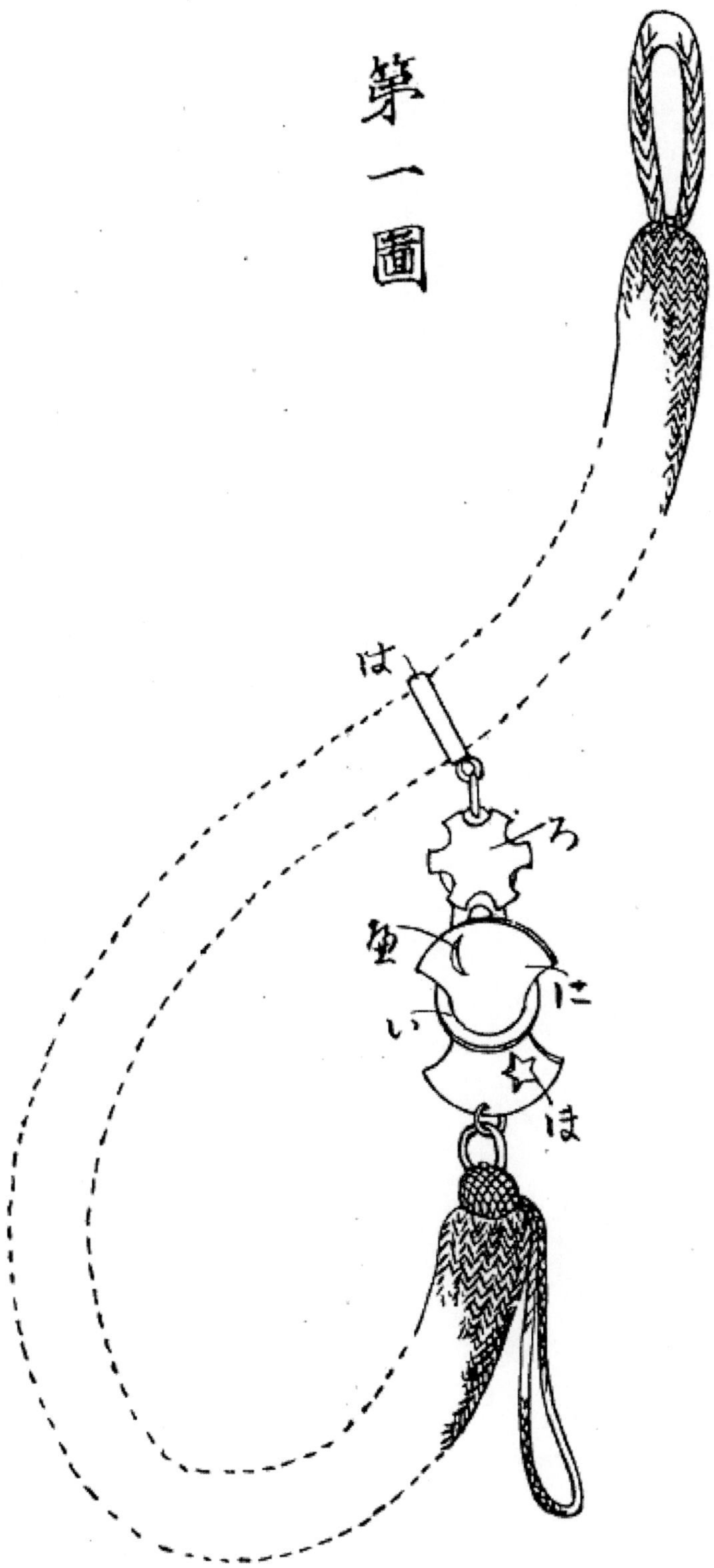


第一圖

時計紐止金具

明治三十一年六月廿五日

第六九五號

粟田房治

第二圖

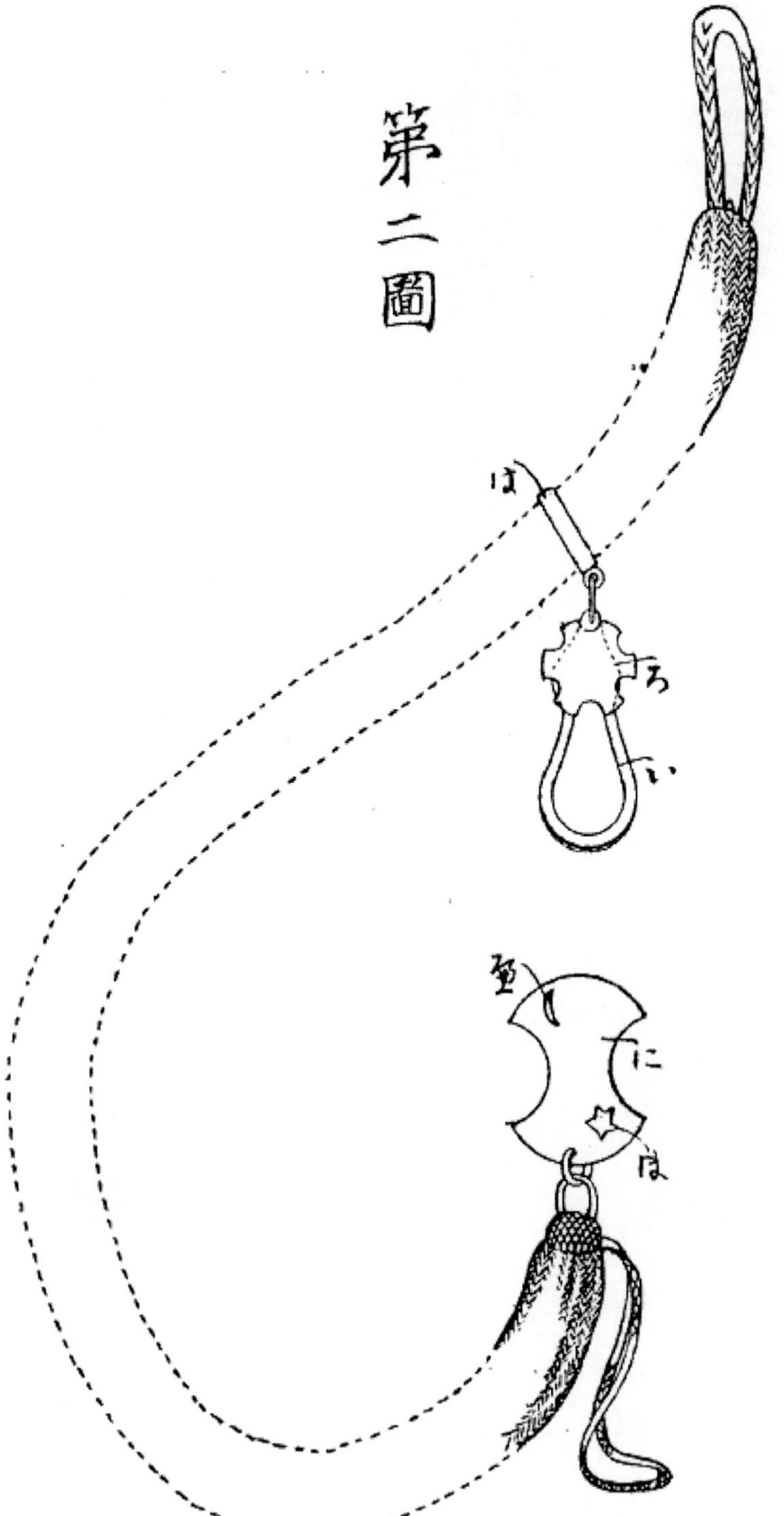

東京府　爪掛　爪革製造業
第708号

爪掛

明治三十一年七月十四日
第七〇八號

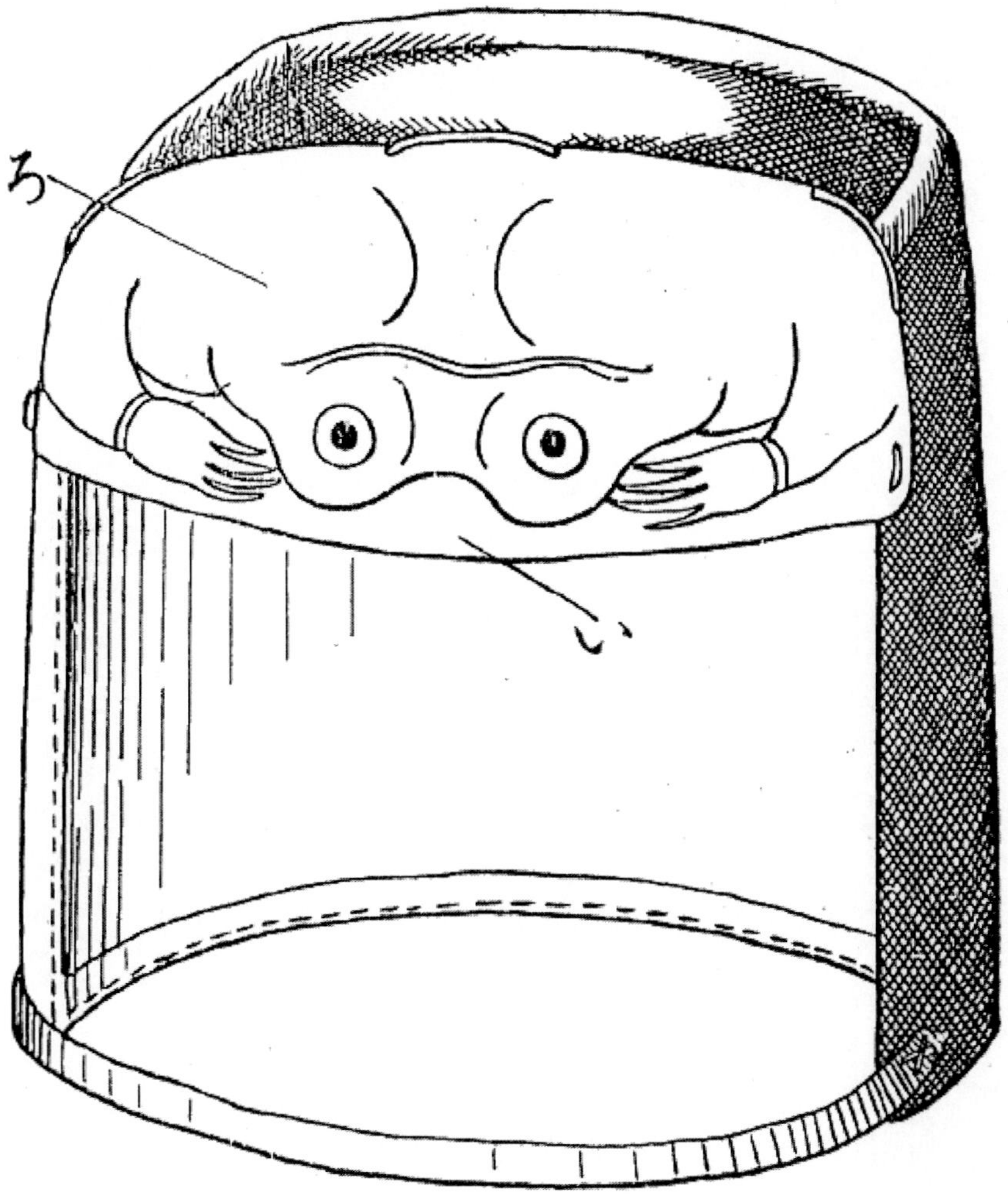


志水又平

東京府 簪 錺職
第712号

# 簪玉形状

明治三十一年九月十日
苐七一二號

松田留吉

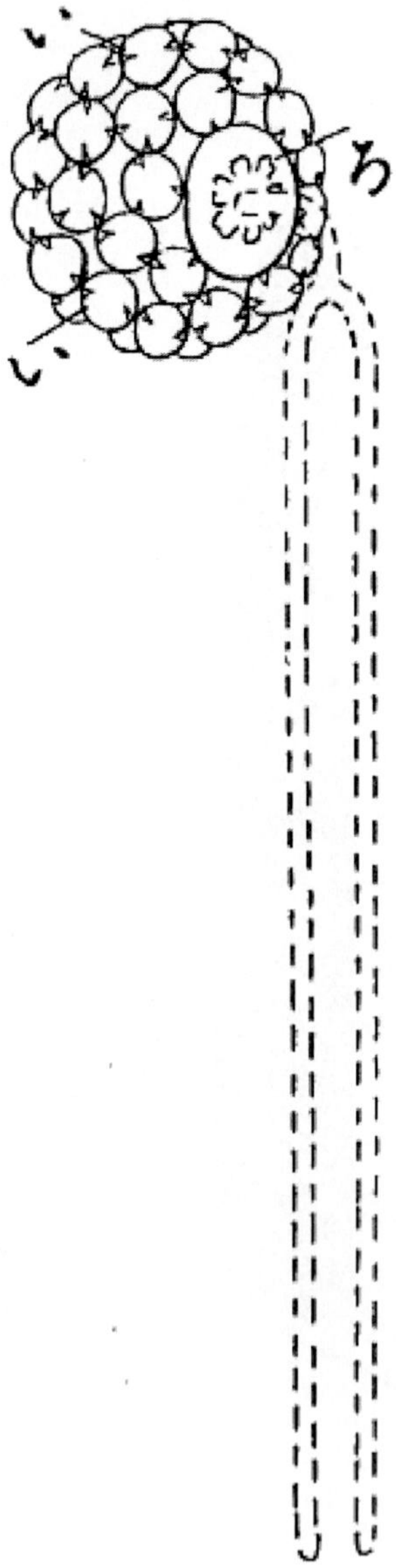

東京府　石鹸　小間物商
第715号

# 石鹸

明治三十一年十月二十一日
第七一五號　田中吉兵衛

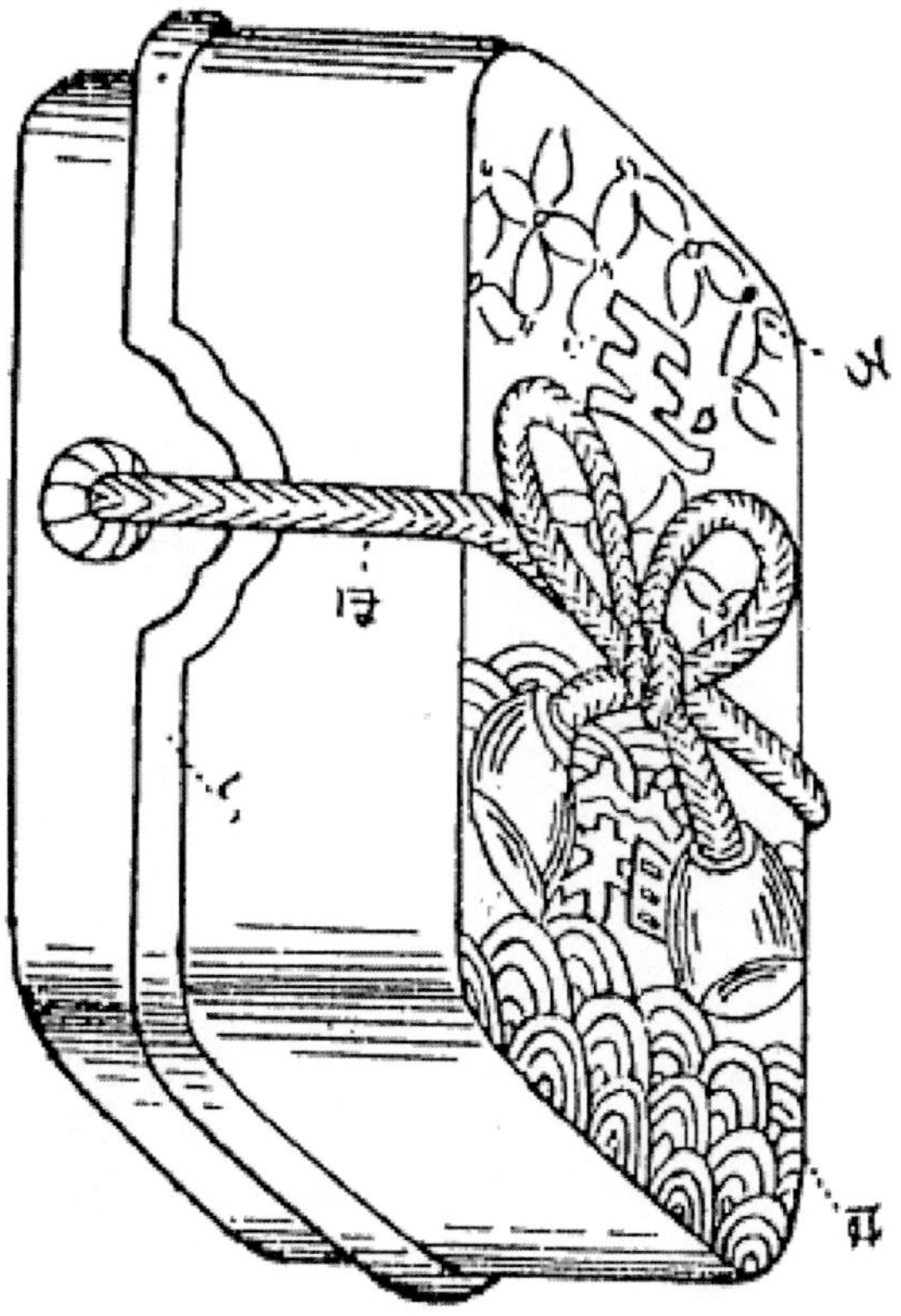


第一圖

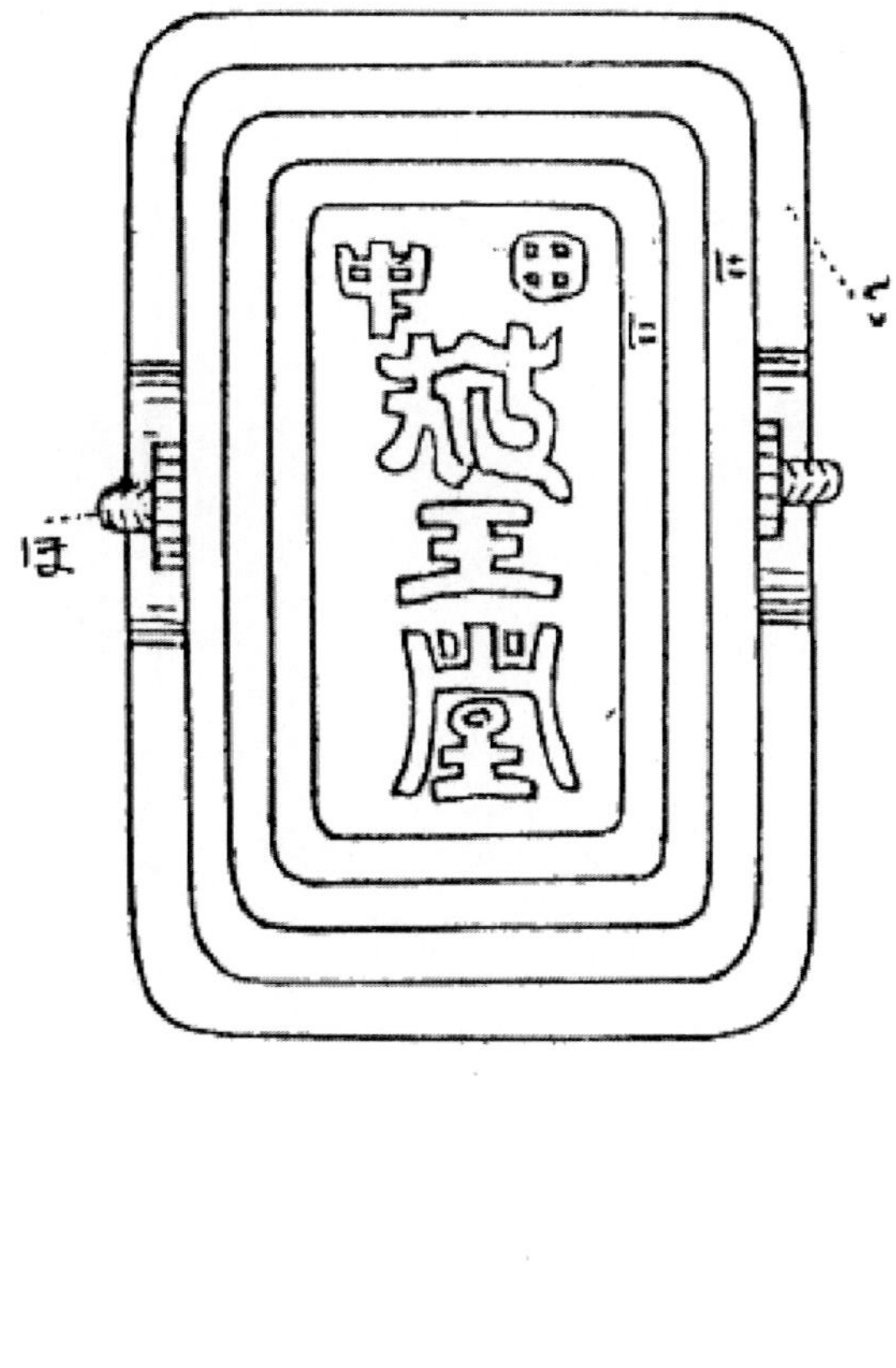


第二圖

東京府　根掛　根掛製造業
第716号

根掛形狀

第七一六號　明治三十一年十月二十九日

藤田熊太郎

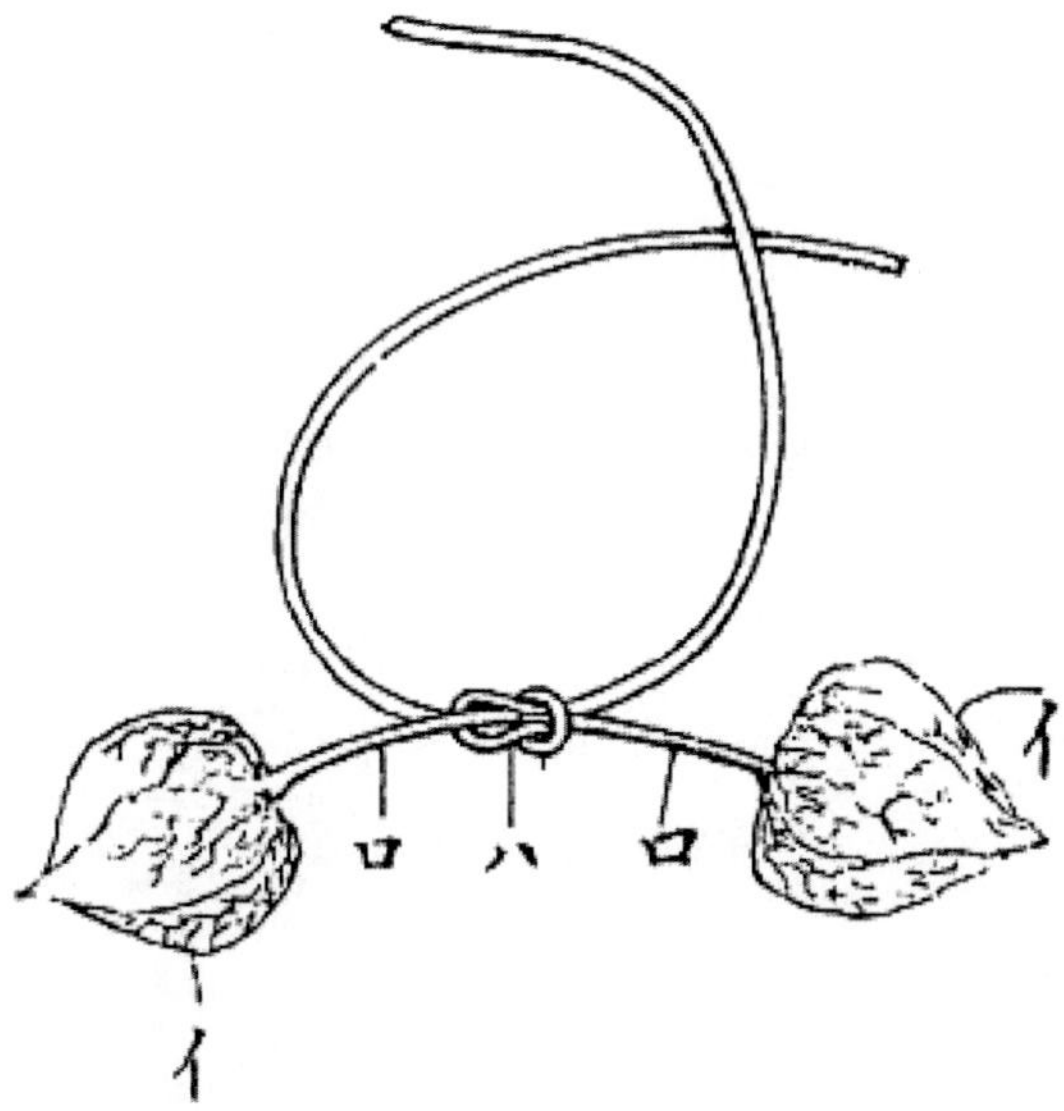

東京府　薄荷吸入器　薄荷吸入器製造業

第717号

# 薄荷吸入器形状

第七一七號　明治三十一年十二月廿九日

渡邉代助

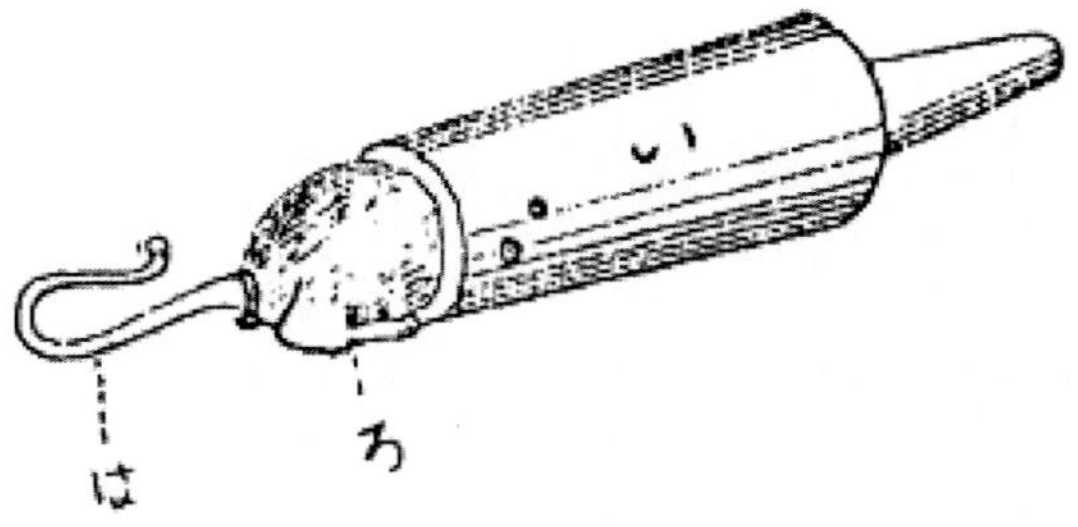

東京府　手巾　軍事教育會幹事
第７１８号

手巾模様

明治三十一年十二月五日
第七一八號

高橋静虎

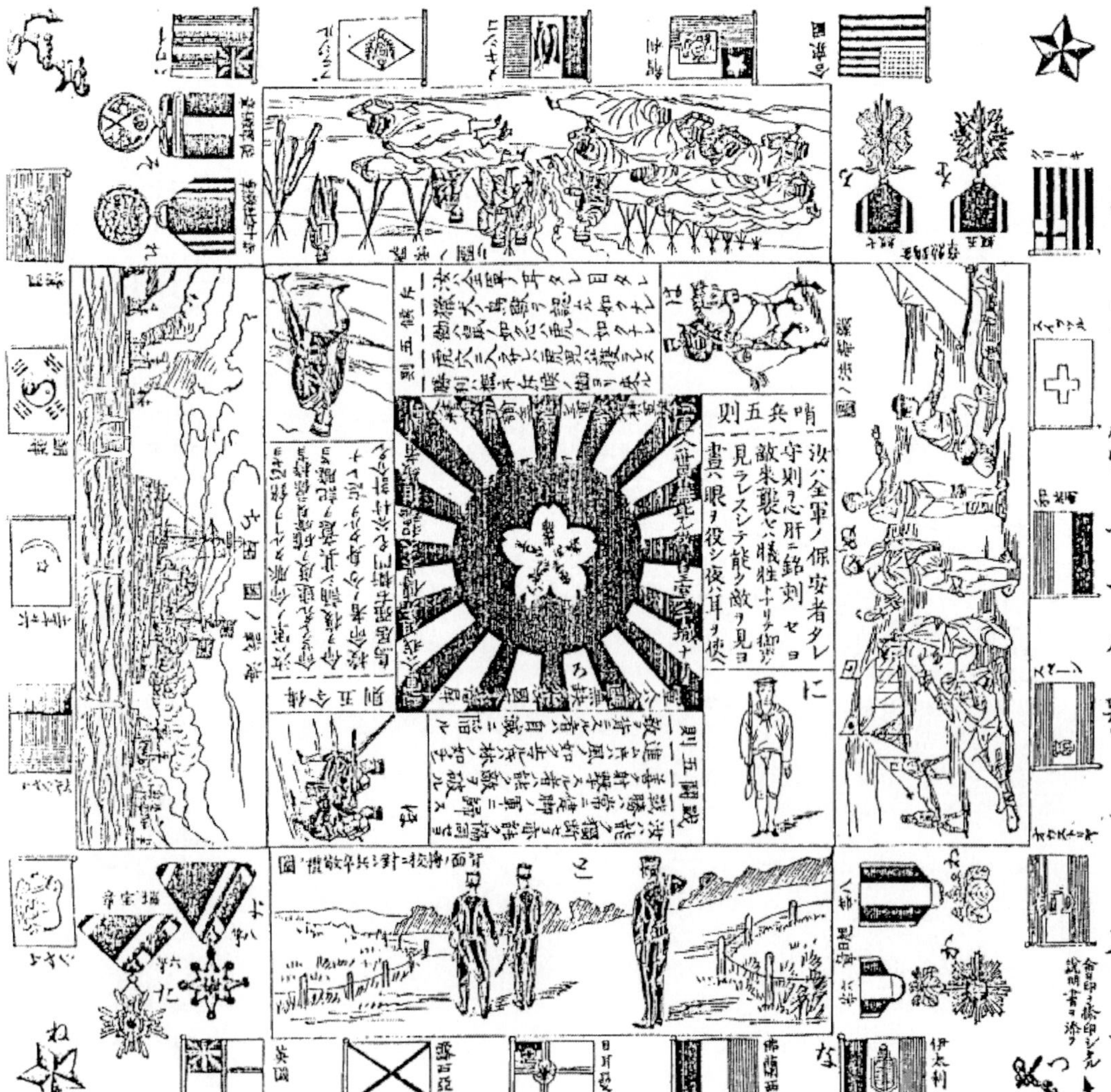

東京府　煙草戴　錺職
第719号

# 巻煙草載形状

明治三十一年十二月十四日
第七一九號

早川伊三郎
渡邉代助

第一圖

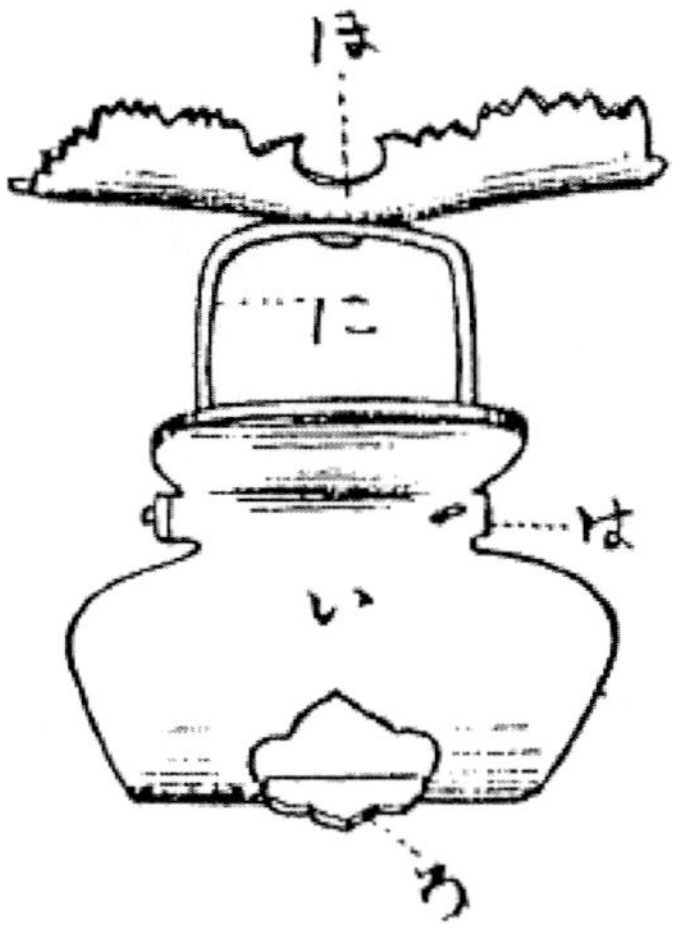


第二圖

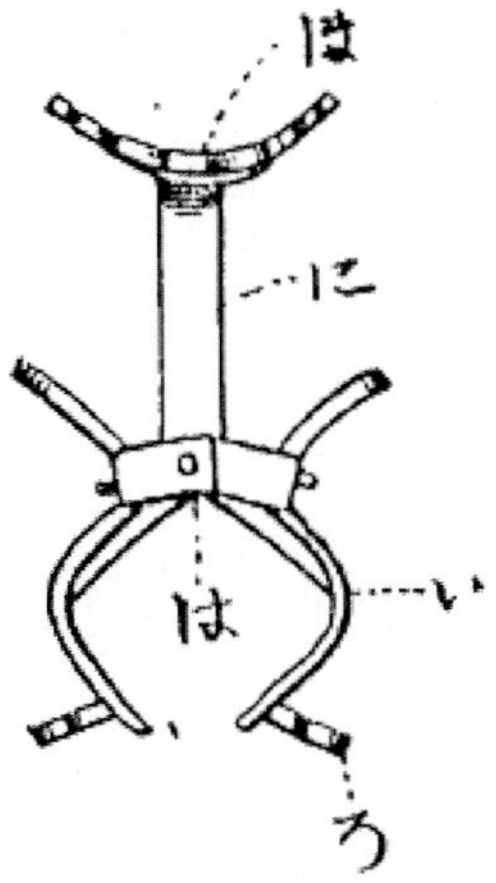


第三圖

東京府　壁紙　壁紙製造業
第720号

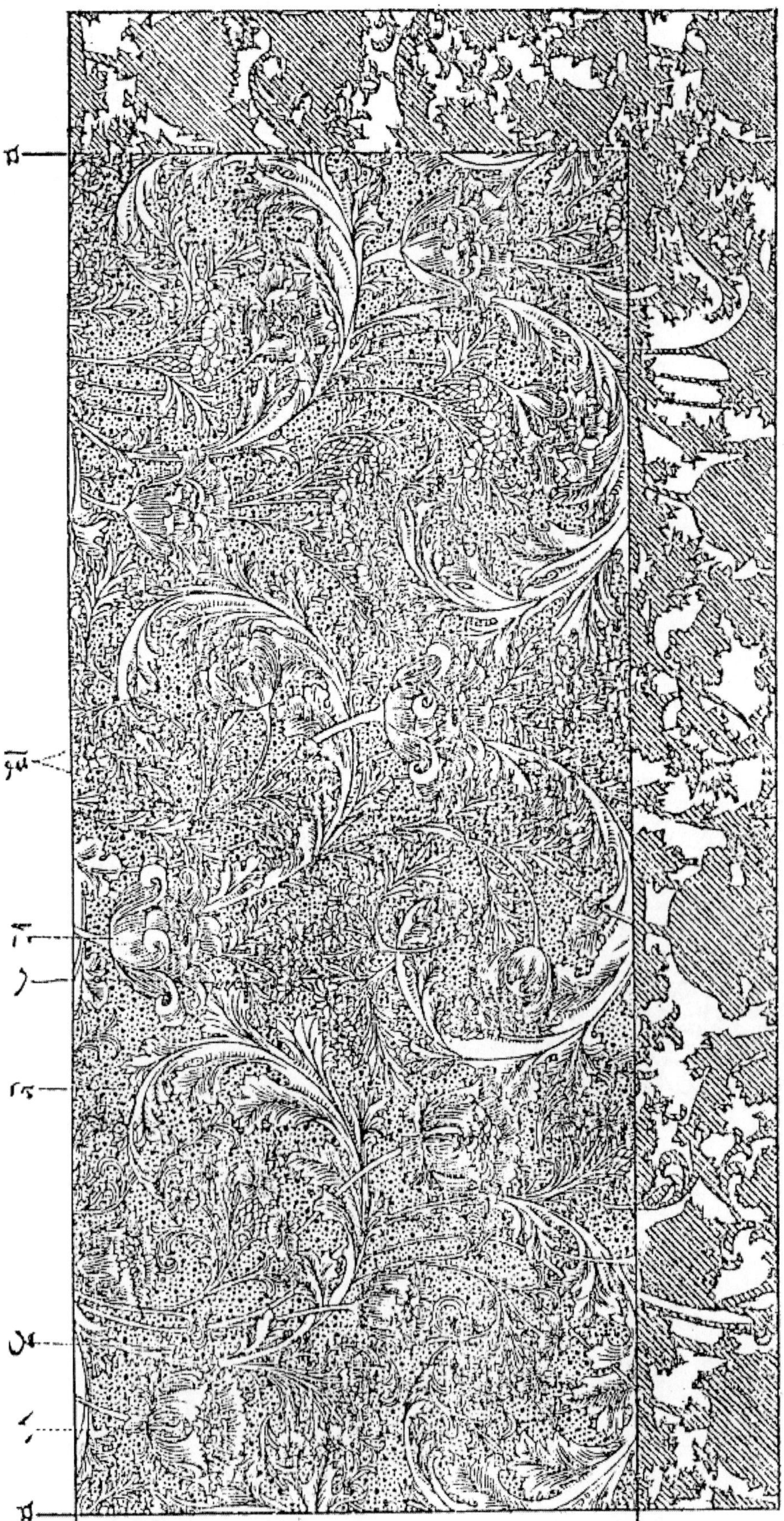

壁紙摸様

明治三十一年十二月十九日
第七二〇號

山路良三

東京府　壁紙　壁紙製造業
第721号

壁紙摸様

明治三十一年十二月十九日
第七二一號

山路良三

東京府　壁紙　壁紙製造業

第722号

壁紙摸様

明治三十一年十二月十九日

第七二二號

山路良三

東京府　造花　小間物仲買商・簪製造業

第724号

# 造花形狀

明治三十一年十二月廿七日

第七二四號

加藤徳治

魚住滄

第一圖

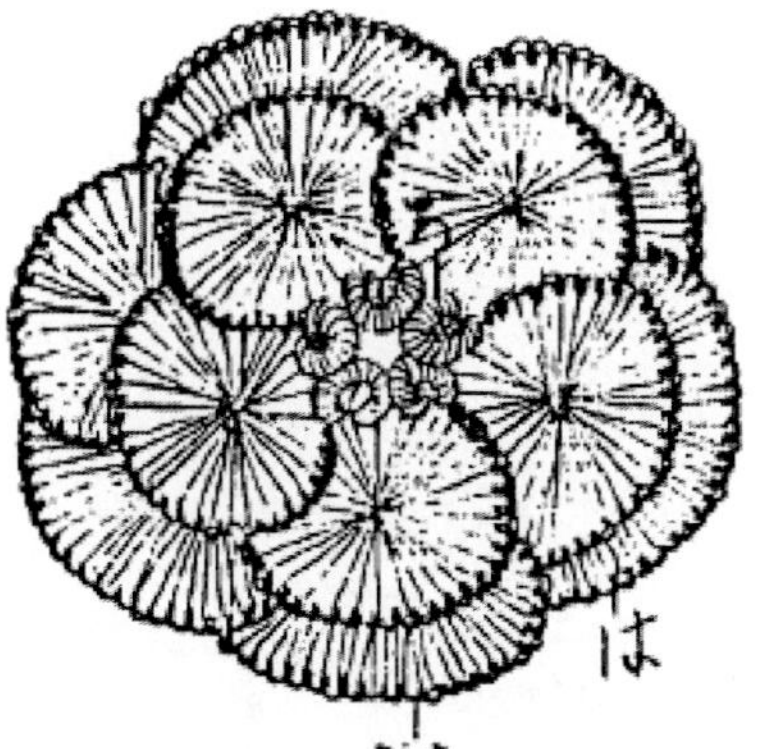


第二圖

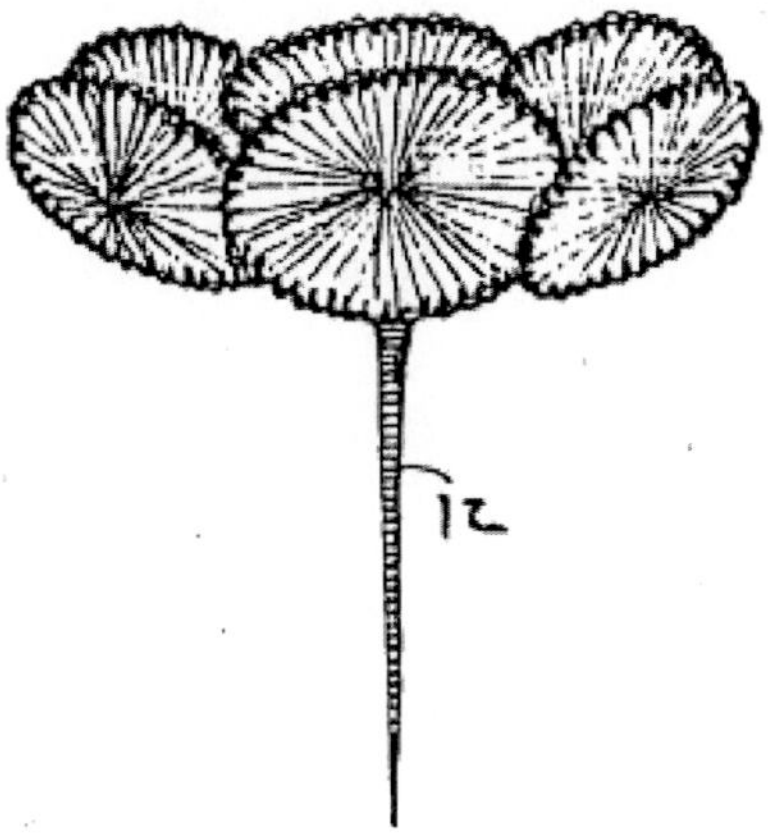

東京府　パイプ置　鍍金業
第725号

# パイプ置形状

明治三十一年十二月廿一日
第七二五號

内藤泰太郎

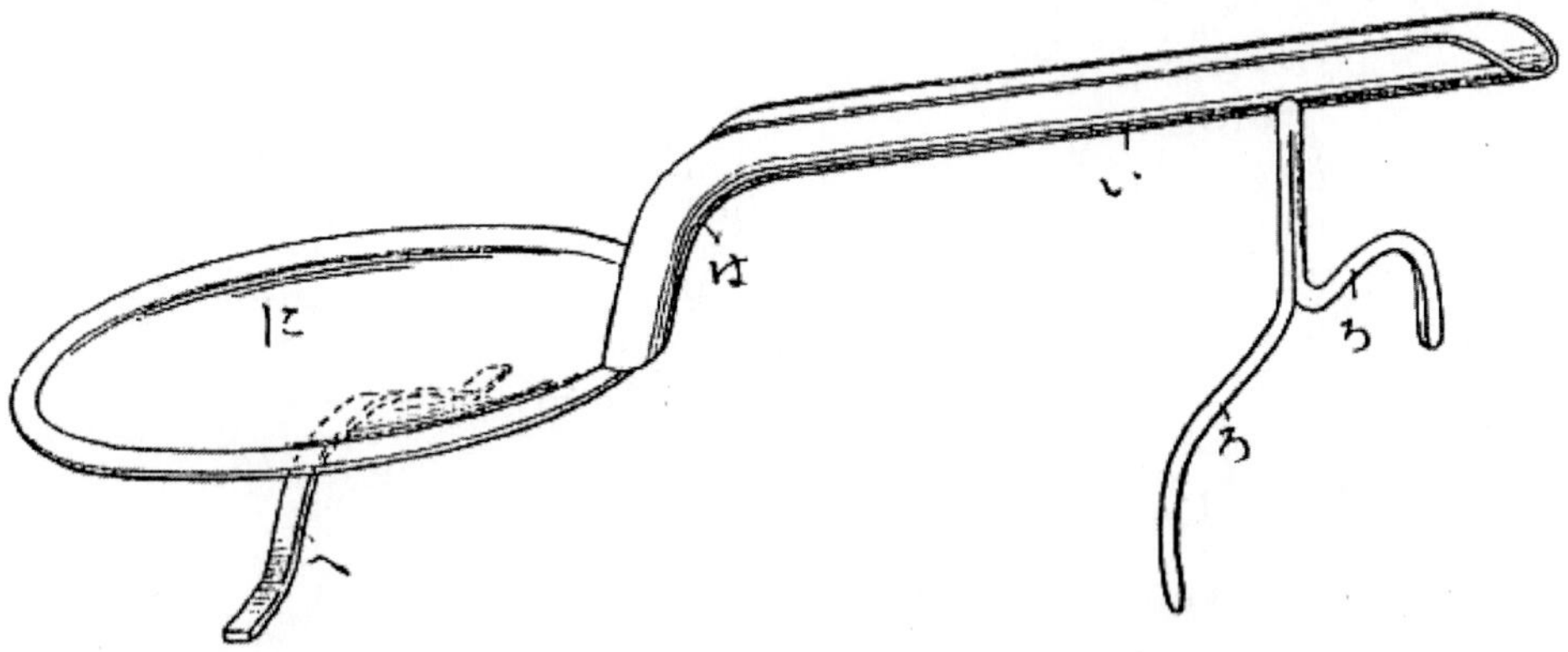

東京府　煙管　煙管商
第726号

# 煙管形状

明治三十二年一月十一日
第七二六號

渡邉代助

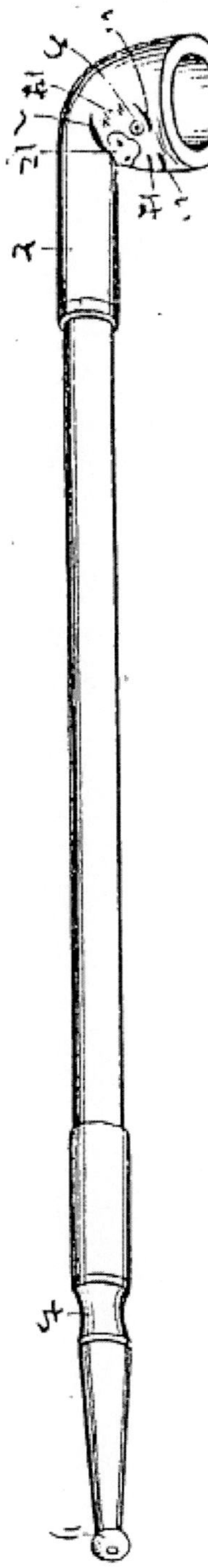

東京府　香器　煙管商
第730号

# 香器形状

明治三十一年二月七日
第七三〇號

渡邊代助

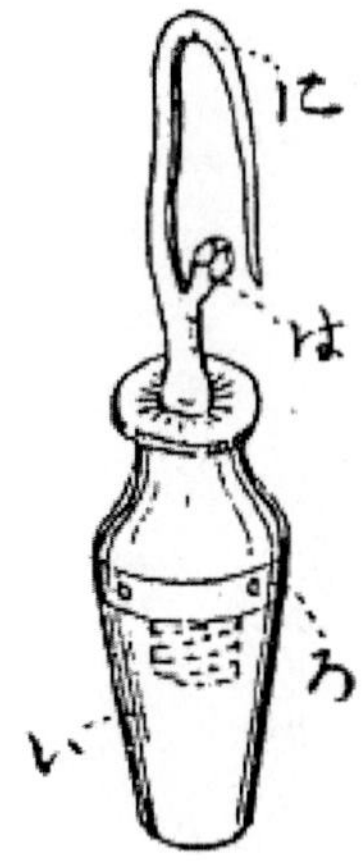

東京府　壁紙　壁紙製造業
第732号

壁紙摸様

明治三十二年三月十六日
第七三二號

山路良三

東京府　壁紙　壁紙製造業
第733号

壁紙模様

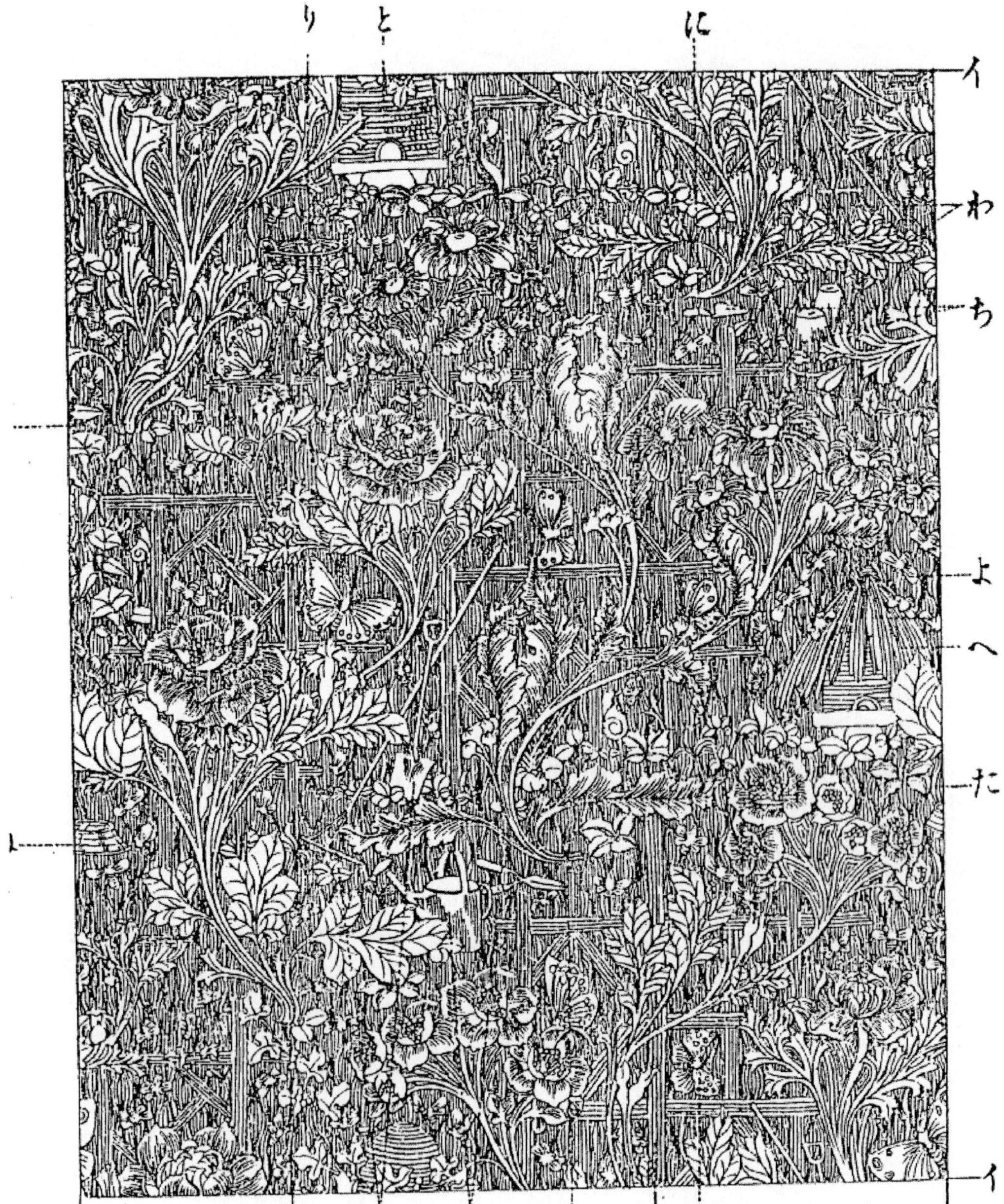


明治三十二年二月十六日
第七三三號

山路良三

東京府　壁紙　壁紙製造業
第７３４号

壁紙摸様

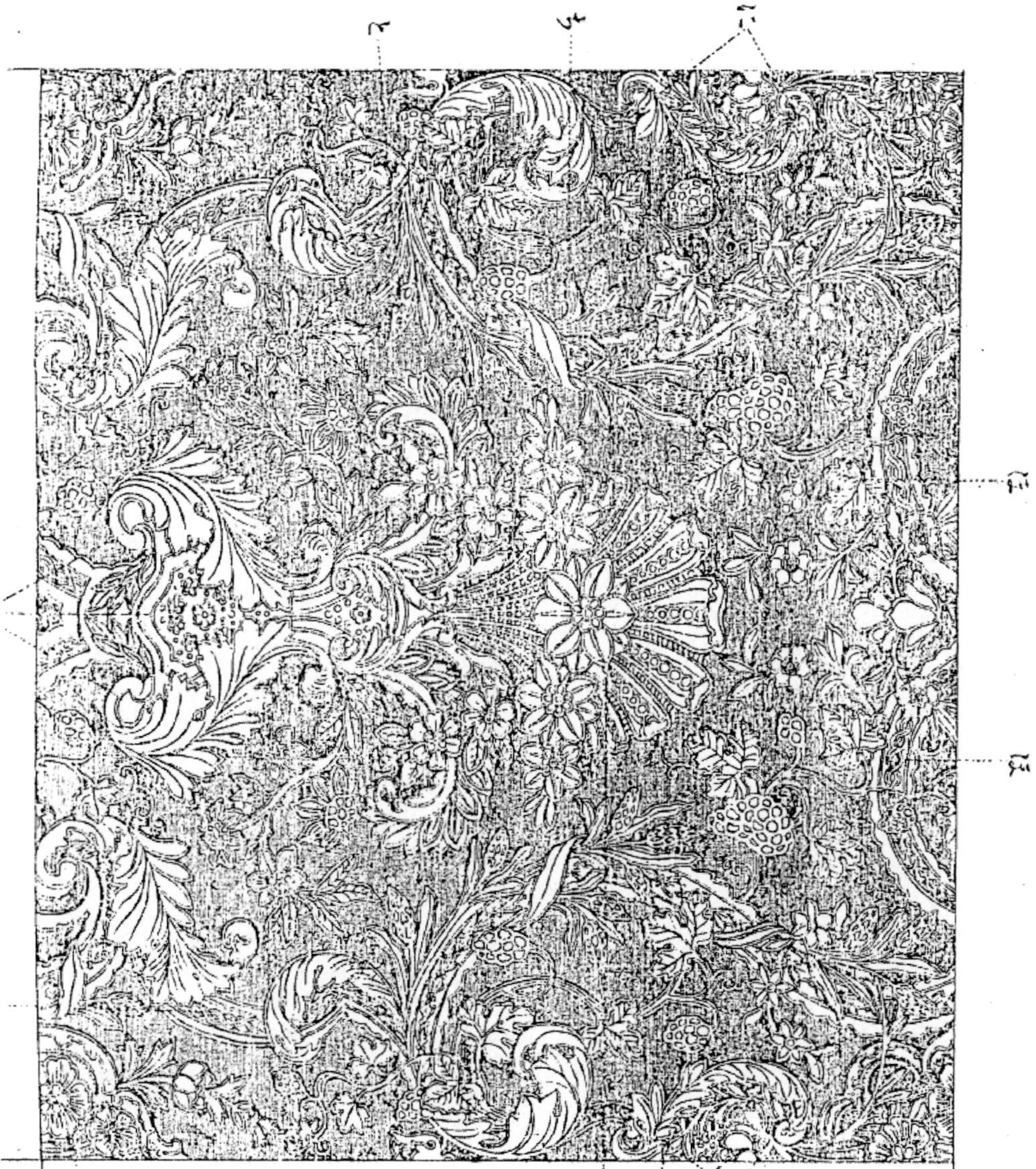

明治三十二年二月十六日
第七三四號

山路良三

東京府　壁紙　壁紙製造業
第735号

壁紙摸様

明治三十二年二月十八日
第七三五號

山路良三

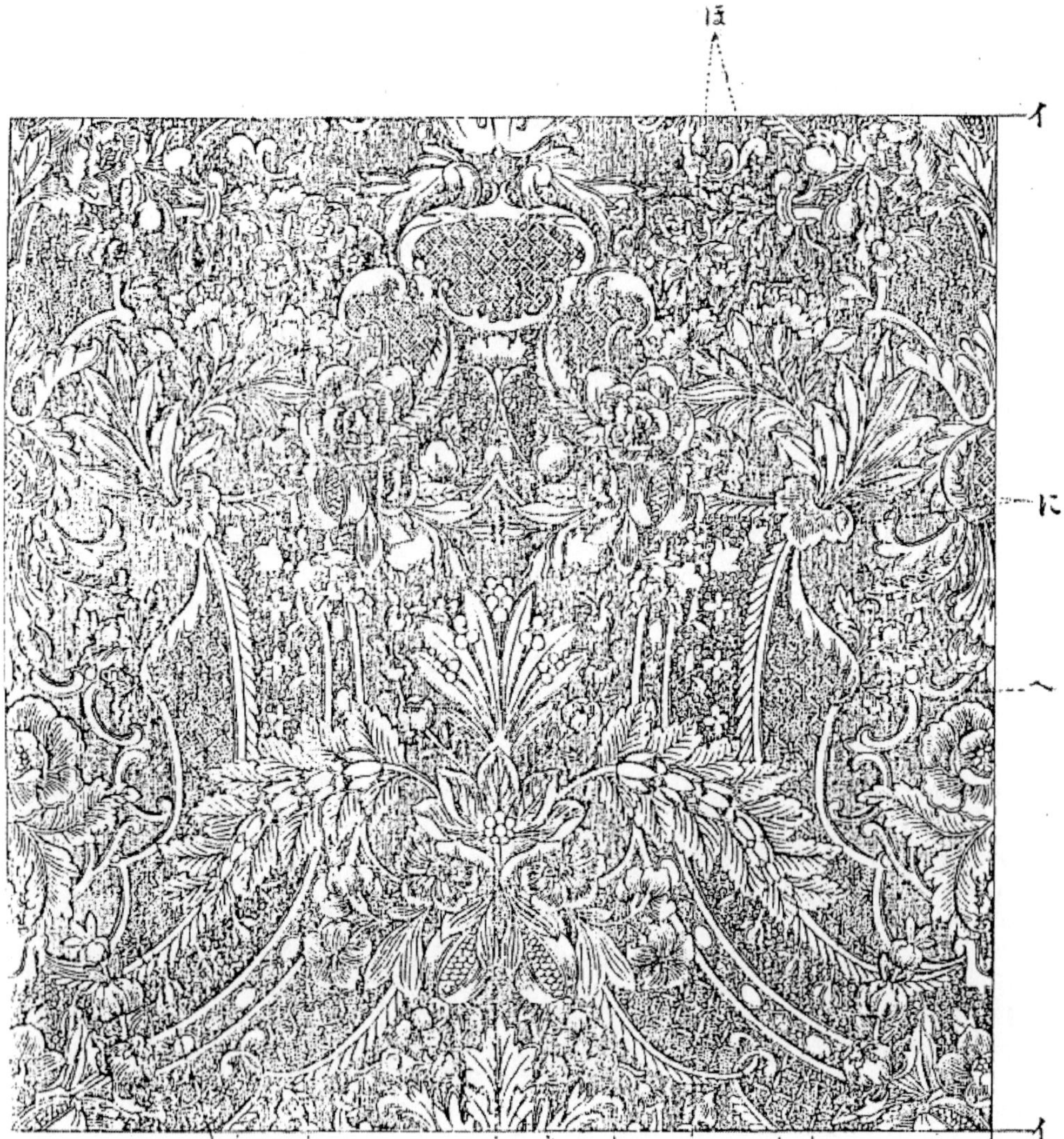

東京府　花筵　疊表花筵販賣業

第７３６号

花筵模様

明治三十二年二月廿一日

第七三六號

山野仁兵衛

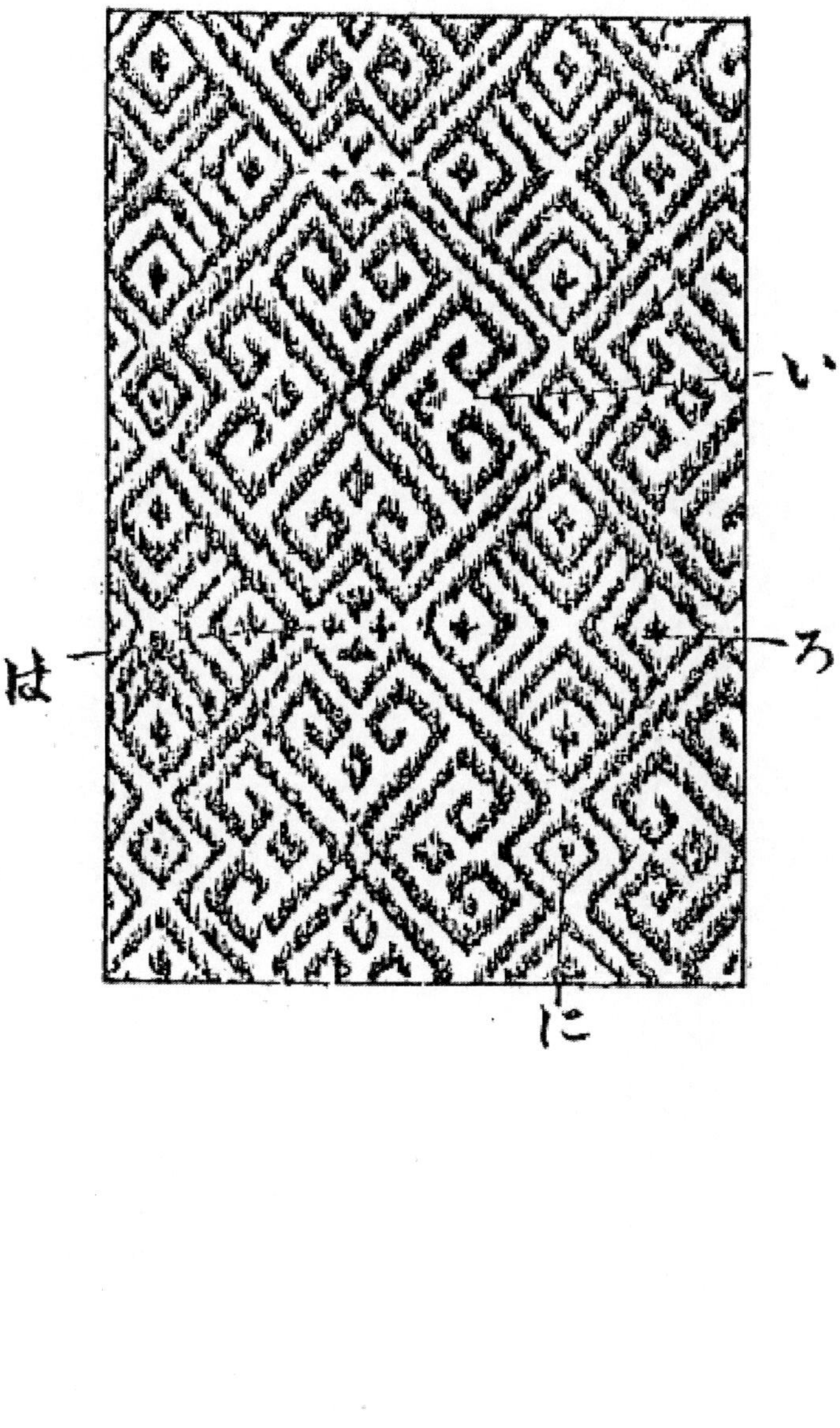

東京府　花筵　疊表花筵販賣業
第７３７号

# 花筵模様

明治三十二年二月廿一日
第七三七號

山野仁兵衛

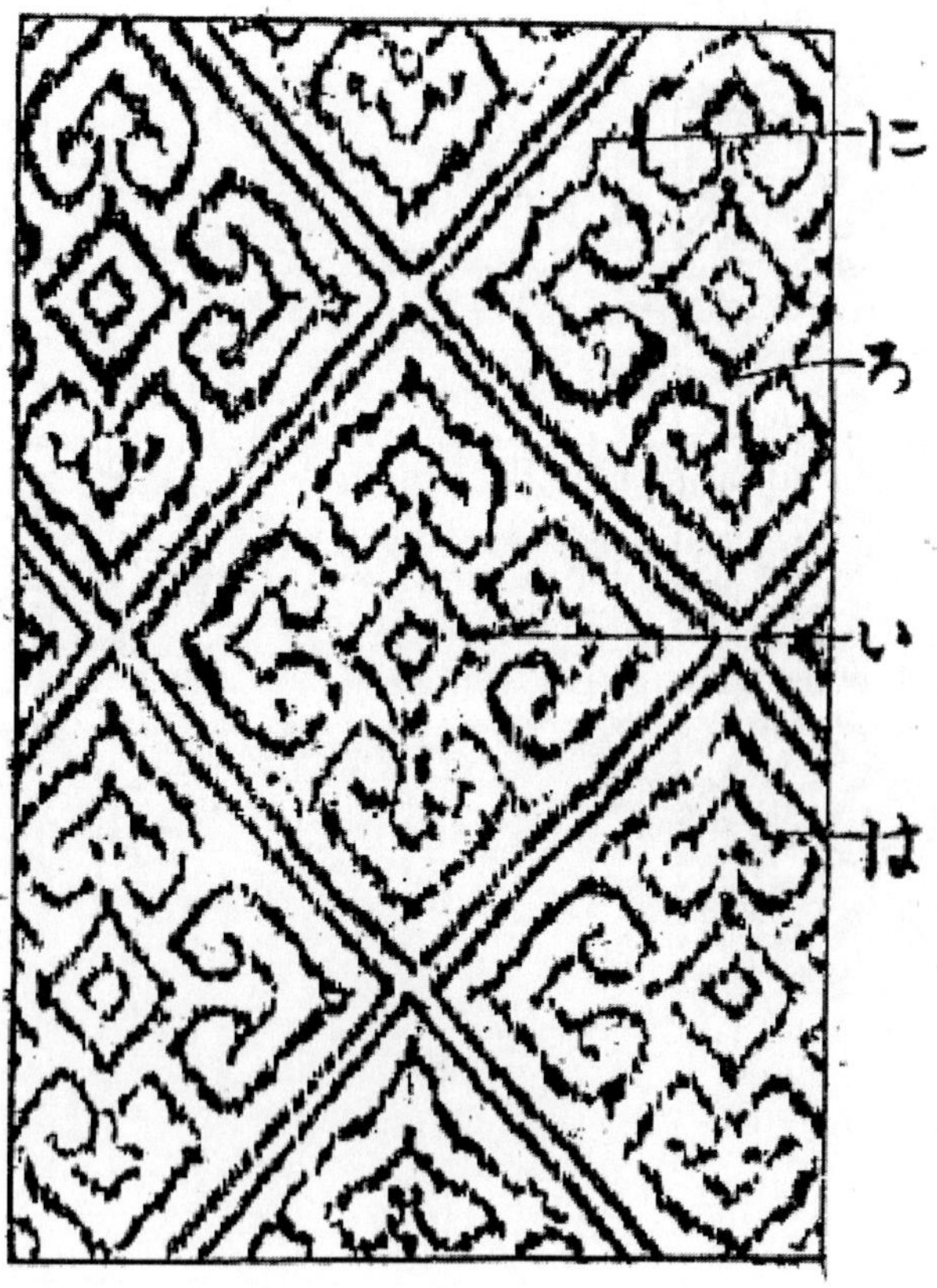

東京府　薄荷吸入器　薬種商

第744号

# 薄荷吸入器形狀

明治三十二年三月廿八日

第七四四號

吉田安五郎

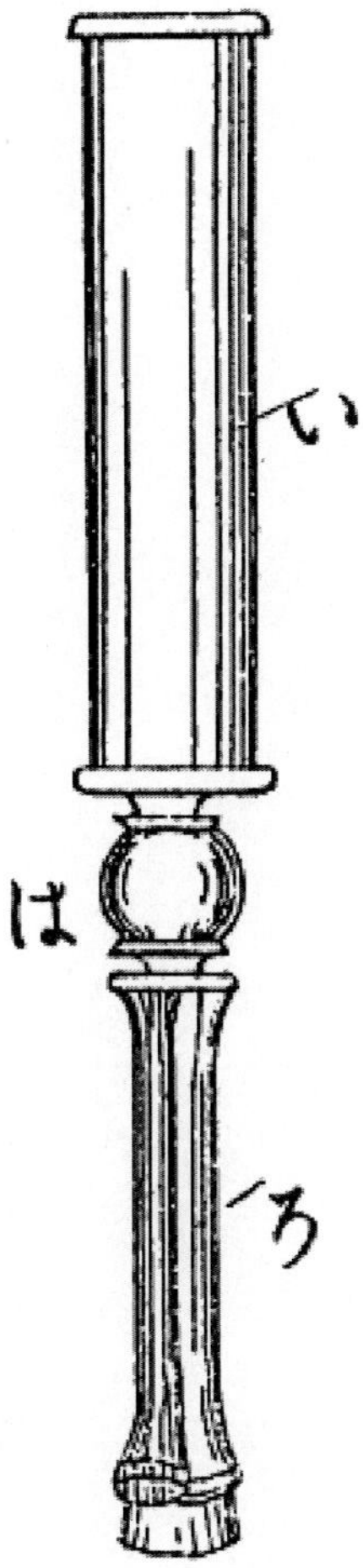

東京府　襖紙及ヒ壁紙　襖紙壁紙製造業
第７４４７号

襖紙及ビ壁紙摸樣

明治三十二年四月十七日
第七四四七號

伊藤荘次郎

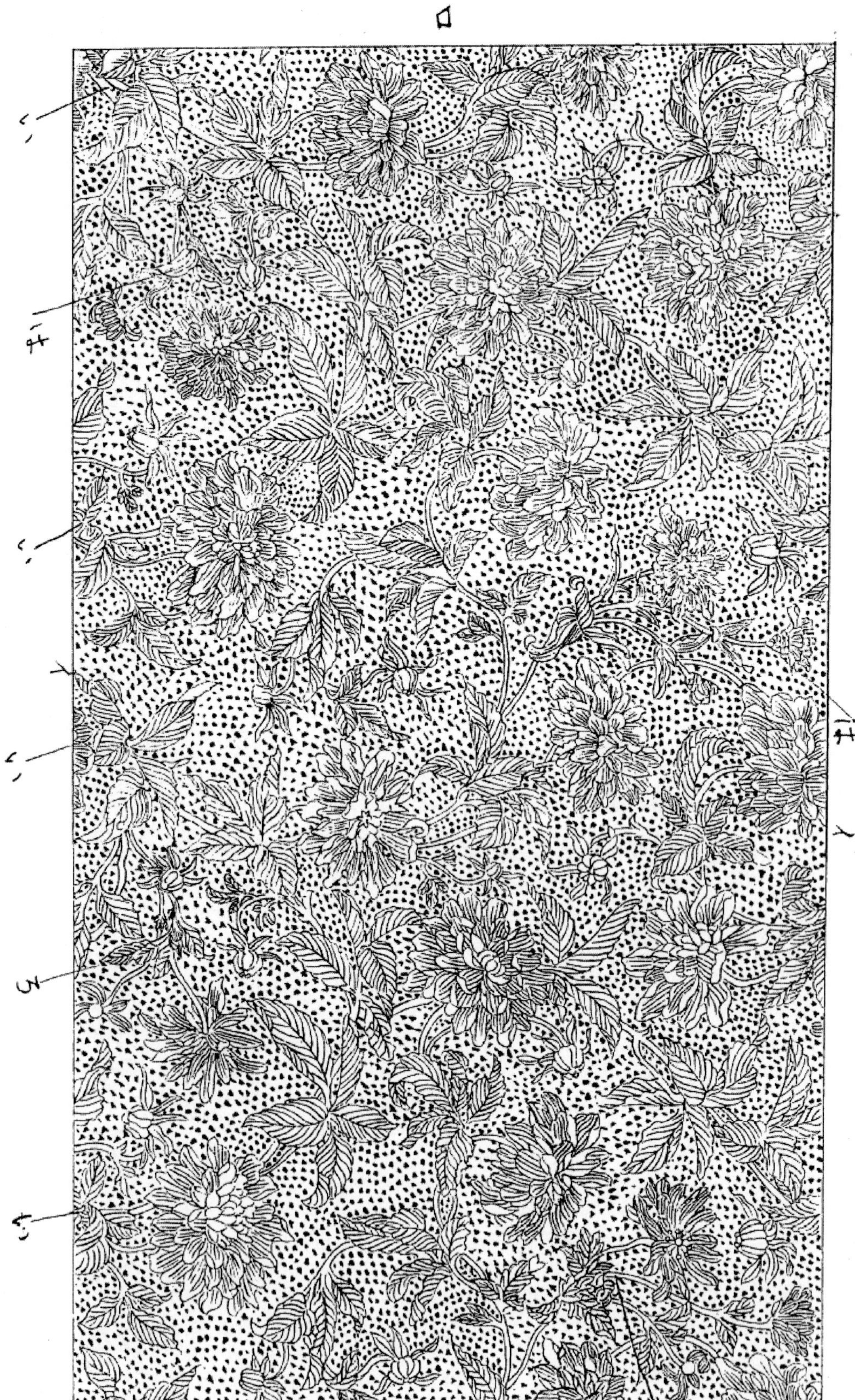

東京市　羽織紐止金具　煙草入附属品販賣業
第749号

# 羽織紐止金具形狀

明治三十二年四月十九日
第七四九号

佐藤吉藏

第一圖

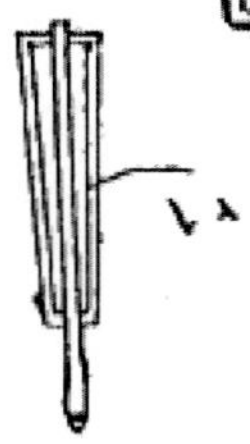


第二圖

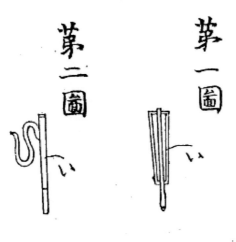

東京市　花筵　疊表花筵販賣業

第７５０号

花筵模様

明治三十二年四月廿二日

第七五の號

山野仁兵衛

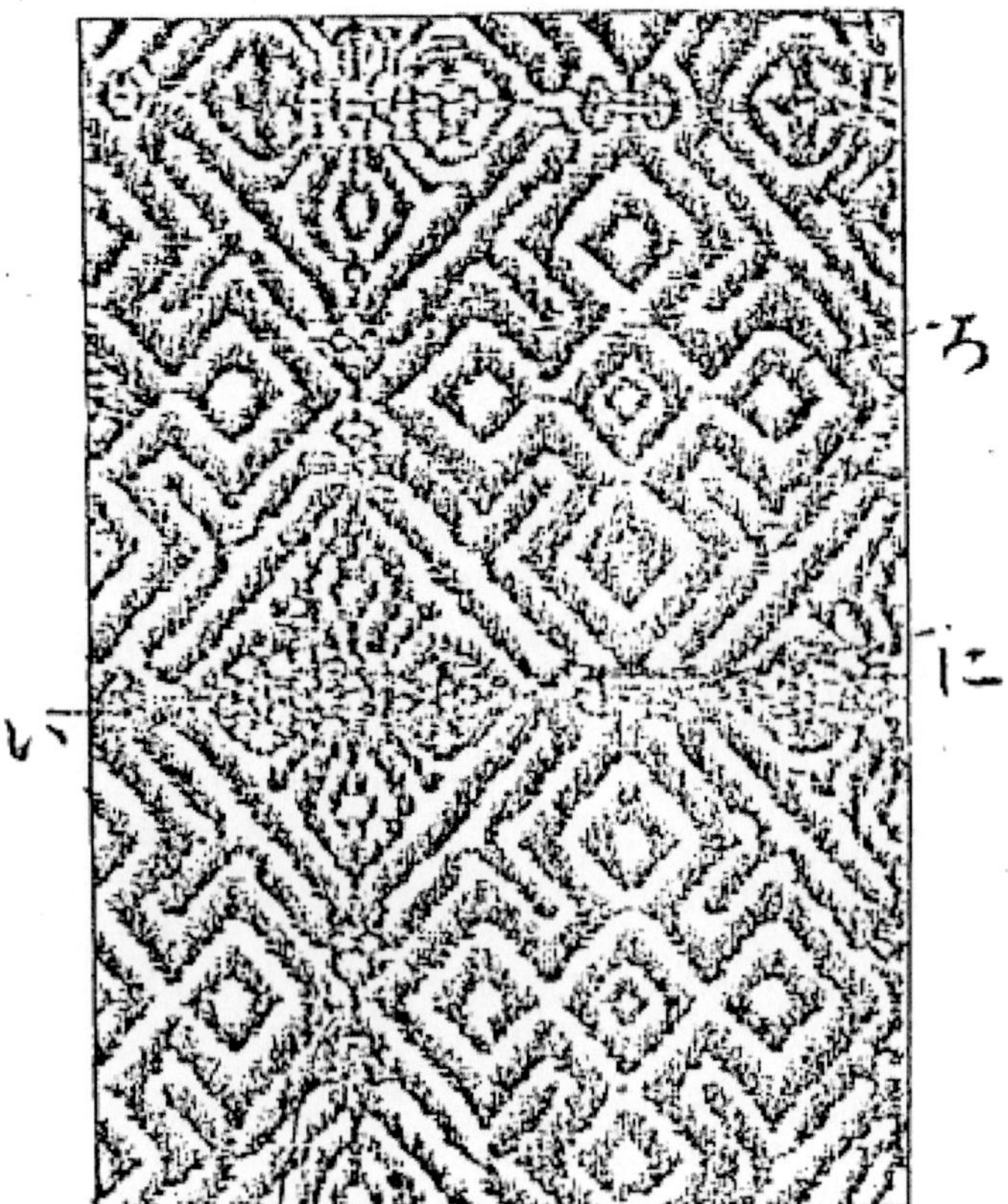

東京市　壁紙　壁紙製造業
第755号

緑張壁紙模様　明治三十二年五月八日　第七五五號

山路良三

東京市　壁紙　壁紙製造業

第756号

縁張壁紙模様

明治三十二年五月八日

第七五六號

山路良三

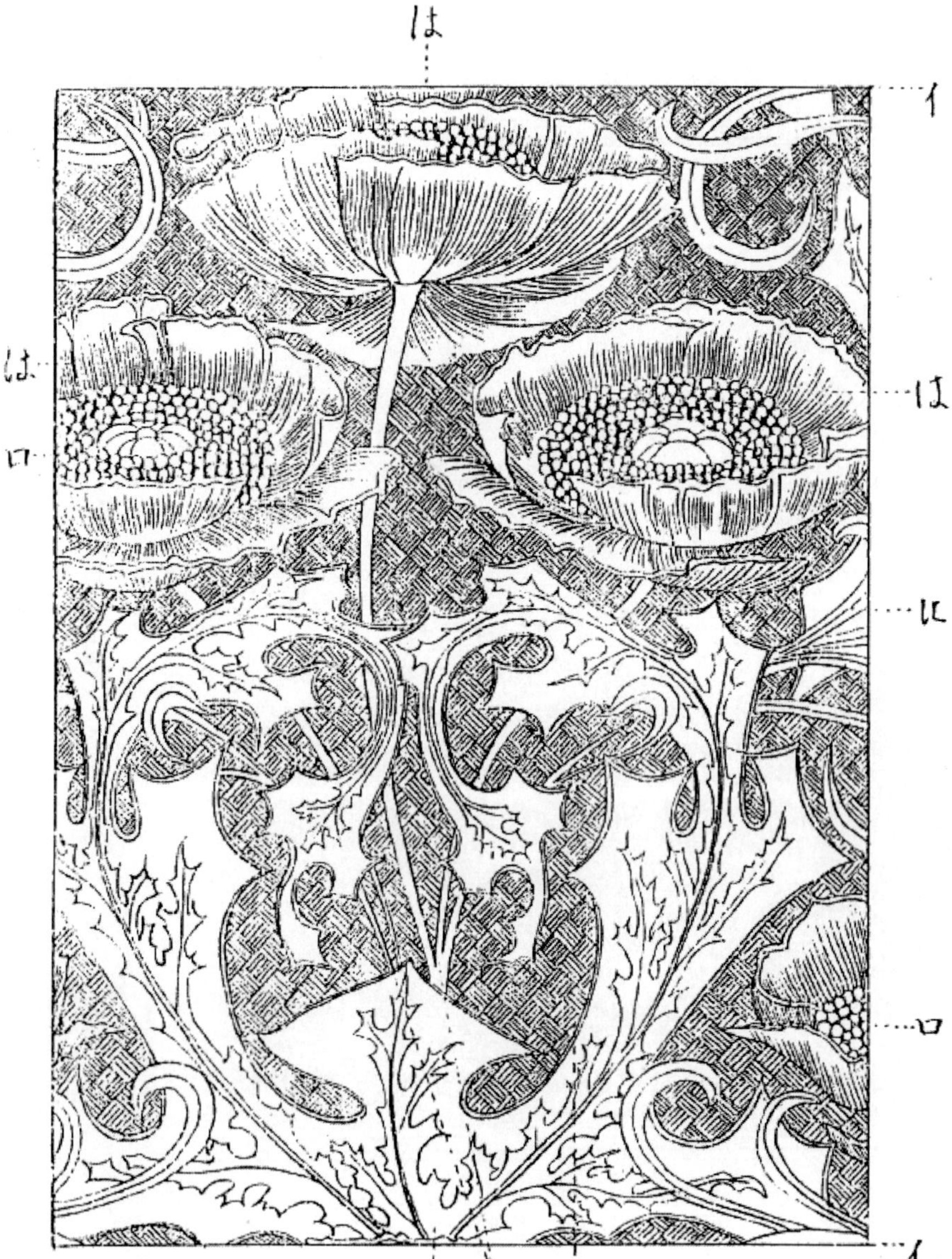

東京府　壁紙　壁紙製造業

第７５７号

壁紙模様

明治三十二年五月八日

第七五七號

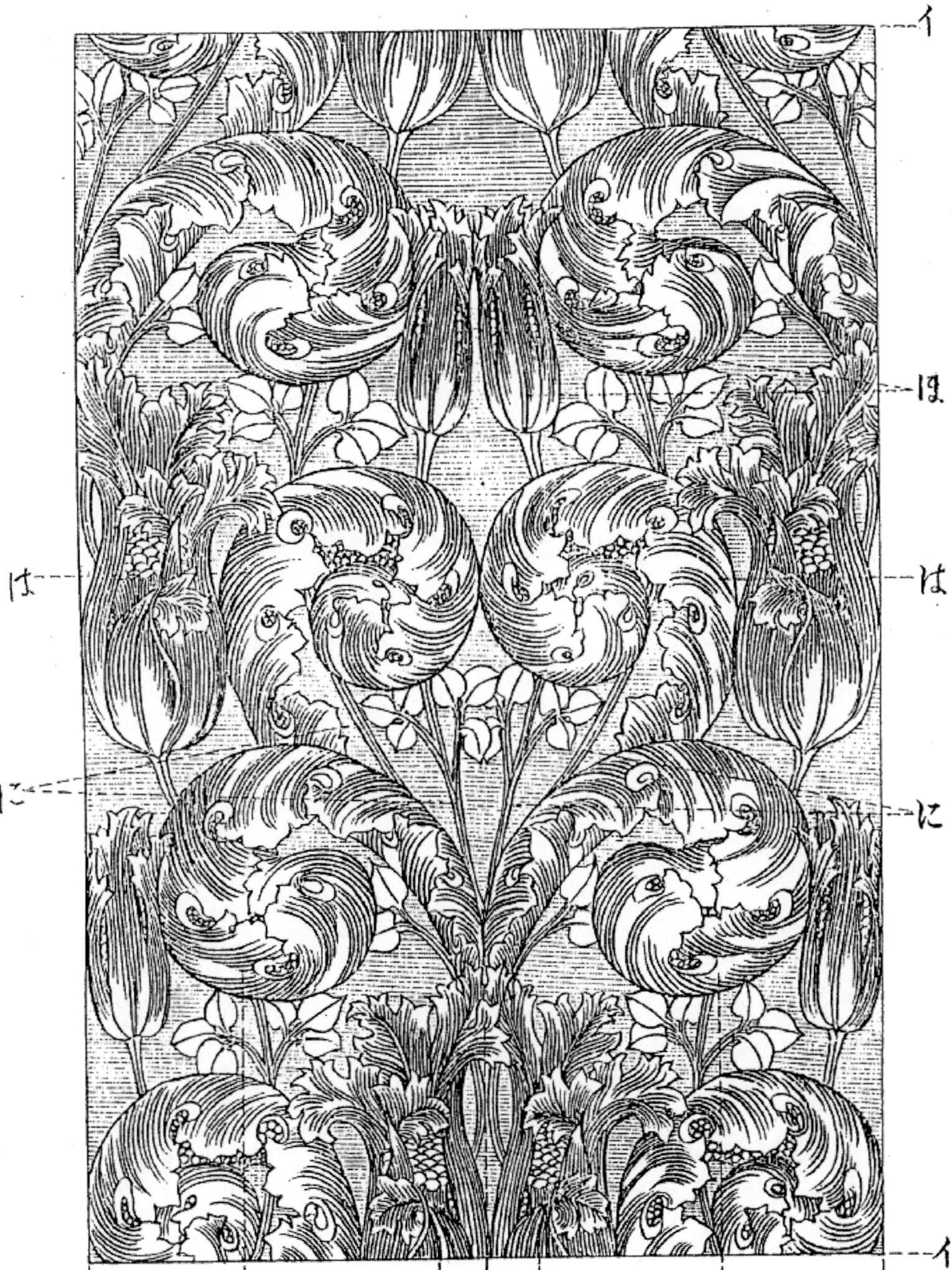


山路良三

東京市　七曜計　官吏
第760号

# 七曜計形状

明治三十二年六月十九日
第七六〇號

黒田長清

第一圖

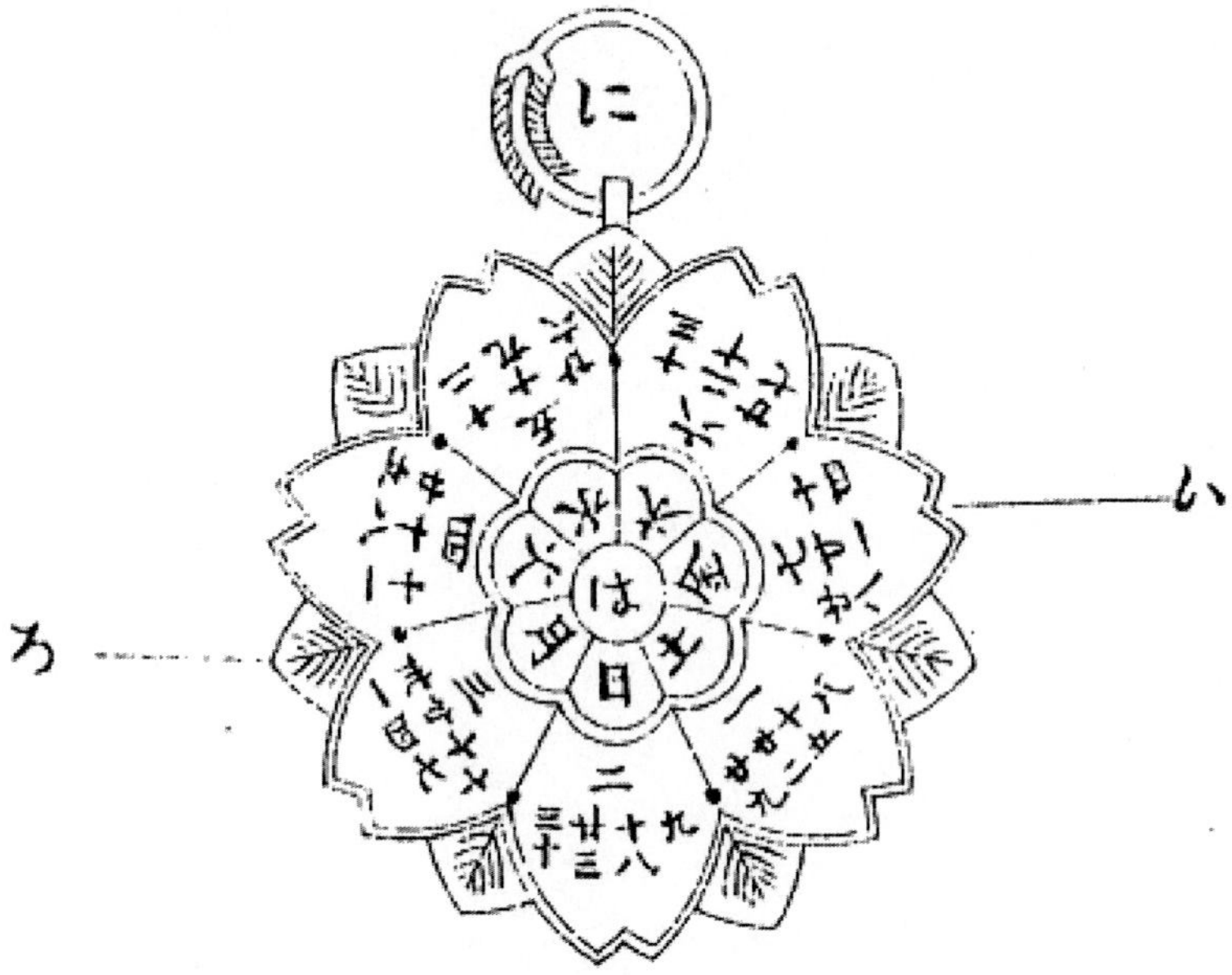


第二圖

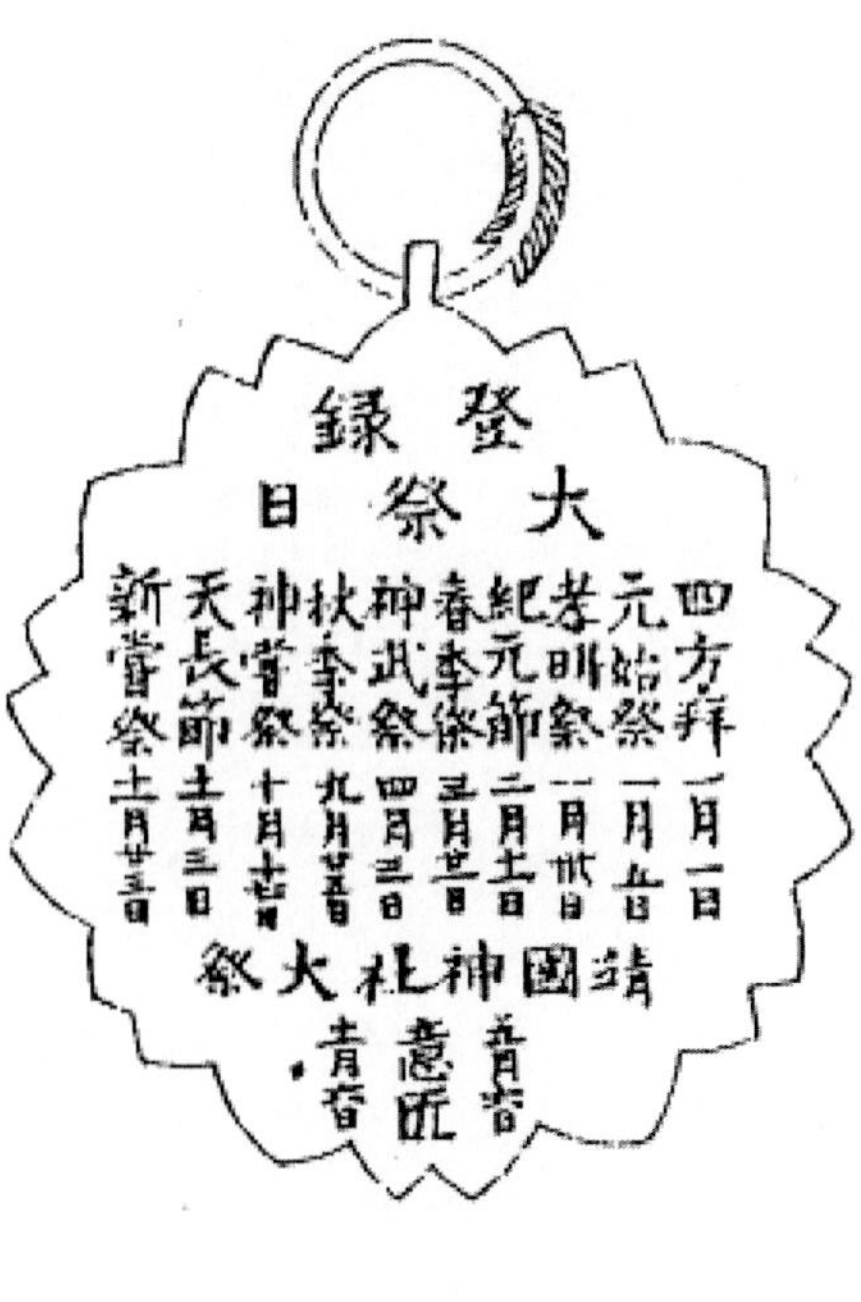

東京市　活字　活版製造業
第７６２号

# 活字形状

明治三十二年六月廿六日
第七六二號

株式會社東京築地活版製造所
專務取締役
名村泰藏

新製見本

東京市　活字　活字製造業
第763号

活字形状

明治三十二年六月廿六日
第七六三號

株式會社東京築地活版製造所
専務取締役 名村泰藏

東京市　花筵　疊表花筵販賣業
第766号

花筵摸様

明治三十二年六月三十日
第七六六號

山野仁兵衛

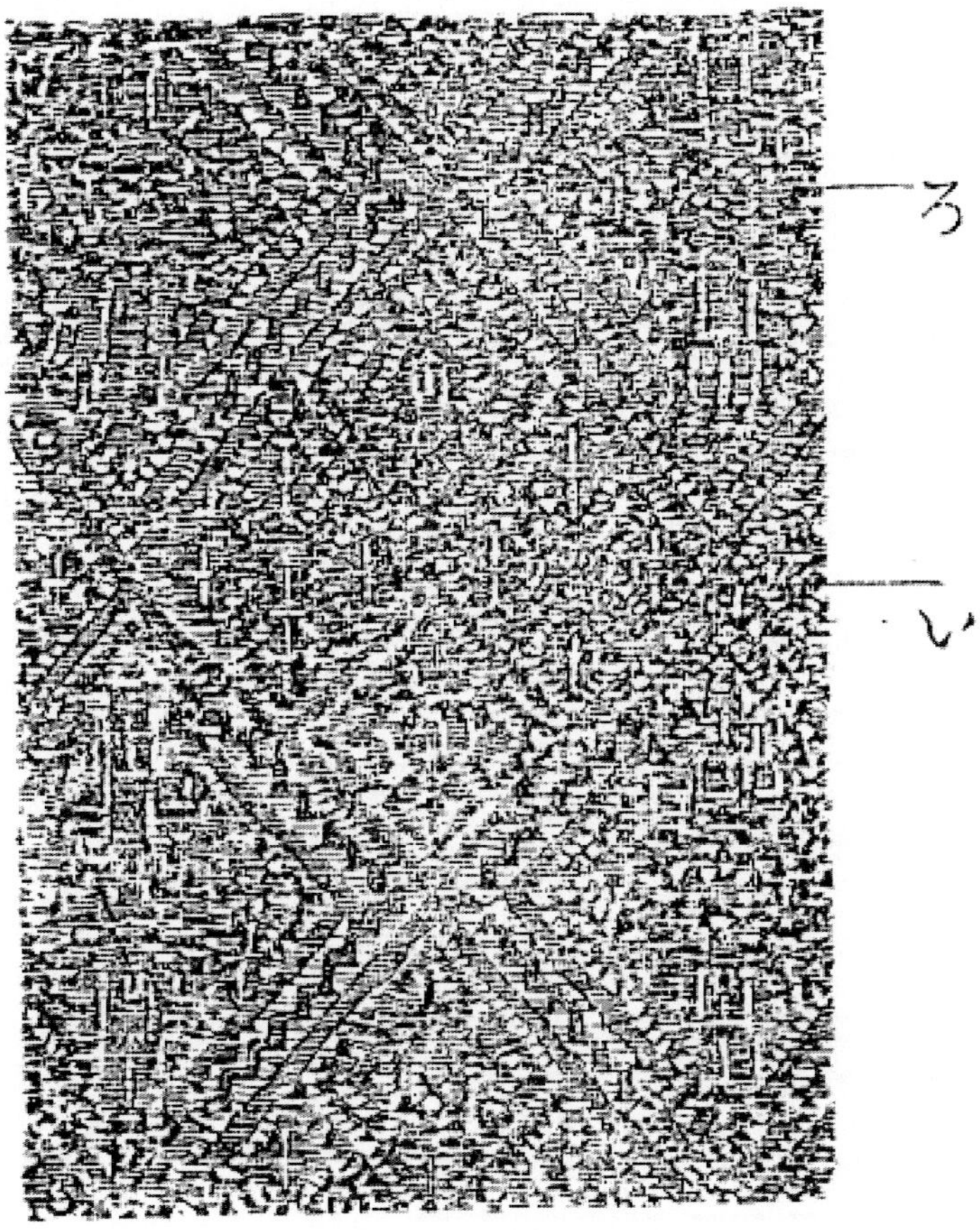

東京府　織物　織物製造業兼呉服商
第767号

織物摸様
明治三十二年六月三十日
第七六七號

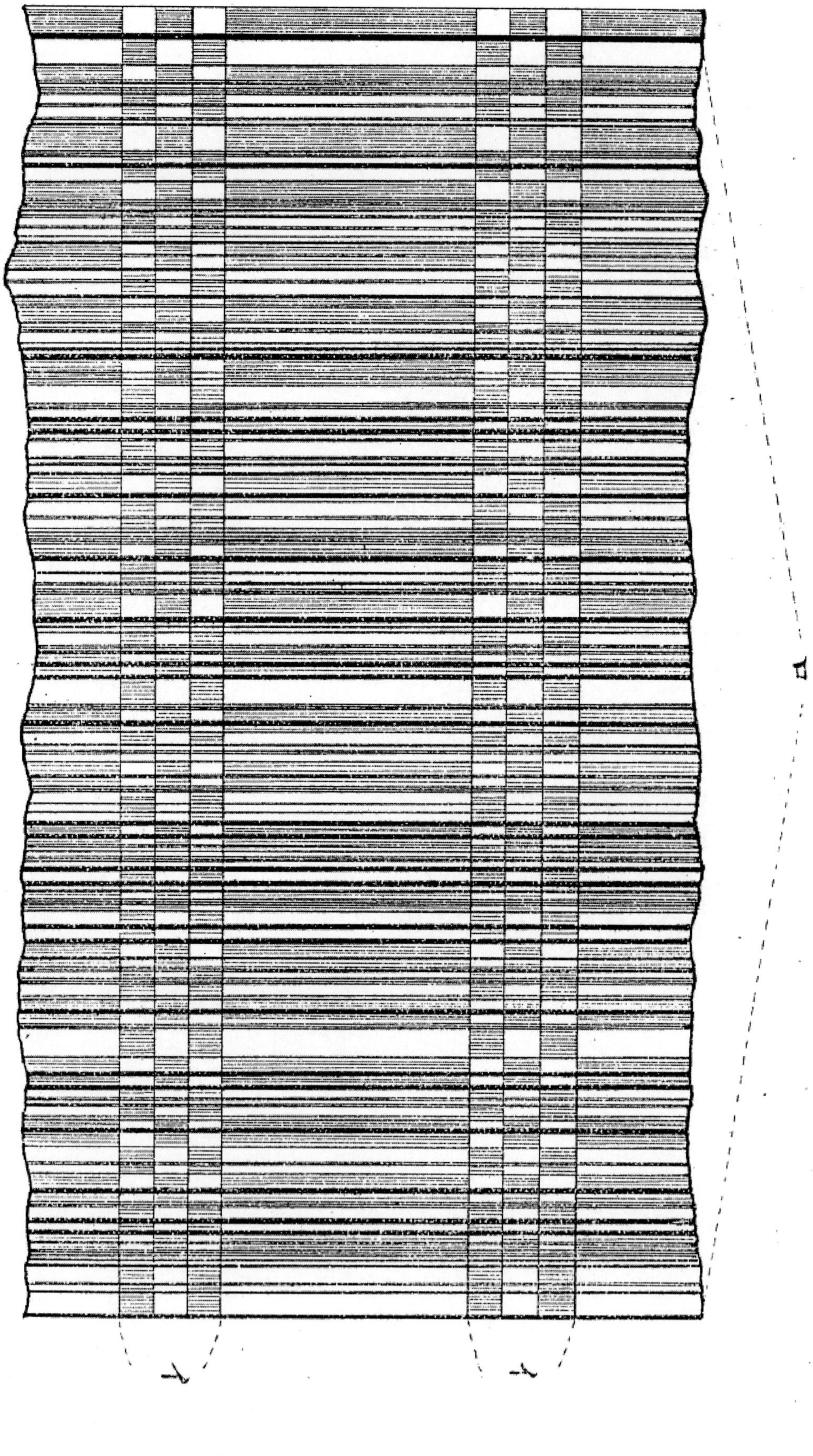

北川恭平

## 神奈川の登録意匠に表れている特徴

漆器売込商・組糸商・時計商・石鹸製造業・写真師・塗物職・画工など様々な職業が表れています。

売込商とは幕末から明治初期にかけて外国人に輸出商品を売込んだ商人のことです。神奈川には商人が比較的多く表れていることや、石鹸や写真など明治期以降に広まる西洋の技術が見られることが特徴です。

塗物職

漆器売込商

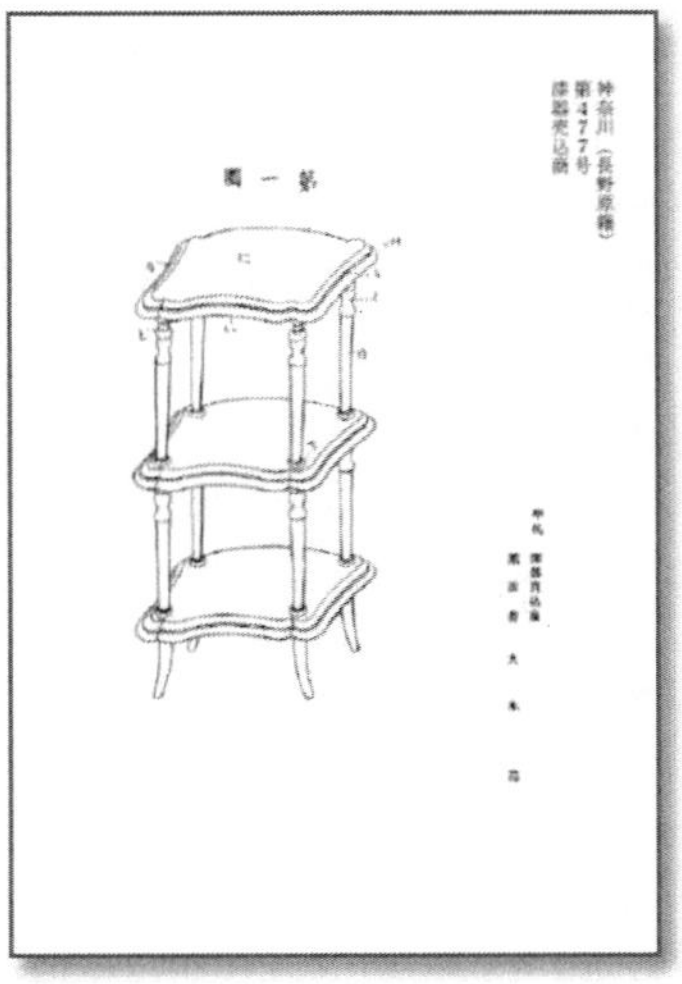

画工

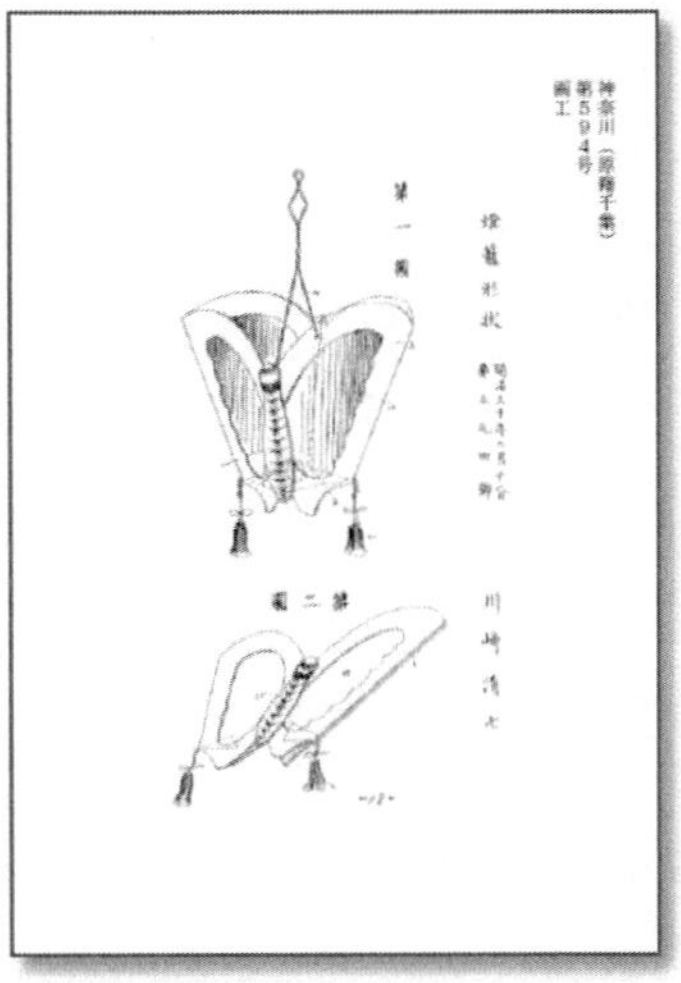

写真師

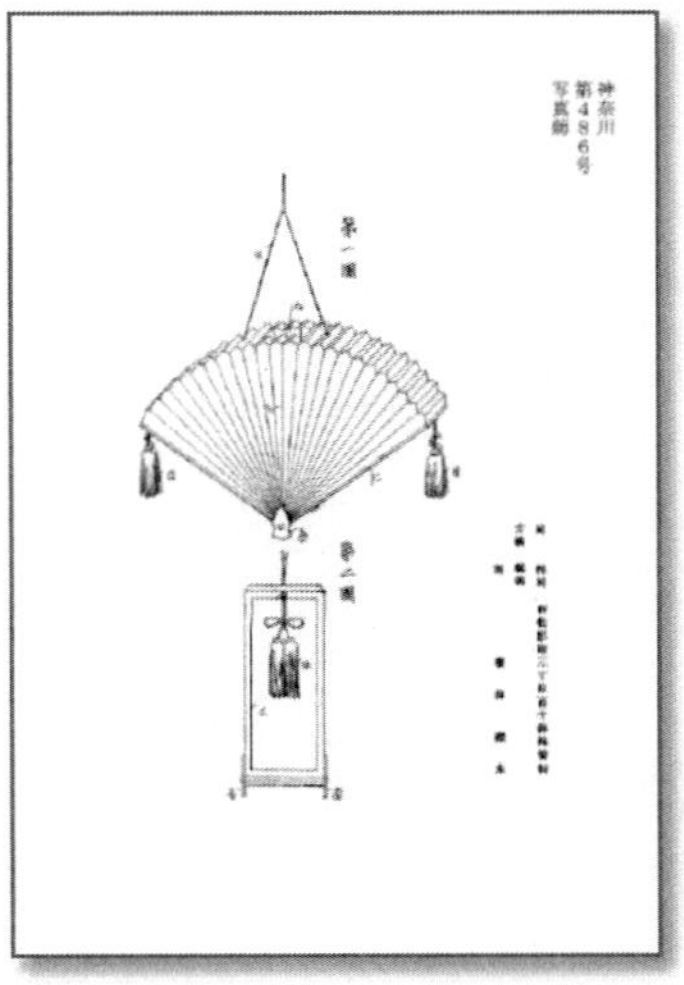

組糸商

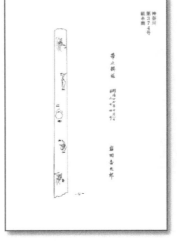

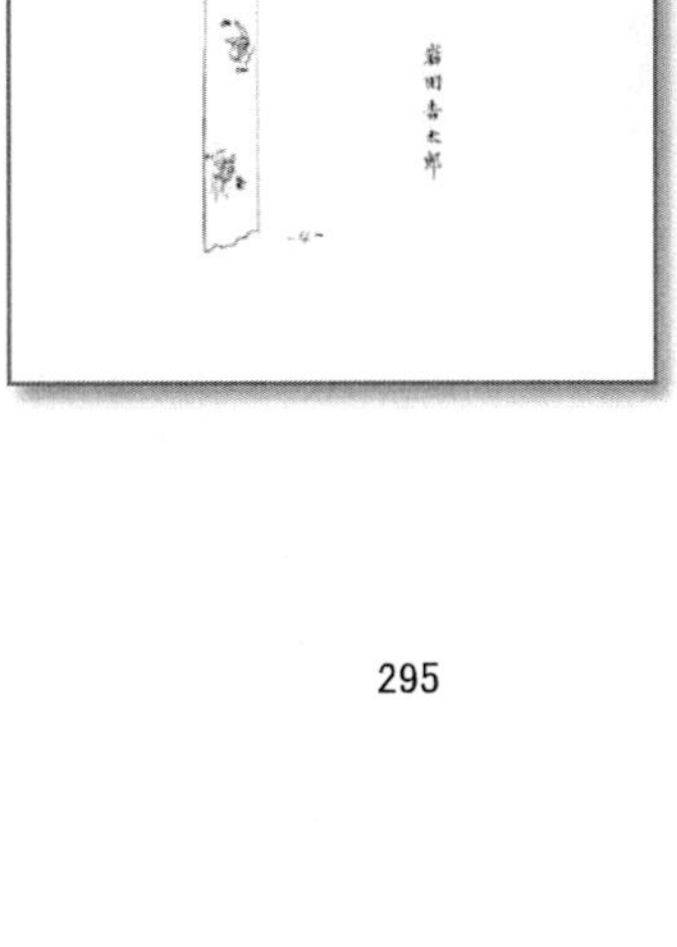

時計商

金物商

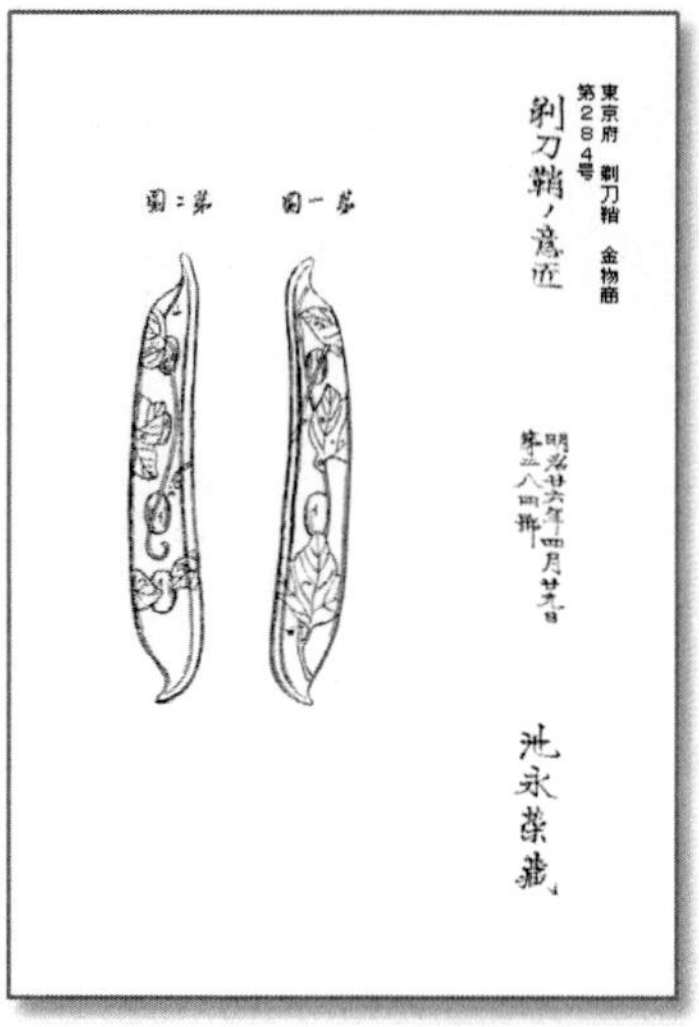


手巾製造業

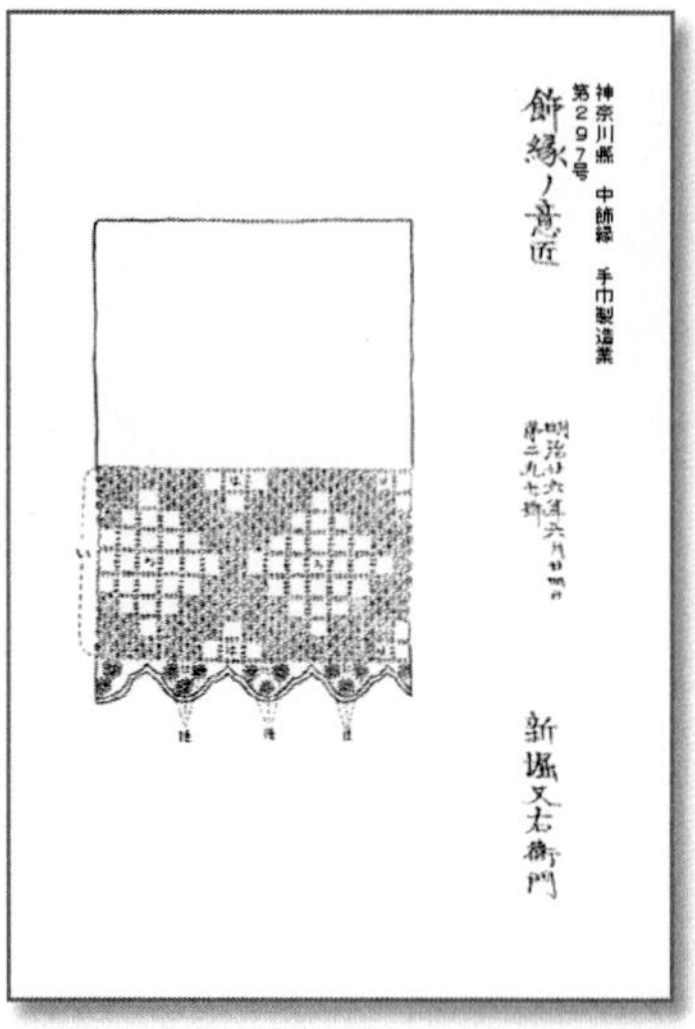


綿商

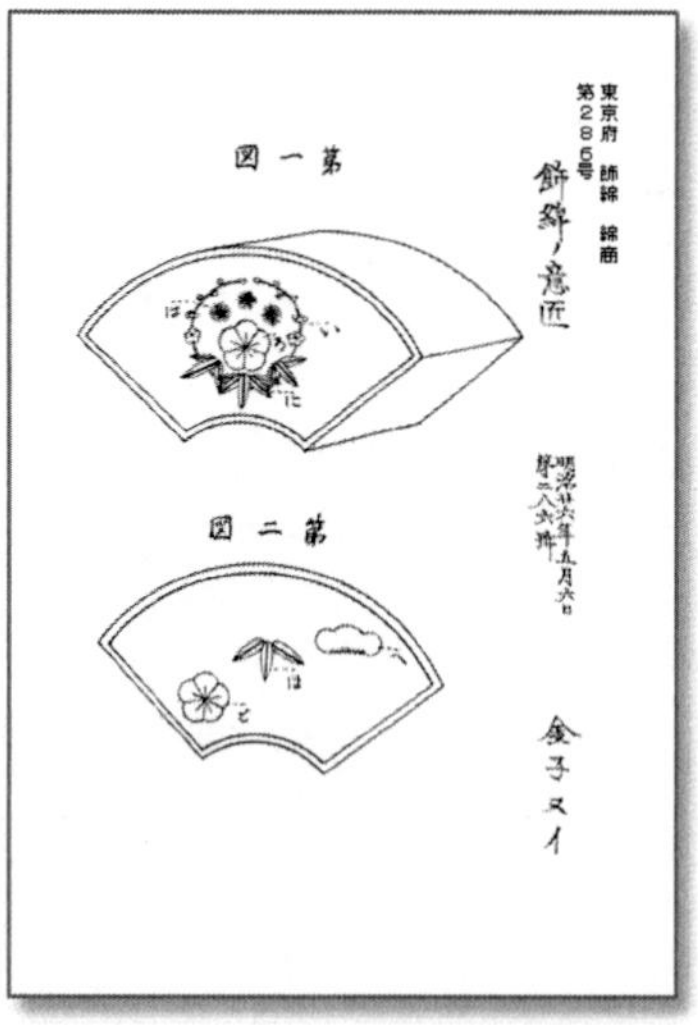


石鹸製造業

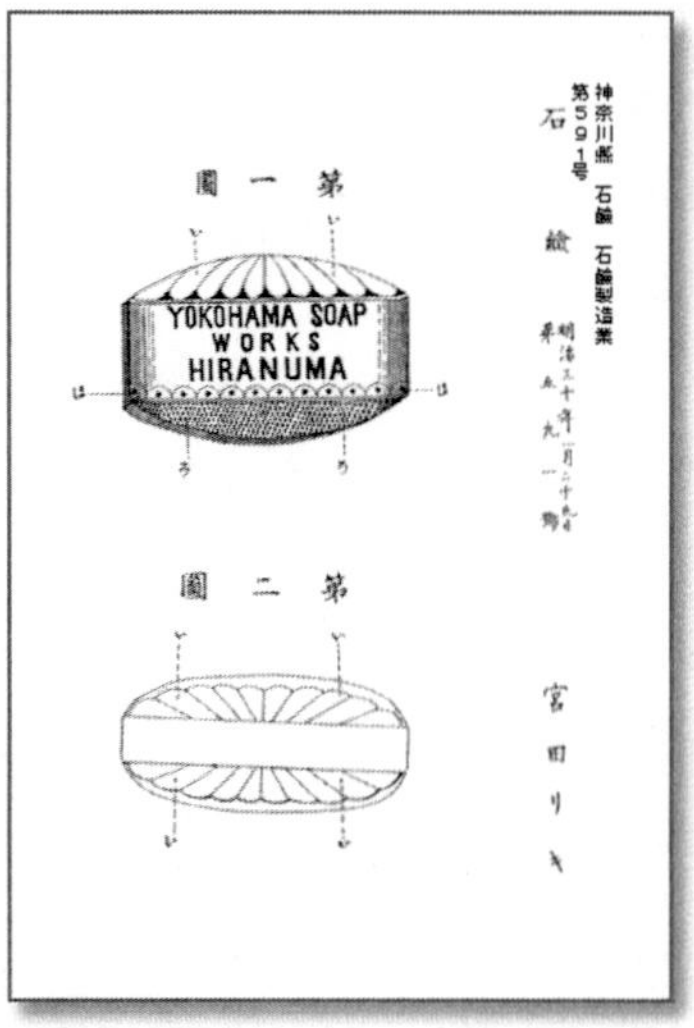


活版印刷業

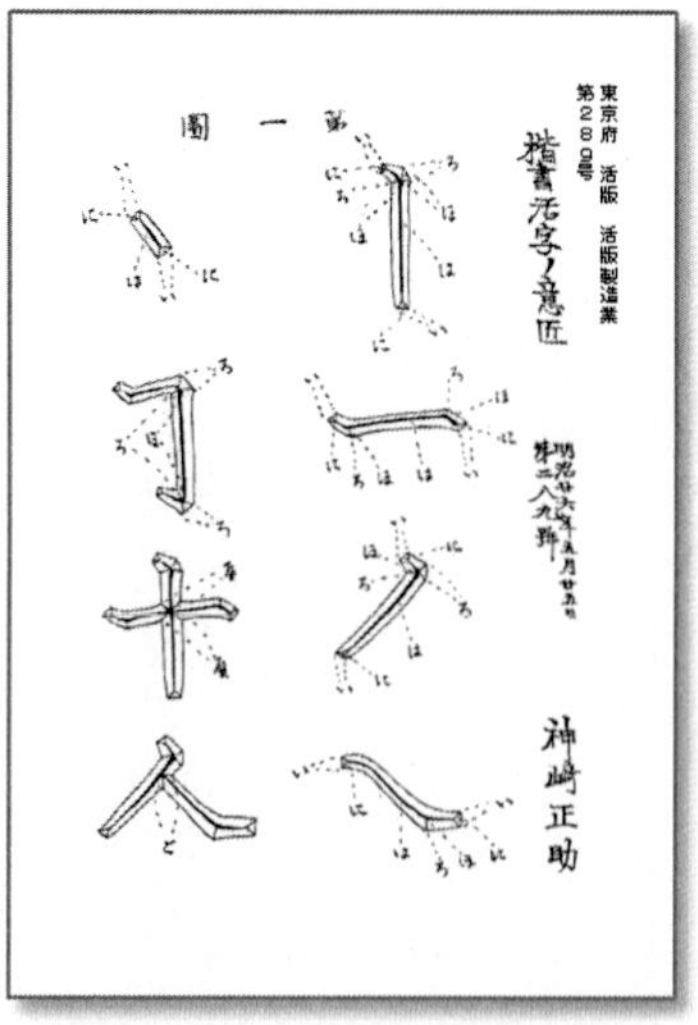


輸出入業

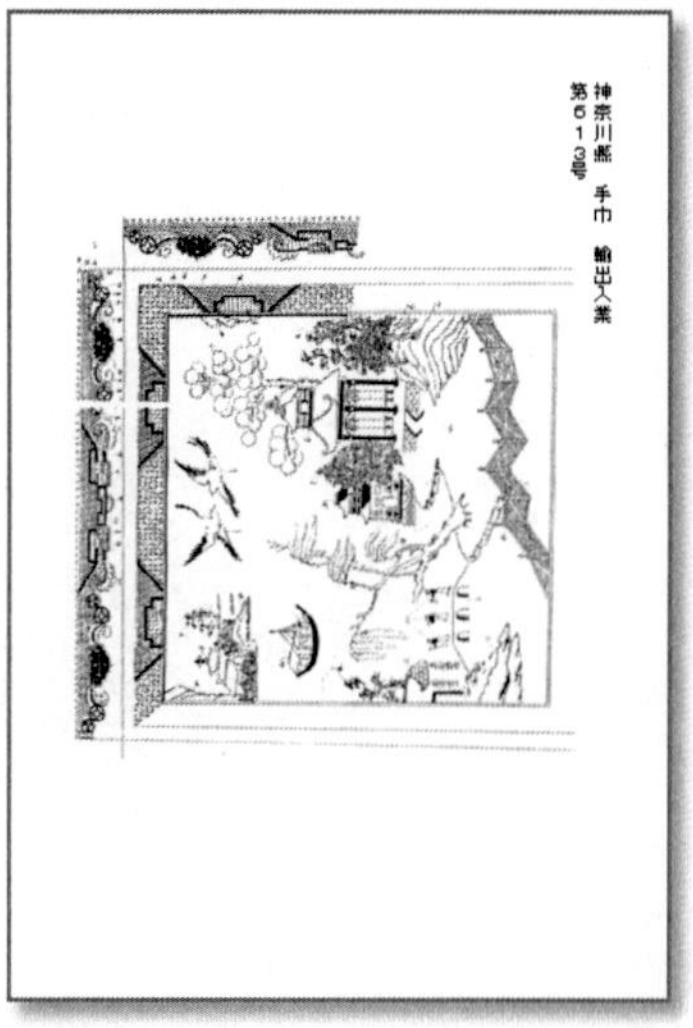

神奈川縣　織物

第75号

# 織物模様ノ意匠

第七五號

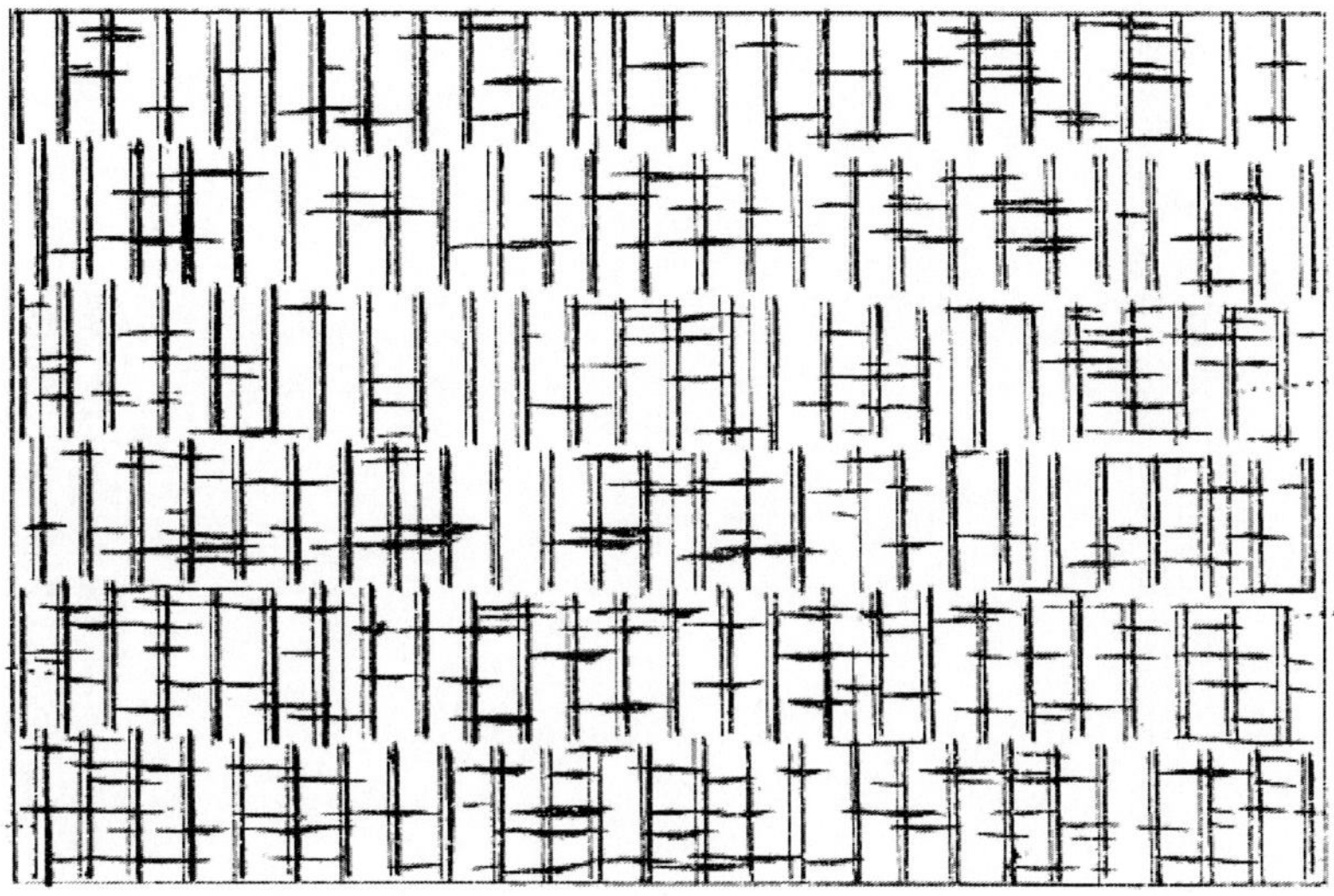


中村宗三郎

神奈川縣　掛棚
第２６１号

掛棚形狀ノ意匠

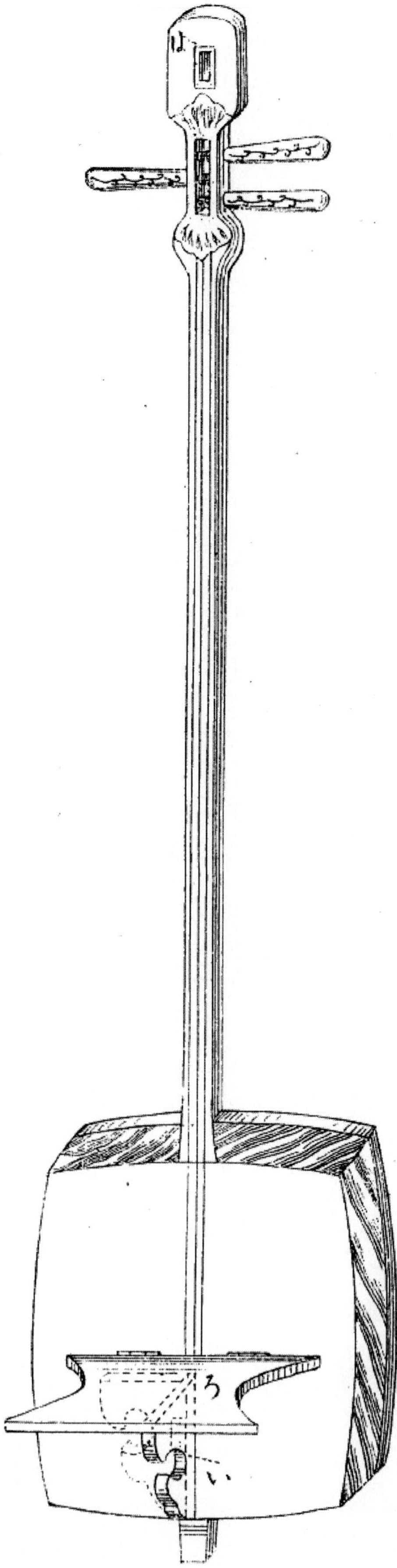


明治廿五年九月八日
第二六一號

上田最次郎

神奈川縣　絹織物綿織物及ヒ交織物
第262号

# 織物模様ノ意匠

明治廿五年九月九日
第二六二號

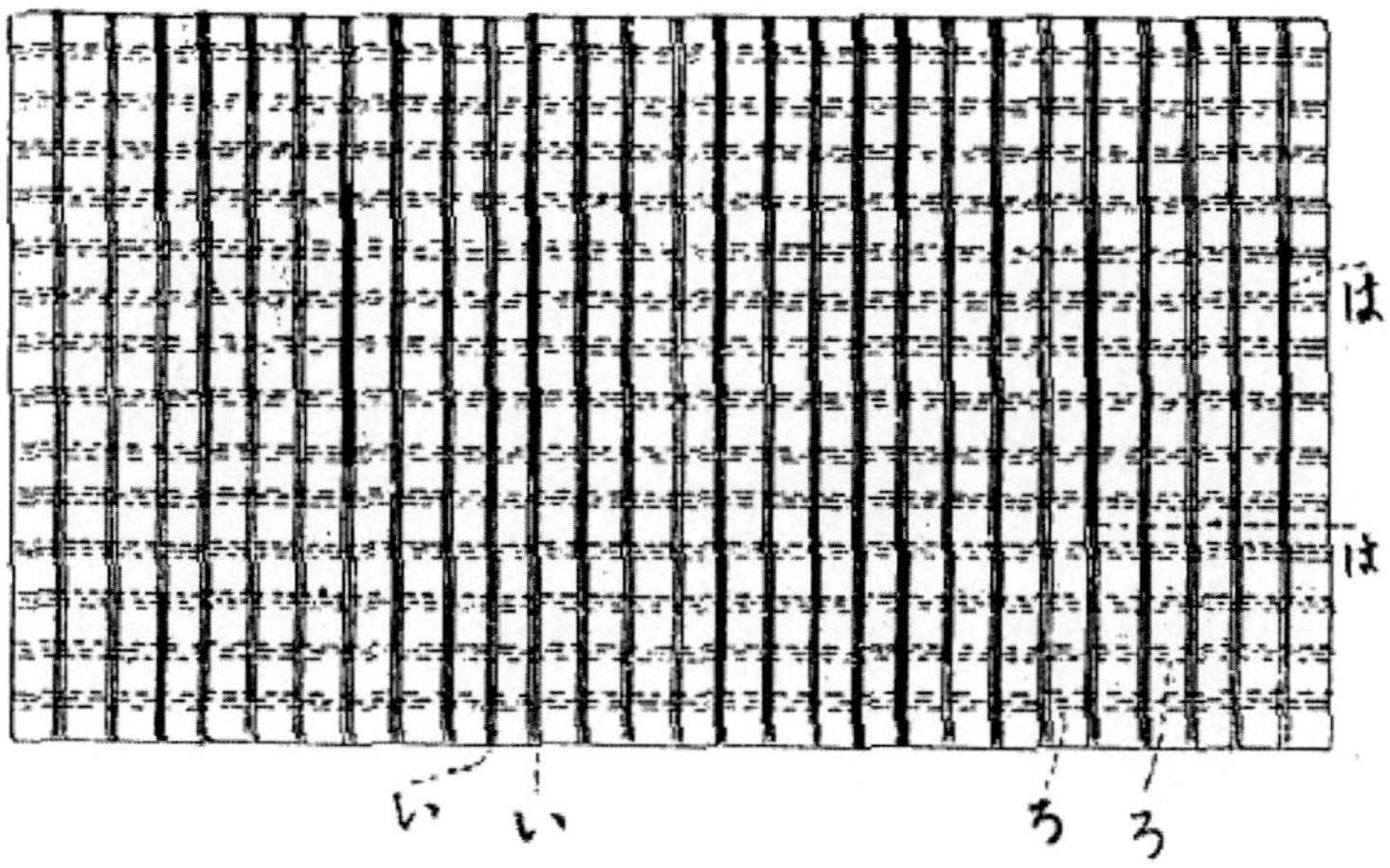


中村宗三郎

神奈川縣　中飾縁　手巾製造業

第２９７号

# 飾縁ノ意匠

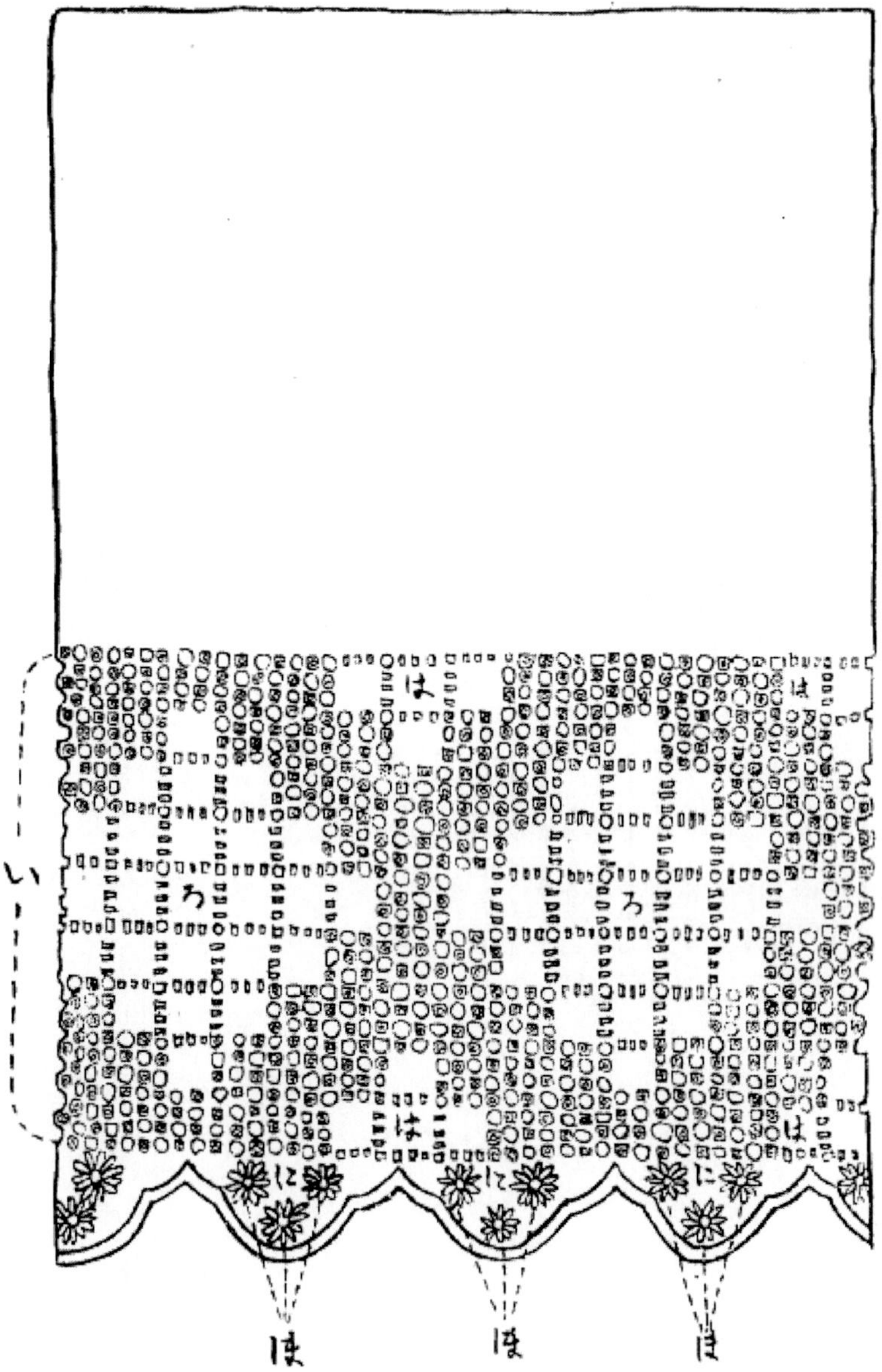


明治廿六年六月廿四日
第二九七號

新堀又右衛門

神奈川縣　帯止　組糸商
第374号

帯止模様

明治廿七年十月一日
第三七七四号

岩田吉太郎

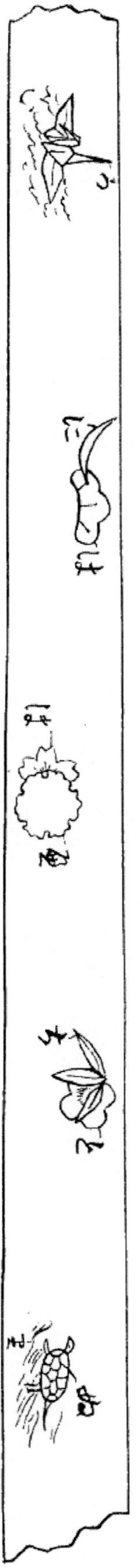

神奈川縣　旗竿標　塗物職
第440号

# 旗竿標

明治廿八年七月二日
第四四〇号

第一圖

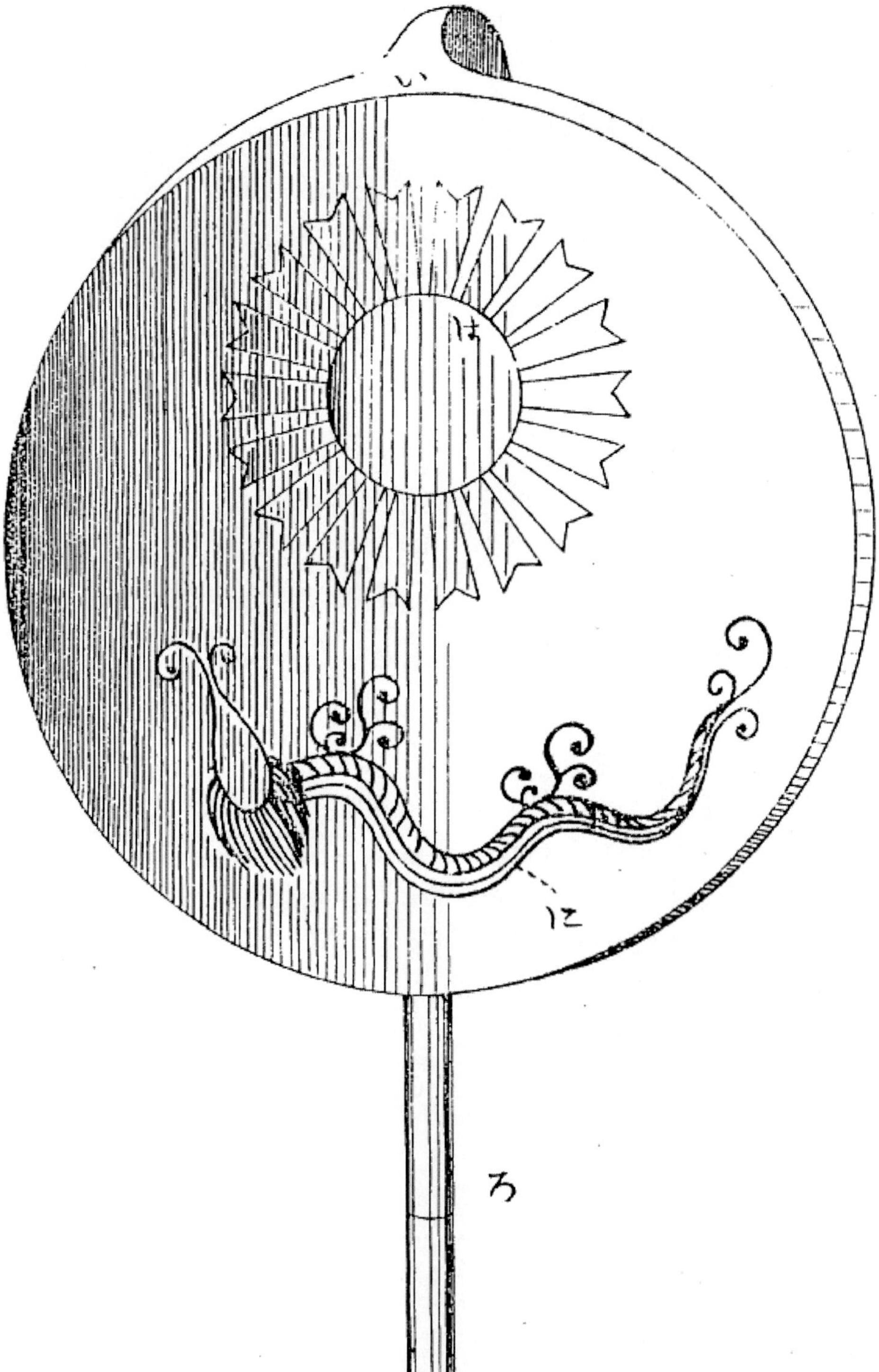


中川金太郎

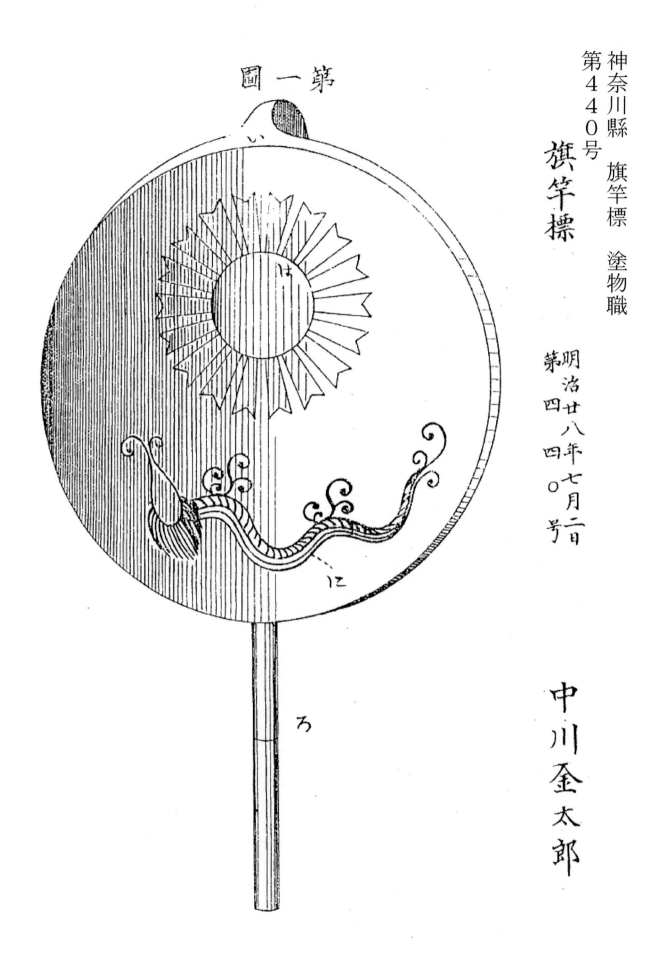

# 旗竿標

明治廿八年七月二日
第四四〇号

第二圖

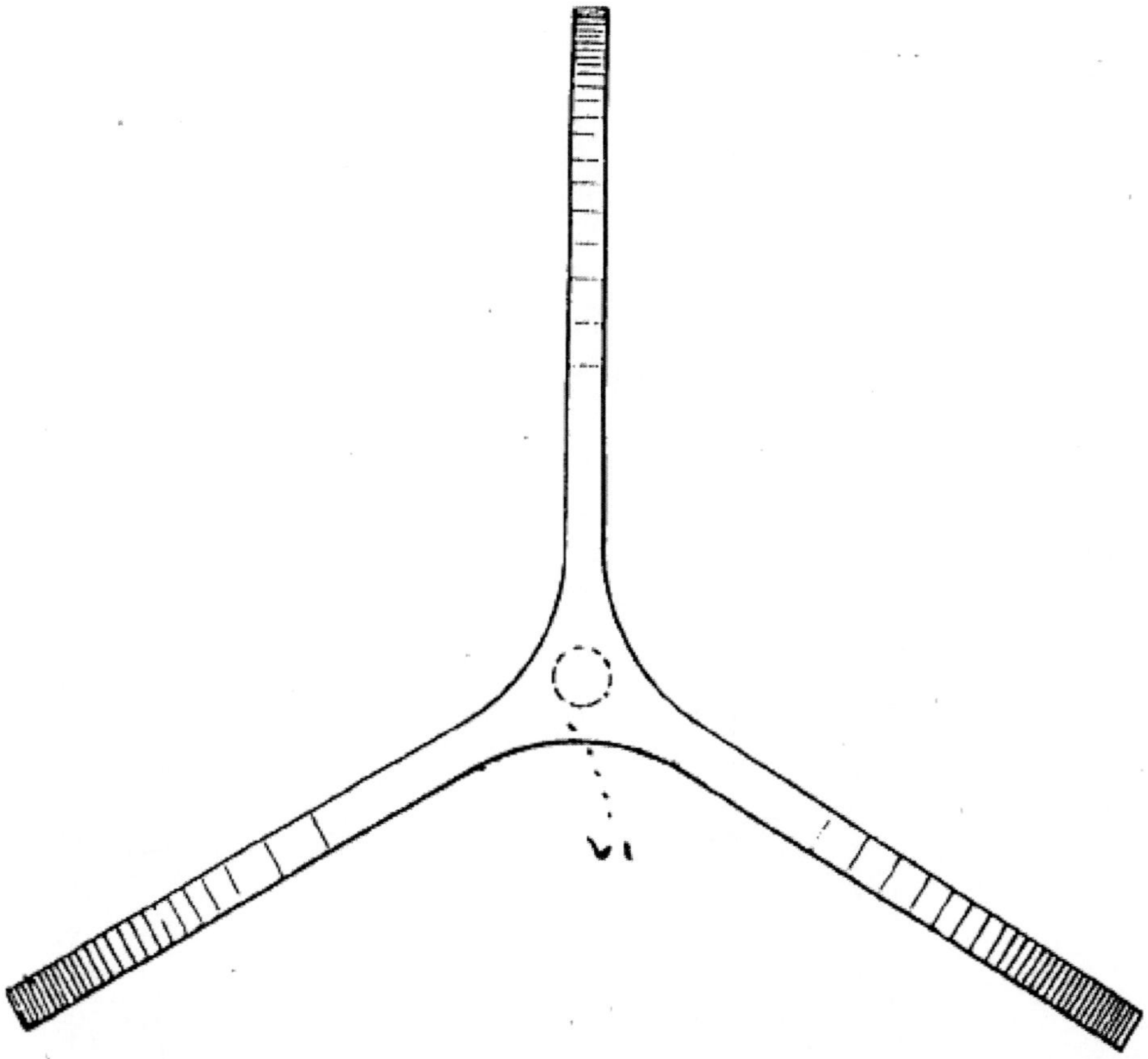


中川金太郎

神奈川縣　棚　漆器賣込商

第４７７号

平民　漆器賣込商

案出者　大木亮

第一圖

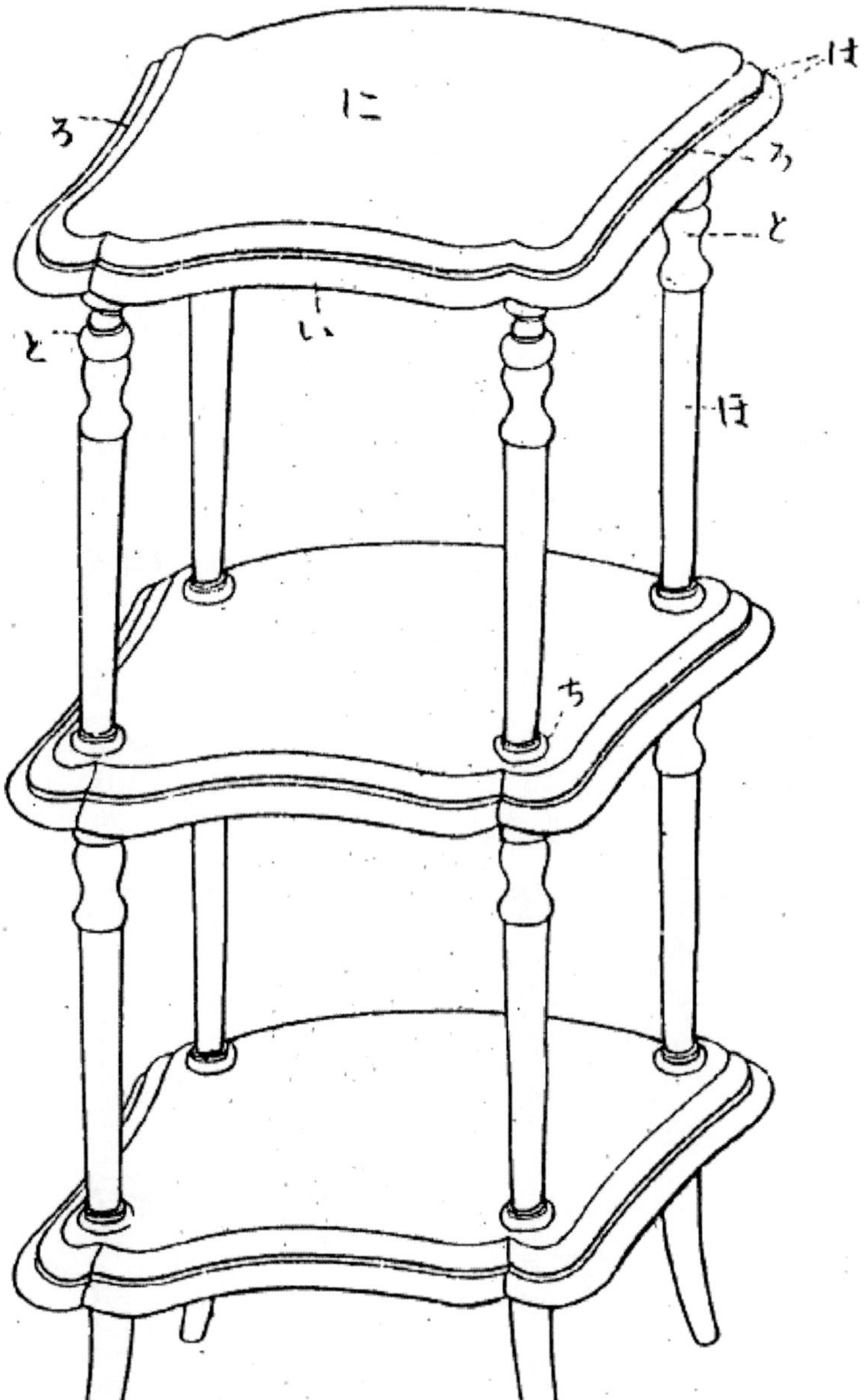

## 棚形状

明治廿八年十二月十日
第四七七号

大木亮

第三圖

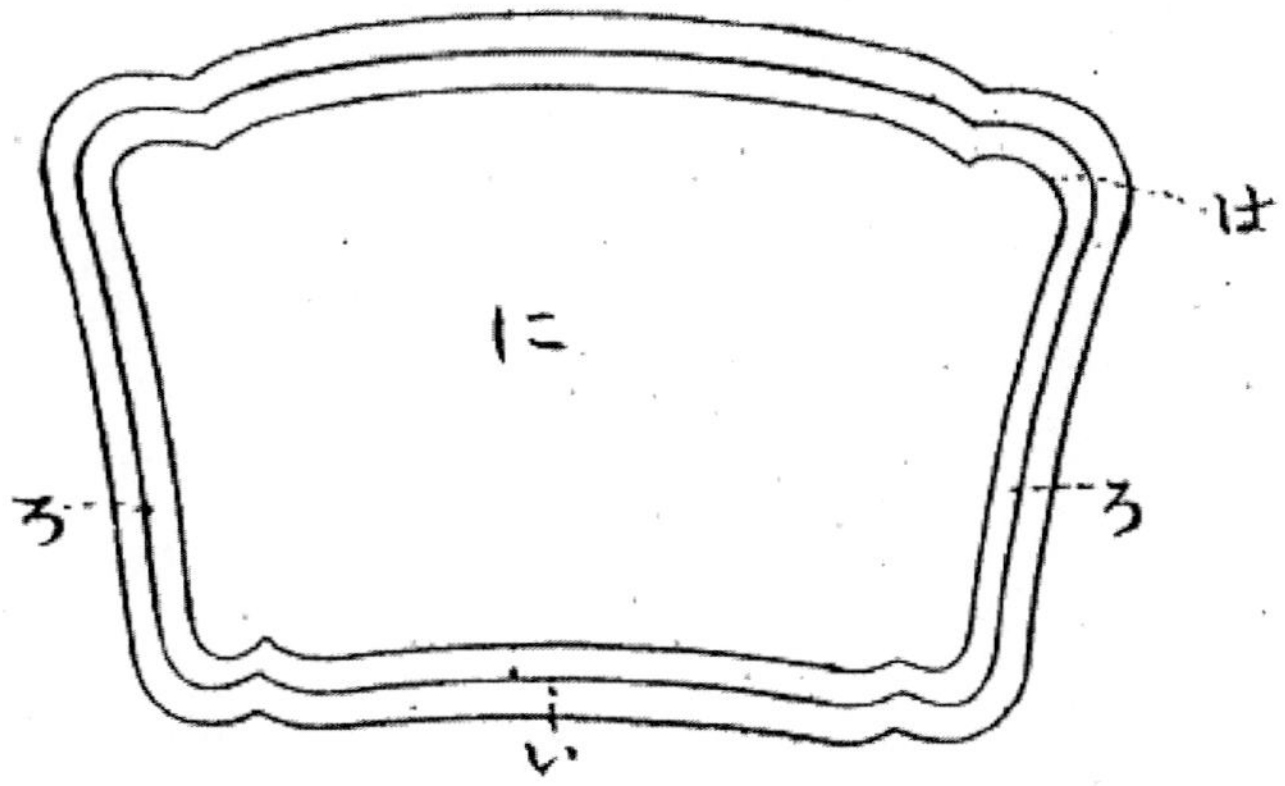


第二圖

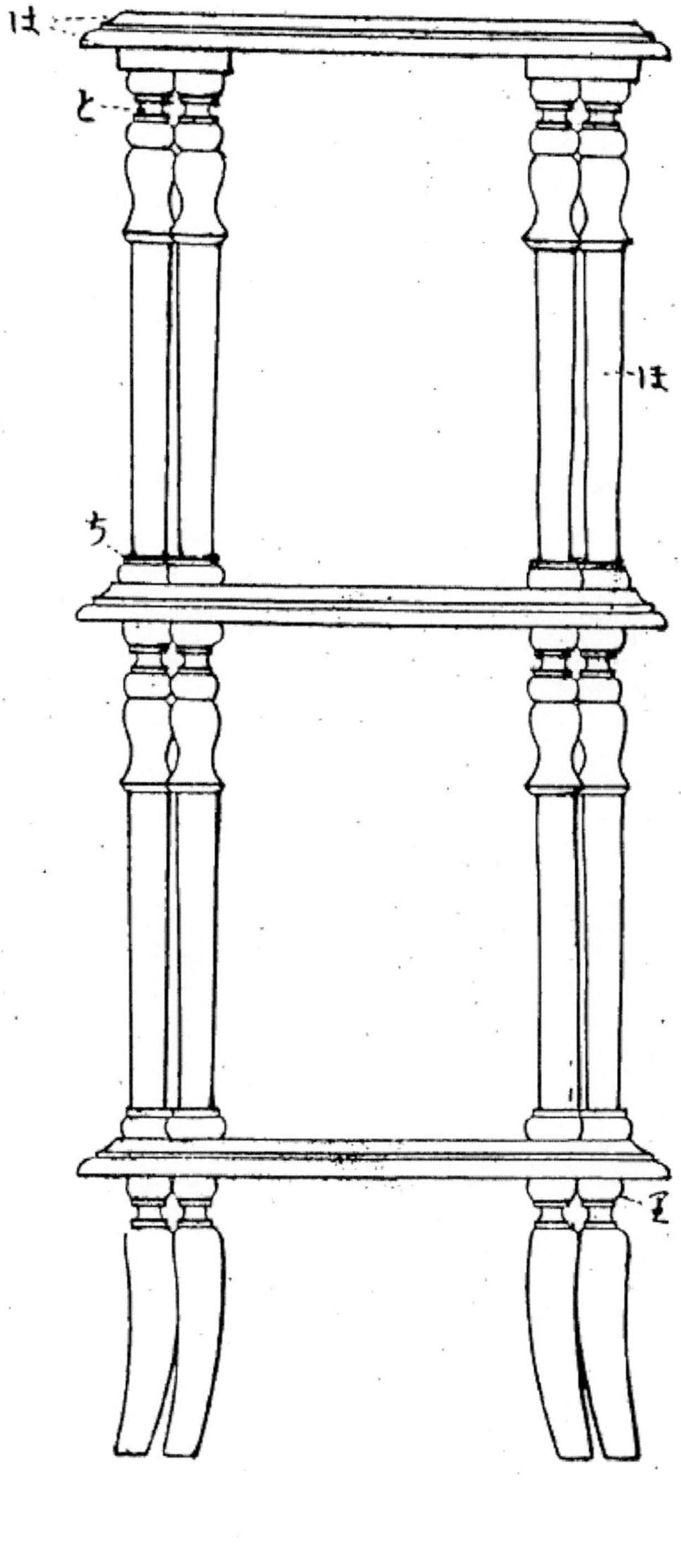

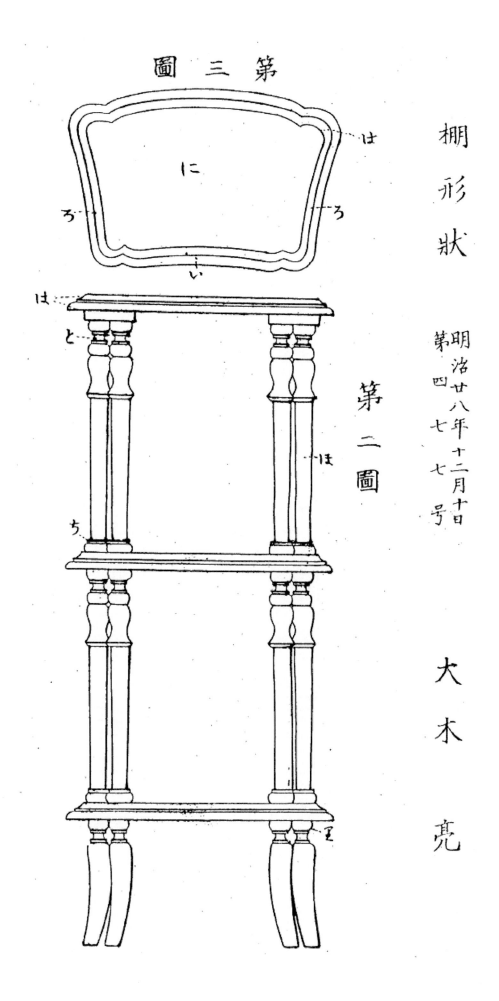

神奈川縣　棚　漆器賣込商

第478号　棚形狀

明治廿八年十二月十日
第四七八号

大木亮

第一圖

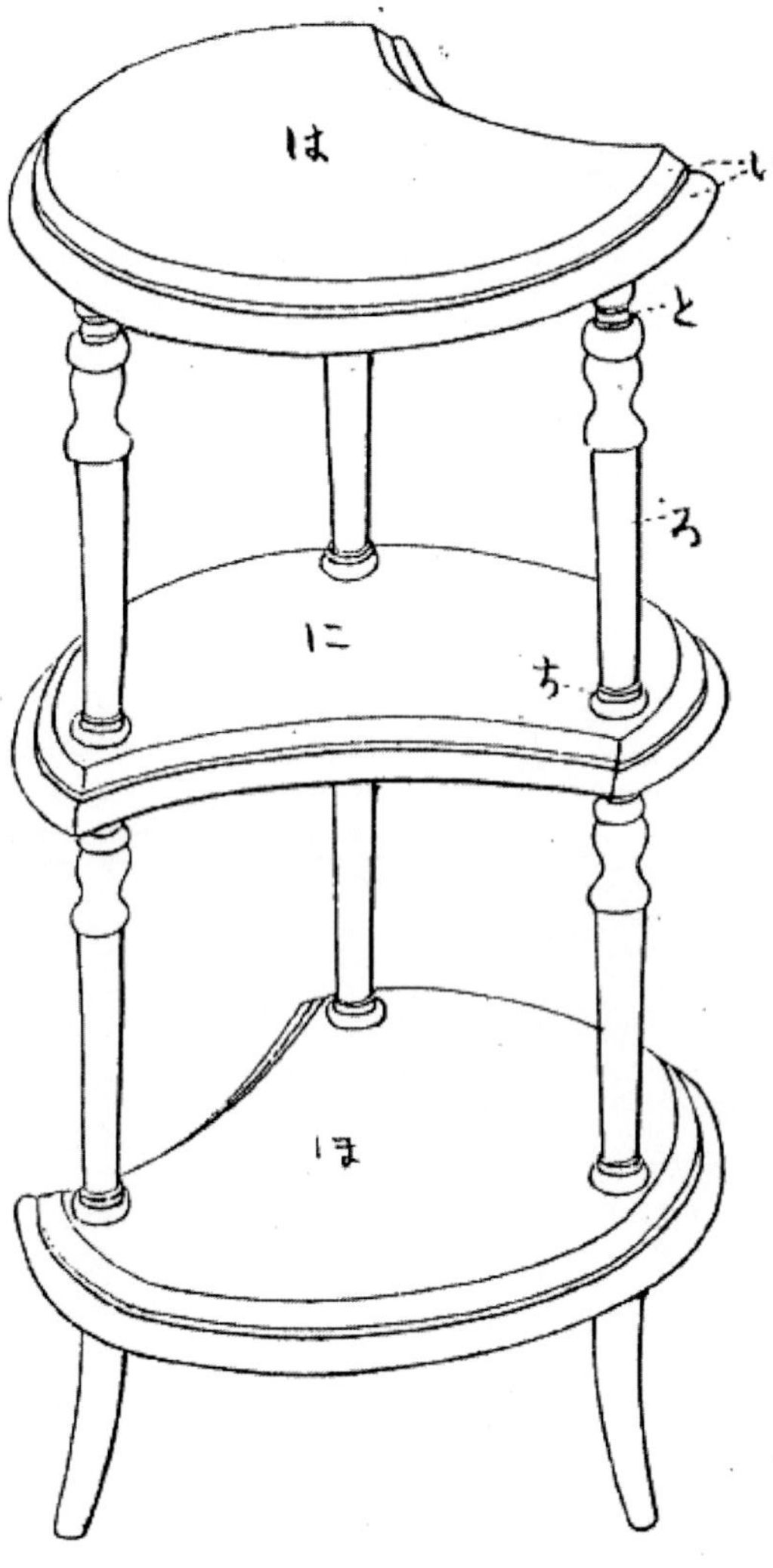


第二圖

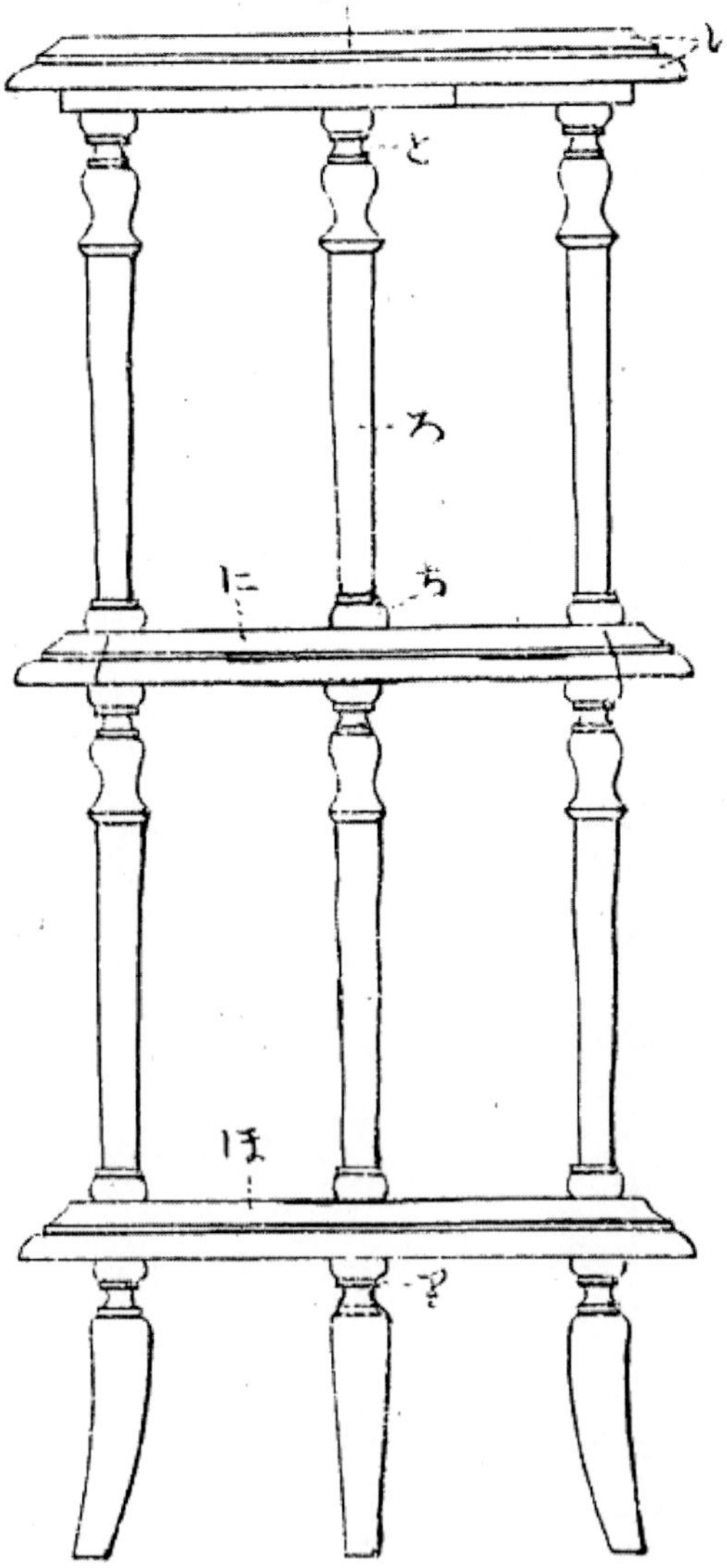

神奈川装　燈籠　寫眞師・雑業
第４８６号

第一圖

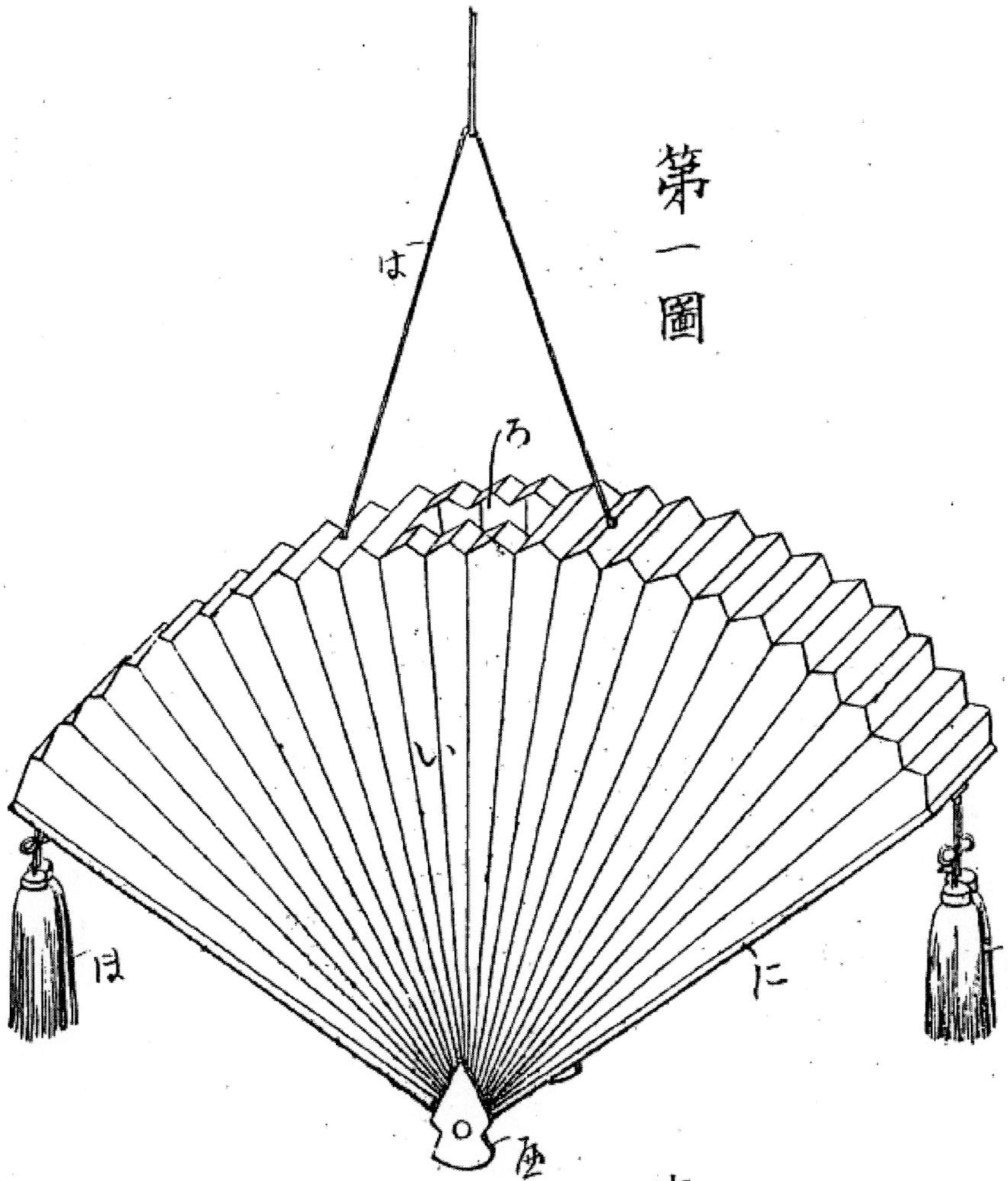


第二圖

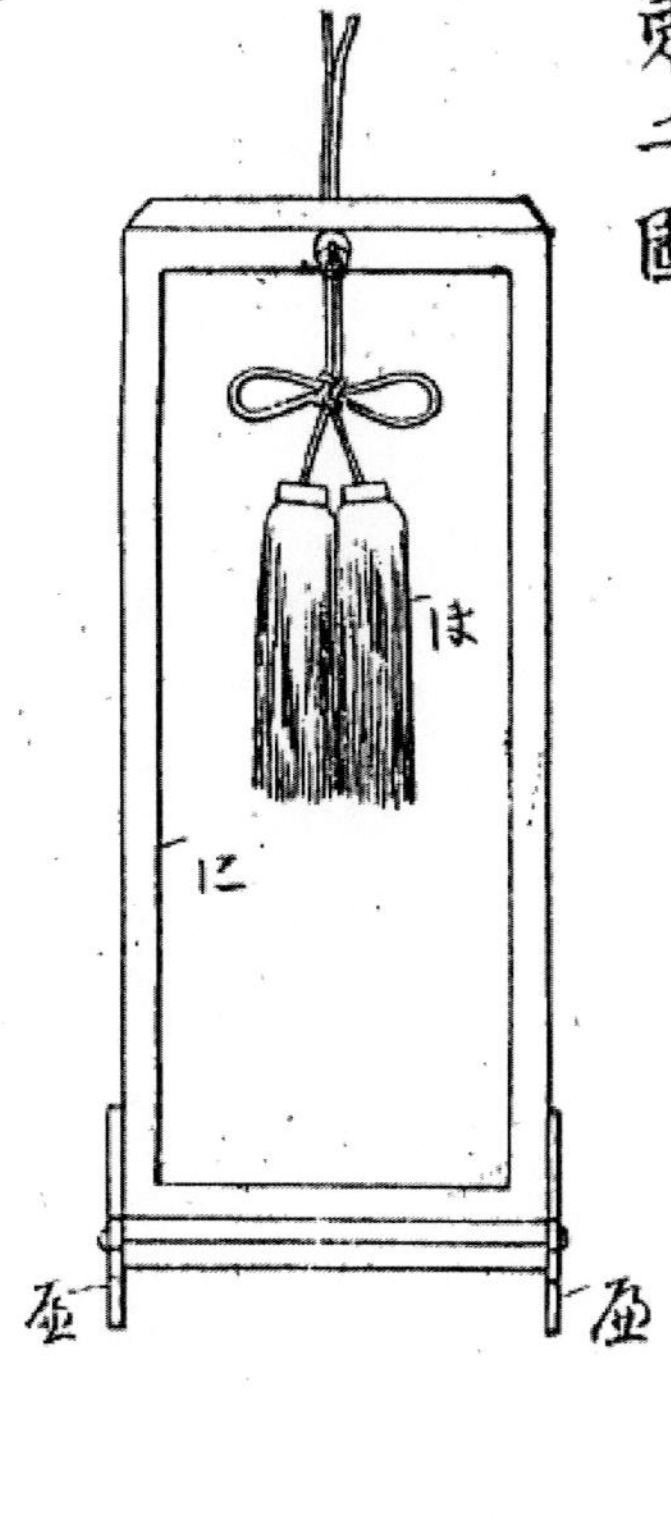


同　縣同　市松影町三丁目百十番地寄留
士族　雑業
同　　齋藤鐙太

神奈川縣　領飾止金具　時計商

第５０９号

# 領飾止金具形狀

明治廿九年四月九日

第五〇九号

境　衛

第一圖

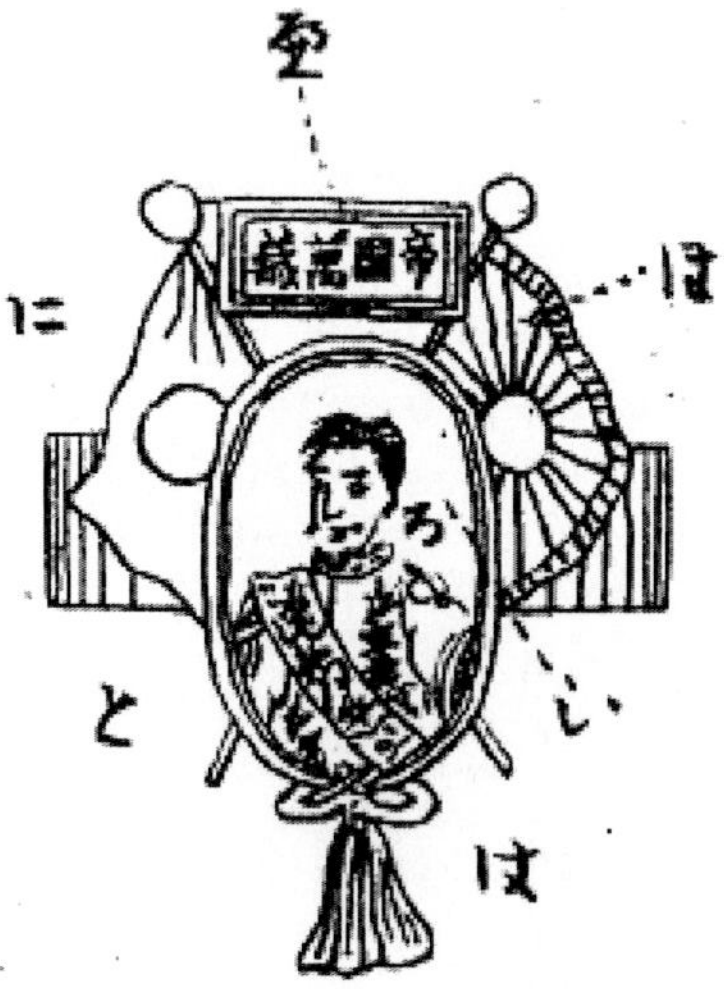


第二圖

神奈川縣　石鹸　石鹸製造業
第591号

石鹸

明治三十年一月二十九日
第五九一號

宮田リキ

第一圖

第二圖

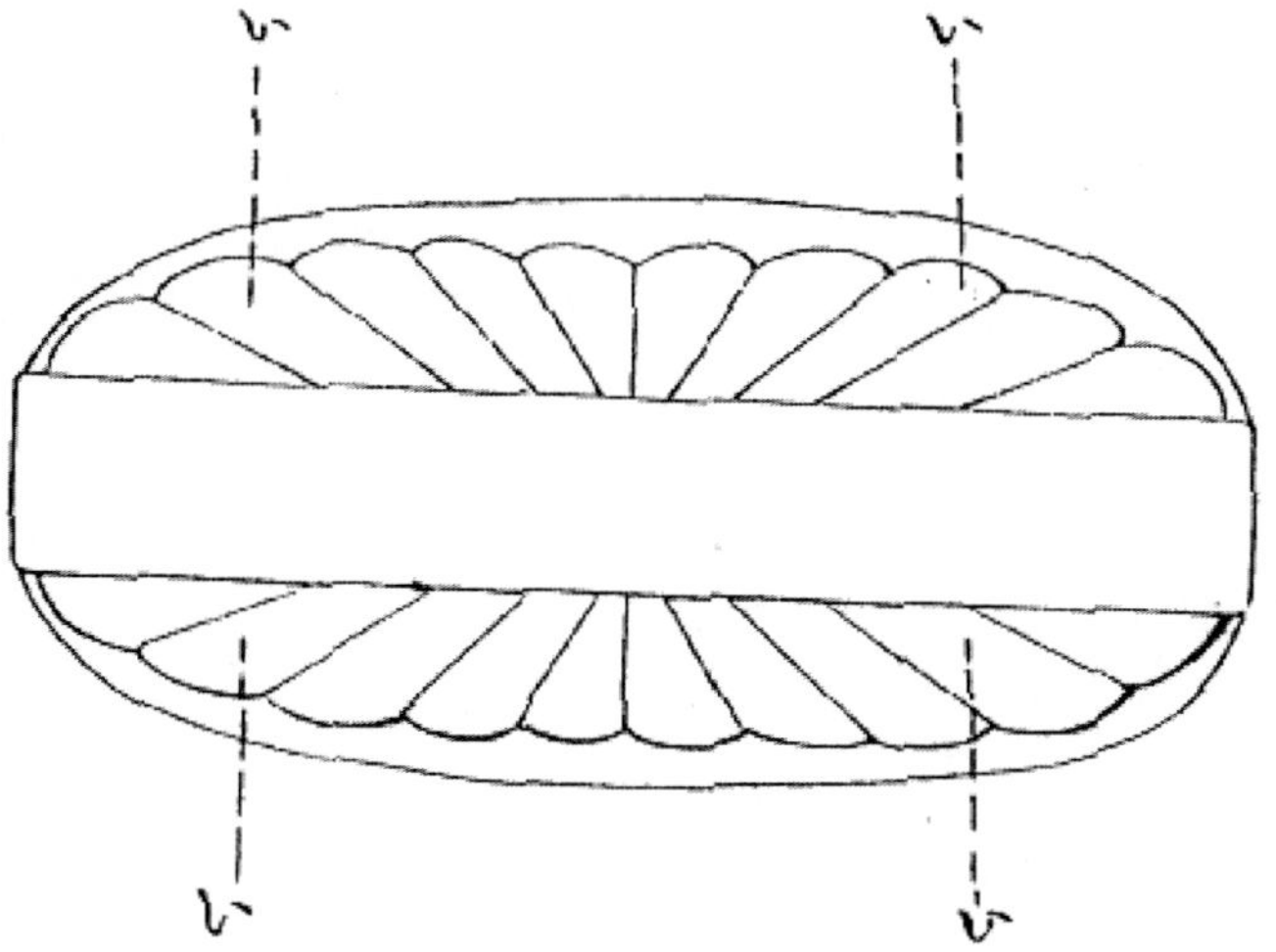

神奈川縣　燈籠　畫工
第594号

# 燈籠形狀

明治三十年二月十八日
第五九四號

川崎清七

第一圖

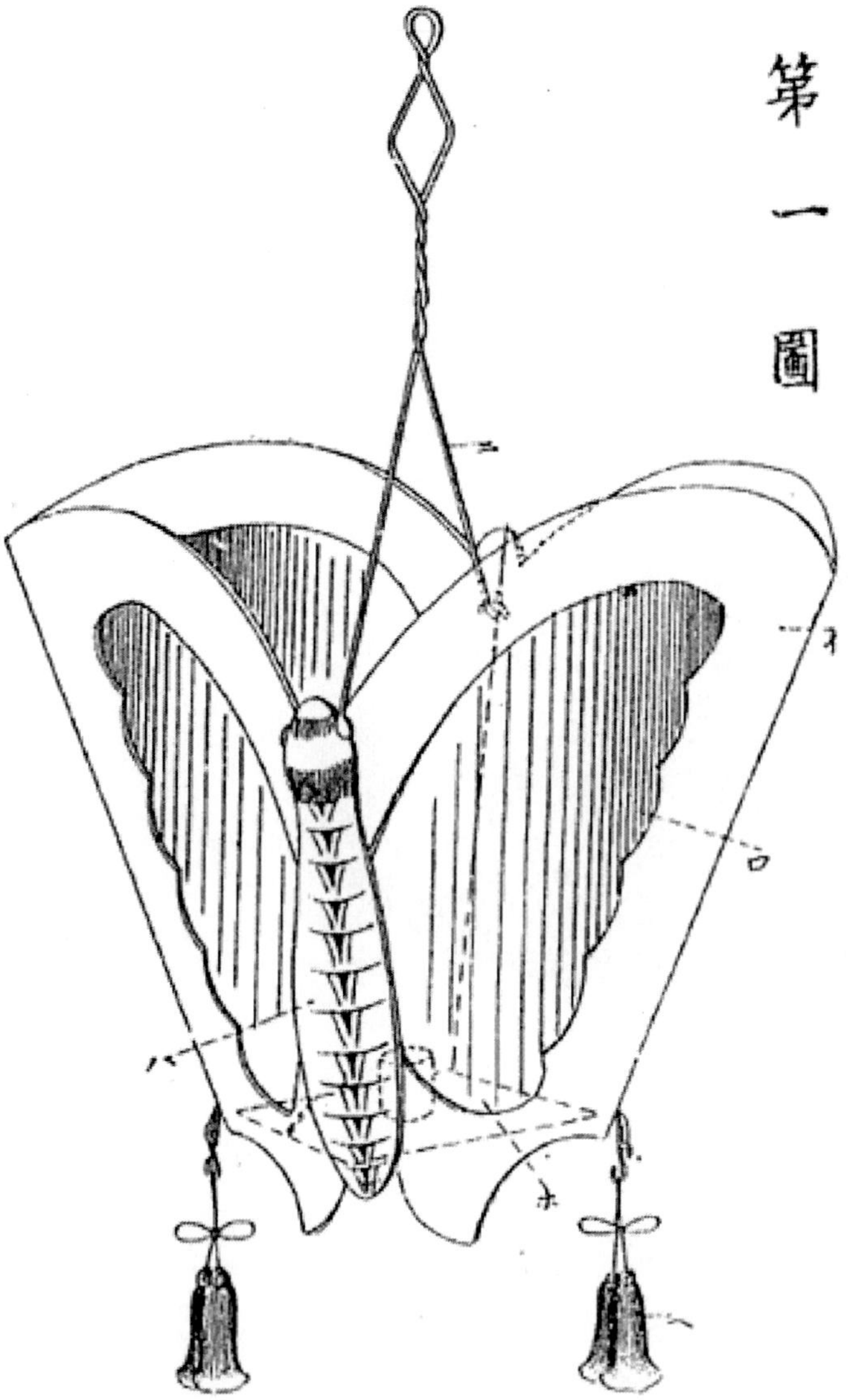

第二圖

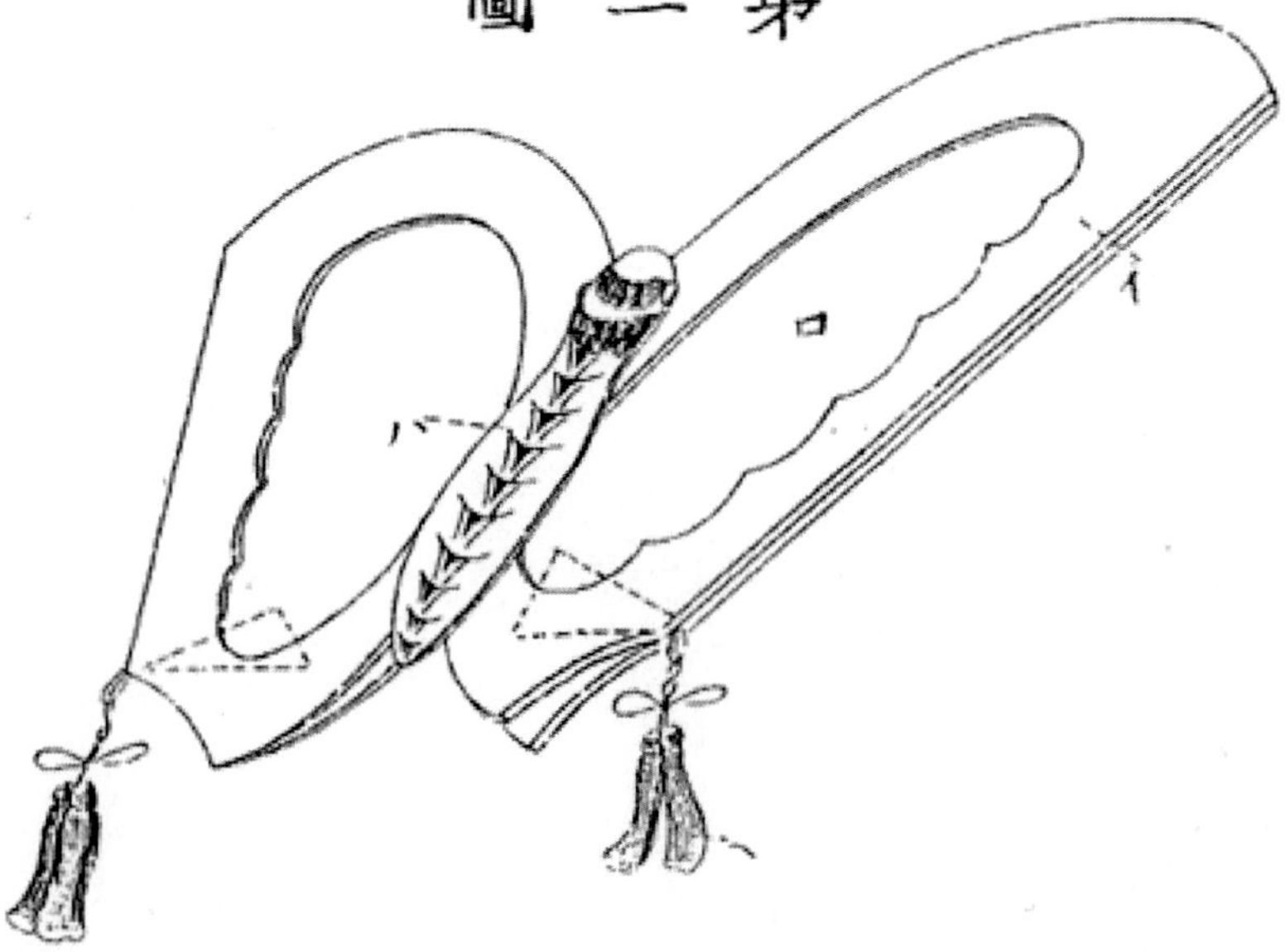

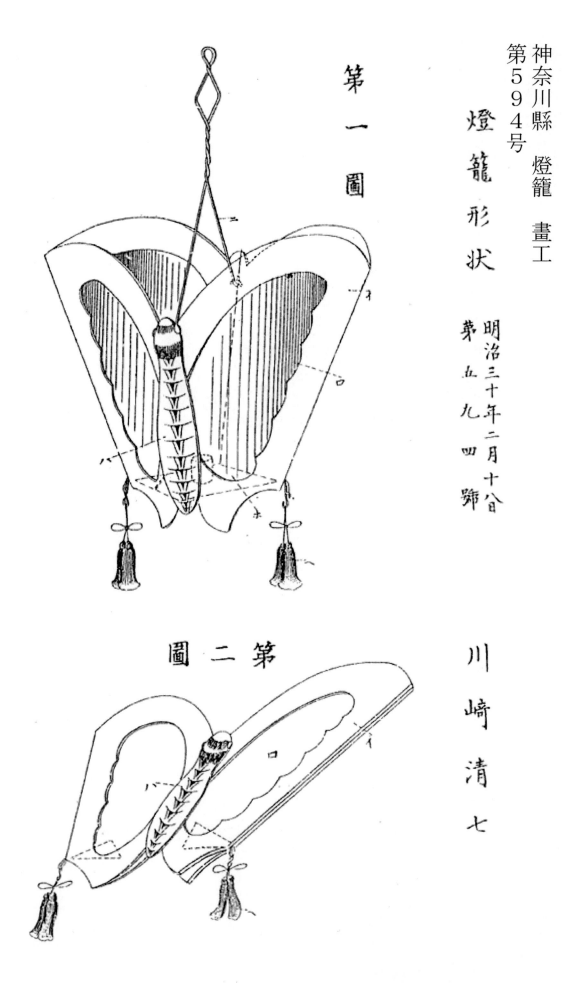

神奈川縣　手巾　輸出入業
第613号

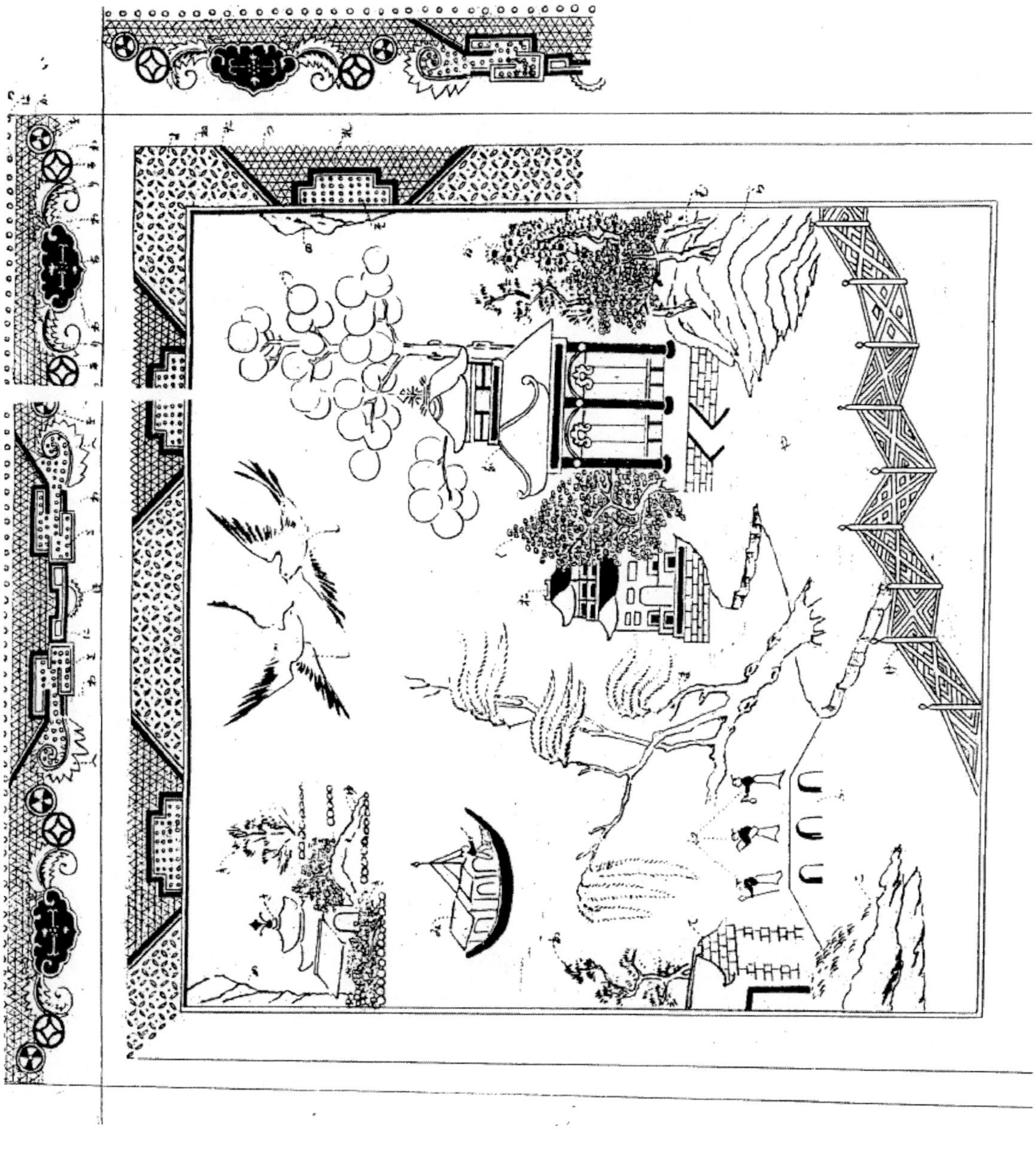

神奈川縣　手巾　輸出入業

第731号

# 手巾模様

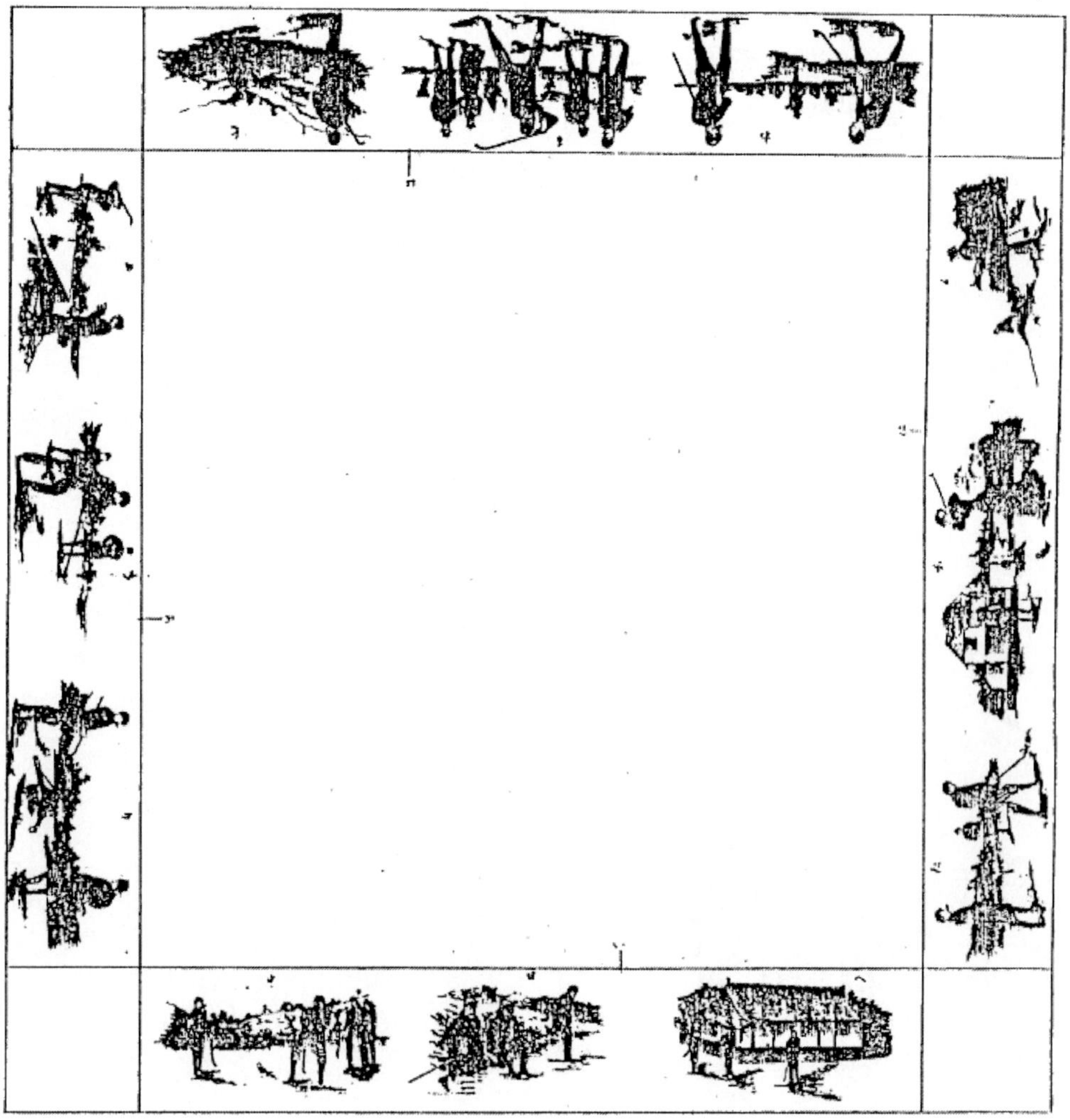

明治三十二年二月十三日

第七三一號

ボイエス商會

業務担當社員

ヨゼフ、ナツヂン

神奈川縣　枕　無職業
第751号

枕形狀　明治三十二年四月廿五日
第七五一號

中村房三

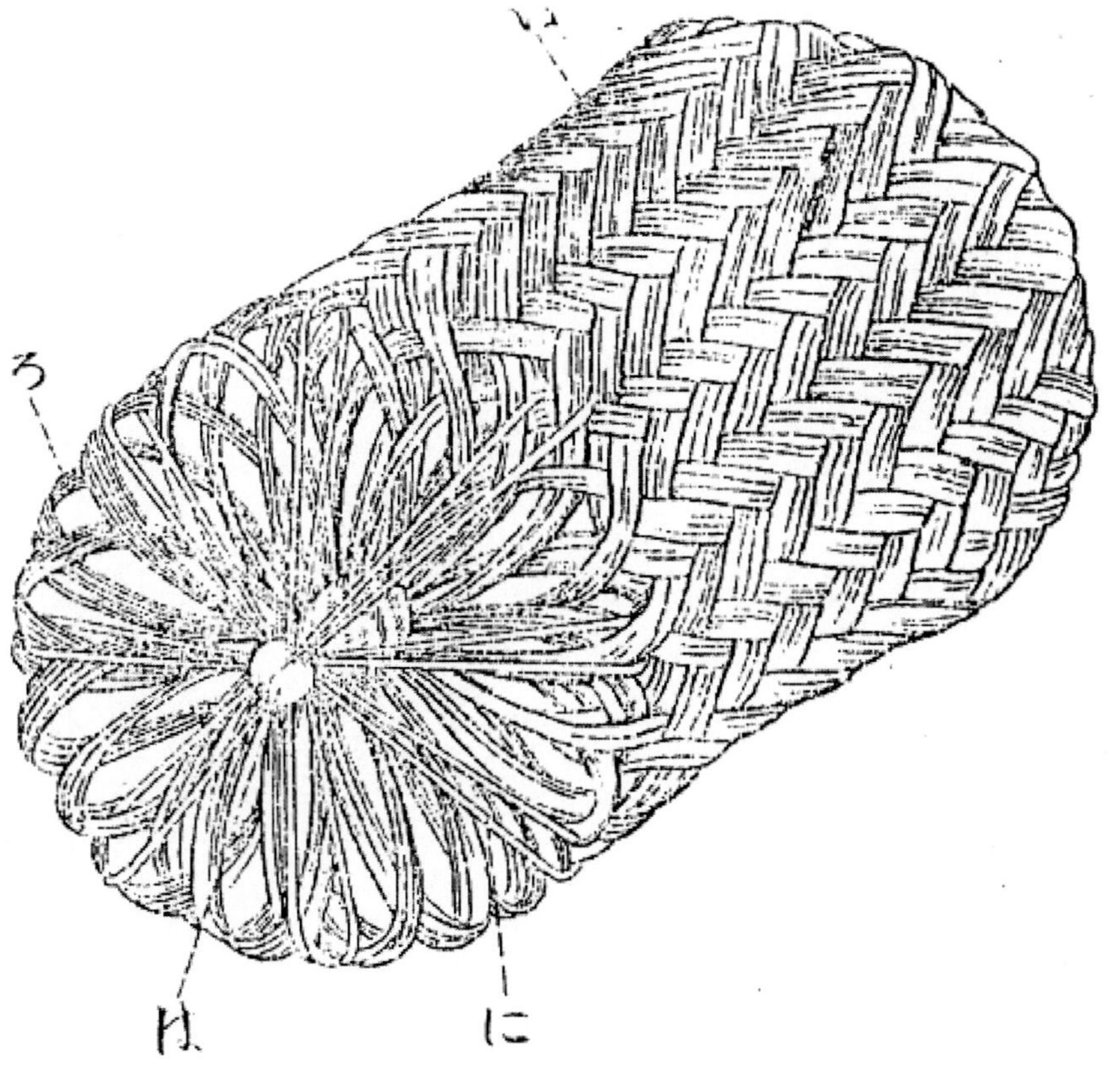

## 長野の登録意匠に表れている特徴

日本髪を結った際の後頭部の部分の髪、髱（たぼ）を留めるアクセサリー、髱留の意匠が登録されています。髪型にも西洋化の波が押し寄せる一方で、依然として和装には日本髪が好まれ、さらには続々と生まれた和洋折衷型のスタイルにもこのような和装小物が愛用されていたものと思われます。

髱留

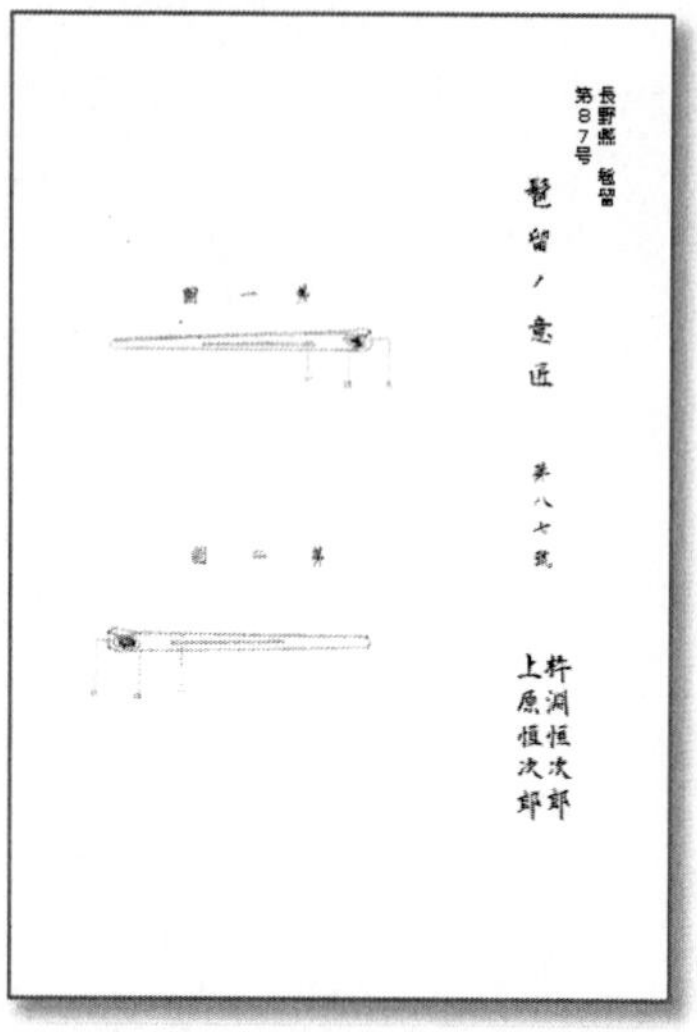

# 髷留ノ意匠

第八十七號

杵淵恒次郎
上原恒次郎

第一圖

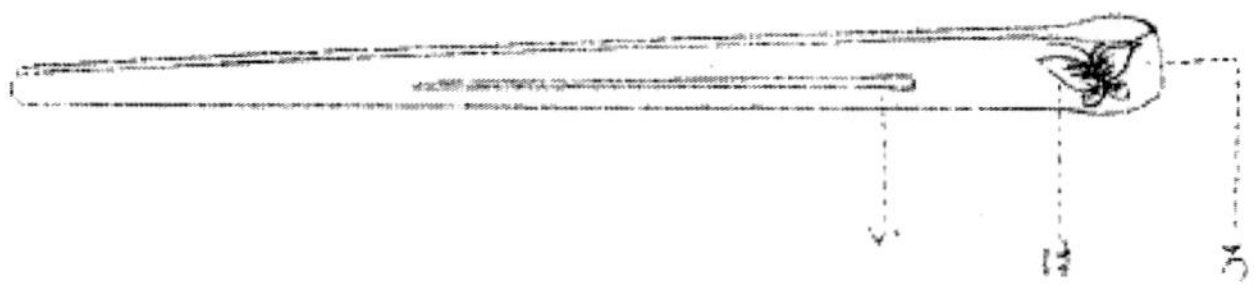


第二圖

## 静岡の登録意匠に表れている特徴

漆器を含む工芸品の意匠が見られます。静岡の漆器工芸は江戸時代より駿河漆器として全国に名を知られ、明治期には大量に海外に輸出されて大変な人気を呼びました。案出者の一人、山本安兵衛は、漆器の粗製乱造対策として設立された静岡漆器工業社の構成員として名前が残っています。

書棚

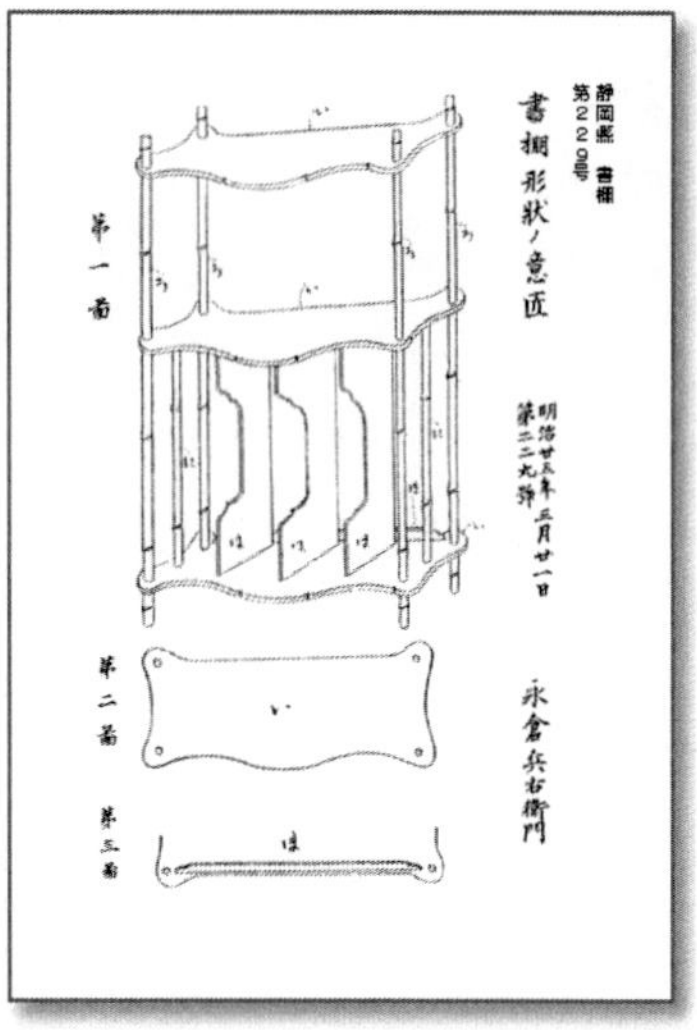


漆器商

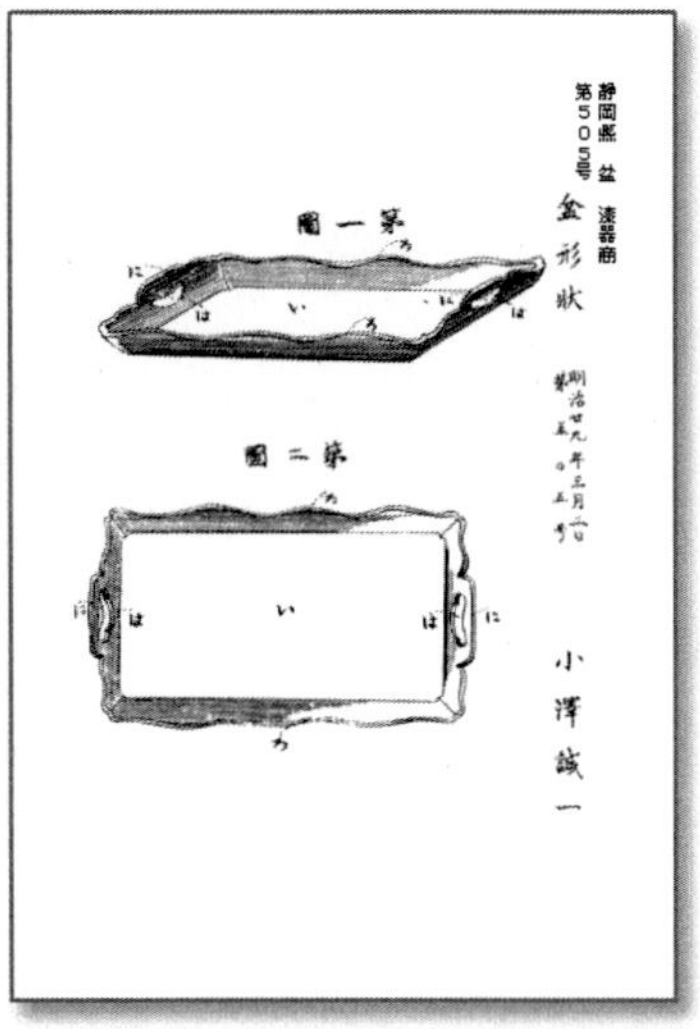


巻煙草箱

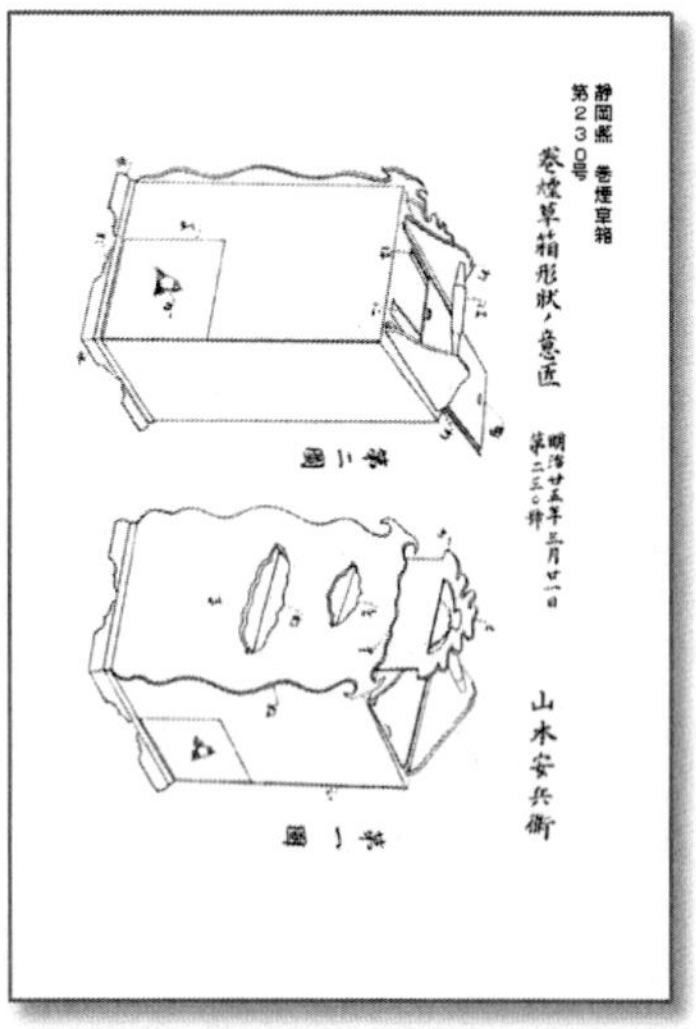


漆器製造業

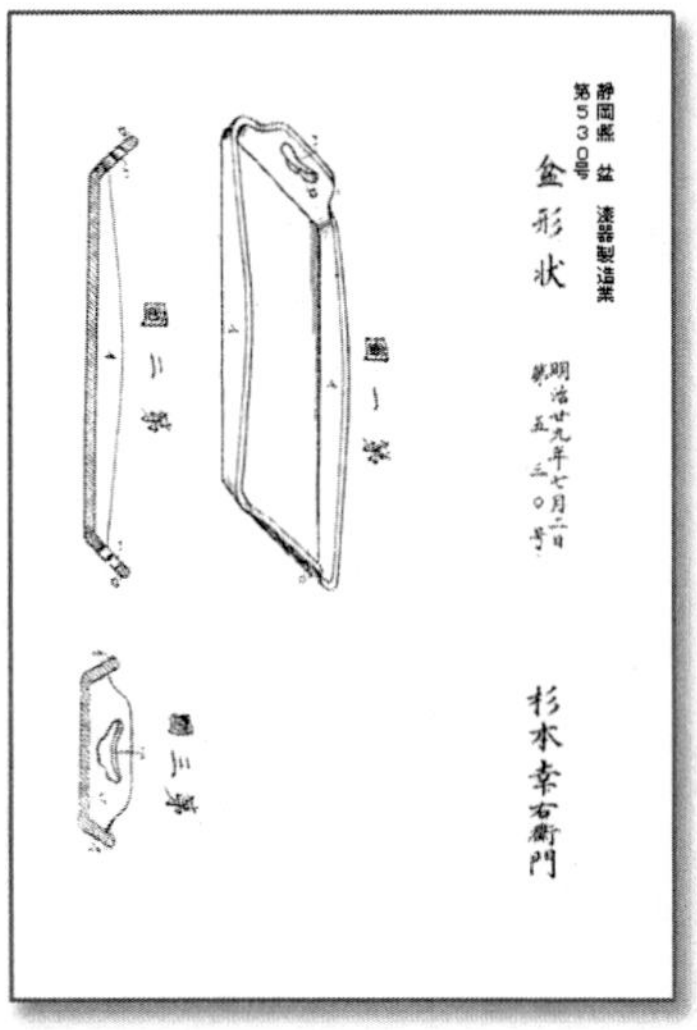

静岡縣　書棚
第２２９号

# 書棚形狀ノ意匠

明治廿五年三月廿一日
第二二九號

永倉兵右衛門

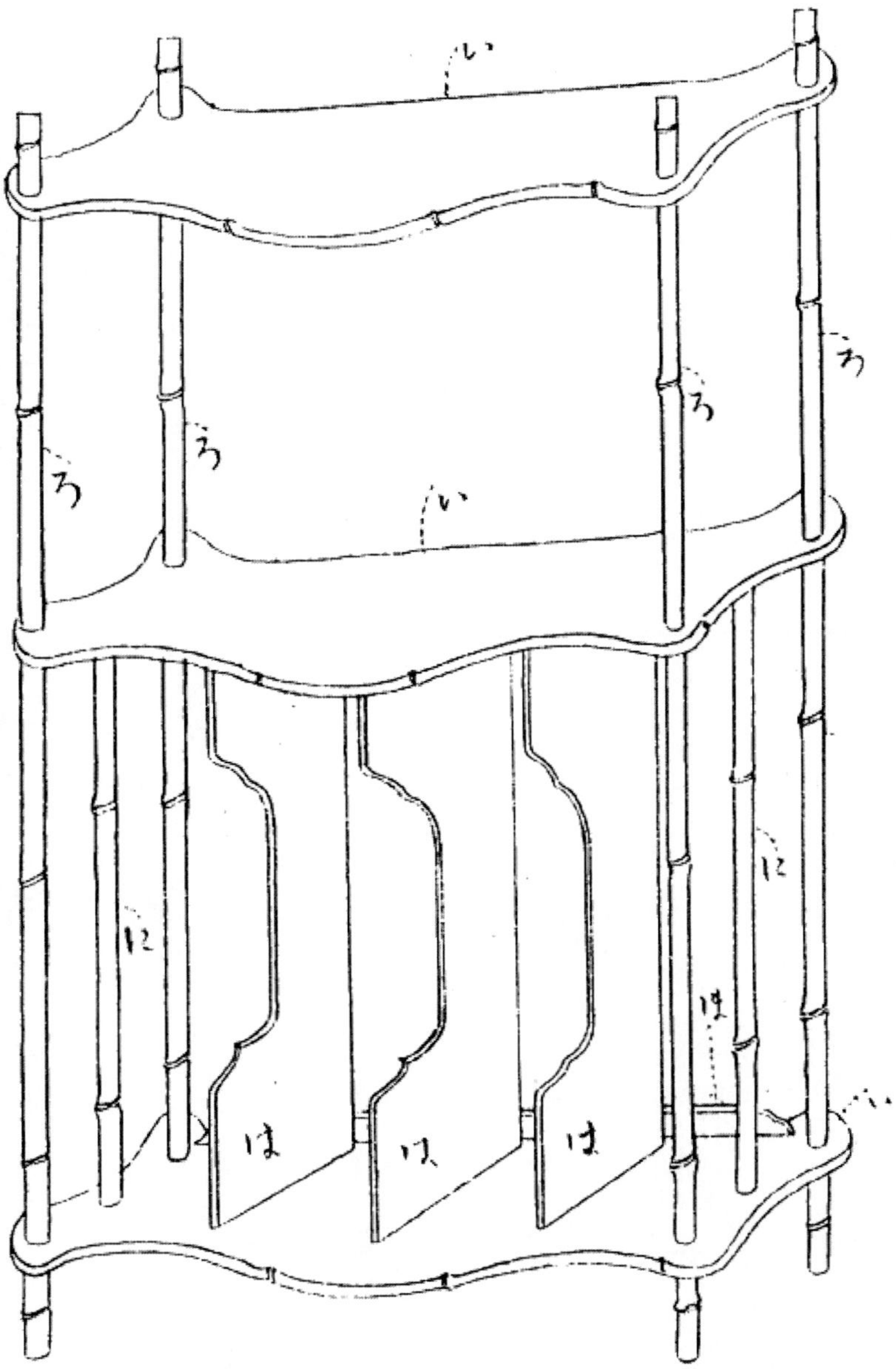


第一圖

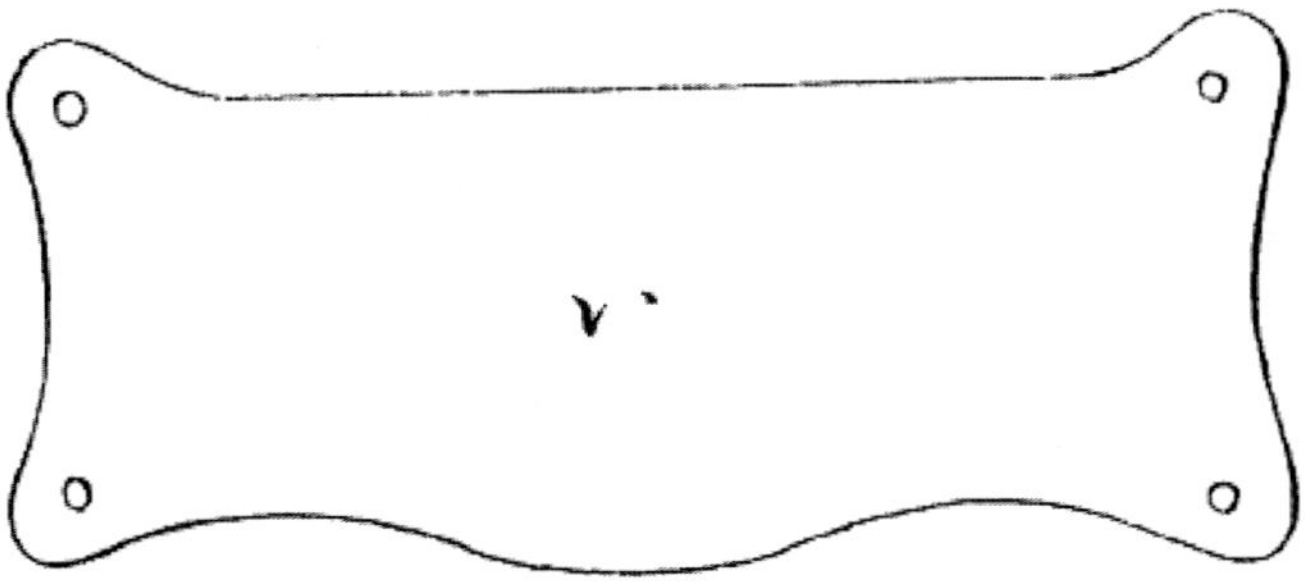


第二圖

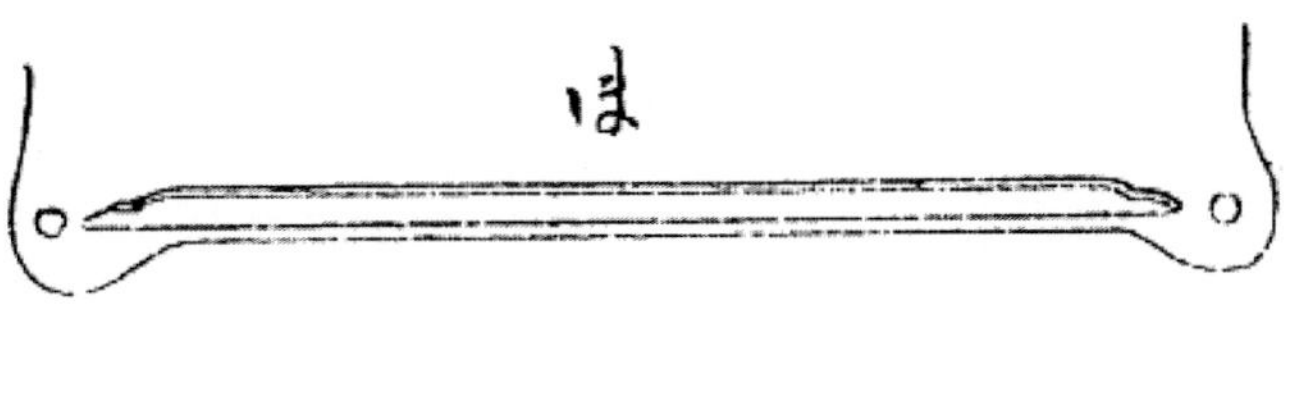


第三圖

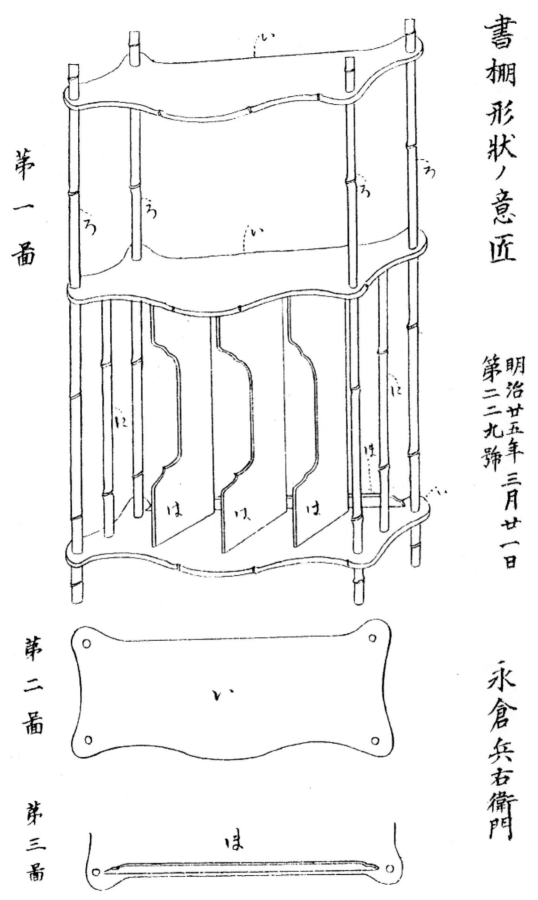

静岡縣　巻煙草箱
第230号

# 巻煙草箱形狀ノ意匠

明治廿五年三月廿一日
第二三〇號

山本安兵衛

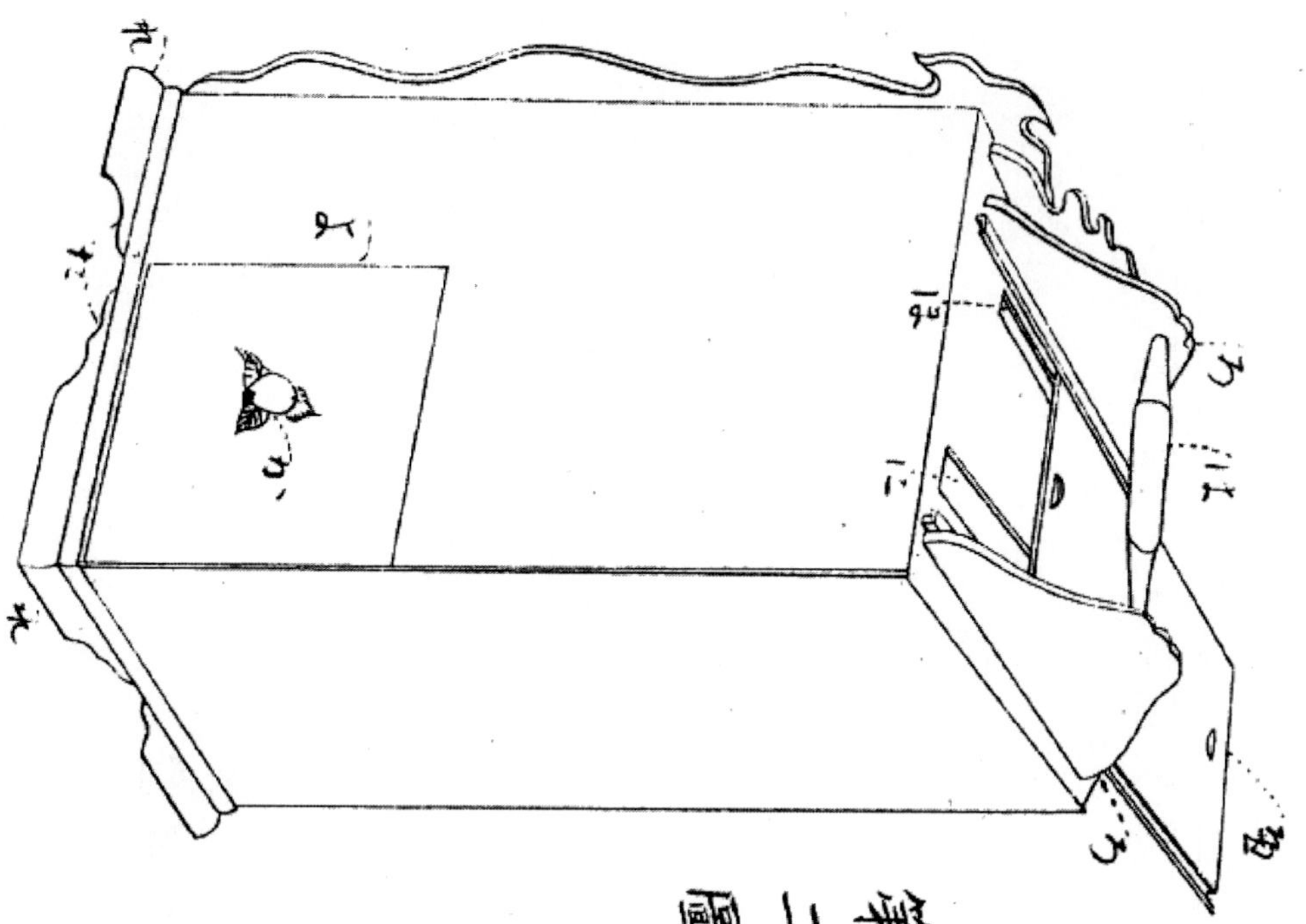

第二圖

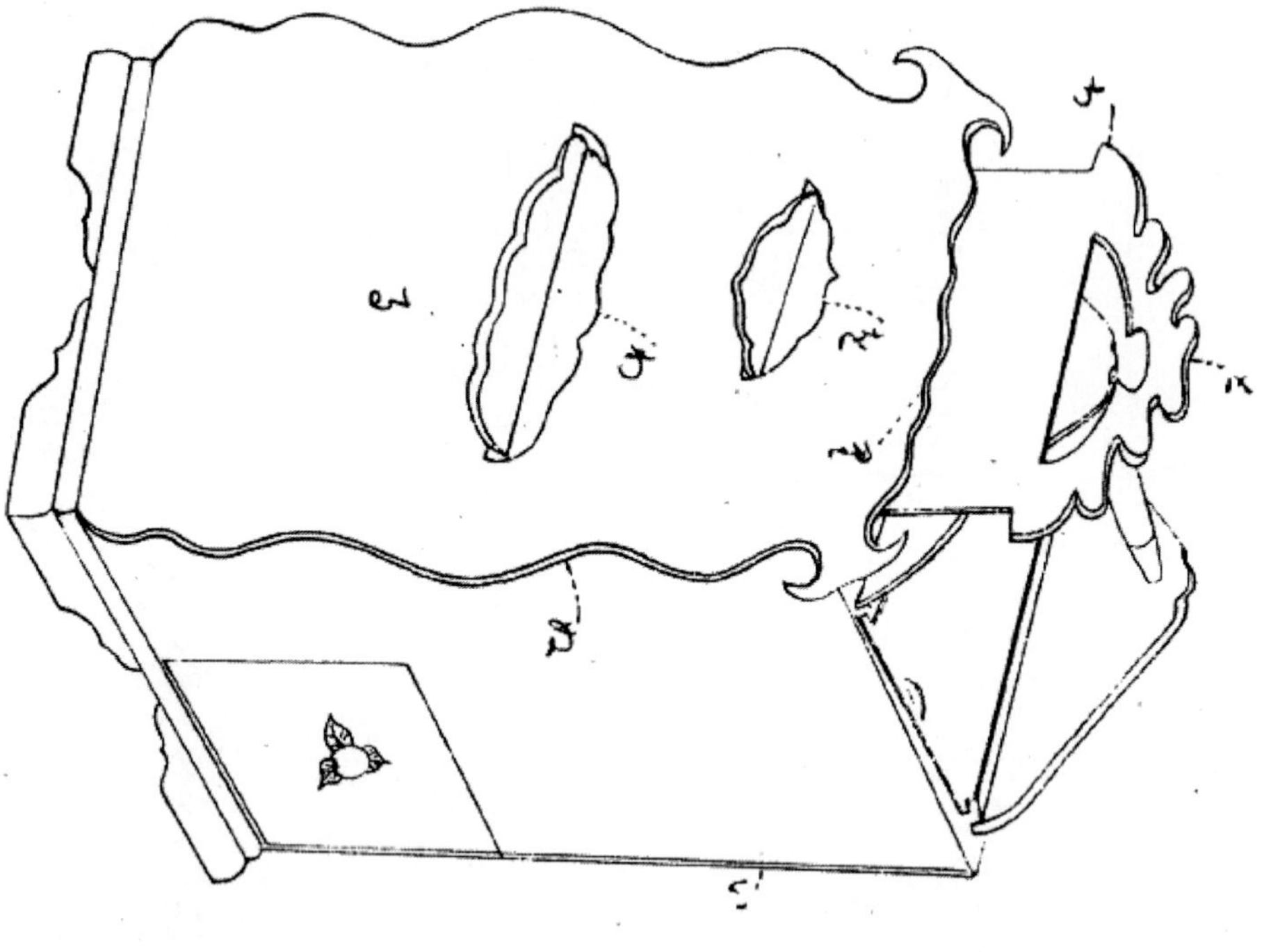

第一圖

静岡縣 盆 漆器商
第505号

# 盆形狀

明治廿九年三月二日
第五〇五号

小澤誠一

第一圖

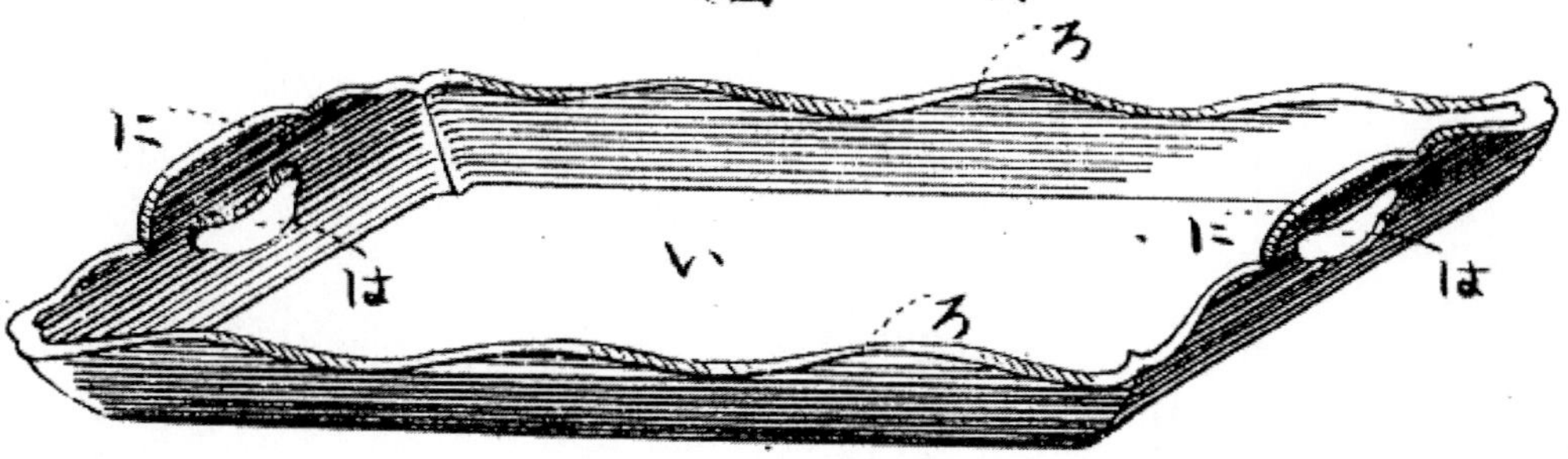


第二圖

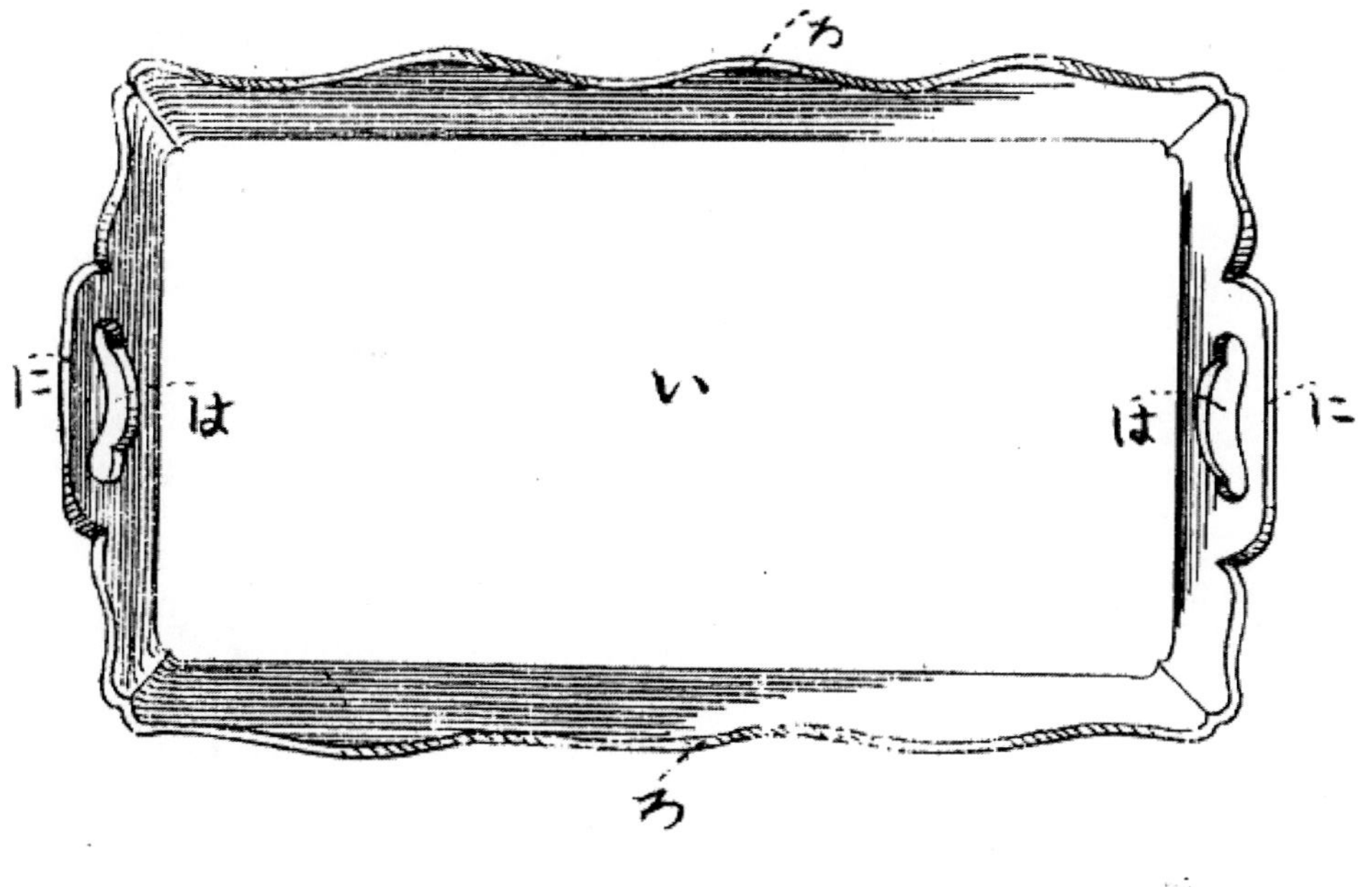

静岡縣　盆　漆器製造業
第530号

# 盆形狀

明治廿九年七月二日
第五三〇号

杉本幸右衛門

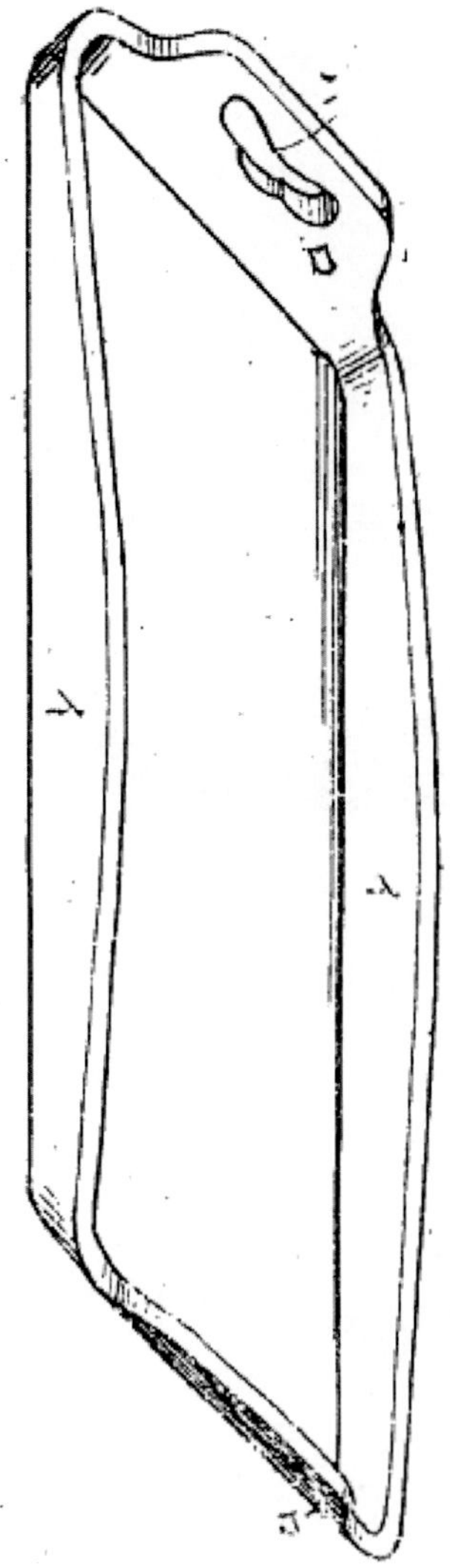
第一圖

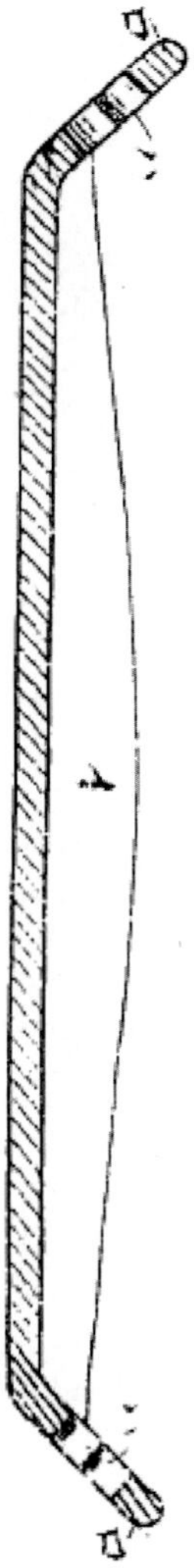
第二圖

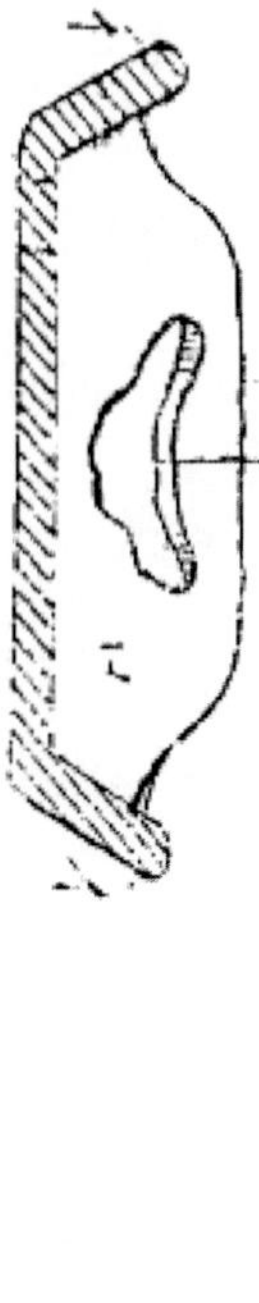
第三圖

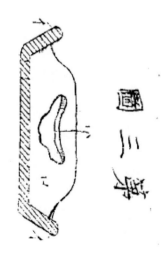

## 掲載意匠一覧表

| | | | | | | | |
|---|---|---|---|---|---|---|---|
| 第1号 | 第3号 | 第7号 | 第8号 | 第9号 | 第10号 | 第11号 | 第12号 |
| 第14号 | 第15号 | 第16号 | 第17号 | 第21号 | 第23号 | 第25号 | 第26号 |
| 第27号 | 第29号 | 第31号 | 第32号 | 第34号 | 第41号 | 第45号 | 第48号 |
| 第49号 | 第50号 | 第51号 | 第54号 | 第56号 | 第57号 | 第59号 | 第62号 |
| 第63号 | 第67号 | 第68号 | 第69号 | 第71号 | 第72号 | 第73号 | 第75号 |
| 第79号 | 第81号 | 第82号 | 第86号 | 第87号 | 第88号 | 第97号 | 第98号 |
| 第162号 | 第225号 | 第229号 | 第230号 | 第232号 | 第238号 | 第239号 | 第240号 |
| 第241号 | 第242号 | 第253号 | 第254号 | 第257号 | 第262号 | 第265号 | 第266号 |
| 第268号 | 第269号 | 第270号 | 第273号 | 第275号 | 第276号 | 第278号 | 第284号 |
| 第286号 | 第288号 | 第289号 | 第290号 | 第292号 | 第296号 | 第297号 | 第301号 |
| 第302号 | 第303号 | 第304号 | 第305号 | 第306号 | 第311号 | 第317号 | 第318号 |
| 第319号 | 第330号 | 第331号 | 第334号 | 第342号 | 第343号 | 第344号 | 第347号 |
| 第352号 | 第353号 | 第365号 | 第366号 | 第367号 | 第368号 | 第369号 | 第370号 |
| 第371号 | 第372号 | 第374号 | 第375号 | 第376号 | 第381号 | 第382号 | 第383号 |
| 第388号 | 第389号 | 第392号 | 第396号 | 第397号 | 第400号 | 第401号 | 第402号 |
| 第407号 | 第408号 | 第412号 | 第416号 | 第417号 | 第418号 | 第419号 | 第422号 |
| 第423号 | 第424号 | 第425号 | 第426号 | 第433号 | 第435号 | 第437号 | 第438号 |
| 第440号 | 第443号 | 第445号 | 第449号 | 第450号 | 第451号 | 第452号 | 第453号 |
| 第466号 | 第467号 | 第470号 | 第471号 | 第477号 | 第478号 | 第485号 | 第486号 |
| 第490号 | 第491号 | 第492号 | 第505号 | 第509号 | 第510号 | 第518号 | 第519号 |
| 第520号 | 第521号 | 第522号 | 第523号 | 第525号 | 第526号 | 第529号 | 第530号 |
| 第537号 | 第538号 | 第539号 | 第543号 | 第545号 | 第551号 | 第552号 | 第553号 |
| 第556号 | 第558号 | 第559号 | 第560号 | 第561号 | 第563号 | 第567号 | 第577号 |
| 第579号 | 第580号 | 第582号 | 第587号 | 第591号 | 第594号 | 第596号 | 第597号 |
| 第598号 | 第600号 | 第602号 | 第604号 | 第605号 | 第610号 | 第613号 | 第616号 |
| 第617号 | 第619号 | 第620号 | 第622号 | 第623号 | 第625号 | 第627号 | 第628号 |
| 第629号 | 第630号 | 第632号 | 第633号 | 第634号 | 第635号 | 第636号 | 第640号 |
| 第641号 | 第642号 | 第643号 | 第646号 | 第647号 | 第648号 | 第652号 | 第653号 |
| 第654号 | 第657号 | 第665号 | 第666号 | 第668号 | 第669号 | 第671号 | 第672号 |
| 第673号 | 第674号 | 第675号 | 第678号 | 第679号 | 第680号 | 第683号 | 第684号 |
| 第686号 | 第687号 | 第688号 | 第693号 | 第694号 | 第695号 | 第696号 | 第708号 |
| 第712号 | 第715号 | 第716号 | 第717号 | 第718号 | 第719号 | 第720号 | 第721号 |
| 第722号 | 第723号 | 第724号 | 第725号 | 第726号 | 第730号 | 第731号 | 第732号 |
| 第733号 | 第734号 | 第735号 | 第736号 | 第737号 | 第744号 | 第747号 | 第749号 |
| 第750号 | 第751号 | 第755号 | 第756号 | 第757号 | 第759号 | 第760号 | 第762号 |
| 第763号 | 第764号 | 第766号 | 第767号 | | | | |

さらに詳しく調べるためには、特許庁電子図書館（ＩＰＤＬ）を用いると便利です。
特許庁「特許電子図書館」のＵＲＬ
http://www.ipdl.inpit.go.jp/homepg.ipdl

本書オプションCDには本書に掲載している全文明細書を収録しています。

編　　集：　橋本小百合
　　　　　　庵　雅美
編集協力：　中島　隆
　　　　　　広瀬　徹
　　　　　　毛利桂子
　　　　　　後閑容子

近代日本の意匠図面
殖産興業から始まるデザイン
第３巻　東日本編

発　行：２０１５年１月
定　価：本体価格３０，０００円＋税

発行：株式会社ネオテクノロジー
〒101-0062東京都千代田区神田駿河台2-3-13鈴木ビル2F
TEL.03-3219-0899 FAX.03-3219-7066
URL　http://www.neotechnology.co.jp


ISBN978-4-86573-524-6

Printed in Japan